INTRODUÇÃO AO
TESTE DE SZONDI
TEORIA E PRÁTICA

Copyright © 1949 Grune & Stration, Inc. Publicado originalmente nos Estados Unidos.
Copyright: Herdeiros de Susan K. Deri.
Copyright da edição brasileira © 2016 É Realizações
Título original: *Introduction to the Szondi Test – Theory and Practice*

Editor: Edson Manoel de Oliveira Filho

Produção editorial e projeto gráfico: É Realizações Editora

Diagramação e capa: André Cavalcante Gimenez

Preparação de texto: Dida Bessana

Revisão: Marta Almeida de Sá

Reservados todos os direitos desta obra. Proibida toda e qualquer reprodução desta edição por qualquer meio ou forma, seja ela eletrônica ou mecânica, fotocópia, gravação ou qualquer outro meio de reprodução, sem permissão expressa do editor.

CIP-BRASIL. CATALOGAÇÃO NA PUBLICAÇÃO SINDICATO NACIONAL DOS EDITORES DE LIVROS, RJ

D476i

Deri, Susan, 1916-1983
    Introdução ao teste de Szondi : teoria e prática / Susan Deri ; tradução Beatriz Caldas ; revisão técnica Gisele Müller Roger Welter ; prólogo Leopold Szondi. - 1. ed. - São Paulo : É Realizações, 2016. 360 p. ; 23 cm.

    Tradução de: Introduction to the Szondi test : theory and practice
    Inclui índice
    ISBN 978-85-8033-235-3

1. Psicologia genética. I. Título.

15-29153
    CDD: 155.7
    CDU: 159.9.019.4

É Realizações Editora, Livraria e Distribuidora Ltda.
Rua França Pinto, 498 · São Paulo SP · 04016-002
Caixa Postal: 45321 · 04010-970 · Telefax: (5511) 5572 5363
atendimento@erealizacoes.com.br · www.erealizacoes.com.br

Este livro foi impresso pela Edições Loyola em março de 2016. Os tipos são das famílias ITC New Baskerville. O papel do miolo é o Norbrite 66,6 g, e o da capa, Ningbo Star 250 g.

SUSAN DERI

INTRODUÇÃO AO
TESTE DE SZONDI
TEORIA E PRÁTICA

Tradução de Beatriz Caldas

Revisão técnica
Gisele Müller Roger Welter

Apresentação
Bruno Gonçalves
(Presidente da International Szondi Association - ISA)

Prólogo
Leopold Szondi

Sumário

Apresentação à edição brasileira
   Por Bruno Gonçalves 7
Prólogo
   Por Leopold Szondi 13
Prefácio 15

1. INTRODUÇÃO 21

2. MATERIAL DO TESTE E TÉCNICA DE APLICAÇÃO 25
   Natureza geral do teste 25
   Material e aplicação 27

3. A EXPERIÊNCIA DE ASSOCIAÇÃO FATORIAL 35

4. PRINCÍPIOS GERAIS DE INTERPRETAÇÃO 45
   O significado básico dos fatores 45
   O significado de reações "carregadas" e "nulas" 46
   As quatro modalidades de reações de escolhas 52
   Interpretação das quatro modalidades de reações fatoriais 53
   O significado da constância ou das mudanças
     nas reações fatoriais 57
   Configurações vetoriais gerais 63

5. ANÁLISE FORMAL DE UMA SÉRIE DE DEZ PERFIS 67

6. INTERPRETAÇÃO DOS OITO FATORES 83

7. O VETOR SEXUAL 85
   O fator *h* 85
   O fator *s* 91
   As constelações vetoriais *S* 98

8. O VETOR PAROXÍSTICO 105
   O fator *e* 105
   O fator *hy* 113
   Constelações vetoriais *P* 125

9. O VETOR DO CONTATO 135
   O fator *d* 136
   O fator *m* 147
   Constelações vetoriais *C* 159

10. O VETOR *SCH* E OS ESTÁGIOS DE
    DESENVOLVIMENTO DO EGO 179
    O fator *p* 182
    O fator *k* 197
    Constelações vetoriais *Sch* 218

11. SÍNDROMES E ILUSTRAÇÕES DE CASO 285
    Caso 1 287
    Caso 2 304
    Caso 3 310
    Caso 4 321

ÍNDICE ONOMÁSTICO 333
ÍNDICE REMISSIVO 335

Apresentação à edição brasileira

Por Bruno Gonçalves[1]

O teste de Szondi é um excelente instrumento de avaliação, particularmente (mas não exclusivamente) indicado para contextos clínicos. Visa revelar o dinamismo profundo da vida psíquica e, por isso mesmo, exige do psicólogo um esforço de interpretação e de integração dos resultados. Como em todas as provas projetivas, é indispensável uma formação própria. Entre as características específicas do teste de Szondi conta-se o ser uma prova de aplicação muito simples e que não levanta nenhum problema de cotação. Numa perspectiva pragmática, do clínico que deseja utilizar o teste de Szondi como instrumento de avaliação e diagnóstico, o livro de Susan Deri continua a ser uma obra de referência essencial.

Susan Deri (1916-1983) foi uma discípula direta de Szondi que emigrou para os EUA. Neste livro, optou por deixar entre parêntesis os aspectos da teoria de Szondi que não são necessários para a interpretação dos resultados do teste (nomeadamente as suas ideias sobre genética). Utilizando uma linguagem mais familiar e acessível do que a do seu mestre, procurou apresentar os componentes do sistema szondiano numa perspectiva fenomenológica e, sempre que possível, em diálogo com a psicanálise e com a psicologia. O resultado foi uma obra clara e rigorosa que mantém toda a atualidade.

Encontra-se neste livro uma boa apresentação do método de interpretação dos resultados e múltiplas indicações sobre o significado específico das várias respostas possíveis. Estas indicações baseiam-se nos trabalhos de Szondi, mas integram igualmente contribuições da própria Susan Deri, em

---

[1] Professor de Psicologia Clínica na Faculdade de Psicologia da Universidade de Lisboa. Presidente da Sociedade Internacional Szondi (International Szondi Association).

particular uma análise muito útil das variações das respostas de perfil para perfil. A sua leitura é um excelente apoio para a interpretação. Deve ser completada, naturalmente, com a consulta das obras de Szondi e de outras publicações mais recentes. Em particular, não se encontram no livro de Susan Deri referências ao estudo do Perfil Complementar, que Szondi acrescentou posteriormente.

No entanto, o que torna a leitura do livro tão viva e interessante ainda hoje é sobretudo a forma como Susan Deri soube apresentar os fatores e vetores szondianos. Consegue fazer-nos compreender a essência de cada um desses fatores e vetores e a forma como é possível relacioná-lo com outros conceitos mais familiares ao psicólogo. No conjunto, esta apresentação torna sensível para o leitor a coerência e a abrangência do modelo proposto. É de sublinhar a forma clara e sugestiva como S. Deri organizou a apresentação das "constelações" do vetor do ego numa perspectiva de desenvolvimento.

O teste de Szondi levanta problemas de validação pelo menos tão complexos como o teste de Rorschach. Apesar dos múltiplos trabalhos de investigação (alguns, infelizmente, esquecidos nas bibliotecas universitárias ou em publicações pouco acessíveis) que têm mostrado o valor heurístico da sua utilização na clínica, não foi possível ainda organizar uma linha de pesquisa com o fôlego das que foram necessárias para garantir ao Rorschach o reconhecimento da academia. Um argumento forte a seu favor é o de ter conseguido subsistir até hoje, apesar de todas as críticas e reticências. Na verdade, o teste continua ser utilizado em vários países. E quem o estudou e utiliza na prática clínica não pode deixar de reconhecer o seu valor como instrumento de avaliação e diagnóstico e também a sua capacidade de estimular a reflexão. É um teste que não se limita a dar indicações preciosas para a avaliação mas que, além disso, "faz pensar" e dá um quadro para pensar.

Com efeito, outra característica específica do teste de Szondi é sua articulação íntima com um esquema ou modelo da personalidade. Este modelo ou esquema, longe de constituir apenas um quadro de referência para a descrição das variações individuais, permite articular de uma forma única psicopatologia e personalidade e integrar num todo coerente uma variedade de perspectivas. Isto quer na análise do caso clínico individual, quer na investigação sobre grupos com características psicopatológicas comuns.

Deste ponto de vista, a obra de Szondi nunca foi tão atual. Os problemas a que procura dar resposta são hoje, talvez mais do que em vida do autor, problemas centrais, quer na psicologia, quer na psiquiatria – conjugadas ambas na psicopatologia. E, naturalmente também na psicanálise, que constituiu sempre para Szondi o campo de referência privilegiado.

A recente publicação da 5ª edição do DSM, com todas as polêmicas que suscitou, veio mais uma vez pôr em evidência os limites de uma perspectiva que procura impor à psiquiatria um modelo ultraempirista em detrimento da sua dimensão propriamente humana ou antropológica. Um dos melhores exemplos é o embaraço com as ditas "perturbações da personalidade". Não por acaso, é neste campo que se demonstra da forma mais evidente a arbitrariedade das classificações propostas e se impõe a necessidade de uma perspectiva dimensional. Ou seja, de uma perspectiva que, em vez de definir entidades psicopatológicas bem delimitadas, situa a patologia no extremo dum contínuo (ou dimensão) em que situam igualmente as simples variações do "normal".

Esta perspectiva dimensional, há que reconhecê-lo, há muito que vem sendo defendida por psicólogos de diversas orientações. E, também não por acaso, alguns dos defensores desta perspectiva são simultaneamente teóricos da personalidade. Desde Eysenck até Theodor Millon, cuja obra multifacetada procura articular uma visão global sobre a personalidade e a psicopatologia.

Mais fundamentalmente, a perspectiva dimensional está no cerne da visão de Freud, e a psicanálise de hoje tem mantido, em geral, essa orientação. Mas as tentativas de oferecer uma visão alternativa da psicopatologia esbarram em muitas dificuldades. Um bom exemplo é o dos estudos focados nos mecanismos de defesa, que se situam claramente na perspectiva dimensional mas que, à falta de um modelo global, desembocam num empirismo vago. Na verdade, a crítica da teoria pulsional de Freud parece ter-se traduzido por um empobrecimento teórico em que sobressai apenas o enorme impacto da teoria da vinculação.

Szondi elaborou o seu modelo da personalidade, o seu esquema pulsional, em íntima articulação com a construção do seu teste. O teste espelha o modelo, e exige o seu conhecimento. Mas é, ao mesmo tempo, a melhor introdução à compreensão desse modelo, à compreensão do sistema pulsional.

As pulsões de Szondi (que ele designa igualmente como vetores ou fatores) funcionam como estrutura. Ou seja, definem-se, antes de mais, através da sua articulação recíproca. Jacques Schotte mostrou como era possível estabelecer uma relação entre o esquema pulsional e os diferentes fantasmas originários referidos por Freud. Jean Mélon propôs-se traduzi-lo em termos da forma de relação sujeito-objeto ou das formas de angústia.

A opção de fundo é claramente dimensional. Nesse ponto, como noutros, a estrutura do teste (aplicável tanto à população geral quanto às populações clínicas) espelha bem essa opção. Mas o essencial é a forma como o autor se propõe resolver a dificuldade com que se confronta ainda hoje essa perspectiva, ou seja, a articulação entre a psicopatologia e a estrutura da personalidade. O golpe de gênio de Szondi é seguir à letra o famoso princípio do cristal de Freud, segundo o qual a psicopatologia é reveladora da estrutura secreta do normal tal como as superfícies de clivagem de um cristal fraturado são reveladoras da sua estrutura molecular. Szondi retoma as grandes entidades da psiquiatria clássica (perturbações do humor, perversões, neuroses, psicoses) como base do seu esquema. A patologia é vista, em cada caso, como o extremo de um contínuo onde também se situa a normalidade. É o desenvolvimento unilateral e excessivo de uma das componentes em face das demais que provoca o desequilíbrio do todo, da "mistura" mais ou menos harmônica que faz a "normalidade" de cada um de nós.

Em relação à psicanálise, Szondi aparece como um dos precursores da teoria da vinculação. Mais precisamente, Szondi, no momento em que está a construir o seu teste e o seu sistema, mantém um diálogo inspirador com Imre Hermann, cujos trabalhos antecederam os desenvolvimentos mais conhecidos de Bowlby. E dará um lugar no seu sistema à pulsão ou vetor do contato, considerando que estará em jogo na forma mais primitiva de relacionamento entre o bebê e a mãe. Mas manterá, ao seu nível próprio, a pulsão ou vetor sexual.

A expansão decisiva dos estudos szondianos deu-se nos anos 1960, com a publicação das principais obras de Szondi, a fundação do Instituto Szondi em Zurique e o surgimento de adeptos e alunos em vários países, nomeadamente no Brasil. A penetração no mundo universitário deve muito ao gênio renovador de Jacques Schotte que, durante anos, impulsionou os estudos szondianos na prestigiada Universidade de Lovain (Bélgica). Schotte esforçou-se constantemente por mostrar o rigor e a fertilidade do modelo ou esquema de Szondi para repensar a psicopatologia e a psiquiatria.

A utilização em contexto clínico do teste de Szondi constituiu, desde sempre, uma referência fundamental dos estudos szondianos e a melhor introdução ao núcleo essencial da teoria de Szondi. Na esteira de Susan Deri, as várias gerações de szondianos têm procurado mostrar as potencialidades do modelo e contribuído para repensá-lo em confronto com os desenvolvimentos da psicologia e da psicanálise.

Ao longo destes anos, o modelo de Szondi tem inspirado outras provas mais ou menos fiéis às suas intuições básicas como o Berufsbilder-Test (BBT) de Achtnich e o HumanGuide de Rolf Kenmo, estudado no Brasil por Giselle Welter, que é a responsável pela revisão técnica desta tradução.

Espero que a publicação desta obra possa constituir um estímulo para o renovar do interesse pelo teste e pela teoria de Szondi no Brasil e nos outros países de língua portuguesa.

Prólogo

Por Leopold Szondi

Minha aluna e antiga colaboradora Susan Deri intitulou com modéstia seu livro de *Introdução*. No entanto, seu conteúdo vai além de uma simples introdução. Ele é, em três aspectos diferentes, um complemento definitivo e esplendidamente realizado do meu livro *Experimentelle Triebdiagnostik*.[1]

Em primeiro lugar, Susan Deri conseguiu apresentar os processos dinâmicos de pensamento na interpretação do teste. Nem eu nem nenhum dos meus colaboradores havíamos conseguido fazê-lo.

Em segundo lugar, a autora complementou o *Triebdiagnostik* com uma apresentação completa e dinâmica dos oito fatores que compõem meu sistema pulsional.

Quando Susan Deri me visitou recentemente em Zurique e leu para mim o manuscrito dos capítulos sobre os fatores pulsionais, percebi com clareza o que eu mesmo havia omitido em meu livro.

Desde os primeiros minutos do surgimento do sistema pulsional até o desdobramento final do diagnóstico pulsional, Susan Deri participou pessoalmente de todas as minhas preocupações e alegrias. Conheceu as dificuldades da pesquisa, até que, finalmente, com muito trabalho, o caminho certo foi encontrado. Somente devido à sua experiência pessoal Susan Deri pôde compreender os oito fatores pulsionais tão profundamente. Ela assimilou o conceito, como se os oito fatores fossem na realidade oito seres vivos, aos quais está eternamente ligada pela amizade.

Em terceiro lugar, ela incumbiu-se de realizar a importante tarefa de fazer com que os psicólogos norte-americanos compreendessem o aspecto

---

[1] Diagnóstico Experimental das Pulsões, que corresponde ao manual do Teste de Szondi. (N. R.)

fundamental da *Seelenkunde*[2] europeia. Nós, europeus, ainda seguimos uma forma "épica" da psicologia que aprendemos com Dostoiévski e Freud. A história da *alma* do Homem para nós ainda é um romance heroico, que gostamos de narrar sem pressa, em frases longas. Essa forma épica de apresentação não se presta à rapidez de pensamento dos norte-americanos. Por isso, um livro como o de Susan Deri me parece indispensável para superar essas diferenças de pensamento e apresentação científica.

Os psicólogos na América que se dedicam ao estudo de uma nova concepção de psicodiagnóstico profundo vão, espero, valorizar e beneficiar-se da sinceridade deste trabalho científico e da extraordinária habilidade de uma professora nata.

---

[2] *Seelenkunde* é a antiga denominação da Psicologia, atualmente fora de uso. (N. R.)

Prefácio

Este livro é o resultado de quase onze anos de experiência clínica e de ensino do Teste de Szondi. Esse período coincide com o tempo de existência do teste. Tendo trabalhado intensamente com o criador do método durante quatro anos, nos quais as primeiras tentativas de usar esse teste como um método de investigação da personalidade foram realizadas, surgiu uma profunda identificação subjetiva com o teste, uma preocupação pessoal com cada etapa de seu desenvolvimento, assim como em relação à sua receptividade por psicólogos e psiquiatras.

Essa preocupação foi, muito provavelmente, o que me impediu de escrever um "manual" sobre o teste antes. Eu sabia que a lógica desse método é muito mais complexa e difícil de comprovar usando-se o teste – do que de qualquer outra técnica projetiva. Além disso, também sabia, ou ia percebendo aos poucos, que o interesse suscitado por esse método como uma nova técnica projetiva crescia rapidamente. Isso me assustou, porque sabia com que facilidade esse teste pode ser mal empregado por pessoas sem um treinamento apropriado, o que poderia causar danos não só ao desenvolvimento posterior do método como também às pessoas sujeitas a interpretações errôneas. No entanto, como praticamente não existia nenhuma literatura em inglês sobre o método Szondi, e o conjunto de fotografias do teste tornara-se acessível comercialmente, foi impossível impedir que as pessoas experimentassem ou brincassem com as fotografias. O fato de as fotografias estarem rotuladas com as iniciais de identidades diagnósticas bem conhecidas só aumentou a impressão de que o teste poderia ser usado com facilidade, visto que a interpretação em termos de categorias diagnósticas é praticamente autoevidente.

Mas, na verdade, o fato de as fotografias do teste corresponderem a pacientes psiquiátricos com diagnósticos bem conhecidos é o que torna tão difícil a interpretação e a formulação de uma lógica satisfatória para essa interpretação. O problema reside em como explicar que usamos diversas categorias psiquiátricas como "medida-padrão" igualmente para características psicológicas "normais" e "anormais". A tentativa de elaborar um quadro de referência coerente de lógicas psicológicas, que poderia fornecer uma base teórica para o nosso conhecimento prático de interpretação, foi o que me estimulou a escrever este livro. Procurei apresentar o processo de pensamento dinâmico presente na interpretação, indicando a complexidade e os diversos significados de cada constelação fatorial, dependendo da posição de todos os outros fatores, em vez de apresentar a interpretação de maneira simplificada. É possível que, após a leitura deste livro introdutório, alguns psicólogos e psiquiatras percam o interesse no Teste de Szondi, reconhecendo que ele, em vez de ser um novo instrumento "simplificado", que pode ser administrado em alguns minutos e interpretado com alguns minutos adicionais, é um método demorado, que deve ser aplicado pelo menos seis vezes na mesma pessoa e requer um longo processo de interpretação. Perguntaram-me se o Teste de Szondi é de "fato" um instrumento científico, capaz de determinar características mentais com a mesma facilidade e precisão com que a quantidade de hemoglobina pode ser medida no exame de sangue, ou se é um tipo de "instrumento inútil e impreciso como o Teste de Rorschach e a psicanálise". A resposta neste livro é um claro "não". Isso quer dizer, obviamente, que qualquer pessoa que considere o Teste de Rorschach e a psicanálise "inúteis e imprecisos" também ficará insatisfeita com o Teste de Szondi. Por seu próprio bem e pelo bem do teste, seria mais vantajoso se voltasse o seu interesse para outros campos que não técnicas projetivas.

No entanto, isso não significa que eu não perceba as deficiências deste livro introdutório, assim como, em certa medida, do nosso conhecimento atual sobre o teste, devido à falta de evidências rigorosas de validade quantitativa. Se não fossem as circunstâncias prementes expostas acima, eu teria preferido adiar o projeto de escrever um livro abrangente sobre esse método, até que tivesse obtido mais dados estritamente quantitativos, submetidos a análises estatísticas atualizadas para apoiar meus argumentos. Da forma como está, caberá à boa vontade do leitor aceitar praticamente todas as minhas definições sobre as diversas constelações fatoriais. Devo confiar, da mesma forma como faço no início do meu curso para principiantes, que a coerência interna do raciocínio interpretativo ajudará a manter o julgamento do leitor ou do aprendiz em suspenso, até que ele se convença da validade clínica das minhas afirmações por meio do uso efetivo do teste. Caso este livro tenha despertado e mantido o interesse até este ponto, fico bastante otimista, pois a coincidência das interpretações dos alunos com a evidência clínica independente é uma fonte constante de validação para mim e para eles. Além disso, o fato de as pessoas que dedicaram tempo suficiente ao estudo desse método sempre o considerarem um dos instrumentos diagnósticos mais úteis, e a observação de que há uma demanda crescente por "relatórios Szondi" após enviar os primeiros relatórios a clínicos ou psiquiatras, podem ser considerados uma validação, embora não o seja em termos quantitativos. Tenho total percepção da natureza autista desse raciocínio, pois, atualmente, sou a única pessoa que recebeu os dados cumulativos de todas essas validações clínicas individuais. Entretanto, essas experiências foram de extrema importância para mim, pois demonstraram que a teoria da interpretação do teste já alcançou um estágio de desenvolvimento que permite que seja ensinada com êxito, e sem muita dificuldade, a qualquer aluno de cursos mais avançados de psicologia clínica ou psiquiatria, requerendo apenas conhecimentos básicos nesses campos, alguma experiência com pacientes e certa "intuição" no que se refere às técnicas projetivas. Há seis anos ou mais, eu não teria sido capaz de enumerar as várias formações e características de personalidade tidas como necessárias para aprender o teste no formato de curso, em comparação à forma com que nós, alunos e colaboradores próximos de Szondi, o aprendemos à medida que nos desenvolvíamos com ele e participávamos das longas discussões diárias com Szondi sobre cada teste que aplicávamos no laboratório de psicologia ou na clínica ambulatorial que ele dirigia. Durante esse processo de aprendizado contínuo e gradual, muito foi fruto da observação empírica, pois ainda faltava uma explicação conceitual que pudesse, portanto, ser transmitida por meio de um ensino mais formal.

O sucesso do trabalho clínico dos psicólogos que aprenderam esse método há pouco tempo encorajou-me a organizar o material usual do meu curso neste livro. Espero apenas que ele atenda aos seus objetivos ao proporcionar um conhecimento básico de interpretação e ajude, assim, àqueles que planejam trabalhar efetivamente com o teste. Omiti completamente a apresentação de dados numéricos, mesmo os que estão disponíveis, em parte porque podem ser consultados no apêndice do livro de Szondi (*Experimentelle Triebdiagnostik*), e também porque esses dados não foram submetidos aos métodos estatísticos geralmente usados neste país.[1] No entanto, as tendências das análises de frequência em relação às várias faixas etárias e aos grupos clínicos são mencionadas e, se possível, acompanhadas por sugestões em relação aos processos psicodinâmicos subjacentes, que explicam o aumento ou a diminuição da frequência de uma determinada constelação em um determinado grupo de pessoas. A tentação de elaborar hipóteses de explicações psicodinâmicas foi grande, mas procurei limitar-me ao que considerava estritamente necessário para que os achados empíricos pudessem ter um significado psicológico e, também, para estimular novas pesquisas que possam ilustrar aquilo que, em minha opinião, constitui a potencialidade mais específica e mais interessante do Teste de Szondi, ou seja, seu uso com a finalidade de tornar visíveis os processos dinâmicos subjacentes aos rótulos dos diagnósticos de uma só palavra, geralmente usados.

O que mais desejo é que este livro introdutório ao menos indique possíveis caminhos para pesquisas mais específicas e sirva de guia de interpretação e, também, que ajude a distinguir os métodos adequados para tratar dados tão complexos, diferenciando-os daqueles que não são apropriados para tratar os dados obtidos com esse método.

Parece-me um tanto fora de lugar expressar qualquer agradecimento à pessoa que criou o teste, cujos ensinamentos foram imprescindíveis para que eu

---

[1] Estados Unidos da América. (N. R.)

fosse capaz de fazer a interpretação de um perfil. Também sinto que nenhuma maneira convencional de agradecimento faria justiça à minha dívida pelos incansáveis e ilimitados esforços, entusiasmo e tempo que Szondi dedicou, durante anos, para explicar e discutir suas ideias com os poucos de nós que tiveram o privilégio de trabalhar sob sua supervisão. A atmosfera única do trabalho entusiástico, o grupo coeso de colaboradores ao redor de Szondi, que, graças à sua inspiração pessoal e ao interesse comum que nos unia, continuou, quase fanaticamente, durante anos, esquecendo a formalidade ou o horário de trabalho e discutindo questões teóricas ou práticas até bem tarde da noite ou até o início da manhã, são impossíveis de descrever a quem não os vivenciou pessoalmente.

Ao organizar meu material, recebi ajuda de vários psicólogos, que foram muito gentis ao permitirem que eu usasse suas anotações feitas durante meus cursos. Em primeiro lugar, gostaria de agradecer ao "Grupo de Chicago", cujas anotações mimeografadas foram as mais completas, além de ser o primeiro grupo neste país a organizar uma reunião semanal regular, o "Seminário Szondi", sob a direção da Sra. Ruth L. Bromberg, destinado a todos os psicólogos treinados no uso do teste. Ruth L. Bromberg, Dra. Hedda Bolgar, Dra. Ann Elonen, Dra. Erika Fromm, Dra. Mary Grier-Jacques, Harriette Moore e Elleva Patten trabalharam, principalmente, na organização coletiva das suas anotações sobre Szondi, que resultou no plano de um curso muito útil, com catorze páginas. Mais tarde, as anotações de Stanley Friedman, Jerome Himmelchoch e Nina Diamond-Fieldstiel me foram muito úteis, pelas quais desejo expressar-lhes aqui os meus agradecimentos.

Gostaria de agradecer, também, a Henry Stratton por seu incentivo, e a David Spengler por sua compreensão e seu empenho na edição dos meus originais.

Susan Deri

1. Introdução

Há mais de dez anos, o Dr. Leopold Szondi, um psiquiatra húngaro, elaborou um teste de fotos que consiste numa série de fotografias de doentes mentais. O objetivo inicial desse teste era comprovar experimentalmente sua teoria sobre o papel dos genes recessivos latentes ao influenciar nossas reações psicológicas. Segundo sua teoria, os transtornos mentais representados no teste têm origem genética, e acreditava-se que as reações emocionais do sujeito diante dessas fotografias dependiam de algum tipo de similaridade entre a estrutura genética do paciente fotografado e a do sujeito que reagia à fotografia. A pessoa submetida ao teste deveria escolher as fotografias de que mais gostava e aquelas de que mais desgostava. Esperava-se que as evidências de validade relativas à origem genética das escolhas viessem da árvore genealógica do sujeito.

A apresentação detalhada e a avaliação crítica da teoria não serão encontradas neste livro. O leitor poderá consultar esse material nos seguintes livros de Szondi: *Schicksalsanalyse* e *Experimentelle Triebdiagnostik*.[1] *Schicksalsanalyse*, em especial, apresenta uma descrição minuciosa da teoria de Szondi sobre a função psicológica dos genes recessivos latentes, com um grande número de exemplos genealógicos concretos e árvores genealógicas.

Em seu segundo trabalho, Szondi descreve seu teste como um método experimental para demonstrar os efeitos psicológicos dos genes latentes, ao direcionarem nossas reações de escolhas espontâneas.

---

[1] L. Szondi, *Schicksalsanalyse*. Basel, Benno Schwabe, 1948; L. Szondi, *Triebdiagnostik*. Berna, Hans Huber, 1947.

Independentemente da aceitação ou não da teoria genética de Szondi, e sem considerar se seu teste seria a metodologia adequada para comprovar ou não sua teoria, o teste demonstrou empiricamente que é uma das técnicas projetivas mais úteis.

Este manual foi escrito apenas segundo essa óptica. Nos capítulos a seguir, o teste será descrito como uma técnica projetiva e o processo básico de interpretação será discutido com base em um enfoque puramente psicológico. Foi essa tentativa de construir um conjunto de argumentação lógica consistente e puramente psicológico destinado à interpretação do teste, além da intenção de complementar, e não substituir, a leitura de *Experimentelle Triebdiagnostik*, que me motivou a escrever este manual.

Devido ao privilégio de ter trabalhado com o Dr. Szondi, primeiro como sua aluna e, posteriormente, como colaboradora, desde os primórdios das suas experiências com o teste, estive na posição afortunada de poder assimilar sua maneira de pensar durante anos, nos quais nenhum dia se passava sem que houvesse intensas discussões sobre problemas gerais e específicos de interpretação. Só o entusiasmo sem paralelo de Szondi seria capaz de manter unido um grupo de alunos e colaboradores igualmente entusiasmados, sem qualquer organização formal, para os quais "o teste" foi o problema vital mais importante em todos esses anos, cujo fim foi marcado pela eclosão da Segunda Guerra Mundial. A guerra provocou a dispersão do grupo e, quando cheguei aos Estados Unidos, em 1941, não havia mais meios de me comunicar com o Dr. Szondi a respeito dos desenvolvimentos posteriores do teste. Durante esses anos ele trabalhou com o objetivo de estabelecer novas maneiras de interpretação e que também fossem mais formais, com sua teoria genética ocupando ainda uma posição central. Esses desenvolvimentos mais recentes dos métodos mais formais de interpretação estão descritos em seu livro *Experimentelle Triebdiagnostik*.

Nesses mesmos anos, meu pensamento sobre o teste encaminhou-se cada vez no sentido de considerá-lo uma técnica projetiva. A extensão dos princípios subjacentes às técnicas projetivas aplicadas ao teste de Szondi será discutida mais adiante. Meu objetivo ao escrever este livro era elaborar e apresentar uma série de pressupostos psicológicos dos quais possa ser derivada a interpretação dos perfis do teste. A ênfase está na tentativa de explicitar verbalmente as premissas psicológicas básicas, implícitas na interpretação de cada fator do teste. Esse trabalho de alternar alguns elos do processo de interpretação psicológica precisava ser feito, a fim de preencher a lacuna entre a situação de estímulo original de olhar determinadas fotografias e de, por fim, interpretar a personalidade, o que muitas vezes baseava-se apenas no conhecimento prático. Sem tentar preencher essa lacuna, ou rastrear nossos argumentos interpretativos, passo a passo, desde sua origem no material de estímulo, grande parte da interpretação pode parecer puramente intuitiva e mística. Na verdade, minha experiência no ensino desse método convenceu-me, mais do que nunca, de que não é esse o caso. Eu não diria que não existem certos tipos de personalidade com uma compreensão mais espontânea e "intuitiva" para interpretar do que outras, mas alguns aspectos básicos da interpretação podem certamente ser ensinados a qualquer aluno com conhecimentos avançados de psicologia clínica ou psiquiatria. A habilidade de interpretar nuances mais sutis e para captar a interdependência de configurações complicadas nos perfis do teste sempre dependerá do conhecimento psiquiátrico de quem interpreta. Segundo minha experiência, psicanalistas e psicólogos com boa base de conhecimento psicanalítico familiarizam-se com mais facilidade com a maneira de pensar necessária para fazer uma interpretação "profunda".

Para descrever os processos psicológicos básicos que fazem parte da interpretação, usarei também, além dos conceitos teóricos referentes à estrutura básica da personalidade que são próprios de Szondi, vários conceitos explicativos emprestados da Psicanálise de Freud e da Psicologia Vetorial[2] de Lewin. Os conceitos dinâmicos da teoria da organização da personalidade, sem implicações genéticas, porém dinâmicas, de Lewin são extremamente úteis para descrever determinadas premissas subjacentes ao funcionamento do Teste de Szondi. Meu modo de pensar conceitual sobre o teste foi muito influenciado pelos dois anos do trabalho de pesquisa junto ao Dr. Kurt Lewin neste país,

---

[2] Psicologia Topológica e Vetorial de Kurt Lewin. (N. R.)

não tanto pelas discussões específicas sobre o teste, mas pelo "meio ambiente conceitual" em torno dele e de seus colaboradores, o que me ajudou a enxergar alguns problemas relacionados ao teste de um novo ângulo. Por outro lado, além de aprofundar meu conhecimento sobre algumas teorias psicológicas, também pude perceber, mais do que antes, a concordância ou a relação existente entre os resultados de alguns experimentos e testes, além do Teste de Szondi, e as conclusões obtidas com base no Teste de Szondi. Este manual é o resultado de todas essas experiências mencionadas sucintamente acima e que adquiriu, aos poucos, a forma de um todo mais ou menos integrado ao longo do tempo de docência sobre esse método em diversas escolas.

Necessariamente haverá uma sobreposição do conteúdo deste livro com o conteúdo do *Experimentelle Triebdiagnostik*, embora tenha procurado limitar essa sobreposição ao mínimo. Como já mencionei, meu objetivo era tornar o método de Szondi mais acessível aos psicólogos que preferem adotar um quadro de referência puramente psicológico na interpretação. De acordo com isso, as principais diferenças entre o livro de Szondi e o meu manual são as seguintes:

1. Como já relatei, a teoria sobre a origem genética dos instintos e o papel dos genes recessivos latentes que supostamente influenciam nossa reação ao material de estímulo do teste são descritos apenas no livro de Szondi.
2. Szondi concentra seu raciocínio interpretativo em torno das categorias formais desenvolvidas mais recentemente por ele. Esse método será apenas tocado no meu manual; as respectivas tabelas podem ser consultadas no livro de Szondi.
3. Como princípio geral, apresentarei o pensamento qualitativo subjacente à interpretação e, em seguida, mencionarei as tendências características de diversos grupos de sujeitos, sem usar os dados numéricos contidos no apêndice do livro de Szondi.
4. Por fim, apresentarei vários exemplos de interpretações de casos clínicos.

2. Material do teste e técnica de aplicação

Natureza geral do teste

Antes de começar a descrever o material do teste e a técnica de aplicação, é necessário fazer um comentário geral sobre o teste, como: Qual aspecto da personalidade o teste pretende "avaliar"? Quais são seus campos de aplicação? Como se compara com outras técnicas projetivas?

Embora saiba que, logicamente, se espera que essas questões gerais sejam respondidas antes da apresentação dos detalhes técnicos específicos, adiarei a discussão minuciosa dessas questões até que o teste tenha sido descrito com mais detalhes. De acordo com essa ordem de apresentação, partindo do específico para o mais geral, respostas para muitas questões surgirão de modo natural da discussão, evitando referências a aspectos do teste que ainda não tiverem sido debatidos.

Uma ideia mais geral em relação ao que o teste pretende revelar é indicada pelo nome "técnica projetiva". Hoje, com o crescente interesse por esse tipo de investigação da personalidade, parece quase redundante repetir o objetivo comum a todos esses métodos. É sabido que a finalidade de todas as técnicas projetivas é a de criar uma situação de aplicação do teste, que, devido à ambiguidade do material de estímulo e da característica geral das instruções, permite que o sujeito expresse seu "mundo particular", sem saber o que de fato está revelando. O conteúdo exato desse "mundo particular" seria difícil, senão impossível, de definir, mas sabemos que, dependendo da natureza específica do material de estímulo, seu significado poderá ter alguma variação. Como uma tentativa de superação dessa constrangedora incerteza conceitual, foram desenvolvidos alguns conceitos vagos e abrangentes na literatura recente sobre técnicas projetivas.

Os conceitos mais usados para definir o objeto revelado pelas diversas técnicas projetivas são, além do "mundo particular do sujeito", "a estrutura básica da personalidade" ou "os aspectos dinâmicos da personalidade". Na verdade, embora sejam conceitos vagos, essas expressões são bastante adequadas para enfatizar a tendência de todos esses métodos de apresentar a personalidade como um organismo complexo, que não pode ser dividido em aptidões ou características funcionalmente separadas. Esses conceitos também refletem nosso atual estágio de conhecimento, ou melhor, nossa falta de um conhecimento preciso sobre o que é realmente a personalidade. O fato de, por enquanto, sabermos o que ela *não* é – ou seja, que não é um conjunto de "características" separadas e bem definidas, que podem ser medidas de forma independente por escalas estritamente quantitativas – marca uma etapa importante no desenvolvimento da psicologia "humana". No domínio dos testes, as técnicas projetivas são os únicos instrumentos que fazem jus à concepção holística e dinâmica da personalidade.

À luz dessas considerações, podemos dizer que o objetivo do Teste de Szondi é apresentar a personalidade como um todo dinâmico e funcional. Mais especificamente, ele concebe a personalidade como algo que consiste de um certo número de sistemas de necessidade (ou pulsão) e que reflete a distribuição quantitativa das tensões inerentes a esses sistemas de necessidade, além da maneira como o indivíduo lida com as tensões dessas necessidades. Seu campo de aplicação é, também, semelhante ao de outras técnicas projetivas; em outras palavras, é um instrumento de diagnóstico de uso clínico ou para a interpretação da personalidade denominada normal, para a orientação vocacional, em psicologia social experimental e em vários campos de pesquisa. Como o Teste de Szondi, mais do que qualquer outra técnica projetiva, apresenta a personalidade como um processo dinâmico, sujeito a flutuações constantes por meio da acumulação e descarga das tensões das diferentes necessidades, o teste é particularmente adequado para acompanhar e tornar visíveis determinadas mudanças psicodinâmicas, como as alterações psíquicas durante ciclo paroxístico epiléptico ou os efeitos de vários procedimentos terapêuticos. A comparação do Teste de Szondi com outras técnicas projetivas não pode ser feita antes de se dizer mais sobre esse teste.

Material e aplicação

O material do teste consiste em 48 fotografias de 5,1 cm de largura e 7,6 cm de comprimento. Cada fotografia representa o rosto de um paciente psiquiátrico. As fotografias dividem-se em seis conjuntos, ou séries, com oito fotografias cada um. Cada conjunto contém a fotografia de um homossexual, um sádico, um epiléptico, um histérico, um esquizofrênico catatônico, um esquizofrênico paranoide, um maníaco-depressivo em fase depressiva e um maníaco-depressivo em fase maníaca. Assim, no teste como um todo, cada doença mental é representada por seis fotografias.

No verso de cada cartão há algarismos romanos, indicando o número da série, e algarismos arábicos, mostrando a posição da foto nas séries, além das letras iniciais do distúrbio mental específico representado pela fotografia.

As séries, com oito fotografias cada uma, são apresentadas consecutivamente ao sujeito com os cartões de cada série dispostos diante do sujeito em duas linhas de quatro fotografias, de modo que os numerais de 1 e 8 estejam numa linha vertical. Para evitar que os cartões se sujem, vários psicólogos que trabalham com o Teste de Szondi sugeriram cobrir as fotografias com papel celofane. Isso não é aconselhável, pois a inserção do celofane entre a fotografia e o sujeito pode causar alguma distorção no efeito visual, em consequência do reflexo da superfície brilhante do papel.

A tarefa do sujeito consiste em escolher, de cada série, as duas fotografias que mais lhe agradam e as duas que mais lhe desagradam. É impossível indicar um enunciado exato das instruções, uma vez que durante a aplicação de uma técnica projetiva sempre pode haver variações individuais de acordo com a necessidade de cada caso. No entanto, é possível apresentar algumas sugestões de instruções verbais. Como introdução, o examinador poderá dizer: "Vou lhe apresentar algumas fotografias de várias pessoas e tudo que precisa fazer é dizer para mim de quais você gosta mais e quais são as que mais lhe desagradam (ou de que gosta menos). Não há escolhas certas ou erradas, porque gostar ou não desses rostos é uma questão pessoal".

Depois dessa introdução, o examinador apresenta a primeira série de oito fotografias na ordem indicada acima. Após dispor as oito fotografias, o examinador diz para o sujeito: "Agora olhe todos esses rostos e, primeiro, escolha os dois de que mais gosta e, depois, dois de que menos gosta. Não pense muito, seja espontâneo (ou rápido), você não precisa dar nenhuma justificativa para a sua escolha". Em geral, não é feito um registro do tempo exato para fazer as escolhas, exceto com a finalidade específica de pesquisa, mas, caso necessário, pede-se que o sujeito faça suas escolhas sem hesitação ou muita demora. O sujeito não pode alterar a ordem das fotografias, ou pegar qualquer uma para ver mais de perto. Em outras palavras, a ordem das fotografias, uma vez dispostas sobre a mesa, não deve mudar nunca. Depois das instruções verbais, alguns sujeitos fazem uma série de perguntas como "O que você quer dizer com gostar ou não gostar?". (Isso é particularmente verdadeiro em se tratando de intelectuais e, especialmente, de psicólogos.) Essas perguntas não devem ser levadas muito a sério, e de forma alguma o examinador deverá cair na tentação de começar a fazer digressões filosóficas ou psicológicas sobre os conceitos de "gostar" e "não gostar" de uma maneira geral. Toda tentativa dessa natureza por parte do examinando deve ser interpretada (mas não verbalmente) como uma resistência, na forma de fuga por meio da intelectualização. Os perfis do teste desses sujeitos costumam apresentar características obsessivas. Caso o sujeito peça por orientações mais precisas, ou diga que todas as fotografias são tão "horríveis" que é impossível gostar de qualquer uma delas, ou que todos parecem ser pessoas "boas" e que não dá para desgostar de nenhuma delas, o examinador deve reformular o enunciado de forma evasiva. Nesses casos, costumo obter resultados satisfatórios, dizendo "Imagine que você está fechado numa sala com essas oito pessoas e ninguém mais. Quais seriam as duas pessoas que gostaria que sentassem perto de você para conversar? Quais seriam as duas pessoas que você menos gostaria que sentassem ao seu lado?". Pela minha experiência, não é necessário dar mais orientações, a menos que seja preciso repetir a mesma instrução com um tom de voz diferente, indicando mais claramente que se espera que o procedimento seja concluído rapidamente. Em geral, essas variações não são necessárias, e a maioria dos sujeitos escolhe as fotografias de que gostam ou não gostam sem muita dificuldade, mesmo fazendo comentários depreciativos sobre o teste, como se fosse uma "tolice". A maior parte das dificuldades é apresentada por neuróticos compulsivos e nos casos de depressão psicótica, principalmente se houver um forte componente paranoide. Esses são os sujeitos que não querem "julgar" ninguém apenas pela fisionomia, ou que acham que todas as pessoas são "basicamente boas". As maneiras de atenuar esses sentimentos de culpa dependem da criatividade de qualquer examinador bem formado. Todavia, é importante que o examinador tenha recebido um bom treinamento. A aplicação do teste jamais deve ser delegada a pessoas sem treinamento psicológico; e tampouco o material deve ser entregue ao sujeito com o objetivo de autoaplicação. É importante enfatizar esse ponto, porque a aparente simplicidade da aplicação do teste é enganosa, e fiquei surpresa ao saber que mesmo psicólogos muito bem treinados algumas vezes recorreram a esse método. Na verdade, não é uma tarefa fácil dar uma explicação lógica do motivo por que a autoaplicação do teste, no caso de pessoas inteligentes, não funciona; ainda há indicações de que a presença ou a ausência de um examinador influencia os resultados até certo ponto. Não existem resultados experimentais sistemáticos para esclarecer melhor essa questão; no entanto, baseio meu palpite a esse respeito nas diversas séries de perfis que identifiquei entre várias séries, em razão dos tipos incomuns de mudanças que ocorriam de um teste para outro. Essas séries "atípicas", em que as interpretações usuais das mudanças súbitas não coincidiam com a descrição da personalidade real, eram todos casos de autoaplicação. Essas observações acidentais indicam que seria desejável pesquisar mais o papel do examinador. Uma teoria plausível seria a de que a presença de outra pessoa afeta de algum modo os mecanismos ainda desconhecidos de controle, ao enfatizar a função do superego. Se os perfis dos testes autoaplicados fornecem, ou não, uma imagem mais "verdadeira" da personalidade ainda é uma questão a ser discutida, mas sabemos que nosso conhecimento empírico de interpretação está fundamentado em milhares de perfis de testes que não foram autoaplicados.

Agora que discutimos as dificuldades que podem surgir ao transmitir as orientações aos sujeitos, passemos à descrição da aplicação em si. Depois que o sujeito escolheu as duas fotografias de que *mais gosta*, nós as colocamos sobre a mesa à nossa frente, com a fotografia virada para cima, de modo que o sujeito não veja as iniciais que estão no verso. Depois que o sujeito escolheu as duas fotografias de que *menos gosta*, começamos a empilhá-las ao lado daquelas de que ele *gosta*, também com a imagem virada para cima. As quatro fotografias restantes são recolocadas no compartimento correspondente da caixa.[1] Esse procedimento é repetido com todas as seis séries, e ao fim temos duas pilhas de fotografias diante de nós, uma com as doze que mais agradaram e a outra com as doze que mais desagradaram. Na próxima etapa dispomos diante do examinando as doze *que mais agradaram* e pedimos que ele escolha as quatro de que mais gosta.[2] A instrução habitual é a seguinte: "Agora vou lhe apresentar novamente as doze fotografias de que você gosta mais, para que escolha em ordem as quatro das quais mais gosta entre elas". As doze fotografias são alinhadas em três fileiras de quatro fotografias cada uma. O mesmo procedimento de "escolha final" é repetido com as doze *que mais desagradaram*, com a instrução de que agora deverá escolher as quatro das quais gosta menos. Quando terminar a aplicação do teste, o examinador deverá registrar imediatamente as reações de escolha na folha de protocolo. Na metade superior da folha de protocolo as escolhas são registradas graficamente na forma de um perfil do teste.

No perfil do teste as oito colunas com as pequenas iniciais no topo simbolizam as oito doenças mentais representadas no teste. A partir deste momento, iremos nos referir a essas oito categorias como os oito fatores seguintes: h = homossexual, s = sádico, e = epiléptico, hy = histérico, k = catatônico, p = paranoide, d = depressivo, m = maníaco. Cada quadrículo acima da linha

---

[1] A caixa do teste está dividida em seis compartimentos, cada um contendo um jogo de oito fotografias. (N. R.)
[2] Atualmente esta segunda escolha não faz parte do procedimento habitual, tendo sido substituída pela escolha que permite determinar o *Perfil complementar empírico*. (N. R.)

zero indica a escolha *positiva* nesse fator específico e cada quadrículo abaixo da linha zero representa a escolha *negativa*.[3] Em cada fator registramos o número de escolhas *positivas* preenchendo com lápis vermelho o número correspondente de quadrículos acima da linha zero (indicados aqui com quadrículos hachurados) e as escolhas negativas nos quadrículos abaixo da linha zero preenchendo o número correspondente com lápis azul (indicados aqui por quadrículos pretos). Assim, depois de desenhar cada perfil, ele consistirá em doze quadrículos vermelhos e doze azuis. As escolhas finais das quatro fotografias que mais e menos agradaram podem ser registradas num perfil em separado ou na mesma folha de protocolo, ou, ainda, essas quatro finalistas e quatro escolhas podem ser marcadas com um sombreado mais forte no perfil original do teste, de modo que as oito escolhas finais estejam destacadas sobre o fundo com as 24 escolhas originais (ver figura 1).

A metade inferior da folha de protocolo permite registrar as 24 escolhas por suas iniciais. As doze escolhas *positivas* são registradas sob *simpatia* e as doze *negativas,* sob *antipatia*. Os algarismos romanos nessa parte da folha de protocolo indicam o número das séries de I a VI, de modo que tudo que temos de fazer é escrever no respectivo quadrículo as iniciais indicadas no verso da fotografia. As oito escolhas finais são registradas por meio de um círculo sobre iniciais das fotografias escolhidas na fase "final" do teste. A ordem das escolhas finais deve ser indicada acrescentando-se algarismos arábicos pequenos ao lado dos círculos.

O examinador *jamais* deverá se apoiar apenas na representação gráfica do perfil do teste, sem registrar também as iniciais das fotografias escolhidas. A marcação das iniciais deve ser feita durante o processo de aplicação do teste, e a representação gráfica do perfil do teste deve se basear na contagem das escolhas indicadas pelas iniciais, devendo sempre ser feita imediatamente após a conclusão efetiva da aplicação do teste. Esse procedimento deve ser obedecido sempre, não só como um mecanismo de controle, mas também para manter os

---

[3] Seguindo as diretrizes da International Szondi Association [Sociedade Internacional de Szondi], adotamos o termo escolha positiva para as fotos que mais agradaram e escolha negativa para as fotos que mais desagradaram. (N. R.)

INTRODUÇÃO AO TESTE DE SZONDI

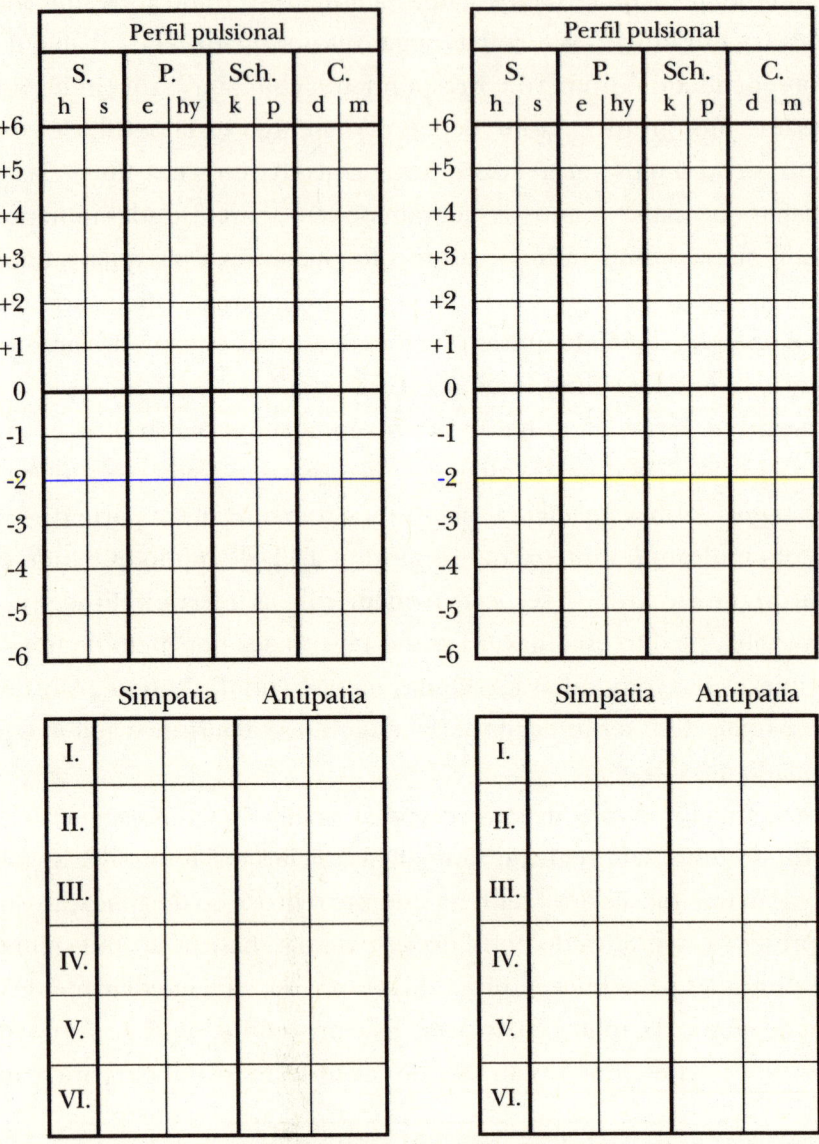

Figura 1: Folha de Protocolo do Perfil do Teste.

registros das fotografias específicas escolhidas em cada série. Essas informações podem ser úteis para pesquisas posteriores sobre a importância da sequência das escolhas. Já dispomos de algum conhecimento sobre a relevância específica das primeiras escolhas.

A aplicação do teste deve ser repetida ao menos seis vezes, de preferência dez vezes, com no mínimo um dia de intervalo entre as aplicações, para que se possa fazer uma interpretação clinicamente válida da personalidade. Em geral, o intervalo mínimo de um dia deve ser mantido, salvo na ocorrência de alguma experiência específica (crise epiléptica, introdução de alguma medicação, hipnose, etc.), quando o intervalo poderá ser diminuído.

Uma experiência de aplicação do teste duas vezes no espaço de poucas horas foi conduzida por Molly Harrower, que aplica o Teste de Szondi no início de uma longa sessão de testes, consistindo em várias técnicas projetivas e um teste de inteligência, e uma segunda vez no fim da sessão. Ainda não foi avaliado se os resultados das mudanças ocorridas entre o primeiro e o segundo teste, nessas condições, podem ser interpretados segundo o princípio de que os testes devem ser aplicados com um intervalo de pelo menos um dia. De qualquer modo, o fato de ter havido mudanças mesmo num período curto de tempo indica a necessidade de investigar mais o sentido psicológico dessas mudanças de "curto prazo". Com base na minha limitada experiência com reaplicações em intervalos curtos de tempo, inclino-me a pensar que a dinâmica subjacente a essas mudanças e àquelas que ocorrem em intervalos maiores não são idênticas. Uma hipótese plausível seria de que as mudanças que ocorrem após algumas horas resultam do efeito psicológico imediato de ter sido exposto ao mesmo material de estímulo uma ou duas horas antes. Variáveis como saciedade ou um relaxamento superficial imediato de tensões por meio da reação afetiva ao material do teste podem ser responsáveis pelas mudanças. A exposição a outros testes projetivos pouco antes da segunda aplicação do Teste de Szondi também pode, da mesma maneira, afetar os resultados.

Quando repetimos o teste, as instruções têm de ser ligeiramente modificadas. A finalidade dessa modificação é eliminar o efeito da memória. O sujeito precisa entender que o objetivo da reaplicação do teste *não* é verificar a consistência das suas reações; temos de deixar bem claro que isso *não* é um teste dissimulado de memória, mas que estamos interessados em ver "como ele se sente hoje em relação a essas fotografias".

Em geral, inicio a segunda aplicação do teste dizendo "Vou lhe mostrar as mesmas fotografias que vimos outro dia. Escolha de novo as duas de que você mais gosta e as duas de que menos gosta em cada série, porém não pense que deve escolher as mesmas do outro dia. Às vezes, quando estamos com um humor diferente, preferimos um tipo diferente de pessoa. Então, vá em frente e escolha aquelas de que gosta mais e aquelas de que gosta menos, sem se preocupar se são ou não as mesmas da última vez".

Além do tipo de folha de protocolo reproduzida anteriormente, há outro tipo de folha de registro[4] (Figura 5), na qual o examinador pode registrar séries de dez perfis de teste numa única folha de protocolo. É aconselhável usar esse tipo de folha de protocolo quando se interpreta casos individuais não só por causa dos dez perfis do teste, mas também porque ele permite fazer algumas classificações formais e cálculos com base na série completa de dez perfis. (As orientações sobre o preenchimento dessa parte da folha de protocolo serão apresentadas na discussão sobre métodos de interpretação de uma série de dez perfis.)

A folha de protocolo com dois perfis é usada quando sabemos que não vamos aplicar uma série completa. Para várias finalidades de pesquisa, em que os perfis únicos são considerados apenas como membros de um grupo, e os dados são usados em análises estatísticas de grupo, é permitido usar um ou dois perfis para cada sujeito.

---

[4] Publicado por Hans Huber, Berna, Suíça; distribuidor norte-americano Grune and Stratton, Nova York.

3. A experiência de associação fatorial

Antes de discutir os princípios básicos da interpretação, gostaria de mencionar um uso adicional do Teste de Szondi, a "experiência de associação fatorial". Ela consiste em pedir ao sujeito que conte histórias sobre as fotografias escolhidas positivamente e negativamente no "teste final". A possibilidade de aplicar essa parte da experiência em geral depende do tempo disponível do examinador. Sempre que possível, pede-se ao sujeito que faça associações livres sobre as oito fotografias escolhidas no teste final, ou, idealmente, sobre as 24 fotografias escolhidas durante a parte principal da aplicação do teste. As associações assim obtidas são extremamente valiosas não só porque alcançamos uma projeção verbal do material, útil para interpretações detalhadas da personalidade, especialmente quando o diagnóstico diferencial entre neurose, pré-psicose e psicose é questionável, mas também porque as associações permitem que tenhamos uma compreensão de como o material de estímulo afeta o sujeito. A experiência demonstrou que as fotografias representativas das oito categorias diagnósticas que fazem parte do teste evocam diferentes tipos de associação. Associações fornecidas a fotografias do mesmo fator em geral costumam ter algo em comum e, de alguma forma, refletem a característica psicológica especial da respectiva categoria doentia. A seguir, alguns exemplos.

Sujeito: 46 anos, sexo masculino; diagnóstico: esquizofrenia paranoide; estímulo: fotografia Vh. "Um garoto de uns dezesseis a dezoito anos. Vai para a escola. Ainda está sob os cuidados dos pais. Todos gostam dele. Quando as pessoas chegam à minha idade, falta amor. Talvez ele (o garoto da fotografia) esteja apaixonado, mas, se estiver, tenho certeza de que está na fase inicial."

A associação do mesmo sujeito fornecida para a fotografia IVe. "Um homem mais velho, com jeito de ser um profissional inteligente. Muitas coisas podem ser ditas sobre ele. Sinistro, mas não rude. Tenho certeza de que ele não quer ser rude." Outra associação para a fotografia II*hy* do mesmo sujeito. "Mulher de meia-idade, expressão mal-humorada. Talvez seja casada, mas é indiferente à sua família e a negligencia. Os olhos semicerrados também revelam que ela não quer ver a família. Ela não parece sincera; é uma hipócrita." Outra associação do mesmo sujeito referente à fotografia V*m*. "Um homem mais velho, possivelmente um homem de negócios. Ele é casado e vive muito feliz com a família. Talvez tenha uma vida familiar mais calorosa do que as pessoas costumam ter. Apesar do sorriso, sua expressão facial demonstra certa preocupação."

Os exemplos de associações seguintes são de um paciente esquizofrênico catatônico, que se recusava a fazer qualquer outro teste. Embora suas associações sejam escassas, revelaram o caráter específico dos vários fatores que serviram de estímulo: o examinando é um paciente de um hospital estadual, de 21 anos. Diagnóstico: esquizofrenia catatônica.

Associação da fotografia IV*h*. "Um estudante universitário. Solteiro. Sem dúvida, é solteiro. Pode-se ver em seu rosto que é solteiro." Fotografia VI*s*. "Eu não o conheço. Pode ser um boxeador. Uma pessoa séria. Saudável. Tenho certeza de que quer se casar. Está apaixonado. Deve ter uns 31 anos." Fotografia I*s*. "Aspecto depravado, capaz de qualquer coisa. Um vagabundo, um desertor. Está se escondendo da polícia. É um lutador, um lutador internacional." Fotografia III*hy*. "Ele é chinês ou japonês. Talvez um espião, ou um padre." VI*hy*. "Um espião. Velho e preocupado. Pode ser esquimó ou um russo." V*p*. "Esse tem formação universitária, com certeza." Associação para a fotografia III*d*. "Pobre mulher trabalhadora. Tem muitos problemas financeiros. Está sob feitiço do demônio. Teve muita dor e tristeza na vida. Mas é uma mulher diligente."

Os exemplos a seguir são de associações fornecidas por uma mulher de 53 anos, funcionando razoavelmente bem (uma mulher que nunca sentiu necessidade de procurar ajuda psiquiátrica, o que pode ser considerado uma definição operacional de saúde). V*s*. "Pode ser um professor universitário alemão, mas também pode ser um esportista. Talvez eu tenha achado que é um

I s	I k	II s
II hy	II p	III hy
III k	III d	IV h

IV e	IV p	IV d
IV m	V h	V p
V m	VI s	VI hy

esportista por causa dos seus músculos, se estiver vestido (a fotografia mostra o rosto de perfil e o ombro nu de um homem) pode parecer um professor, um pedagogo." II*s*. "O cabelo no peito dele é repugnante. Pode ser um cirurgião." VI*s*. "Oh, não gostei desse homem. Um bandido, um criminoso violento, brutal, ignorante. Ele tem um olhar maligno. E pode até mesmo derrubar alguém com um soco, ele preferiria cometer um ato de violência física, em vez de roubar." IV*p*. "Gostei deste. Pode ser um professor. Totalmente intelectual." II*p*. "Gravemente psicótico. É possível que tenha delírios e precise ser internado." VI*hy*. "Essa mulher me lembra uma costureira que costumava trabalhar em nossa casa. Era uma solteirona amargurada. Esta também não é normal, mas não está internada. Está frustrada, triste e amargurada." Associação para a fotografia IV*m*. "Esta parece ser algum tipo de cantora, mas não uma boa cantora. Para isso teria de ser mais bonita. Deve ser algum tipo de animadora de uma boate, uma boate barata."

O último conjunto de exemplos é de um professor universitário de química de 58 anos, sem problemas psiquiátricos. Fotografia VI*e*. "Esta parece uma idiota. Eu não a contrataria para o trabalho mais baixo. É tão estúpida que poderia fazer qualquer coisa inesperada, poderia até matar em um rompante, embora não seja esquizofrênica." I*k*. "Ela é louca. Posso imaginá-la simplesmente sentada durante horas, ficando agitada de tempos em tempos. Ela parece uma retardada mental. Eu teria medo dela." III*k*. "Não é tão assustadora como a outra. Não tem uma índole especialmente má, mas é bem idiota. Não se vê pessoas assim na cidade. Ela vive num vilarejo, enjaulada, e nunca tem contato com outras pessoas." IV*d*. "Astuta, calculista e fanática ao mesmo tempo. Uma pessoa não confiável."

Esses exemplos foram inseridos aqui para ilustrar os tipos de associação evocados pelas fotografias; no entanto, sua total implicação psicológica provavelmente só poderá ser entendida depois da discussão do significado interpretativo dos fatores. Algumas tendências interessantes nos exemplos mencionados podem ser destacadas aqui. Há duas associações referentes às fotografias *h* (V*h* e IV*h*) fornecidas por duas pessoas diferentes. Uma delas expressou a característica comum às duas associações ao enfatizar a imaturidade heterossexual da pessoa representada na fotografia ("É solteiro. Sem dúvida, é solteiro" "... se estiver, tenho certeza de que está na fase inicial"). De acordo com nossa teoria, é só a ênfase no terno amor pré-genital em contraposição ao amor heterossexual real, direcionado para um objetivo, que é característico do fator *h*, sendo que as reações a fotografias *h* devem ser interpretadas à luz dessa teoria.

"Ainda está sob os cuidados dos pais", "todos gostam dele" e a expressão de desejo de receber ele mesmo esse tipo de amor estão em conformidade com nossa interpretação do fator *h*, acima.

Cinco associações referentes a quatro fotografias *s* fornecidas por duas pessoas diferentes foram citadas no sentido literal. As características comuns nas associações foram a ênfase na força física e na agressão. É interessante que nesses breves exemplos praticamente uma lista completa das várias possibilidades de extravasar a agressão, em diferentes níveis de sublimação, foi mencionada. Em ordem, foram as seguintes: "com um soco", "... preferiria cometer um ato de violência física, em vez de roubar". (Sempre interpretamos roubo mais como um tipo de crime *h* do que um crime tipo *s*.) Em seguida, o primeiro passo na socialização da agressão física: "um lutador", "um boxeador", "um esportista". Depois, as formas mais sublimadas de agressão: "um professor, um pedagogo, um professor universitário alemão", "um cirurgião".

As diferentes possibilidades de interpretação do fator *s* correspondem exatamente a essas associações. Houve duas associações para duas diferentes fotografias *e*, fornecidas por dois sujeitos. A dualidade básica referente à maneira de lidar com impulsos agressivos, que, segundo nossa teoria, é subjacente ao significado psicológico do fator *e*, está perfeitamente refletida nessas duas associações. A ênfase exagerada no aspecto do controle emocional forçado é expressa nas frases "sinistro, mas não rude" e na insistência "tenho certeza de que ele não *quer* ser rude". De maneira similar, a outra fotografia *e* (VI*e*) é vista como "idiota" e calma no momento, mas potencialmente perigosa: "poderia fazer qualquer coisa inesperada, poderia até matar em um rompante...". Essa descrição coincide precisamente com nossa teoria sobre a psicodinâmica subjacente a um ataque epiléptico.

3. A EXPERIÊNCIA DE ASSOCIAÇÃO FATORIAL

Quatro associações para três fotografias *hy* fornecidas por três sujeitos diferentes foram citadas acima. Os elementos comuns a essas associações são: os rostos vistos nas fotografias *hy* foram descritos como se expressassem algum tipo estranho de interpretação de papel, ou fizessem referência a alguma perturbação no campo da expressividade emocional; no entanto, não se dá no sentido de emoções violentas e agressivas (como no fator *e*), mas no sentido da capacidade de exprimir emoções afetivas. Por exemplo, "talvez seja casada, mas é indiferente à família e a negligencia"; "ela não quer ver a família"; "não é sincera"; "hipócrita"; "chinês", "japonês", "esquimó", "russo". As últimas associações indicam um padrão de comportamento incomum. Do mesmo modo, as associações de "espião" e "padre" revelam o sentimento de que a pessoa está agindo ou se escondendo atrás de diversos papéis. O significado do fator *hy* é descrito como necessidade de realizar atividades exibicionistas que, dependendo da atitude do sujeito em relação a essa necessidade, pode resultar numa manifestação direta de afeto ou em esconder o afeto real por trás do papel desempenhado. Duas associações relacionadas a duas fotografias diferentes do fator *k* foram fornecidas pela mesma pessoa. Ambas expressaram a característica psicológica mais importante da catatonia, isto é, a ausência de comunicação emocional com o meio ambiente. Essa peculiaridade dos esquizofrênicos catatônicos constitui também o cerne da interpretação do fator *k*. Nas associações acima essa característica aparece na descrição de uma pessoa cuja fisionomia na fotografia é representada por "sentada durante horas" ou pela declaração de "não se vê pessoas assim na cidade. Ela vive num vilarejo, enjaulada, e nunca tem contato com outras pessoas".

As associações às três diferentes fotografias do fator *p* foram feitas por dois sujeitos. As três associações, ainda que breves, contêm elementos tipicamente paranoides, um diretamente no nível patológico, descrevendo a pessoa como tendo "delírios" e "internada", e os outros dois fazendo menção a formas sublimadas de características paranoides, ao enfatizar o ar "intelectual" das pessoas representadas nas fotografias *p*. A interpretação da acentuada tendência para a sublimação intelectual, como "variação normal" de tendências paranoides, será discutida em detalhes em conexão com a interpretação do fator *p*.

Dois sujeitos forneceram duas associações para as fotografias do fator *d*. Ambas estão alinhadas, sem qualquer interpretação do significado do fator *d*, embora nesse caso seja até mais difícil do que nos anteriores indicar o "denominador" comum das duas associações. A preocupação com valores materiais e reações emocionais, tanto negativas quanto positivas, quanto à perda desses valores, está refletida nas duas associações. O sujeito psicótico descreve a mulher representada na fotografia III*d* como "pobre", com "problemas financeiros" e "muita dor e tristeza na vida", mas é "diligente". O outro sujeito descreveu o homem que aparece na fotografia IV*d* como "astuto, calculista" e "não confiável". Essas características correspondem bem à nossa interpretação do fator *d* vinculada ao que os psicanalistas referem como caráter "anal".

As associações às fotografias *m* são ilustradas por meio de exemplos fornecidos por dois sujeitos diferentes para duas fotografias *m* distintas. A característica comum às duas associações é a ênfase no aspecto "mundano", a tendência a associar tipos de indivíduos que tentam aproveitar as coisas. "Homem de negócios... vive muito feliz com sua família", "talvez tenha uma vida familiar mais calorosa do que as pessoas costumam ter", ou a descrição do outro sujeito de uma mulher representada na fotografia IV*m* como uma "cantora de boate, entretendo as pessoas" são exemplos típicos de associação ao fator *m* centrados no que é referido como caráter "oral".

Esses exemplos ilustrativos de associações verbais não são, obviamente, uma "prova" no estrito senso da palavra, mas revelam os diferentes modos específicos pelos quais o material de estímulo desse teste afeta o sujeito. É muito plausível considerar que essa mesma perspectiva e os mesmos processos projetivos expressos nas associações verbais operem nas escolhas positivas e negativas das fotografias, sem associações verbais explícitas. Em outras palavras, o material verbal obtido com a experiência de "associação fatorial" apoia nossa teoria em relação ao caráter de valência específico dos oito fatores de uma forma mais direta. O fato de o teste "funcionar" deve ser aceito como uma prova prática de que algo essencialmente característico foi expresso e que evocou uma reação às fotografias usadas como material de estímulo. No entanto, essa é uma forma mais indireta de raciocínio, que se apoia na capacidade de formular associações verbais evocadas por nada mais que a fotografia que corresponde ao estímulo, refletindo coerentemente alguns aspectos daquilo que consideramos ser a psicodinâmica básica subjacente a uma categoria diagnóstica específica, ou, na terminologia do teste, aos fatores particulares.

Os 22 exemplos de associações sozinhos não são convincentes o suficiente para validar nossas hipóteses em relação ao significado dos oito fatores, especialmente para aqueles que ainda não começaram a trabalhar com o teste e a reunir material de associação por si mesmos. Na verdade, os exemplos citados acima foram selecionados aleatoriamente entre centenas de associações, e representam o tipo de material usualmente obtido por meio da experiência de associação fatorial. Justamente por esse tipo de material ser extremamente valioso para legitimar os diversos aspectos das hipóteses subjacentes à interpretação, seria desejável fazer um estudo mais sistemático dele. Caso fossem empregadas categorias adequadas na análise do material verbal, a quantificação dos resultados se tornaria viável, e, uma vez de posse dessas informações, grande parte das suposições subjacentes à interpretação, ainda tidas como místicas, adquiriria a condição de teoria "empiricamente comprovada".

Com base nos exemplos citados, tentei descrever pelo menos uma possível maneira de analisar associações fatoriais, e não há motivo para que esses mesmos princípios não sejam aplicados à análise de amostras mais amplas. O conhecimento e a compreensão profundos da interpretação psicodinâmica de cada fator é um pré-requisito essencial para empreender esse tipo de pesquisa.

Além de ilustrar uma metodologia, o propósito de incluir este escopo de análise de associações é fazer uma abordagem geral primordial à interpretação dos oito fatores. Espero que esses exemplos concretos facilitem a compreensão de algumas premissas implícitas na interpretação, que serão discutidas nos capítulos seguintes.

4. Princípios gerais de interpretação

O significado básico dos fatores

Como dito anteriormente, o objetivo deste manual é apresentar uma série de pressupostos puramente psicológicos com base nos quais a interpretação dos perfis do teste pode ser derivada. Nossa primeira tarefa é encontrar um princípio geral que explique o significado das escolhas, independentemente do significado específico dos diversos fatores. Em outras palavras, procuramos uma interpretação geral que seja válida para todos os oito fatores. Essa interpretação pode ser encontrada no conceito de necessidade pulsional, sistema pulsional ou força pulsional. Na verdade, todos esses termos podem ser usados para expressar o significado básico comum a todos os oito fatores, uma vez que esses fatores correspondem a necessidades dinâmicas no organismo que agem como forças motoras, no sentido de induzir uma pessoa a fazer determinadas ações e a escolher ou evitar determinados objetos. A função dessas ações, escolhas de objetos ou do ato de evitá-los é reduzir a tensão existente em virtude de uma necessidade não satisfeita. Portanto, o grau de tensão em um determinado sistema de necessidade depende da existência ou não de maneiras adequadas para descarregar a tensão por meio de atividades específicas. O tipo específico de atividade e o tipo específico de objeto-alvo requerido para liberar a tensão serão definidos pela qualidade do sistema pulsional particular que, devido à sua tensão elevada, atua como uma força impulsionadora. Lewin formulou essa teoria dinâmica das necessidades pulsionais afirmando que, dependendo do estado de tensão dos diversos sistemas de necessidades pulsionais do organismo, diferentes objetos do meio ambiente adquirem um caráter de valência.

O conceito de tensão pulsional é uma explicação teórica que só pode ser deduzida pela presença de certas atividades dirigidas para objetivos. No sentido genérico, uma atividade orientada para um objetivo pode significar uma tentativa positiva de alcançar um determinado objeto-alvo, como uma evitação direcionada de um determinado objeto. No primeiro caso, dizemos que o objeto tem uma valência positiva; no segundo caso, referimo-nos ao objeto evitado como representante de uma valência negativa.

A teoria dinâmica da ação de Lewin tinha de ser recapitulada, porque a escolha de determinadas fotografias no Teste de Szondi tem de ser interpretada segundo esse mesmo princípio dinâmico.

O significado de reações "carregadas" e "nulas"[1]

Partimos da premissa de que os oito fatores (categorias diagnósticas) no teste correspondem a oito diferentes sistemas pulsionais presentes no organismo. Assim, temos um conceito octodimensional da personalidade, no qual os oito sistemas pulsionais formam um conjunto dinamicamente interdependente. Os oito tipos de transtornos mentais e emocionais representados no teste devem ser entendidos como expressão de determinadas necessidades psicológicas numa forma extrema, presentes em todas as pessoas em certo grau. Por esse motivo, as reações de escolha das fotografias de pacientes psiquiátricos reais indicam a estrutura da personalidade de sujeitos psicologicamente saudáveis, assim como de pacientes com algum tipo e grau de distúrbio emocional. Dependendo do grau (ou da intensidade) do estado de tensão de cada um dos oito sistemas pulsionais, as fotografias que representam as necessidades correspondentes assumirão um caráter de valência de diferentes proporções. Nesse caso o sujeito *escolhe* as fotografias do fator que corresponde à sua

---

[1] Será adotada a expressão "reação nula" em substituição a "aberta", seguindo orientação da International Szondi Association [Sociedade Internacional de Szondi]. (N. R.)

necessidade tensionada. O número *absoluto* de escolhas em um fator deve ser interpretado de acordo com esse princípio. Um número relativamente elevado de escolhas (quatro ou mais) de uma categoria significa que a necessidade correspondente está num estado de forte tensão. No perfil do teste, as tensões pulsionais dinamicamente mais fortes são indicadas pela reação *carregada*, ou seja, fatores com quatro ou mais escolhas. (A média esperada é de três escolhas de cada fator, sendo que o máximo em cada fator são seis escolhas.)

Por outro lado, a ausência de escolhas de uma determinada categoria significa que a necessidade correspondente *não* está sob estado de tensão. Teoricamente há dois motivos para isso. Pode ser devido a uma fraqueza original dessa necessidade específica, ou pode significar que a tensão nesse sistema pulsional foi liberada permitindo que a pulsão seja vivida por meio de uma atividade adequada. De qualquer modo, as reações "nulas"[2] ou "esvaziadas" nos perfis do teste são sinais diagnósticos importantes, porque indicam as áreas nas quais há a *menor* resistência à descarga da necessidade correspondente. Por isso, sintomas observáveis, somados a outras formas de comportamento manifesto, podem ser interpretados com base nas reações "nulas" ou "esvaziadas". No perfil do teste, os fatores são denominados "nulos" quando o número de escolhas for zero, um, ou no máximo dois, mas neste caso só se as duas escolhas estiverem distribuídas como uma *escolha positiva* (gostou) e uma *escolha negativa* (desgostou).

A esta altura, não é possível fazer uma interpretação mais específica das reações "nulas", pois, dependendo do padrão de configuração do perfil total do teste e do padrão existente na série inteira, a interpretação da "descarga de uma determinada necessidade pulsional" pode variar. Como todas as oito tendências psicológicas básicas – representadas no perfil pelos oito fatores – têm uma ampla gama de manifestações potenciais, de fenômenos psicológicos normais a sintomas neuróticos, psicóticos e antissociais,

---

[2] Seguindo a terminologia francesa, optou-se pela expressão "reação nula", em vez de "reação aberta", do original inglês (*open reaction*). A notação equivalente é zero. (N. R.)

é preciso ter cuidado ao interpretar as reações "nulas". Esse aspecto deve ser enfatizado porque a experiência demonstra que é nele que os iniciantes no método de Szondi são mais suscetíveis de cometer erros grosseiros, em geral precipitando-se na interpretação de sintomas patológicos sérios. Este é, provavelmente, um perigo usual para principiantes no uso de qualquer técnica projetiva; no entanto, como as fotografias do Teste de Szondi estão rotuladas com as iniciais de categorias patológicas bem conhecidas, o risco de fazer uma interpretação patológica é maior. Isso se aplica à interpretação de todos os tipos de reação no teste, mas sobretudo nos fatores "nulos". O equívoco em geral é causado pelo significado ambíguo das palavras "nula" ou "manifesta". Essas palavras significam apenas que na área correspondente existe a possibilidade de alguma espécie de descarga contínua; ou, em outras palavras, não existem barreiras psicológicas ou quaisquer outras barreiras represando a pulsão original. A forma e a intensidade da descarga suficiente para evitar esse represamento da energia pulsional dependem, entre outros fatores, da intensidade e da qualidade originais da necessidade específica em questão. (Mas não sabemos do que depende essa intensidade e qualidade originais. Esse é o ponto do nosso pensamento no qual temos de recorrer a conceitos explicativos como "constituição" ou "genes".) Uma pessoa pode descarregar a agressão continuamente e ter uma reação "nula" no fator s, pois "vivencia" sua agressividade por meio de formas sublimadas e socialmente mais aceitáveis de agressão intelectual como no trabalho científico, por exemplo, enquanto o significado da reação "$s0$" em outra pessoa pode ser uma atividade criminosa real.

Os dois perfis a seguir ilustram o exemplo mencionado acima. A Figura 2 é o perfil de uma mulher de quarenta anos, muito ativa no campo das ciências sociais e que "luta" pelos direitos das minorias desfavorecidas, ao passo que a Figura 3 é o perfil de um rapaz de dezessete anos, acusado de assassinato. A reação $s0$ é comum aos dois; no entanto, a diferença nos demais perfis do teste é óbvia, isto é, todos os outros sete fatores apresentam tendências opostas.

4. PRINCÍPIOS GERAIS DE INTERPRETAÇÃO

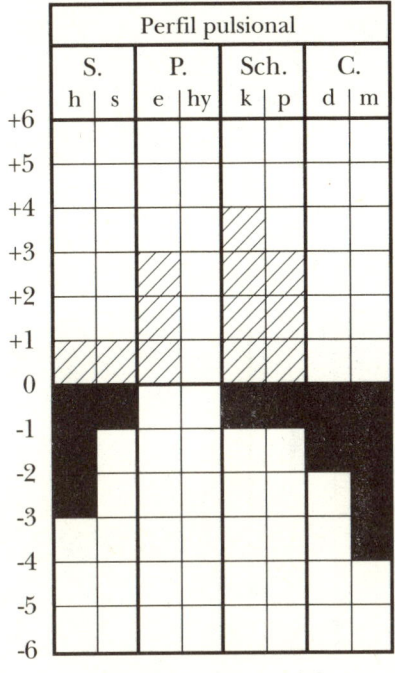

Figura 2. Cientista social, mulher de quarenta anos

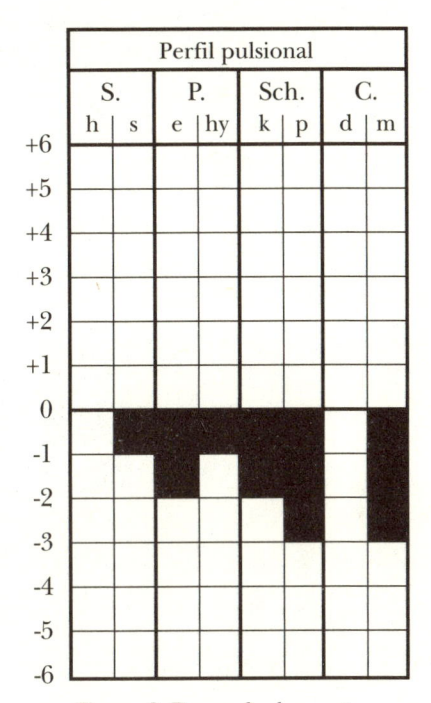

Figura 3. Rapaz de dezessete anos acusado de assassinato

Em seguida, faremos um resumo do que foi dito sobre a interpretação dos fatores "carregados" e "nulos". Ao interpretar um perfil do teste, primeiro é preciso determinar a força dinâmica relativa dos oito fatores, contando o número de escolhas de cada fator. Para isso, independentemente da diferença entre tendências "positiva" ou "negativa". Os fatores mais carregados indicam as necessidades dinamicamente mais fortes na pessoa, aquelas necessidades que, devido à sua acentuada intensidade original ou a algum tipo de barreira externa ou interna, conseguiram descarregar sua energia dinâmica. Esse é o motivo pelo qual essas necessidades funcionam como determinantes *causais* subjacentes ao comportamento observável. Enquanto a psicodinâmica subjacente pode ser diagnosticada a partir dos fatores carregados, a forma de comportamento efetivamente observável ou a forma real dos sintomas clínicos manifestos podem ser interpretadas com base nos fatores "nulos". Essas são as áreas nas quais a energia "cinética" pode ser descarregada.

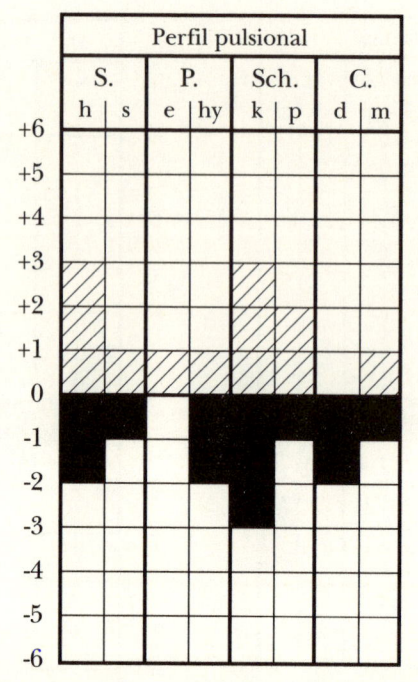

Figura 4. Homem de 28 anos, matemático.

Com a apresentação de um exemplo concreto (Figura 4) para ilustrar a teoria dinâmica de interpretação do número absoluto de escolhas, encerraremos a discussão sobre os fatores carregados e nulos.

Na Figura 4 o fator mais carregado é o *k*, com seis escolhas (ou seja, *todas* as fotografias de pacientes catatônicos foram escolhidas), e o segundo fator mais carregado é o *h*, com cinco escolhas. Os fatores "nulos" são *s*, *e* e *m*. De acordo com nossa teoria, o comportamento observável desse homem deve revelar certas características nas áreas correspondentes aos fatores *s*, *e* e *m*, ao passo que as fontes motivacionais básicas do seu comportamento serão encontradas nas necessidades que correspondem aos fatores *k* e *h*.

O que sabemos sobre os problemas de comportamento e de personalidade desse homem coincide com a teoria acima descrita. Em relação aos fatores "nulos": episódios paroxísticos periódicos (fator *e*) de explosões agressivas (fator *s*) são seus mais óbvios sintomas de desajustamento. Durante esses acessos, ele praticamente perde todo o controle com urros e gritos (fator *m*) diante da menor provocação, ou o que possa parecer uma provocação para ele. O perfil da Figura 4 foi obtido não muito tempo depois de uma explosão paroxística desse tipo, esvaziando, assim, os fatores *s, e* e *m*.

No entanto, esses acessos de raiva espetaculares eram apenas sintomas superficiais e cumpriam a função de soltar sua irritação acumulada, causada por conflitos nas áreas correspondentes aos fatores *h* e *k*. De fato, ele experimentava conflitos dolorosos na esfera sexual e lutava quase conscientemente contra sua tendência de identificação feminina passiva (tensão no fator *h*). A acentuação periódica da agressividade, muito provavelmente, devia-se a um mecanismo de defesa compensatório. Entretanto, um mecanismo de defesa ainda mais forte contra o perigo de permitir-se uma ligação afetiva de uma natureza feminina passiva era a tentativa de retirar sua libido do objeto e tentar proteger-se atrás de uma barreira pseudoautossuficiente narcísica. Esse distanciamento narcísico (tensão no fator *k*) é, na verdade, sua principal forma de defesa e a principal razão da sua incapacidade para ajustar-se a novas situações satisfatoriamente. Mas só as pessoas que o conhecem muito bem percebem que sua luta pelo distanciamento emocional é o que está por trás da sua dificuldade de relacionamento com outras pessoas. Para observadores mais superficiais, ele parecia uma pessoa calma e tranquila, cujo único problema de personalidade era um temperamento imprevisível e incontrolável, com explosões periódicas que não combinavam com o resto de sua personalidade aparentemente pacífica. Profissionalmente, era um matemático, porém malsucedido na carreira, apesar de suas brilhantes habilidades intelectuais.

Creio que essa descrição da personalidade do sujeito e do seu comportamento é suficiente para ilustrar o significado dos fatores carregados e nulos, e o seu uso como indicador para ajudar a diferenciar entre sintomas superficiais e a psicodinâmica subjacente.

As quatro modalidades de reações de escolhas

Até agora estávamos interessados apenas no número absoluto de escolhas em cada um dos fatores. Agora, abordaremos o significado das diferentes direções das escolhas em geral; ou seja, a tarefa consiste novamente em encontrar um princípio que explique o significado da diferença entre escolher fotografias classificadas como *simpáticas* ou *antipáticas*, igualmente válidas para os oito fatores.

A seguir, com a palavra "direção" referimo-nos às quatro *modalidades* de reação possíveis em cada fator. A "direção", ou modalidade, da reação de escolha em cada fator pode ser: (*a*) positiva +; (*b*) negativa –; (*c*) ambivalente ±; ou (*d*) nula 0.

a. Chamamos de reação fatorial *positiva* quando duas ou mais escolhas em qualquer fator recaem na categoria *gostar mais* e quando essas escolhas são pelo menos o dobro das escolhas do *gostar menos* no mesmo fator. Concretamente, denominamos um fator positivo, ou +, quando as escolhas estão distribuídas em qualquer uma das maneiras abaixo:[3]

2 Simpática	2 Simpática	3 Simpática	3 Simpática
0 Antipática	1 Antipática	1 Antipática	0 Antipática
4 Simpática	4 Simpática	4 Simpática[4]	
2 Antipática	1 Antipática	0 Antipática	
5 Simpática	5 Simpática	6 Simpática	
1 Antipática	0 Antipática	0 Antipática	

---

[3] Seguindo a terminologia internacional, optou-se por não adotar as expressões "gosta" e "desgosta" do original inglês, apoiando-nos na tradução para o francês feita por Jean Mélon (S. Deri, *Introduction au Test de Szondi*. Paris, Bruxelles, De Boeck & Larcier s.a., 1991). (N. R.)

[4] Atualmente, quando há 4 fotos escolhidas como simpáticas, acrescenta-se um ponto de exclamação. Por exemplo: 4/0 ou 4/1 é indicado por +!. Quando são 5 fotos, acrescentam-se duas exclamações (!!) e quando são 6, três exclamações (!!!). Por outro lado, a escolha 4/2 é atualmente cotada como ambivalente, incluindo, neste caso, uma exclamação no sinal +. (N. R.)

b. Chamamos de reação fatorial *negativa* quando duas ou mais escolhas recaem na categoria de *gostar menos* e essas forem o dobro das escolhas *gostar mais*. Concretamente, uma reação negativa ou – em qualquer fator deve apresentar uma das seguintes distribuições de escolhas:

0 Simpática	1 Simpática	0 Simpática	1 Simpática
2 Antipática	2 Antipática	3 Antipática	3 Antipática
0 Simpática	1 Simpática	2 Simpática	
4 Antipática	4 Antipática	4 Antipática	
0 Simpática	1 Simpática	0 Simpática	
5 Antipática	5 Antipática	6 Antipática	

c. Consideramos uma constelação fatorial *ambivalente* quando as escolhas dentro de um fator apresentam a seguinte distribuição:

2 Simpática	3 Simpática	2 Simpática	3 Simpática
2 Antipática	3 Antipática	3 Antipática	2 Antipática

d. As reações *nulas* já foram discutidas em relação aos fatores carregados e esvaziados. Referimo-nos a uma constelação de fatores como *aberto* se as escolhas forem:

0 Simpática	0 Simpática	1 Simpática	1 Simpática
0 Antipática	1 Antipática	0 Antipática	1 Antipática

Interpretação das quatro modalidades de reações fatoriais

Sabemos que o número absoluto de escolhas dentro de um fator depende da força dinâmica desse sistema pulsional específico. A modalidade da reação fatorial depende da atitude consciente ou inconsciente do sujeito em relação a uma necessidade específica.

Uma resposta *positiva* para fotografias de determinado fator revela uma identificação consciente ou inconsciente com o processo motivacional retratado nas fotografias-estímulo correspondentes.

Uma resposta *negativa* indica a existência de uma identificação negativa com os processos psicológicos retratados nas respectivas fotografias-estímulo.

A designação da interpretação geral de reações positivas e negativas deve ser feita com cautela, pois geralmente é tentador identificar as reações positivas como aceitação e as reações negativas como recalque de uma necessidade específica correspondente ao fator. No entanto, isso é uma simplificação exagerada dos processos envolvidos, sobretudo se usarmos o termo recalque no sentido estritamente psicanalítico.

A não aceitação de uma pulsão específica não significa necessariamente um recalque, embora o recalque pressuponha uma atitude inconsciente de não aceitação da pulsão particular do id. Entretanto, no Teste de Szondi a interpretação dos processos psicológicos correspondentes aos fatores isolados nem sempre pode ser comparada às diferentes pulsões do id. Em determinados fatores, podemos afirmar que o material de estímulo já representa um mecanismo psicológico gerado pela influência modificadora do ego ou do superego. Por exemplo, veremos que a interpretação do fator *e* pressupõe a hipótese de que as fotos do fator *e* representam um estado de controle constritivo sobre as emoções hostis. Consequentemente, no fator *e* o "recalque" no sentido psicanalítico certamente não está associado à reação negativa diante de fotografias que retratam algo que surgiu com o recalque. Ao contrário, o recalque – caso exista – no fator *e* aparece indicado por uma reação positiva. (O fato de os neuróticos compulsivos caracteristicamente apresentarem reações positivas ao fator *e* apoia essa afirmação.)

Como princípio geral básico deve-se ter em mente que os mecanismos psicológicos interpretados com base nas diferentes configurações nos perfis do Teste de Szondi não podem ser equiparados aos mecanismos psicológicos bem conhecidos na literatura psicanalítica. É evidente que há semelhanças, e nos capítulos seguintes os conceitos psicanalíticos serão usados livremente no decurso das interpretações fatoriais, porém sempre consciente do fato de que não há uma coincidência de 100% entre qualquer uma das constelações fatoriais do Teste de Szondi e o conceito psicanalítico usado para explicá-las.

O exemplo citado acima para interpretar o fator *e* é o exemplo mais claro no teste para ilustrar o fato de que uma reação negativa nem sempre equivale a recalque. A interpretação válida para as reações positivas ou negativas em cada fator é a identificação ou identificação negativa, respectivamente, com qualquer que seja o processo psicológico representado pelas fotografias-estímulo.

O significado da reação *ambivalente* em qualquer dos oito fatores pode ser deduzido do que foi descrito acima. Implica que as duas reações – identificação e identificação negativa – estão simultaneamente presentes em relação à mesma necessidade psicológica.[5] A ambivalência básica em relação a uma dada necessidade emocional representada por meio da reação ± é subjetivamente vivenciada como conflito, com um significado muito especial na interpretação. A experiência demonstrou que as reações ambivalentes indicam áreas nas quais as tendências conflitantes e contraditórias correspondentes às reações ± são vivenciadas subjetivamente, quase a ponto de se formar uma fonte consciente de um dilema psicológico. As reações ambivalentes sempre representam certa dose de autocontrole contra a descarga direta de uma necessidade específica. Por esse motivo, as reações ambivalentes são por vezes consideradas "fatores sintomáticos subjetivos", ao passo que as reações nulas podem ser consideradas, nesse contexto, "fatores sintomáticos objetivos". Com base no exposto, entende-se que os "sintomas" não correspondem necessariamente a um sintoma patológico ou clínico, mas a qualquer forma de comportamento observável que possa servir para descarregar a tensão de uma necessidade específica.

Do mesmo modo, a expressão "sintoma subjetivo" implica apenas a experiência subjetiva da existência simultânea de pulsões opostas que, em certas condições, podem representar uma síntese satisfatória, justamente *devido* à percepção dos dois aspectos da mesma pulsão básica. Mas, em outros

---

[5] No contexto do Teste de Szondi, faremos referência a "necessidades" num sentido mais amplo usado na psicologia dinâmica. Por exemplo, vamos nos referir a "necessidades" para controlar ou inibir certas manifestações abertas, assim como as necessidades de liberar nossos impulsos sem inibição.

casos, a mesma constelação fatorial pode resultar em sintomas clínicos, ou se tornar a *fonte* de um sintoma clínico manifesto. Obviamente, podemos julgar, com base no padrão completo de uma determinada série de testes, em qualquer caso individual, se as reações ambivalentes devem ser interpretadas como síntese indicativa de bom funcionamento ou como símbolo de ambivalência neurótica. Em determinados fatores é mais fácil encontrar uma solução satisfatória para explicar essa dualidade inerente às reações ambivalentes. (Detalharemos o problema da interpretação quando discutirmos os oitos fatores individualmente.) Além da avaliação das reações ambivalentes individuais fornecidas em relação a um fator específico, é preciso avaliar o quociente da soma de *todas* as reações nulas em relação à soma de *todas* as reações ambivalentes numa série completa de testes de um sujeito. O quociente $\frac{\text{reações } \Sigma \, 0}{\text{reações } \Sigma \, \pm}$ nos informa a proporção relativa de vias disponíveis para descarregar as tensões, em oposição ao autocontrole consciente (ou em grande parte consciente) para impedir a manifestação das pulsões. Portanto, o valor desse quociente é um indicador aproximado para diferenciar indivíduos que tendem a expressar suas necessidades sem inibições daqueles com tendência a usar mecanismos de controle. No entanto, esse quociente não é o único sinal nos perfis do teste que indicam um comportamento desinibido ou reprimido;[6] por isso é preciso cautela ao fazer essa interpretação. (A tentativa de atribuir interpretações definidas a determinados valores numéricos decorrentes do escore das respostas obtidas por meio de diferentes técnicas projetivas é, muitas vezes, enganosa.) Com relação ao quociente do total das reações nulas *versus* o total de reações ambivalentes, pode-se dizer com segurança que, nos casos em que esse quociente for menor que 1, estamos diante de um sujeito com um comportamento supercontrolado.

---

[6] Optou-se pelo uso dos termos "reprimido" e "reprimir" por serem formas mais coloquiais do português. Os termos "recalcado" e "recalcar", também usados para traduzir os termos do alemão, têm em português um sentido mais originário da linguagem da construção; fora esse contexto, é usado quase exclusivamente em textos psicanalíticos. Ver Luiz Alberto Hanns, *Dicionário Comentado do Alemão de Freud*. Rio de Janeiro, Imago, 1996, p. 358. (N. T.)

4. PRINCÍPIOS GERAIS DE INTERPRETAÇÃO

Personalidades obsessivas têm como característica um quociente baixo; ou seja, pessoas obsessivas costumam apresentar mais reações ambivalentes do que nulas. Por outro lado, se o valor do quociente for 5 ou maior que 5, podemos supor que estamos lidando com uma pessoa com pouco autocontrole sobre a expressão das suas pulsões. Um comportamento inquieto, agitado e errático pode ser interpretado a partir de um quociente maior que 5. Personalidades impulsivas, determinados psicopatas imprevisíveis e psicóticos agitados inserem-se nessa categoria.

Se o quociente tiver um valor entre 1 e 5, ele terá pouca utilidade para a interpretação. Contudo, ainda poderá ser usado para confirmar ou rejeitar uma hipótese estimativa do montante de autocontrole ou rigidez presentes no comportamento do sujeito, porém apenas quando associado a outros sinais.

Neste ponto, o significado das reações nulas não precisa ser discutido isoladamente, visto que isso já foi feito em conexão com as reações carregadas e nulas e o quociente de reações ambivalentes.

Assim, concluímos nossa discussão sobre os princípios gerais de interpretação (1) do número absoluto de escolhas em um fator e (2) das quatro modalidades principais de reações fatoriais.

O significado da constância ou das mudanças nas reações fatoriais

Um terceiro grupo de pressupostos gerais subjacentes à interpretação de uma série de perfis do teste refere-se ao significado da constância *versus* inconstância das reações fatoriais numa série de perfis. Esse aspecto da interpretação pode ser incluído nesta seção principal dos princípios gerais da interpretação, pois não pressupõe o conhecimento do significado específico dos oito fatores. Do ponto de vista clínico, é provável que esse seja o aspecto mais importante na interpretação, porque os diferentes graus e tipos de mudanças são os primeiros indicadores que ajudam a discriminar as principais categorias diagnósticas de comportamento "normal" ou "patológico". Justamente porque a importância das mudanças varia de acordo com os diferentes tipos de mudança, temos de classificar os diversos tipos de mudança de acordo com o seu significado diagnóstico.

Ao classificarmos as mudanças, obviamente, sempre temos de nos referir a variações que ocorrem numa constelação fatorial de uma aplicação do teste para outra. Segundo a relevância patológica do diagnóstico, essas mudanças podem ser classificadas da seguinte forma:

a. O número absoluto, assim como a direção das escolhas num fator específico, não apresenta qualquer mudança, mas as fotografias escolhidas nesse fator não são as mesmas; isto é, existem três reações *h*+ nos dois perfis, porém, na segunda aplicação, as três fotografias do fator *h* foram escolhidas de conjuntos de fotografias diferentes daqueles da primeira aplicação.

Esse tipo de mudança praticamente não implica qualquer mudança na interpretação, porque a força dinâmica da pulsão específica, bem como a atitude do sujeito em relação a essa pulsão, não mudou.

b. A direção do fator permaneceu a mesma, mas há alguma mudança na carga ou na distribuição do fator; por exemplo, uma reação "três +"[7] muda para "quatro +", ou para uma reação "dois +" e "um –". A relevância diagnóstica dessas mudanças depende do número de quadrículos que foram acrescentados ou subtraídos da reação no primeiro conjunto. Esse tipo de mudança deve ser interpretado de acordo com o princípio discutido no tópico 1 do capítulo anterior (A significância dinâmica do número absoluto de escolhas).

A ocorrência de uma reação "negativa" num fator que, com essa única exceção, é "positivo", ou de uma reação "positiva" num fator que, com essa exceção, é "negativo" tem um significado especial. Esses quadrículos isolados na direção oposta à da maioria das escolhas no mesmo fator revelam que a pessoa é capaz de dividir sua atitude em relação a uma necessidade específica sem, no entanto, expressar uma ambivalência real. Essa maneira de reagir exprime um grau desejável de flexibilidade em relação a uma determinada pulsão e, portanto, o surgimento desses quadrículos

---

[7] Para facilitar a leitura dos perfis, optamos por adotar os símbolos +, para reação positiva, e –, para reação negativa, antecedidos do número de reações correspondente. (N. R.)

"equilibradores" deve ser interpretado como um sinal favorável no diagnóstico. A ausência desses quadrículos "equilibradores" em um ou outro fator, em geral, é uma reação característica em perfis de psicóticos. Por outro lado, a presença dessas reações ligeiramente divididas é característica de indivíduos saudáveis.

c. No terceiro grau de mudança incluímos aqueles deslocamentos que implicam mudança na direção do fator, mas apenas o tipo de mudança de "positiva" ou de "negativa" para "ambivalente", ou de "ambivalente" para "positiva" ou "negativa". Em outras palavras, essas modificações sempre implicam *alguma* mudança na atitude da pessoa em relação a uma pulsão específica, mas nunca uma inversão completa da sua atitude (de *simpática* para *antipática,* ou vice-versa). Tampouco essas mudanças jamais indicam uma grande mudança na força dinâmica da necessidade pulsional, visto que a mudança máxima nessa categoria quanto ao número absoluto de escolhas é a mudança de uma reação média (duas ou três escolhas numa direção) para uma constelação fatorial carregada (por definição, qualquer reação ambivalente é ao mesmo tempo uma reação carregada, pois quatro escolhas são necessárias para configurar uma reação ambivalente), ou o contrário.

Esse tipo de mudança e aquelas das duas categorias anteriores são as mudanças mais frequentes na população dita "normal". Nesse contexto, no Teste de Szondi não supomos que o grau máximo de precisão por meio de teste--reteste seja, também, o grau mais desejável. Como o Teste de Szondi reflete a personalidade como um processo dinâmico, e não como entidade estática, algumas flutuações nas reações de uma aplicação do teste para outra são esperadas em indivíduos saudáveis. O grau máximo de constância em geral é obtido não de sujeitos que estão funcionando melhor psicologicamente, mas de neuróticos obsessivos, ou de personalidades obsessivas rígidas.

d. Na categoria de mudança seguinte, encontramos a troca de "positiva" ou "negativa", ou "ambivalente", para "nula"; ou encontramos o contrário, de "nula" para "positiva" ou "negativa", ou "ambivalente". A função sujeita à interpretação, comum a todas essas mudanças, é uma alteração significativa na força dinâmica da necessidade específica em questão. Conforme a mudança "em direção" à reação nula ou "afastando-se" tenha ocorrido dela, devemos interpretar como uma súbita descarga de tensão ou como a acumulação de uma necessidade pulsional. Para definir se uma súbita descarga de tensão envolve um sintoma clínico é preciso examinar, em parte, a força original da tensão (isto é, o número de quadrículos no fator antes da reação nula) e, em parte, o tipo específico de reação "nula". Embora ambas as constelações $_0^0$ e $_1^1$ sejam denominadas nulas, numa análise clínica qualitativa devemos lembrar que a constelação $_1^1$ é "menos" nula (pois há uma tensão residual) do que a constelação $_0^0$. Quanto maior for a diferença na força dinâmica de um fator de uma aplicação do teste para outro (especialmente se o intervalo entre as duas aplicações não for superior a um dia), mais provável será que a liberação da tensão tenha ocorrido por meio da expressão da necessidade através de algum sintoma clínico. Praticamente sempre é esse o caso quando um fator muito carregado de repente se esvazia completamente. Esvaziamentos repentinos de fatores com duas ou três escolhas, ou até mesmo quatro escolhas, quando o esvaziamento assume a forma de $_1^1$, ocorrem com bastante frequência em indivíduos sem sintomas clínicos conhecidos.

e. O quinto tipo de mudança corresponde às assim chamadas inversões fatoriais: ou seja, deslocamento de "positiva" para "negativa", ou de "negativa" para "positiva". A significância patológica para o diagnóstico desse tipo de mudança depende, mais uma vez, do número de quadrículos que mudaram de posição de positivo para negativo, ou o inverso. Obviamente, a relevância patológica para o diagnóstico da mudança de uma constelação $_1^2$ para $_2^1$ é muito menor do que a mudança de $_1^5$ ou de $_0^6$ para $_6^0$ ou $_5^1$. Quando uma reação "positiva carregada" se transforma numa reação "negativa carregada" no período de 48 horas, deve-se suspeitar de um mecanismo patológico nessa área específica. Isso é particularmente verdadeiro em casos em que essa inversão acentuada em um fator se repete várias vezes durante uma série de dez perfis. A repetição dessas reversões é característica de psicoses manifestas ou certos tipos de psicopatias instáveis.

Ao avaliar uma série de perfis do teste é aconselhável traduzir os perfis gráficos em símbolos de direção dos oito fatores (+, –, ±, O) e, depois,

4. PRINCÍPIOS GERAIS DE INTERPRETAÇÃO

fazer a notação dos perfis expressos dessa maneira, um abaixo do outro, consecutivamente. Esse procedimento nos ajuda a perceber as tendências de mudança (ou constância) em cada fator, uma vez que um conjunto de dez ou mais perfis pode ser registrado num espaço relativamente pequeno, o que facilita a percepção rápida das tendências. No entanto, não se pode confiar apenas na interpretação desse registro "simbólico" abreviado, porque muitos detalhes quantitativos e qualitativos só podem ser visualizados nos perfis originais do teste. O objetivo de converter a série de perfis em símbolos das direções fatoriais é nos ajudar a avaliar rapidamente as tendências de cada fator.

A fim de recapitular os principais pontos relativos às tendências que devem ser buscadas quando fazemos uma primeira avaliação dessa representação simbólica de uma série de perfis de teste:

1. Devemos procurar os fatores que apresentam *reações nulas com maior frequência*, porque essas são as áreas nas quais há possibilidade de descarga regular da necessidade pulsional correspondente. Padrões de comportamento manifestos ou sintomas observáveis são indicados por esses fatores.

2. Devemos procurar os fatores que apresentam *reações ambivalentes com maior frequência*, pois esses são os "fatores de sintomas subjetivos", as áreas em que o conflito é vivido realmente.

3. Devemos procurar os *fatores que apresentam uma direção positiva ou negativa estável*, pois esses fatores, nos quais a descarga não é possível ou tampouco vivenciada conscientemente como conflito, têm maior probabilidade de atuar como forças inconscientes impulsionadoras por trás do comportamento ou dos sintomas clínicos presentes.

4. Por fim, retomando nosso presente tópico de discussão, devemos procurar algum tipo de mudança que esteja ocorrendo em cada fator. O significado dos diversos tipos de mudança não precisa ser repetido aqui. Ao observar as tendências de mudanças jamais devemos esquecer-nos de verificar sua intensidade nos perfis sob a forma de gráficos. As áreas nas quais a maioria dos processos patológicos está ocorrendo podem ser detectadas por

meio dos *fatores que revelam uma inversão completa com maior frequência* (positiva para negativa, ou vice-versa).

f. Para sermos completos, devemos mencionar mais um tipo de mudança. Trata-se da *"reação em espelho" no vetor como um todo*. Esse tipo de mudança implica que ambos os fatores de determinado vetor mudam de direção simultaneamente, de tal modo que no segundo perfil a configuração *vetorial* é uma imagem espelhada perfeita da constelação do primeiro perfil. Por exemplo, mudanças das reações *h*+ e *s*- para *h*- e *s*+, ou de *e*O *e hy*- para *e*- e *hy*O pertencem a essa categoria.

Esta é a última categoria em nossa classificação de mudanças segundo sua relevância diagnóstica, porque essas "inversões em espelho" vetoriais são os sinais diagnósticos mais fortes da existência de um processo patológico na respectiva área. O tipo de processo específico deve ser diagnosticado com base no vetor no qual reversões em espelho ocorrem. Inversões em espelho no vetor *Sch* são características da presença de um processo esquizofrênico. Essa reação é particularmente frequente nos estágios iniciais da psicose; em outras palavras, antes que ocorra alguma espécie de estabilização na personalidade, ainda que num nível regressivo. Do mesmo modo, mudanças vetoriais em espelho no vetor *C* são características de distúrbios mentais do tipo cíclico; o mesmo tipo de mudança no vetor *S* indica uma sexualidade basicamente perturbada e instável, e no vetor *P*, uma perturbação grave na esfera do controle emocional. Como pode ser observado a partir dos exemplos, esses tipos de mudança – em especial se ocorrerem mais de uma vez numa série de dez perfis – são interpretados de acordo com um quadro de referência primariamente patológico. Essas mudanças espelhadas raramente são encontradas em indivíduos saudáveis. É possível, no entanto, que durante a série de dez perfis ocorra uma inversão completa na configuração de qualquer um dos vetores, mesmo em indivíduos sem sintomas clínicos óbvios. No entanto, nesses casos, a inversão completa ocorre gradualmente; isto é, uma reação *k*+ e *p*– muda primeiro para uma reação *k*±, *p*–, até que, diretamente ou com algumas transições, alcance a constelação *k*– e *p*+.

Esses vetores em constante mudança indicam, ainda, que essa área específica representa potencialmente um "ponto perigoso" na personalidade, devido à falta de consistência no controle das pulsões correspondentes; mas, se as mudanças imediatas de uma aplicação do teste para outra não forem do tipo descrito nos tópicos *e* e *f* apresentados anteriormente (p. 60 e 62), ainda há a possibilidade de solução num contexto socialmente aceitável e não abertamente patológico.

Assim, concluímos a classificação e a discussão do significado psicológico das mudanças fatoriais e vetoriais. Esse aspecto estrutural da interpretação deve ser sempre usado antes de se começar a interpretar o significado dos fatores individuais, ou a correlação dos fatores de acordo com seu conteúdo.

Configurações vetoriais gerais

Existem mais duas características "estruturais" dos perfis do teste que são significativos para o diagnóstico. Como são os dois últimos pontos a serem considerados na interpretação *antes* da análise qualitativa dos fatores, incluímos sua descrição neste capítulo, embora eles não tenham relação alguma com mudanças.

Ambas as características formais referem-se à posição relativa dos dois fatores no mesmo vetor. Um aspecto diz respeito à direção relativa dos dois fatores, e o outro, à carga relativa dos dois fatores.

Como os dois fatores do mesmo vetor sempre representam tendências opostas do mesmo setor psicológico dominante da personalidade, pode-se esperar que, em condições normais, essas duas tendências associadas não sejam abordadas de maneira diferente. Justamente porque os dois fatores associados apresentam, ao mesmo tempo, algumas semelhanças básicas e tendências contrastantes, supomos que seu funcionamento simultâneo – caso apresentem uma proporção adequada – tenha um efeito autorregulador, no sentido de forças opostas equilibrarem-se mutuamente. O pressuposto subjacente a essa afirmação é que as duas tendências de um vetor são, de fato, partes integrantes de um organismo saudável.

Por outro lado, a partir desse pressuposto segue-se que uma grande discrepância na maneira como as duas tendências intimamente interligadas, embora opostas, se dividem indica um desequilíbrio na respectiva área dominante da personalidade. Esse desequilíbrio é resultado da ausência do efeito autorregulador dos dois fatores opostos.

O duplo aspecto estrutural dos perfis que indica a presença ou a falta de um equilíbrio autorregulador nos quatro domínios da personalidade avaliados pelo Teste de Szondi é a direção relativa e a carga relativa dos dois fatores interligados de um vetor. Em indivíduos saudáveis, "psicologicamente equilibrados", espera-se que em pelo menos dois dos quatro vetores os fatores não apontem em direções diametralmente opostas. Perfis "dissociados" com fatores apontando para direções opostas nos quatro vetores são característicos de indivíduos esquizoides. Quando digo direções diametralmente opostas, refiro-me à direção absolutamente positiva na reação de um fator e à direção completamente negativa na reação do outro fator num mesmo vetor. A presença ou a ausência desses quadrículos de "equilibradores" isolados na direção oposta à da maioria das escolhas num mesmo fator tem um significado especial em conexão com isso. A presença desses quadrículos em ambos os fatores indica que eles contêm em si mesmos o efeito de regular de alguma forma o equilíbrio de forças numa mesma área. Isso é um bom exemplo ilustrativo de por que jamais se deve confiar apenas na interpretação das tendências estruturais a partir dos registros abreviados (com símbolos). Quando vemos os símbolos + e – num vetor, eles podem representar as constelações $\begin{smallmatrix}2&1\\1&2\end{smallmatrix}$, bem como $\begin{smallmatrix}5\\0\end{smallmatrix}$ e $\begin{smallmatrix}0\\5\end{smallmatrix}$. A diferença de interpretação dessas duas variações das reações vetoriais + e – fica clara com base no que foi exposto anteriormente.

A carga relativa dos dois fatores interligados é outra indicação de que as duas pulsões correspondentes e equilibradoras podem ou não ser abordadas da mesma forma. O número absoluto de quadrículos deve ser aproximadamente o mesmo, caso não haja uma grande discrepância entre a tensão dinâmica dos dois fatores. Como princípio geral, pode-se dizer que uma diferença grande na carga dos dois fatores de um vetor nunca é desejável. A tensão simultânea nos dois fatores exerce um efeito mutuamente modificador na manifestação das duas pulsões correspondentes, enquanto a tensão num fator com descarga simultânea no fator "gêmeo" resulta em tentativas não modificáveis e não reprimidas de liberar a pulsão em estado de tensão. Nessa constelação, o significado tanto do fator que *não está* nulo quanto o significado do fator nulo é, mais provavelmente, implicar algum tipo de interpretação patológica. Isso é particularmente verdadeiro caso haja mais de dois vetores com esse tipo de carga desproporcional.

5. Análise formal de uma série de dez perfis

Neste último capítulo referente à interpretação estrutural, será apresentada e discutida a nova folha de protocolo de escores de Szondi, que resume o resultado de uma série de dez perfis. A metade superior da folha de protocolo tem espaço para a representação gráfica dos dez perfis, e a parte de baixo da folha destina-se ao registro dos perfis isolados com os símbolos das direções fatoriais. Além disso, há espaço reservado para fazer diferentes cálculos, os quais são todos baseados nos aspectos da interpretação, discutidos no capítulo anterior. Em vez de descrever e discutir teoricamente esse método de notação, ilustraremos seu uso com um exemplo concreto.

A Figura 5 apresenta o protocolo completo de dez perfis de um homem de 32 anos de idade. Primeiro, seguiremos o procedimento de construir o registro completo passo a passo, e depois interpretaremos os resultados à luz do que foi dito sobre os aspectos mais importantes da interpretação estrutural, ou "formal". Com esses adjetivos queremos dizer que avançaremos na interpretação até onde for possível sem considerar o significado específico dos oito fatores. Em outras palavras, os pontos a serem considerados serão as tendências específicas dos fatores em relação aos fatores sintomáticos (fatores sintomáticos "objetivos": reações nulas; fatores sintomáticos "subjetivos": reações ambivalentes) e fatores subjacentes ou "raízes" (reações constantes positivas ou negativas), e o tipo de mudanças que ocorrem nos fatores e nos vetores, isoladamente.

Em seguida vem a soma dos fatores sintomáticos, primeiro os "fatores sintomáticos objetivos" (reações nulas) e depois os "fatores sintomáticos subjetivos" (reações ambivalentes). Essa soma é feita tanto para os perfis individuais como para os fatores individualmente ao longo dos dez perfis. Na folha de

Nome: T.F.   Idade: 32   Profissão:

Teste de Szondi
Folha de protocolo com dez perfis pulsionais

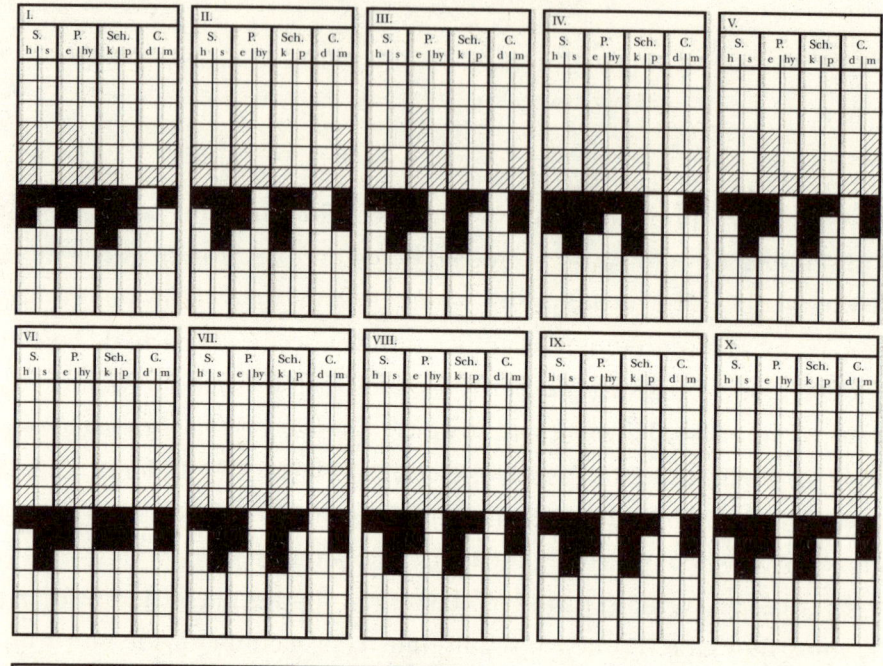

1947		S.		P.		Sch.		C.		Σ	Σ	Σ
Nr.		h	s	e	hy	k	p	d	m	0	±	0u.±
I.		±	0	±	0	−	−	0	+	3	2	5
II.		+	−	+	0	−	0	0	±	3	1	4
III.		+	−	+	+	−	0	0	±	2	1	3
IV.		±	−	±	+	±	0	0	+	2	3	5
V.		+	−	±	0	±	0	0	±	3	3	6
VI.		+	−	±	0	±	−	0	±	2	3	5
VII.		+	−	±	0	±	0	0	±	3	3	6
VIII.		+	−	±	0	±	0	0	±	3	3	6
IX.		0	−	±	0	±	0	+	±	3	3	6
X.		0	−	±	0	±	0	+	±	3	3	6
Σ 0		0	2	1	0	8	0	8	0	27		
Σ ±		2	0	8	0	7	0	0	8		25	
T. sp. G.		4	1	8	8	7	8	8	8			52
Grau de latência		$S = 3$ S_-		$P = 0$ $e±, hy0$		$Sch = 1$ K_-		$C = 0$ $d0, m+$				

1. Grau de tensão da tendência $= \dfrac{\Sigma\,0}{\Sigma\,\pm} = \dfrac{27}{25} = 1.08$

2. Fórmula pulsional:

Sintomática	$e\pm,\ hy_0,\ p_0,$ $d_0,\ m\pm\ k\pm$
Submanifesto ou sublatentes	h
Fatores-raiz	S_-

3. Proporções do grau de latência:

$$\dfrac{3}{S_{S-}} : \dfrac{1}{Sch_{k-}} : \dfrac{0}{P_{e\pm,\,hy_0}} : \dfrac{0}{C_{d_0,\,m\pm}}$$

4. Classe pulsional: S_{S-}

Figura 5. Dez perfis de um homem de 32 anos de idade.

registro, as duas colunas encabeçadas por Σ 0 e Σ ±, depois das colunas fatoriais, servem para somar separadamente o total de reações nulas e ambivalentes de cada dia, e a última coluna no esquema todo serve para somar os dois tipos de reações sintomáticas.

As duas linhas horizontais abaixo da linha com o algarismo romano X, referente ao último perfil, servem para somar primeiro as reações nulas, seguidas das reações ambivalentes, depois as duas conjuntamente, para os oito fatores individualmente. A expressão Σ 0 outra vez indica a soma das reações nulas no fator específico, Σ ± indica a soma das reações ambivalentes e o T.sp.G. indica a soma das duas categorias anteriores. (As iniciais T.sp.G. correspondem ao termo em alemão *Tendenzspannungs grad* [grau de tensão da tendência]. Para explicações e justificativas do uso deste conceito, ver em Szondi: *Experimentelle Triebdiagnostik*, p. 267). O próprio Szondi criou esse conceito e o termo para expressar determinado grau de tensão dos fatores sintomáticos, derivado da sua teoria genética das pulsões. Considerando que a origem genética das pulsões não é apresentada neste livro como pressuposto básico, não faremos uso do conceito acima, exceto no sentido da soma das reações sintomáticas. Portanto, com base na linha na qual a soma de todas as reações nulas e a soma de todas as reações ambivalentes são acrescentadas a cada fator em separado, podemos ordenar hierarquicamente os fatores de acordo com suas tendências para reações sintomáticas. O maior número nessa linha corresponderá ao fator mais "sintomático", ao passo que o menor número denotará o fator com o maior efeito dinâmico, subjacente ao comportamento sintomático: este é o fator (ou os fatores) que Szondi denomina "fator-raiz", indicando com esse termo sua posição nas camadas "mais profundas" da personalidade.

No nosso exemplo há cinco fatores igualmente "sintomáticos" – caso somemos as reações sintomáticas "objetivas" e "subjetivas". São eles: *e, hy, p, d* e *m* (oito em cada um). O fator menos "sintomático", em outras palavras, o fator-raiz mais profundo é o *s* (1), e entre esses dois extremos encontramos o *h* num total de 4 nas reações sintomáticas.

A expressão formalizada da proporção relativa das reações sintomáticas em cada fator é indicada por Szondi na folha de protocolo com o termo *Triebformel*

[Fórmula pulsional]. A relação entre os fatores sintomáticos e os fatores-raiz é representada sob a forma de fração, com os fatores *mais* sintomáticos na posição do numerador e os fatores *menos* sintomáticos ("raiz") na posição do denominador. As iniciais dos fatores com valores "médios" de reações sintomáticas são colocadas no meio da "fórmula". Essa simbolização oferece uma rápida visão geral da eficácia dinâmica relativa dos oito fatores. Deve-se procurar os sintomas presentes nas áreas psicológicas correspondentes aos fatores na linha superior, ao passo que os fatores causais subjacentes devem ser procurados nas áreas correspondentes ao fator na linha mais inferior. A significância diagnóstica dos fatores do meio ainda não está muito clara. Não há regra precisa em relação ao número exato de fatores a serem colocados em cada uma das três linhas da "fórmula", e tampouco há uma regra precisa quanto ao número absoluto do índice de reações "sintomáticas" para fundamentar a decisão de colocar um determinado fator na primeira linha, no meio, ou na linha inferior. A colocação dos fatores na "fórmula" deve ser feita apenas com base no valor *relativo* do seu índice de reações sintomáticas. Consequentemente, pode haver casos com um número muito superior de fatores "causais" ou "raiz" do que canais para a formação de sintomas nulos, assim como o seu reverso. Um exemplo da segunda configuração é o presente caso, com seis fatores "sintomáticos" e apenas um fator verdadeiramente "raiz". Naturalmente, essas diferentes proporções de reações "causais" em contraste com reações "sintomáticas" são considerações da maior importância na interpretação. (A interpretação do caso ilustrativo será apresentada adiante neste capítulo.) As tabelas diagnósticas para interpretar o significado específico das diferentes configurações das "fórmulas pulsionais" são apresentadas no apêndice do livro de Szondi, *Experimentelle Triebdiagnostik* (Tabelas XI-XX).

Enquanto a "fórmula pulsional" indica a distribuição quantitativa e qualitativa de *todos* os fatores sintomáticos *versus* os fatores-raiz, a proporção indicada no lado direito da folha de protocolo, marcada com o algarismo arábico 1 (*Tendenzspannungsquotient*), serve para expressar a relação quantitativa entre todas as reações sintomáticas "objetivas" em contraste com as reações sintomáticas "subjetivas". A interpretação dessa proporção, como indicador do grau de autocontrole no comportamento do sujeito, foi discutida em relação às reações nulas e reações ambivalentes (p. 55-57).

Agora chegamos ao último cálculo a ser feito com base na soma de todas as reações sintomáticas em cada um dos oito fatores. Depois de somar os totais de todas as reações nulas com o total de todas as reações ambivalentes em cada fator, obtemos um valor por fator, ao qual nos referimos anteriormente como o "grau das tendências sintomáticas" que Szondi representou na folha de protocolo com as iniciais T.sp.G. *(Tendenzspannungsgrad).* O próximo passo consiste em obter a diferença desses dois índices para cada vetor separadamente. Isso é feito subtraindo-se o menor índice do maior índice em cada vetor; a diferença assim obtida é registrada na última linha horizontal do esquema, com quatro campos para as respectivas diferenças nos quatro vetores, indicadas pelas iniciais dos vetores (S, P, Sch, C). Essa última linha é indicada na folha de protocolo pelo termo alemão *Latenzgrösse* (grau de latência). Szondi cunhou esse termo para expressar o significado dinâmico dessa diferença. Esse valor diferencial expressa o grau de discrepância dentro dos quatro pares de fatores "gêmeos" em relação à sua predisposição para apresentar reações sintomáticas. Quanto maior esse valor, maior a diferença nos dois fatores do mesmo vetor em relação à frequência de reações sintomáticas. O significado psicodinâmico do grau de semelhança ou discrepância na maneira como os dois fatores de um dado vetor são tratados já foi discutido no capítulo anterior (p. 57-63). Há uma única diferença entre as considerações psicodinâmicas anteriores e a presente consideração, na qual tentamos esclarecer a lógica subjacente ao conceito de "grau de latência", que assume um lugar de destaque no livro de Szondi, a ponto de praticamente todo o seu raciocínio interpretativo estar centrado nesse único conceito.

Em nossas considerações anteriores sempre nos referimos à carga relativa de dois fatores, sendo que a medida da carga corresponde ao número absoluto de quadrículos dentro de um fator. Quando mencionamos a falta de equilíbrio autorregulador em conexão com os vetores carregados desproporcionalmente, tínhamos esse sentido em mente. Contudo, no conceito de "grau de latência" de Szondi, o critério de semelhança ou discrepância em dois fatores não está baseado apenas no número absoluto de quadrículos dentro de um fator, visto que as reações ambivalentes (que de acordo com o número de escolhas são sempre reações carregadas) e as reações nulas são colocadas juntas na categoria denominada "reações sintomáticas". De acordo com isso, uma configuração vetorial do tipo $\frac{2}{2}\,\frac{2}{2}, \frac{0}{4}$ (em que o número absoluto de escolhas é idêntico) é avaliada na notação formal com o mesmo grau de discrepância, como se a configuração em outro vetor fosse $\frac{0}{0}, \frac{0}{4}$.

O raciocínio é que, a despeito do número de escolhas relativamente grande, as reações ambivalentes têm pouca eficácia dinâmica subjacente se comparadas ao que Szondi denomina fatores-raiz (fatores constantemente com reações positivas, ou constantemente negativas, ou que mudam de reação positiva para negativa, ou vice-versa); porque a ambivalência num fator implica a experiência subjetiva (muitas vezes consciente ou próxima do consciente) do conflito, que, por sua vez, implica que a necessidade correspondente não está atuando a partir das camadas mais profundas (inconscientes) da personalidade. Na verdade, não sei se o próprio Szondi concordaria com essa explicação psicodinâmica e com a justificativa do processo pelo qual se chega ao "grau de latência" em cada fator, pois, em sua *Experimentelle Triebdiagnostik,* ele justifica o fato de colocar as reações ambivalentes e nulas juntas na mesma categoria dinâmica com base em alguma ambitendência inata das necessidades.

Depois de alcançarmos este ponto ao discutir o raciocínio subjacente do processo de obtenção do "grau de latência" em cada vetor, discutiremos com mais profundidade seu uso na interpretação. Em primeiro lugar, mais um aspecto da sua notação. Foi dito que em cada vetor o menor índice da frequência de reações sintomáticas (T.sp.G) deve ser subtraído do maior índice, e a diferença – indicativa do "grau de latência" do vetor específico – é registrada no quadrículo correspondente da última linha. Agora temos de acrescentar à inicial impressa de cada vetor a inicial daquele fator específico com o *menor* índice de reações sintomáticas. Em outras palavras, especificamos as quatro categorias principais dos quatro vetores anexando a inicial do fator *que foi subtraído* daquele com a maior frequência de reações sintomáticas, como um pequeno índice de rodapé da inicial maiúscula do vetor.

Por exemplo, na Figura 5, a frequência de reações sintomáticas no fator *h* foi 4, no fator *s*, 1; a diferença (4-1) é 3, indicando o "grau de latência" do vetor *S*, sendo registrado depois da inicial *S* na última fileira. Agora acrescentamos como índice de qualificação um *s* minúsculo ao *S* maiúsculo, indicando que nesse caso o fator *s* foi o que apresentou a menor frequência de reações sintomáticas, ou na nossa teoria dinâmica, o índice *s* minúsculo significa que neste caso o *s* foi o fator *dinamicamente* mais efetivo do que o *h*, estando o *s* mais atuante a partir de camadas mais profundas da personalidade do que o *h*, que é mais sintomático.

Essa eficácia dinâmica mais profunda do fator com a menor frequência de reações sintomáticas foi exatamente a razão que fez com que Szondi decidisse qualificar o "grau de latência" vetorial com base no fator que originalmente tivesse apresentado o menor índice de reações sintomáticas. A importância psicodinâmica de um vetor – do ponto de vista do seu efeito na personalidade total – é determinada mais pelo fator que está mais latente, exercendo, portanto, sua influência por meio de mecanismos inconscientes, do que pelo fator que serve de canal para a formação de sintomas, ou daquele que é conscientemente vivido como conflito. Uma especificação mais precisa de cada "grau de latência" pode ser feita anexando-se não apenas a inicial minúscula do fator mais "latente" ao símbolo do vetor, mas também indicando se a direção característica desse fator mais latente é positiva ou negativa. (Jamais poderá ser ambivalente ou nula, pois essas reações são, por definição, excluídas dos fatores "latentes".) Portanto, cada vetor pode apresentar quatro tipos possíveis de "grau de latência" dependendo de qual dos dois fatores é o mais "latente" (menos sintomático) e, ainda, da direção positiva ou negativa característica desse fator mais latente.

Há mais dois espaços em branco na folha de protocolo, indicados pelos algarismos arábicos *3* e *4* no lado inferior direito da folha, que necessitam de explicação. O número *3* é denominado *Latenzproportionen*, que pode ser traduzido como *proporções de latência*. Significa apenas que os quatro valores dos "graus de latência" para os quatro vetores devem ser registrados na ordem de grandeza nos quatro espaços pré-demarcados sob *3*.

Em cada espaço escrevemos a inicial vetorial e o índice que especifica o fator e a direção acima da linha, e o valor numérico correspondente abaixo da linha. Ao fazer o registro dos "graus de latência" dessa forma, obedecendo a ordem de grandeza, conseguimos obter uma visão rápida da força dinâmica relativa dos quatro vetores, indicando simultaneamente as necessidades específicas que funcionam como forças "latentes", forças pulsionais inconscientes.

No número *4* da folha de protocolo, deve-se colocar o símbolo no "grau de latência" específico que aparece como mais forte, em outras palavras, o primeiro na ordem de "proporções de latência" – *s* no número *3*. Szondi acredita que esse vetor e esse fator, isolados com base na sua força relativa de latência, representam o aspecto individual mais característico da personalidade do sujeito. Ele considera que esse fator particular, que representa a força pulsional inconsciente mais dinâmica, funciona como uma "chave" para a compreensão da totalidade da personalidade. Essa é a razão pela qual o *4* na folha de escores é indicado como *Triebklasse* ("Classe pulsional" ou "Categoria pulsional"), significando que o sujeito pode ser descrito como pertencente àquela "classe" específica de indivíduos para os quais a força dinâmica da necessidade específica, indicada pelo símbolo, é o fator determinante mais forte na sua personalidade. Szondi pressupõe que os indivíduos podem ser classificados com base nas suas necessidades mais latentes e que os indivíduos pertencentes a uma mesma "classe" apresentam essencialmente a mesma estrutura de personalidade. Grande parte do seu *Experimentelle Triebdiagnostik* é dedicada à descrição dos tipos de personalidade correspondentes às várias "classes pulsionais" (ver p. 73-83 e 224-50). Como há oito fatores, e em cada fator pode haver ainda "latência" na direção positiva ou negativa, existem dezesseis variações básicas dessas classes (Sh+; Sh-; Ss+; Ss-, etc.). Szondi, no entanto, vai mais além e subdivide essas 16 "classes pulsionais" conforme dois ou três dos vetores remanescentes apresentem uma grandeza semelhante de "grau de latência". Com base nisso, ele chega à classificação de "classes" bi, tri e quadri-iguais, resultando, por fim, num total de 144 variações possíveis de subclasses. Seu livro apresenta descrições de personalidades correspondentes às dezesseis classes básicas, seguidas de breves caracterizações, bastante gerais, de indivíduos pertencentes às assim chamadas classes "tri-iguais" ou "quadri-iguais". Esta última categoria refere-se a indivíduos nos quais nenhum fator específico tem um significado dinâmico maior do que o outro, constituindo, portanto, um grupo bastante patológico em si mesmo, apenas devido à ausência de qualquer estruturação "vertical" nas suas personalidades.

Além disso, as "fórmulas pulsionais" servem para diferenciar entre as interpretações possíveis de uma "categoria pulsional" principal.

Por exemplo, todos os indivíduos pertencentes à classe Ss- (isto é, a "classe pulsional" do caso ilustrado na Figura 5) são caracterizados pelo fato de a agressividade reprimida ser o seu fator "causal" latente mais dinâmico, constituindo uma dinâmica subjacente para quaisquer formações de caráter ou de sintoma que possam desenvolver. Se essa agressividade recalcada resultará, ou não, simplesmente em um caráter "passivo" ou em um caráter masoquista, ou em alguma forma definida de neurose ou psicose, pode ser determinado com base na sua "fórmula pulsional" específica, que indica o canal ou os canais possíveis por meio dos quais essa agressividade recalcada pode ser descarregada de alguma forma (naturalmente, nesta "classe pulsional" particular podemos apenas indicar circunlóquios, formas indiretas de descarga de agressividade, do contrário o "s" não seria o "fator-raiz", mas um "fator-sintoma").

As tabelas diagnósticas mencionadas anteriormente (XI-XX) no livro de Szondi podem ser usadas para diagnóstico diferencial das várias "classes pulsionais" com base nas "fórmulas pulsionais". O uso dessas tabelas deve ser restrito a casos conhecidos por apresentar vários tipos de sintomas patológicos, e o problema consiste em diferenciar entre os vários sintomas patológicos, pois as tabelas correspondentes fornecem apenas categorias diagnósticas ou caracterizam a personalidade por meio de uma única palavra.

Como se disse na introdução, minha intenção foi que o conteúdo deste livro não se sobrepusesse ao *Experimentelle Triebdiagnostik*, de Szondi. Portanto, não haverá uma discussão mais aprofundada sobre as diferentes "classes pulsionais" e "fórmulas pulsionais", as quais representam de fato o cerne da interpretação de Szondi no seu livro. Como ele coloca essas categorias formais desenvolvidas mais recentemente no centro da sua interpretação algo recente, e concebeu a folha de protocolo para dez perfis de acordo com isso, julguei necessário discutir o raciocínio psicológico subjacente à concepção dessas categorias, de forma que os psicólogos que forem usar o teste e as folhas de protocolo possam acompanhar, pelo menos, o tipo de pensamento envolvido na construção dos vários símbolos e categorias indicados no esquema. Para mais detalhes sobre o uso desse método, contudo, tenho de indicar o livro de Szondi, pois o emprego de toda essa metodologia não corresponde exatamente ao meu modo usual de pensar durante a interpretação de uma série de perfis, como é o caso da apresentação de Szondi. No entanto, é essencial preencher completamente todas as categorias da folha de protocolo sempre que tivermos uma série de perfis. Dessa forma estaremos seguros de que nenhum dos aspectos importantes para a interpretação será negligenciado, o que pode acontecer quando nos apoiamos apenas na interpretação dos perfis gráficos. Por outro lado, jamais aconselharia confiar apenas na interpretação das "classes pulsionais" e das "fórmulas", sem uma análise qualitativa cuidadosa dos perfis do teste em si. A interpretação dos oito fatores, a descrição dos mecanismos psicodinâmicos representados pelas oito categorias diagnósticas do material do teste, será o conteúdo do capítulo seguinte. Esse tipo de raciocínio interpretativo é enfatizado especialmente neste livro, já que o livro de Szondi abrange mais os métodos de interpretação com base em suas tabelas de diagnóstico.

Agora que as categorias formais do protocolo foram discutidas, podemos ilustrar o seu uso no exemplo concreto do caso F. T., cuja notação da série completa de dez perfis é reproduzida na Figura 5. Interpretaremos aqui apenas com base nas categorias formais do protocolo. Contudo, o mesmo caso será rediscutido novamente com base no significado específico dos oito fatores e correlações dos fatores, no fim do próximo capítulo.

Primeiro, vejamos a proporção de todas as suas reações nulas em relação a todas as suas reações ambivalentes. O valor 1,08 caiu na faixa com um significado diagnóstico relativamente pequeno, sendo ainda possível dizer que nesse homem o número de forças atuando na direção do autocontrole equivale aos canais existentes para descarregar determinadas tensões de necessidade. Essa configuração excluiria a possibilidade de um tipo de pessoa sem inibições, "acting out".[1] Ele poderia apresentar ou não sintomas patológicos, mas, mesmo se os tiver, certamente ainda pode recorrer ao uso de mecanismos de controle.

A partir dos itens *3* e *4* no lado direito da folha de protocolo podemos ver que este homem pertence à classe "tri-igual" Ss-_. É Ss-_ porque o vetor S é aquele com maior valor no "grau de latência" (*3*), sendo que o fator *h* apresenta quatro vezes mais reações sintomáticas do que o fator *s* (duas reações *h* ambivalentes e duas reações *h* nulas); o índice de s_ foi anexado ao S porque a direção do fator "latente" (não sintomático) *s* é negativo. Além disso, a qualificação "tri-igual" foi acrescentada para indicar a "classe pulsional" a que pertence, pois o "grau de latência" nos demais três vetores é praticamente igual (*Sch*:1, *P*:O, *C*:O). De acordo com Szondi, a interpretação das classes "tri-iguais" deve ser feita com base no vetor remanescente, cujo "grau de latência" difere dos três outros vetores. Ele acredita, contudo, que existem alguns aspectos característicos comuns a todos os membros da "classe tri-igual", determinados pela característica dinâmica comum a todos esses indivíduos, que é ter possibilidades iguais de descarregar *aquela* necessidade latente mais dinâmica por meio dos *três* vetores remanescentes.

Na página 80 do *Experimentelle Triebdiagnostik* estão listadas as seguintes características comuns aos membros da "classe tri-igual":

1. Regressão ou fixação ao estágio de orientação bissexual.
2. Tendência à inversão da sexualidade, seja em relação à escolha do objeto ou ao objetivo da atividade em conexão com o objeto de amor.

---

[1] Em psicanálise, "acting out" significa a substituição momentânea de um pensamento por uma ação de caráter impulsivo, com incapacidade de raciocinar. É interpretado como o retorno repentino e desmedido de um conteúdo recalcado, cujo afeto é demasiado intenso para ser descarregado em palavras, por meio de um comportamento inesperado e inadaptado (Laplance & Pontalis, *Vocabulário da Psicanálise*. Santos, Livraria Martins Fontes, 1970). (N. R.)

3. Frequentemente encontrado em homossexuais manifestos, ou
4. Em tipos juvenis de megalomania.
5. Típico de indivíduos que estão em crise em relação ao seu objeto de apego mais importante (formas críticas de catexia[2] de libido).
6. Mecanismos de neurose obsessiva-compulsiva, ou
7. Traços paranoides. (Como *oitava* característica, Szondi acrescenta, ainda, que os indivíduos desta classe descendem, na sua maioria, de indivíduos paranoides ou maníaco-depressivos.)

A descrição geral da classe S_{s-} aparece em dois lugares do livro, uma breve descrição na página 74, e uma caracterização detalhada nas páginas 225-28. (Esta é uma das "classes de pulsão" com as quais Szondi trabalhou mais detalhadamente.) Os aspectos mais característicos mencionados são: tendência a um tipo intensivo mais sadomasoquista de catexia de objeto. Esses indivíduos se encontram na "crise de relação objetal" descrita acima; eles não conseguem se livrar do objeto de amor que ao mesmo tempo odeiam e amam. Apegam-se a esse objeto de forma sadomasoquista. Dependendo da constelação específica da "fórmula pulsional", há diferentes "soluções" possíveis para "resolver" esse conflito basicamente sadomasoquista. ("Solução" neste contexto não significa uma solução necessariamente saudável, mas apenas como resultado final do conflito básico, além das outras forças que estão operando ao mesmo tempo.)

A fórmula pulsional que mais se assemelha àquela do presente caso encontra-se na segunda coluna vertical sob *I* na tabela XII no apêndice do livro de Szondi. Nela podemos ver que para os indivíduos pertencentes à classe S_{s-} e que tem uma "fórmula pulsional" do tipo $\frac{e;(m,p,d,hy)}{s}$ (nas tabelas apenas os fatores sintomáticos e raiz são indicados sem os fatores intermediários), os seguintes sintomas são característicos: ideias obsessivas e compulsivas e

---

[2] Optou-se pelo uso do termo "catexia" no lugar de "investimento" porque parece ser o termo mais consagrado em psicanálise pela tradução da obra de Freud em português. Ver Luiz Alberto Hanns, *Dicionário Comentado do Alemão de Freud*. Rio de Janeiro, Imago, 1996, p. 89-100. (N. T.)

neuroses; incapacidade de trabalhar; esquizofrenia paranoide. Essa fórmula pulsional não é exatamente idêntica à da Figura 5, mas é muito semelhante a ela. Como nosso caso pertence à classe "tri-igual", a chance de haver sintomas patológicos é aumentada.

A coincidência entre a interpretação baseada unicamente nas tabelas e no histórico do caso é praticamente de 100%. O homem é um caso muito grave de neurose obsessiva. É um homem com educação equivalente à universitária, que na época em que os perfis foram feitos não conseguia realizar seu trabalho de escritório habitual porque suas cerimônias e seus rituais ocupavam praticamente o seu dia inteiro. Seus sintomas, na maior parte rituais ligados à limpeza, começaram anos atrás com certos rituais no banheiro e determinadas formas de se vestir que prejudicavam consideravelmente o cumprimento da sua rotina diária no escritório onde trabalhava. Na época da aplicação do teste, ele procurou ajuda psiquiátrica espontaneamente, pois já se tornara completamente vítima de suas ideias obsessivas. De um modo que é característico da neurose obsessiva, ele dispunha de total conhecimento intelectual de sua doença e havia escrito longas dissertações, na forma de autobiografia, sobre neurose obsessiva e personalidade esquizoide. No entanto, todo esse conhecimento intelectual não mudava sua crença mágica de que, a menos que cumprisse todos os seus rituais, algo terrível aconteceria a sua mãe, que ele "adorava". O sujeito, que tinha 32 anos de idade na época, nunca foi casado, e vivia com a mãe, com quem, devido à sua incapacidade de sair de casa, passava praticamente as 24 horas do dia. O pai morrera quando o sujeito era uma criança. Assim, com a ajuda de seus sintomas, conseguiu limitar completamente seu presente "espaço vital" até que nada exceto a mãe e seus rituais no banheiro estivessem incluídos, além de suas frequentes visitas à clínica ambulatorial onde se permitia fazer descrições prolixas e queixar-se dos seus sintomas. Ele e a mãe irritavam-se mutuamente, apesar de não conseguirem viver um sem o outro.

Uma mudança dramática aconteceu após a décima aplicação do teste. O sujeito abandonou subitamente seus mecanismos de defesa obsessivos e uma verdadeira esquizofrenia paranoide eclodiu. Sem quaisquer sintomas detectáveis previamente (exceto os sintomas de neurose obsessiva), de repente ele se tornou violento e tentou ferir a mãe fisicamente. Nesse estágio ele teve de ser internado. Seu perfil nesse estágio aparece na Figura 6.

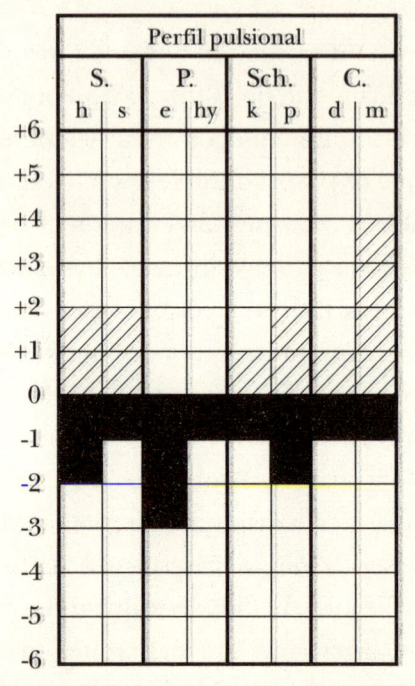

Figura 6. T. F., homem de 32 anos de idade.

As mudanças na estrutura do conjunto do perfil são óbvias. O característico *s*- mudou para *s*+, o *e*, que sempre foi ambivalente, tornou-se completamente negativo, e, o mais significativo: o vetor *Sch* apresenta o perfil vetorial típico da "inversão em espelho"[3] (descrita no capítulo sobre as mudanças sob *f* p. 62-63). Como se pode ver, o uso das tabelas, ao menos neste caso, resultou num diagnóstico perfeito dos sintomas, assim como da dinâmica subjacente. Mesmo a esquizofrenia paranoide latente, que se tornou manifesta apenas após a série de dez perfis ter sido concluída, poderia ter sido diagnosticada com base na "fórmula pulsional". Escolhi aleatoriamente esse caso ilustrativo

---

[3] *k*± e *p*O transformam-se em *k*O e *p*±.

do meu próprio material e, na verdade, não sabia ao certo se a descrição com base nas tabelas se encaixaria ou não no quadro clínico até ter acabado de escrever as páginas anteriores, nas quais as respectivas caracterizações desta "classe pulsional" e desta "fórmula pulsional" particulares foram traduzidas palavra por palavra da edição alemã do livro de Szondi. Ainda assim, jamais aconselharia basear uma interpretação apenas, ou mesmo principalmente, nesse método. Penso que enfatizar demais o uso de "tabelas" na interpretação dos resultados de uma técnica projetiva tem sempre o risco de mecanizar o processo de interpretação. Apoiar-se completamente nas tabelas[4] de diagnóstico significa que o interpretador chega a determinadas conclusões sem ter passado pela experiência psicológica da interpretação. A experiência de interpretação consiste na mobilização da habilidade do interpretador em projetar-se nas reações de outra pessoa e depois ser capaz de construir uma imagem integrada da personalidade, tendo compreendido de fato, não apenas intelectualmente, mas também emocionalmente, os mecanismos psicológicos que são os elementos constitutivos da personalidade completa funcionando como um todo. Tudo isso implica um processo psicológico muito complexo por parte do interpretador, que envolve uma fusão de certos processos intelectuais e emocionais que provavelmente jamais poderão ser completamente ensinados. Tudo o que se pode fazer ao ensinar é explicar com a máxima clareza possível os mecanismos "componentes" e o resultado final de algumas das suas combinações mais frequentes, mas grande parte da interpretação de *todas* as combinações possíveis dos elementos constituintes (no nosso caso, isso corresponde às combinações possíveis dos oito fatores nas quatro direções possíveis, ou em outras palavras, quatro vetores com dezesseis constelações intravetoriais possíveis, em todas as combinações possíveis) tem de ficar por conta da compreensão do interpretador individual. O quão bem ele conseguirá usar os elementos do conhecimento na interpretação de estruturas da personalidade que raramente são idênticas dependerá em parte da sua experiência psiquiátrica geral com pessoas de verdade (e não

---

[4] Não me refiro ao uso adequado das tabelas estatísticas, mas às tabelas qualitativas.

com compêndios), em parte de sua própria personalidade, em especial da sua habilidade para projetar-se emocionalmente em outra pessoa, e, ao mesmo tempo, compreender e organizar intelectualmente o material a ser interpretado. Os processos psicológicos envolvidos na interpretação de técnicas projetivas são praticamente idênticos ao do psicanalista que escuta e interpreta simultaneamente o material verbal do paciente.

Após longa experiência pessoal com interpretação, qualquer um chegará a determinados "atalhos", aos quais recorrerá caso se sinta seguro. Contudo, é perigoso tentar ensinar esses atalhos sem uma explicação detalhada do raciocínio envolvido no caminho para se chegar a essas interpretações "atalhos". Fórmulas prontas podem ser de grande valia para aqueles que conhecem as interpretações qualitativas e a dinâmica dos mecanismos nos quais as fórmulas se basearam, fazendo com que as fórmulas tenham um real significado. Mas, para aqueles que não dispõem de um amplo conhecimento de base, a oferta imediata de atalhos pode ter um efeito opressivo, pois pode impedir a aquisição de uma base conceitual mais profunda dos processos dinâmicos envolvidos.

De acordo com essas considerações, agora que já ilustramos o uso dos atalhos e das fórmulas com um caso, passaremos à discussão dos "elementos componentes", que no nosso caso correspondem aos oito fatores do teste. Os dez perfis do sujeito F. T. (Figura 5) serão novamente interpretados com base nas constelações específicas e nas mudanças nos quatro vetores.

6. Interpretação dos oito fatores

Sabe-se agora que o teste contém *oito fatores*, correspondentes a oito sistemas de necessidades psicológicas ou pulsões diferentes, porém interdependentes. Os *oito fatores* estão divididos em *quatro vetores*; cada vetor consiste em dois fatores. Os dois fatores de qualquer vetor estão sempre "intimamente relacionados" no sentido de se referirem à mesma área principal da personalidade, mas que ao mesmo tempo representa aspectos opostos da mesma área.

Segue-se uma apresentação esquemática, apenas com o objetivo de oferecer uma rápida orientação das áreas psicológicas correspondentes aos quatro vetores principais e dos oito fatores.

I. O *vetor Sexual (S)* que consiste em:
   a. fator *h* (representado por fotografias de homossexuais), que corresponde à necessidade de ternura e entrega "passiva": e
   b. fator *s* (representado por fotografias de sádicos), que corresponde à necessidade de atividade física e manipulação agressiva de objetos.

II. O *vetor Paroxístico (P)* descreve a área psicológica do controle emocional em geral. Seus dois fatores componentes são:
   a. fator *e* (fotografias de epilépticos), que descreve a maneira como o sujeito expressa suas emoções agressivas e hostis; e
   b. fator *hy* (fotografias de histéricos), que indica a maneira como a pessoa expressa suas emoções mais delicadas.

III. O *vetor Esquizofrênico (Sch)*, ao qual em geral se refere como o *vetor do ego*, pois ele reflete a estrutura e o grau de rigidez, ou fluidez do ego. Consiste em:

a. fator *k* (fotografias de catatônicos), representando a necessidade de manter a integridade narcísica do ego e sua separatividade dos objetos do meio ambiente; e

b. fator *p* (fotografias de esquizofrênicos paranoides), representando a necessidade de expansão do ego, a tendência a fundir-se com os objetos do meio ambiente.

IV. O *vetor Circular,* ou *vetor do Contato,* como será chamado daqui em diante. Esse vetor indica a área geral referente às relações objetais do sujeito ou, em outras palavras, seu contato com a realidade. Os dois fatores componentes são:

a. fator *d* (fotografias de pacientes depressivos), refletindo o tipo possessivo, "anal", de relação objetal; e

b. fator *m* (fotografias de pacientes maníacos), indicando o tipo de relação objetal dependente, "oral".

A seguir discutiremos individualmente o significado dos oito fatores. Ao descrever um fator, procurarei apresentar primeiro uma interpretação psicodinâmica geral da categoria de doenças mentais correspondente a cada fator, o que, ao mesmo tempo, corresponde à interpretação mais geral do fator em si. Sem o pressuposto de que esses oito tipos de transtornos mentais implicam manifestações extremas bem definidas de mecanismos psicológicos bem conhecidos, o funcionamento do teste seria inconcebível. Também temos de partir do pressuposto de que a presença dessas pulsões psicológicas extremas e exageradas está expressa de alguma maneira nas fotografias correspondentes e, ainda, que a simpatia ou antipatia do sujeito em relação às fotografias está baseada numa identificação positiva ou negativa inconsciente com os processos descritos. Depois de uma descrição do significado geral dos fatores, haverá sempre uma breve descrição das interpretações correspondentes às posições positivas, negativas, ambivalentes e nulas no mesmo fator.

7. O vetor sexual

O fator *h*

Como foi dito, o fator *h* representa a parte terna, de mais entrega da sexualidade, em geral aquelas manifestações de amor normalmente consideradas "femininas" na nossa cultura. Ele contém pouca ou nenhuma energia motora. Está relacionado com as necessidades profundas do organismo de contato sensual por meio do sentido do tato. Representa o aspecto do amor no qual o agarrar e manipular ativamente o objeto está ausente. Ao contrário, há o desejo de contato passivo e de entrega em relação ao objeto de amor.

Não é muito fácil deduzir todas essas características com base no estímulo material concreto constituído por fotografias de pacientes masculinos homossexuais passivos. Entretanto, com base na experiência psicanalítica com pacientes masculinos homossexuais passivos, sabe-se que os traços descritos acima correspondem ao tipo de contato sexual mais característico pelo qual esses pacientes anseiam. (Há muitas histórias de casos psicanalíticos que fazem referência aos aspectos da homossexualidade acima descritos. Como exemplo do caso mais extraordinário, há o estudo de Freud sobre Leonardo Da Vinci. Schilder também discute a homossexualidade no sentido acima. O livro de Healy, Bronner e Bowers, *Structure and Meaning of Psychoanalysis*,[1] é uma referência útil para todos os conceitos psicanalíticos que serão usados na interpretação.)

---

[1] W. Healy, A. F. Bronner e A. M. Bowers, *The Structure and Meaning of Psychoanalysis as Related to Personality and Behavior.* New York, A. A. Knopf, 1930. (N. R.)

O que deve ser enfatizado do ponto de vista da interpretação do fator *h* é que acreditamos que o mais característico dos homossexuais masculinos passivos não é a sua necessidade de ter relações sexuais de verdade com pessoas do mesmo sexo, mas principalmente sua necessidade geral de ternura. O que esses pacientes realmente desejam é ser amados por alguém da mesma forma como foram amados pela própria mãe. Essa é a necessidade que não foi saciada (seja devido à força original "constitucional" extrema dessa necessidade, ou devido a frustrações provocadas pelo meio ambiente) a ponto de sua força dinâmica determinar a orientação sexual geral da personalidade adulta. Indivíduos fixados nesse nível do desenvolvimento não são capazes de fazer a transição necessária para um tipo de sexualidade "masculina" mais ativo, porque isso implicaria uma certa atividade no sentido de encontrar e manipular um objeto de amor incompatível com sua necessidade infantil de querer estar na polaridade passiva de quem recebe nesse tipo de relacionamento.

Esse conceito de homossexualidade coincide mais ou menos com o conceito de amor "platônico", a clássica ideia grega da homossexualidade (ver Platão, *Fedro*), que pode ser caracterizado como o protótipo do anseio passivo por um objeto sem qualquer descarga de tensão devido à ausência da atividade motora necessária para assegurar o objeto. Como pode ser percebido da descrição geral desse fator, a necessidade básica expressa pelo *h* é o anseio por ternura, que em si mesmo não é patológico, mas um fator componente necessário de toda pulsão sexual madura, igual no homem e na mulher. Torna-se patológico somente quando a sexualidade total passa a ser dominada por essa única pulsão, podendo levar à formação de vários sintomas; entre outros, à homossexualidade.

Segue aqui uma citação de Schilder (citado do texto de Healy, Bronner e Bowers: *Structure and Meaning of Psychoanalysis*, p. 401):

> É um dos princípios da psicanálise nunca encontrar mecanismos nas neuroses que não possam também ser encontrados na pessoa normal. As diferenças são apenas quantitativas. Não há nada de novo na homossexualidade, apenas algo que exagera o que também pode ser

> encontrado na vida sexual do homem e da mulher normais. Atividade e passividade são características de todo ser humano mas... podemos, portanto, dizer que só podemos compreender a psicologia do sexo se a considerarmos sob o duplo aspecto do desejo de invadir e o desejo de entregar-se ao corpo que invade. Invadir e ceder, ser forte e ser fraco, esses são os dois polos de toda atividade sexual.

Essa citação de Schilder expressa não só o sentido básico do fator *h*, mas, também, o do fator *s*, discutido mais adiante.

h+ (h *positivo*)

Quanto ao *h+*, pode-se dizer que ele implica uma identificação com as necessidades descritas acima. Significa que o indivíduo aceita e contém esses desejos sensuais, sem buscar ativamente satisfazê-los. Portanto, indica a necessidade de ser o destinatário do amor, mais característico em mulheres do que em homens. Onde quer que isso ocorra, refere-se à identificação feminina como elemento dinâmico da estrutura psíquica. Refere-se especificamente à necessidade não genital de amor e carinho em sentido infantil.

Quando essa necessidade não é forte demais (igual ou superior a quatro escolhas no *h+*) e está bem equilibrada pelas escolhas nos demais fatores, não há razão para causar alguma patologia. No entanto, quando *h+* está muito forte (5+, ou 6+), essas características de desejo passivo são tão acentuadas a ponto de constituir uma imaturidade real. A maneira pela qual essa imaturidade afeta a personalidade total deve ser decidida baseando-se na constelação dos demais fatores. Caso haja sinais indicativos de frustração desse forte anseio por ser amado como criança, podemos contar com sérios sintomas patológicos, inclusive no nível de verdadeiro comportamento antissocial. (Este último implica um *s+* ou 0, um *e-*, e um *m-*, em conjunção com o *h+* mais acentuado.) Como em *h+* também há o sentido de identificação feminina, é mais provável que cause sintomas neuróticos nos homens do que nas mulheres. No que se refere aos estágios de desenvolvimento, o *h+* é característico de crianças, antes do período da puberdade. O fator *h* começa a se tornar negativo durante e após a puberdade nos indivíduos que apresentam *h-* em tudo, pois, de acordo com nossos dados, *h+* é mais frequente na população geral do que qualquer outra constelação do fator *h*.

Do ponto de vista da patologia, alguns aspectos já foram mencionados. Em razão da frequência de *h+* na população normal, não é possível afirmar que ela é "característica" de várias psicoses ou de comportamento antissocial, embora essa afirmação seja válida para o contrário; a saber, indivíduos psicóticos e antissociais apresentam *h+* com mais frequência do que qualquer outra constelação do fator *h*.

Outra tendência característica de *h+* é o fato de aparecer com mais frequência em indivíduos cujo trabalho ou ocupação não envolve "sublimação" no sentido psicanalítico da palavra. Entretanto, essa afirmativa é válida só quando comparamos grandes grupos de sujeitos de vários níveis ocupacionais. No estudo de casos individuais, frequentemente encontramos indivíduos que exercem algum tipo de ocupação de "elevado nível cultural", mas que apresentam *h+* mesmo assim (especialmente com *s-*). São indivíduos que escolhem algum tipo de trabalho que envolve as características de *h+* descritas anteriormente, ou seja, ocupações que envolvem o cuidado *pessoal* de terceiros, o que, por sua vez, implica a retribuição de afeto pessoal.

h- (h *negativo*)

A *constelação h-* pode ser interpretada como a identificação negativa com tudo o que o fator *h* expressa de uma forma geral. Significa que o indivíduo *não quer aceitar* essa necessidade de afeição terna pessoal, mas isso não significa que essas necessidades estejam completamente ausentes. Isso é particularmente verdadeiro quando *h-* estiver fortemente carregado.

Como princípio geral, cabe mencionar aqui, quando discutimos a primeira constelação negativa, que a negação de uma determinada necessidade não significa a ausência dessa necessidade. Pelo contrário, ela pode significar uma formação reativa, justamente porque, sob o efeito da sua intensidade original, a pessoa teve de recorrer a esse mecanismo de defesa particular para que pudesse se proteger de frustrações que, de outra maneira, seriam inevitáveis.

Com esse mecanismo em mente, podemos dizer que indivíduos com *h-* negam sua necessidade de passividade ou "feminilidade". Em vez da afeição personalizada, esses indivíduos tendem a se identificar com formas mais abstratas de afeição e amor, como o amor coletivo por toda a humanidade, ou outras formas "conceituais" de ternura. Muitas vezes, observa-se a presença de *h-* em pessoas que aparentam frieza no contato interpessoal, mas que demonstram atitudes sociais ou artísticas calorosas.

O *h-* praticamente nunca é encontrado em crianças antes do período da puberdade, e seria um sintoma indesejável de precocidade em casos assim. Pode ser encontrado com uma frequência relativamente mais alta em um grupo mais estritamente circunscrito de adultos "intelectuais", com tendência a sublimar suas necessidades de ternura por meio de diferentes formas de ideais humanistas e em atividades culturalmente desejáveis.

O *h-* menos é uma indicação negativa de formas *graves* de patologia como psicoses ou criminalidade, mas não exclui diferentes formas de neurose. A probabilidade de neurose depende da intensidade do *h-*. Quanto maior sua intensidade, tanto mais provável será sua interpretação como recalque ativo no seu oposto, *h+*. É um sinal de identificação masculina nas mulheres, e, portanto, mais suscetível de causar sintomas neuróticos, em especial diretamente na esfera da sexualidade. A frigidez sexual nas mulheres é indicada com frequência pela acentuação do *h-*. A falta de pelo menos um quadrículo equilibrador na outra direção, discutida no capítulo anterior, tem um significado especial nesses casos.

h± (h *ambivalente*)

O *h±* indica ambivalência em relação a essa necessidade de amor passivo do tipo "feminino". Em geral, é a expressão de identificação sexual ambivalente, vivenciado subjetivamente como conflito. Geneticamente, com frequência se refere a um conflito edipiano não resolvido e está associado a uma identificação masculina ou feminina não satisfatória. Pode ser esperado em crianças antes da resolução do conflito edipiano, aparecendo de novo com uma frequência relativamente alta por volta da puberdade e em jovens adolescentes. É uma reação sintomática de pessoas com orientação bissexual e encontrada com frequência em neuróticos obsessivos.

hO (h *nulo*)

O hO indica que a necessidade de receber passivamente o amor do outro está "descarregada" no presente momento. Esse estado de ausência de tensão nessa esfera é observado em crianças pequenas para quem a necessidade de ternura pode ser descarregada no momento presente, ou em adultos infantis que conseguiram criar uma situação na qual são amados e mimados como criança. Pode ser obtido em homens impotentes ou em homossexuais, masculinos passivos manifestos. No caso de mulheres homossexuais, também se refere ao tipo passivo. Pode ocorrer em mulheres com uma ligação extremamente forte com a própria mãe e, consequentemente, que se apegam com facilidade de modo submisso e dependente a diferentes "imagens maternas". Sempre que aparecer de forma consistente em uma série, é uma indicação de baixa energia sexual. O *hO* pode aparecer temporariamente após a relação sexual ou depois da masturbação. Em certas configurações, determinadas pelos demais fatores, o *hO* pode ocorrer em indivíduos com boa capacidade para sublimar intelectualmente, sem serem perturbados pela tensão sexual.

Com base no que foi dito sobre o significado das mudanças no Capítulo V, conclui-se que quanto menor o número de mudanças na direção do fator *h* em uma série de dez perfis, maior será a probabilidade de não haver sintomas realmente patológicos nessa área. Por outro lado, mudanças frequentes de direção indicam presença de processo patológico na esfera da sexualidade. Mudanças frequentes no *h*, que envolvem reações "nulas", são características de homossexuais manifestos.

Essa é uma afirmação válida para cada um dos fatores. A reação mais característica em pacientes com o mesmo diagnóstico obtido com as fotografias-estímulo de um dado fator é que a maior variabilidade de reações será encontrada no fator correspondente àquele do diagnóstico em questão.

O fator *s*

O fator *s* deve ser interpretado como correspondente à dimensão psicológica atividade/passividade. O *s* refere-se fortemente à energia muscular e à tensão motora, e assim está relacionado à ação do organismo sobre seu meio ambiente. À medida que essa tensão se torna mais forte, a possibilidade de um comportamento destrutivo ou sádico se torna mais provável. Essa é a razão pela qual retratos de sádicos reais podem ser usados como "unidade de medida" para indicar o nível de atividade em geral. A experiência com o teste de Szondi mostra que o pressuposto que liga o conceito de atividade motora à agressividade é correto. Conclusões semelhantes referentes à relação entre agressividade e a pulsão motora em geral foram obtidas por Bender e Schilder[2] e por Caille.[3] Na esfera do sexo, *s* representa o polo oposto a *h* no mesmo sentido indicado na citação de Schilder (p. 86-87); o *s* corresponde à necessidade de "invadir" e de ser forte, ao passo que o *h* corresponde à necessidade de ser "fraco". Em outras palavras, o *s* refere-se ao aspecto "masculino" mais ativo da sexualidade, ao passo que *h* refere-se ao "feminino".

s+ (s *positivo*)

O *s*+ significa que a pessoa se identifica com essa tensão dirigida para fora[4] na esfera da atividade. O *s*+, dependendo da sua intensidade (carga) e das constelações dos demais fatores, indica um grau geralmente elevado do nível de atividade física, ou uma tendência para manifestações agressivas sem inibição. Como o *s* mais está relacionado à manipulação ativa de *objetos do meio ambiente*, ele também pode ser associado ao conceito, em geral usado de maneira

---

[2] P. Schilder e L. Bender, "Aggressiveness in Children II". *Genet, Pyschol.*, Monog. 1936, 18, n. 5, 6, p. 410-525.

[3] R. K. Caille, "Resistant Behavior of Preschool Children". *Child Dev. Monog.*, 1933, n. 11, p. 142.

[4] Szondi também adota os termos "centrífugo" e "centrípeto" ao referir-se ao direcionamento da tensão para fora e para dentro, respectivamente.

corriqueira, de extroversão, embora eu prefira traçar um paralelo entre *s+* e o que Goldstein denomina "comportamento concreto". Mais uma vez, devido à sua associação com a atividade física, ela pode ser denominada uma reação predominantemente "masculina". Do ponto de vista da sexualidade significa uma busca ativa do objeto de amor e a necessidade de tomar a iniciativa em qualquer relacionamento interpessoal. Em geral, é característico de indivíduos com *s+* constante encarar e lutar contra a realidade, em vez de se retrair para dentro de si mesmo; ou, em termos psicanalíticos, são mais inclinados a fazer uma adaptação *aloplástica* do que uma adaptação autoplástica. (Termos criados por Ferenczi.) Sabe-se, também, que o excesso do segundo tipo de "adaptação" é característico dos neuróticos, ao passo que o primeiro é característico de personalidades impulsivas e de criminosos. (Naturalmente, os dois tipos de adaptação apresentam as suas amplitudes de variações normais; é mais fácil caracterizar uma tendência por meio de suas formas extremas de manifestação.)

O *s+* é a reação característica de crianças. Contudo, de forma semelhante ao *h+*, o *s+* é a constelação "s" mais frequente na população geral como um todo. É a reação habitual de pessoas com pouco interesse intelectual, o que, no entanto, não significa que s+ nunca possa ser obtida em intelectuais de grande cultura. Contudo, mesmo nesses casos, a interpretação geral de *s+* é válida, e uma atividade ou ocupação intelectual, quando associada a *s+*, tem um sentido diferente do ponto de vista da personalidade total, do que é o caso, por exemplo, em uma pessoa com *s-*. No caso do *s+* é mais provável que o interesse intelectual esteja baseado no interesse por coisas "reais"; em outras palavras, envolverá mais experimentação empírica e atividade física concreta do que um tipo de interesse intelectual puramente especulativo ou contemplativo. Tomando um exemplo do campo artístico, observou-se que *s+* é muito mais comum nos escultores, e depois dos escultores nos pintores do que nos músicos (compositores ou executantes) e escritores, sendo que no último grupo o *s+* puro é praticamente existente.[5] A relação de *s+* com a tendência para

---

[5] Susan K. Deri, *The Szondi Test Applied to the Study of Various Groups of Artists and Musicians*, estudo não publicado.

manipular objetos concretos do meio ambiente (escultura) em comparação com a manipulação de material puramente simbólico (tons ou símbolos linguísticos) ficou bem evidente no estudo citado acima.

A frequência geral de *s*+ diminui nos adultos e reaparece com elevada frequência na idade avançada, em referência ao "comportamento concreto" em geral.

O significado patológico de *s*+ (como o de qualquer outro fator) depende, em parte, da sua carga, e, em parte, da configuração do perfil total do qual o *s*+ faz parte.

Seu significado patológico mais direto refere-se ao comportamento antissocial. Esse pode ser o caso quando *s*+ tiver uma carga de cinco ou seis, e estiver associado a *e*- e *m*- e, na maioria das vezes, a *d*+ *ou* a *0*.

Os psicóticos também apresentam *s*+ com frequência, especialmente se tiverem sintomas de alucinação.

Em relação à neurose, *s*+ tem um significado diagnóstico especial quando apresentado por mulheres, porque é sempre um sinal de identificação masculina. Essa tendência "masculina" em mulheres pode ser sublimada no trabalho, ou ser a fonte de dificuldades na esfera da sexualidade (ou ambos); em casos extremos, pode levar à homossexualidade ativa nas mulheres.

s- (s *negativo*)

A constelação *s*- significa tensão na esfera da agressividade, não aceita pela pessoa. A consequência é que em tais casos a energia motora primariamente dirigida para fora será transformada em energia mais intelectual, mais voltada para a *manipulação de conceitos* do que para manipulação de objetos concretos do meio ambiente. Usando outra vez o termo cunhado por Goldstein, *s*- pode ser associado ao "comportamento abstrato".

O *s*- é indicativo de um rebaixamento do nível de atividade física, porém frequentemente associado à atividade intelectual; por exemplo, no trabalho científico como certa pulsão "civilizadora" para conquistar a natureza e controlar forças remotas e abstratas. Dependendo da sua intensidade, pode significar simplesmente um comportamento não agressivo (por exemplo, numa constelação de $\frac{1}{2}$ ou $\frac{1}{3}$); ou se *s-* estiver fortemente carregado ($^0_5$, $^0_6$, etc.), devemos considerar um caráter moral masoquista e sentimentos de incapacidade. Portanto, *s-* nos fornece algumas informações sobre a estrutura do superego de um indivíduo sem, contudo, tentar equiparar *s-* ao conceito psicanalítico de superego. Veremos que existirão outros fatores que, em algumas constelações, estarão associados à força do superego. Comparando-se *s-* com *s+*, pode-se afirmar que indivíduos com *s-* estável, em caso de conflito, tendem a afastar-se, em vez de enfrentar a realidade. São mais inclinados à adaptação autoplástica do que à aloplástica (em contraste com *s+*), o que também implica que são mais propensos a apresentar sintomas neuróticos do que a desenvolver comportamento antissocial. Na realidade, *s-* é um dos poucos sinais "isolados" que podem ser tomados enquanto tal como um indicador negativo de uma grave atividade antissocial.

Praticamente, *s-* quase nunca é encontrado em crianças menores de dez anos de idade, mas, nos poucos casos em que essa constelação é encontrada em crianças com pouca idade, é sinal de desenvolvimento precoce do superego, com consequentes sentimentos de culpa. São as crianças boazinhas "demais" e que se esforçam muito em agradar os adultos.

Com a aproximação da puberdade, a presença do *s-* se torna mais frequente, mas, na verdade, essa é uma reação tipicamente "adulta" (que de forma alguma deve ser compreendida como se o significado de *s-* fosse característico do adulto "típico"). Na verdade, mesmo em adultos, o *s-* não é muito frequente, pois implica determinada capacidade para sublimar a agressividade, o que não é natural no assim chamado homem "comum". Em termos gerais, *s-* é mais frequente nas mulheres do que nos homens e, caso seja encontrado em homens, deverá ser interpretado como certa ausência de identificação com o papel "masculino", o que na nossa cultura implica maior aceitação da atividade física e da agressividade. No entanto *s-* é bastante comum nos homens tidos como "intelectuais", cujo trabalho inclui lidar com conceitos e outras formas simbólicas em vez de trabalhar com objetos materiais. A ocorrência do *s-* em grupos de trabalhadores sem qualificação ou mesmo no trabalho qualificado é insignificante. Entretanto, não é incomum em determinadas ocupações "não intelectuais"; especificamente, naquelas que envolvem servir ou "atender" outras pessoas (ou seja, vendedores de lojas de departamentos, garçons, funcionários masculinos de salão de beleza, etc.).

O significado patológico de $s-$, como já mencionado, é principalmente relacionado à neurose, que depende da intensidade do $s-$ e de outras correlações fatoriais no perfil. O $s-$ pode ser obtido em qualquer tipo de neurose, o que é descrito na obra de Freud, *O Mal-Estar na Civilização*,[6] pois a fonte básica da neurose em tais casos é a agressividade recalcada. De acordo com isso, as características neuróticas correspondentes a $s-$ podem ser incapacidade patológica, dificuldades no trabalho, traços masoquistas, irritabilidade devido a uma sensibilidade exacerbada em relação a "insultos" reais ou imaginários. Em razão dessa tendência paranoide, em alguns casos $s-$ pode resultar em delírio de autorrelacionação ou outras formas de delírios paranoides. (No caso de paranoias verdadeiras, o $s-$ aparece associado a $h+$ e a um p variável.) O $s-$ também é um sinal característico de depressão, novamente em razão do significado especial da agressividade recalcada nessa forma particular de neurose ou psicose. Quando é encontrado em homens, o $s-$ pode causar dificuldades no ajustamento heterossexual. Pode – mas não necessariamente – significar homossexualidade. Em muitos casos o sexo do objeto de amor não está invertido, mas apenas o ato necessário para obter a satisfação sexual mostra sinais de inversão; em outras palavras, o homem quer ser o parceiro passivo e submisso no ato sexual, bem como em outros aspectos do casamento. A solução provável é que o homem com $s-$ se sinta atraído por uma mulher com tendência para $s+$, fazendo com que o "ajustamento conjugal" seja bem concebível. Dependendo da definição de "homossexualidade latente", cujo conceito – no presente – ainda está longe de ser definido de forma inequívoca, esses casos podem ou não ser chamados de "homossexuais latentes".

---

[6] S. Freud, *O Mal-Estar na Civilização*. Rio de Janeiro, Imago, 1996. (Edição Standard Brasileira das Obras Psicológicas Completas de Sigmund Freud, v. 21). Originalmente publicado em 1929. (N. R.)

s± (s *ambivalente*)

O *s±* refere-se à maneira ambivalente de vivenciar a agressividade. Da mesma forma como *h±*, ele também significa ambivalência em relação à identificação masculina ou feminina, e – como em todos os casos de ambivalência fatorial – os dois componentes são experienciados como tal. Não obstante, no caso do fator *s*, uma síntese satisfatória, ou uma sublimação das duas tendências opostas, parece ser mais factível do que no caso de *h*, provavelmente porque o significado básico do *s* é atividade enquanto tal – que, quase por definição, se presta facilmente a certo número de diferentes possibilidades de descarga. As múltiplas possibilidades de comportamento "concreto" assim como "abstrato" na vida de qualquer pessoa oferecem soluções favoráveis suficientes para o *s±*, sem a necessidade de sintomas patológicos.

Certos tipos de sublimação científica, assim como artística, parecem ser formas de descarga adequadas da "dupla" tensão ocasionada pelo *s±*. Mesmo naqueles casos nos quais o campo principal de sublimação não é a arte, o tipo de trabalho ou *hobby* de indivíduos com *s±* provavelmente terá uma nuance de exibicionismo. Em geral, se sentem atraídos por campos de atividade "inusitados".

A ocorrência de *s±* se dá por volta da puberdade e se torna mais frequente durante a adolescência, momento que marca a habitual hesitação em relação ao controle da agressividade e à identificação com o papel masculino. Também coincide com o período de paixões homossexuais, quase "fisiológicas", em ambos os sexos.

Conforme mencionado anteriormente, o *s±* também pode ocorrer em adultos – embora seja uma constelação *s* pouco frequente –, sendo que mesmo os adultos com *s* ambivalente têm algo de adolescente na sua personalidade.

Com relação aos sintomas patológicos, podem ocorrer em pessoas com tendências sadomasoquistas, e, por sua vez, podem ser a fonte de uma série de sintomas neuróticos. Podem ocorrer em casos de homossexualidade ou outras formas de perversões sexuais, caso, além da direção ambivalente, o fator *s* também apresentar uma tendência para a mudança várias vezes ao longo de uma série de dez perfis.

Entre os sintomas neuróticos, a angústia hipocondríaca e os sintomas compulsivos são os mais comuns associados com o *s* ambivalente. É raro encontrar essa constelação em psicóticos manifestos; pode ser interpretada mais como uma indicação negativa de uma psicose verdadeira quando for difícil fazer a diferenciação entre pré-psicose e psicose.

sO (s *nulo*)

O *s*O indica a descarga contínua na área de atividade ou agressividade. De qualquer modo, é uma imagem *ativa*, cuja qualidade depende de outros fatores. Pode ser observado no comportamento eficiente, em pessoas "muito ocupadas", em pessoas que são bem-sucedidas ao sublimar sua agressividade por meio do trabalho científico (*h*-, *s*O), ou em indivíduos ativamente antissociais (*h*+, *s*O, *m*-). Muitas vezes, a interpretação do ponto de vista do comportamento observável se assemelha ao *s*+. Difere de *s*+, principalmente na ausência de tensão devida à descarga contínua, porém difícil de diferenciar do comportamento ativo *com* tensão residual.

É encontrado em crianças muito pequenas (três e quatro anos de idade), assim como em qualquer outra faixa etária, pois a descarga da atividade enquanto tal não é especialmente característica de nenhuma idade. No entanto, a combinação de outros fatores em conjunção com o *s*O varia com a idade.

O *s*O é uma constelação frequente em numerosas formas de psicopatologia. É um sinal característico de neuróticos obsessivos (em conjunção *d*O), capazes de relaxar sua tensão com relação à agressividade por meio de seus sintomas compulsivos. É também comum em psicóticos motoramente excitados e excitáveis (em conjunção com *h*+). O *s*O, além da acentuação de *s*+, é a imagem mais frequente de criminosos ativos (quando aparece acompanhado de *m*-).

Assim terminamos o estudo dos fatores *h* e *s* separadamente, em todas as quatro direções. O próximo passo seria a discussão das diferentes combinações desses dois fatores. Como cada vetor é composto de dois fatores e cada fator pode ocorrer em qualquer uma das quatro direções básicas (positiva, negativa, ambivalente e nula), o número de *variações vetoriais* possíveis da combinação dos dois fatores é dezesseis. Discutir todas as dezesseis variações para os quatro vetores ficaria além do escopo deste livro introdutório. Para acessar as respectivas tabelas que indicam os principais aspectos característicos e a distribuição percentual das dezesseis variações dos quatro vetores nos diferentes diagnósticos e nas diversas faixas etárias, indico o apêndice da obra de Szondi *Experimentelle Triebdianostik,* Psychodiagnostik Tabellen II, III, IV e V.

A seguir, farei uma breve descrição das combinações mais importantes dos *fatores h* e *s.*

As constelações vetoriais S

hO sO (h *nulo com* s *nulo*)

Há pouca ou nenhuma tensão sexual. Pode indicar: (a) que a tensão sexual não foi descarregada recentemente (por exemplo, mediante intercurso sexual, masturbação, ou atividade homossexual); (b) pode indicar fixação em um nível infantil da sexualidade; ou (c) pode indicar causa orgânica ou "constitucional" (endocrinológica) para a ausência de tensão sexual.

É encontrada com frequência em adultos heterossexuais imaturos, que nunca "desmamaram" completamente dos pais e que construíram sua vida de modo a continuar vivendo na casa dos pais ou encontram outro grupo "parental" do qual passam a fazer parte e com quem podem viver (padres, freiras).

h+ s+ (h *positivo com* s *positivo*)

Essa é a mais frequente de todas as constelações *vetoriais* no vetor S (30%). Ela representa uma fusão e uma aceitação das duas necessidades opostas correspondentes a *h* e *s.* Assim, em muitos casos, é uma imagem saudável de uma sexualidade não recalcada. É a constelação sexual habitual do assim chamado adulto "médio", que corresponde a uma pessoa com uma estrutura egoica relativamente simples e nenhuma necessidade particular de sublimação. É um quadro vetorial S comum nos níveis ocupacionais inferiores. O ato sexual nesses casos é geralmente mais importante que a busca cuidadosa de um objeto amoroso específico. É mais comum nos homens do que nas mulheres.

É característico de pessoas interessadas nos aspectos realistas e materialistas da vida. Disto se conclui tratar-se de uma imagem usual da infância.

Quando um dos fatores apresenta mais do que quatro escolhas positivas, significa que essa atividade está pronta para ser descarregada e direcionada para fora, a ponto de poder resultar em um comportamento antissocial. Consequentemente, *h+ s+* também é comum nos criminosos (com *e-* e *m-*).

Havendo outros sinais de um superego efetivo, ou de tendência ao recalque no ego, então a tensão sexual causada por *h+s+* pode ser a causa da "angústia pulsional" (*h+, s+, e-, hy-, k-*). Do contrário, é mais uma indicação negativa referente à neurose.

Entre as psicoses, pode ser encontrada com mais frequência na mania, na excitação hipomaníaca, ou na epilepsia, sendo todas essas doenças caracterizadas por uma acentuada necessidade de descarga motora.

Outro grupo patológico para o qual a elevação de *h+* e *s+* é característico (pelo menos 5 + em cada um) é composto de crianças com retardo mental que – sabemos por outras investigações – (Goldstein,[7] Werner[8]) vivem um nível "concreto" com características patológicas.

h- s- (h *negativo com* s *negativo*)

Essa é a única outra constelação vetorial *s* que representa a fusão de duas necessidades componentes básicas (ternura feminina e agressividade masculina) da sexualidade. Entretanto, a despeito desse excelente amálgama, nenhuma das duas pulsões básicas é aceita em uma forma inalterada. O amálgama geralmente indica um indivíduo mais propenso a sublimar sua energia sexual do

---

[7] K. Goldstein, "Concerning rigidity". *Character and Personality*, n. 11, 1942-1943, p. 209-26.
[8] H. Werner, *Comparative Psychology of Mental Development.* New York, Harper & Row, 1940.

que a descarregá-la facilmente em um nível sexual primário. Szondi constatou que na sua "população geral", que consistia de 4.117 indivíduos, apenas 5,5% apresentavam *h*- e *s*- no vetor *S*. O percentual de *h*- *s*- aumenta consistentemente ao passar de níveis ocupacionais não qualificados (nos quais essa constelação não aparece) para profissões que pressupõem operações altamente conceituais. O *h*- *s*- é relativamente mais comum em escritores, músicos, psicólogos, críticos literários e de arte, etc., ou naqueles mais dedicados a criações ou produções intelectuais ou artísticas. Essa constelação vetorial *S* geralmente aparece em conjunção com estruturas complexas do ego, as quais serão discutidas em conexão com o vetor *Sch*. Nessas combinações, *h*- e *s*- geralmente indicam uma sublimação bem-sucedida, de modo que – embora sempre implique uma tendência para intelectualizar necessidades cuja origem é basicamente sexual – não necessariamente é um indício de recalque neurótico. A sexualidade desses indivíduos pode ser caracterizada por uma elevada tolerância à frustração, sendo o objeto de amor específico mais importante que o ato.

Caso, porém, *h*- e *s*- estejam fortemente carregados (pelo menos um dos dois fatores com cinco escolhas negativas), é um indício de recalque das necessidades sexuais. Portanto, essa constelação vetorial *S* é encontrada em casos de frigidez sexual nas mulheres, ou de diminuição da potência, ou impotência, nos homens. Essa constelação também pode ser associada a sintomas de histeria nos dois sexos.

A possibilidade de psicoses *manifestas* ou de atos antissociais, contudo, pode ser praticamente descartada com essa imagem vetorial *S*.

Essa constelação é um dos raros "sinais" no Teste de Szondi que determinam a estrutura geral da personalidade em um grau tão elevado que determinadas afirmações quanto à *atitude essencialmente "humanista"* e *socialmente positiva* do sujeito não precisam ser modificadas, sejam quais forem as constelações encontradas nos seis fatores remanescentes. Portanto, ao discutir os fatores remanescentes, toda vez que for mencionado que uma determinada constelação fatorial está altamente correlacionada a psicoses ou ao comportamento antissocial, ela deve ser entendida de acordo com a qualificação: salvo a ocorrência de *h*- *s*- no vetor *S*.

Da caracterização acima descrita, conclui-se que *h- s-* é uma configuração tipicamente adulta, raramente obtida na infância ou na senilidade. Aparentemente, a energia psíquica de jovens adultos (adolescência tardia) ou de adultos é necessária para a manutenção dos complexos mecanismos implícitos nessa constelação.

h+ s- (h *positivo com* s *negativo*)

Característico de *h+ s-*, assim como o inverso (*h-, s+*), a constelação vetorial *S* é uma dissociação das duas necessidades componentes da sexualidade discutidas anteriormente. No Capítulo 5 discutiu-se que a dissociação de duas pulsões relacionadas em uma mesma esfera principal é menos desejável do ponto de vista do equilíbrio psicológico nessa esfera do que seria a fusão das duas pulsões. No entanto, existem soluções possíveis no âmbito das manifestações "normais" para essas constelações pulsionais, embora a probabilidade de perturbações na esfera sexual primária seja maior nas constelações "dissociadas" do que nas imagens sexuais "amalgamadas", previamente debatidas, do tipo *h+ s+* e do tipo *h- s-*.

A configuração *h+ s-* aponta para a aceitação da necessidade de ternura com rejeição concomitante da necessidade de descarga motora sem inibição, ou de manipulação agressiva de objetos concretos. Trata-se, portanto, da imagem de um indivíduo basicamente dependente e submisso, com baixa necessidade de atividade física. Sugere sensibilidade e tendência a desligar-se dos aspectos materiais, fisicamente tangíveis da realidade, com interesse proporcionalmente maior na representação conceitual, simbólica da realidade exterior, assim como da realidade interior.

Em conjunção com constelações em outros fatores indicando boa possibilidade de sublimação, as características de *h+ s-* acima descritas podem ocorrer em uma variedade de manifestações socialmente positivas ou sublimadas. Nos homens, podem ser alcançadas principalmente por meio da escolha de profissões intelectuais ou artísticas do tipo anteriormente descrito sob *s-*, que combinam atividade intelectual e agressividade com o "servir" à humanidade. Ocupações de "prestação de serviços" menos intelectuais frequentemente aparecem associadas a *h+ s-*.

Do ponto de vista da patologia, *h+ s-* é mais significativo nos homens do que nas mulheres. Em razão do caráter basicamente submisso e sensível dessa constelação, ela frequentemente indica tendências passivas homossexuais latentes nos homens. Conforme mencionado anteriormente, isso não necessariamente adquire a forma de escolha de um objeto de amor do mesmo sexo, mas com frequência se manifesta, a despeito da escolha heterossexual do objeto, na escolha de uma parceira dominadora, agressiva, com a qual o homem pode representar o papel submisso. Caso a direção *positiva mude* numa série de dez perfis, com um "esvaziamento" ocasional do *h (nulo)*, mas com a permanência de *s-*, pode-se pensar em homossexualidade manifesta.

Quando *s-* estiver muito carregado (quatro escolhas ou mais), especialmente com tendência a ficar cada vez mais carregado na direção negativa ao longo de uma série de dez perfis, então a "sensibilidade" normal pode ter aumentado até alcançar sintomas paranoides, especialmente se houver mudanças concomitantes no fator *p*.

O *h+ s-* também é encontrado em casos de depressão neurótica ou psicótica, à exceção da forma de depressão ansiosa. De maneira semelhante, pode ocorrer na neurose obsessiva, pois todas essas doenças caracterizam-se dinamicamente pela repressão da agressividade manifesta. Por outro lado, pode-se dizer que *h+ s-* é um indicador negativo para a epilepsia verdadeira (grandes convulsões motoras) e para a psicose maníaca.

Em relação à distribuição etária, pode-se dizer que essa constelação do vetor *S* é rara na infância, relativamente frequente em adolescentes e em adultos, e mais frequente na idade avançada.

h- s+ (h *negativo com* s *positivo*)

Esta é a outra típica constelação vetorial *S*, na qual as componentes "femininas" e "masculinas" da sexualidade não estão integradas.

É encontrada em pessoas que recalcam sua necessidade de ternura, que se identificam com um comportamento fisicamente ativo ou agressivo. Trata-se, portanto, de uma estrutura tipicamente "masculina", presente em homens fisicamente ativos ou em mulheres masculinizadas.

7. O VETOR SEXUAL

Essas tendências podem ser sublimadas por meio de profissões que envolvem a manipulação ativa do meio ambiente, e, em razão do *h-*, é provável que essa pulsão para a atividade assuma uma forma refinada. Ocupações que envolvem atividade física (por exemplo, cirurgia, engenharia elétrica, etc.) ou trabalho no contexto organizacional (por exemplo, trabalho com indivíduos, trabalho em grupo, trabalho social, etc.) são boas formas de sublimação para indivíduos com *h- s+*.

Essa constelação tem um significado patodiagnóstico[9] especial nas mulheres em razão da identificação masculina implícita. A presença de uma homossexualidade feminina do tipo agressivo é uma possibilidade, mas não é uma consequência necessária dessa configuração vetorial *S*. No entanto, a afirmação de que mulheres com *h- s+* costumam sempre "assumir o controle das situações" no casamento, assim como em outros relacionamentos interpessoais, é verdadeira em todos os casos. As canalizações positivas para essa tendência foram mencionadas acima.

Em outras ocasiões, quando a presença de *h- s-* indicar a existência de pulsões dominadoras e agressivas, mas, ao mesmo tempo, outros fatores (*k-*) indicarem a presença de tendências repressivas no ego, podem surgir sintomas de histeria de conversão como consequência das forças em conflito.

Essa constelação vetorial *S* é mais frequente em meninos adolescentes, correspondendo à ênfase exagerada na "masculinidade". Eventualmente, essa interpretação também costuma ser válida para *h- s+* em casos de homens adultos.

É menos frequente em adultos do que em adolescentes, e praticamente desaparece na idade avançada.

Algumas crianças apresentam essa constelação no período próximo ao estágio final da fase edipiana, quando ocorre a identificação com o pai "forte". Essa fase de desenvolvimento é naturalmente desejável em meninos, mas, quando ocorre em meninas, leva à identificação masculina nas mulheres, descrita anteriormente, com todas as suas consequências.

---

[9] Termo cunhado para expressar o significado do diagnóstico de uma determinada patologia.

Após a discussão das cinco constelações dos fatores h e s, que correspondem às cinco caracterizações da personalidade que podem ser mais bem definidas e interpretadas com base no vetor S, passaremos à interpretação dos fatores no vetor P.

Esperamos que as outras onze configurações vetoriais S possam ser mais ou menos compreendidas com base na análise anterior. As cinco "classes" do vetor S, discutidas acima, podem ser consideradas constelações "básicas", com base nas quais a interpretação das outras onze "classes", por meio da combinação adequada das respectivas partes nas interpretações "básicas", podem ser inferidas. Por exemplo, a constelação $h\pm$ com $s+$ pode ser interpretada com base na combinação da caracterização de $h+$ $s+$ com $h-$ $s+$. De maneira semelhante, o restante pode ser inferido com base nas constelações vetoriais S. O estudo completo de todas as dezesseis variações dos quatro vetores, 64 quadros vetoriais ao todo, vai além do escopo de um manual que tem no título a palavra "introdução".

8. O vetor paroxístico

O conceito de paroxismo é, geralmente, menos conhecido e menos empregado na psicologia e na psicanálise do que o de sexualidade. Na ciência médica, o adjetivo "paroxístico" é usado para descrever certos processos emocionais ou psicológicos que seguem um padrão específico. Trata-se de um padrão de acumulação de energia recorrente e periódica, que alcança um clímax, seguida de uma descarga repentina. Graficamente, há um aumento de tensão que se repete como ondas, que atingem o ápice, para depois mergulhar até um ponto próximo de zero. Prototípico de descarga paroxística é a aproximação gradativa com a súbita irrupção de um ataque epiléptico.

O fator *e*

A interpretação do fator *e* está centrada nessa acumulação paroxística e na súbita liberação de energia. No Teste Szondi, a epilepsia é interpretada psicologicamente como a mais pura manifestação da explosão agressiva. Essa concepção de epilepsia coincide com a de Freud, como expressa em sua obra *Além do Princípio do Prazer.*[1]

A crescente agressividade do epiléptico, que acompanha a aproximação da convulsão, é bem conhecida de todos os clínicos que lidam com pacientes epilépticos. Há uma irritabilidade e agitação motora crescentes, a ponto de os epilépticos sentirem uma compulsão para ferir as pessoas à sua volta. Esse período de agressividade termina com a ocorrência da convulsão, seguida de

---

[1] Sigmund Freud, *Beyond the Pleasure Principle.* London, Int. Psa. Press, 1922.

coma. A fase seguinte compreende o período chamado interparoxístico, caracterizado pelo rígido controle emocional do epiléptico de suas tendências agressivas. As fotografias *"e"* no teste são retratos de pacientes epilépticos, nesse período interparoxístico controlado. Nesse estágio, os pacientes epilépticos se mostram excessivamente bondosos, religiosos e prestativos. O termo "morbus sacer" [doença sagrada], que aparece nos antigos textos europeus de psiquiatria, procura expressar apenas esse aspecto da personalidade epiléptica. Reforçando o que foi dito, clínicos que tiveram experiência com pacientes epilépticos sabem muito bem que a bondade e a presteza de epilépticos têm algo de forçado, "pegajoso". Pode-se quase perceber o grau de energia despendida para conter esse rígido controle emocional, que, provavelmente, cumpre a mesma função dinâmica que a formação reativa. Os protocolos de Rorschach de epilépticos no período sem convulsão geralmente apresentam todas as características descritas acima. O próprio Rorschach comenta que sujeitos epilépticos incluem julgamentos de valor em suas respostas e na sua preocupação com detalhes e com a simetria dos "borrões".[2] A predominância de estereotipia e perseveração foi observada por praticamente todas as pessoas que estudaram protocolos de sujeitos epilépticos.[3]

Todos esses detalhes merecem menção porque a interpretação do fator *e* está totalmente fundamentada no pressuposto de que o fator *e* está relacionado com o controle e a descarga de energia agressiva e, portanto, reflete aqueles aspectos da personalidade mais estreitamente ligados ao desenvolvimento do superego.

e+ (e *positivo*)

A constelação *e+* resulta da identificação do sujeito com retratos que supostamente expressam controle rígido sobre a descarga de sentimentos violentos e agressivos. Assim, de alguma maneira, *e+* é a contrapartida de *s-* como indício de um superego dinamicamente ativo, o que significa que está associado a pessoas que, de modo geral, se preocupam com questões relativas ao "bem"

---

[2] Hermann Rorschach, *Psychodiagnostik*. Bern, Hans Huber, 1937.
[3] Bruno Klopfer e Douglas Kelley, *The Rorschach Technique*. Yonkers, World Book Co., 1942.

e ao "mal". Em outras palavras, *e+* é um sinal de controle ético. Mais de três escolhas *e+* sugerem controle obsessivo reativo, que pode acompanhar inconsistências temporárias no comportamento. Indivíduos com *e+* acentuado e consistente costumam ser moralistas, críticos e sujeitos a sofrer sentimentos de culpa resultantes de desejos agressivos que jamais conseguem ser satisfeitos na realidade. O controle exercido por *e+* parece garantir que quaisquer que sejam os desejos antissociais do sujeito estes não serão transmitidos para a atividade motora. Ainda que ambas as reações *s-* e *e+* sejam indicativas de controle da agressividade, parecem funcionar em camadas ligeiramente diferentes da personalidade. No caso de *s-*, a palavra "controle" não é nem ao menos apropriada. Trata-se da transformação de agressividade dirigida para fora em um comportamento fisicamente passivo, acompanhado de manifestação de autoagressividade ou de sublimação masoquista. Em termos topológicos, pode-se dizer que a reação *s-* indica a ocorrência de uma transformação na esfera intrapsíquica correspondente à pulsão agressiva, ao passo que no caso da reação *e+* a função de controle acontece na fronteira que determina a passagem da agressividade para a motricidade. Do ponto de vista psicanalítico, ambos podem ser considerados diferentes aspectos da função superego. Quando *e+* está carregado, ou quando existem outros componentes no perfil indicando recalque, pode ser considerado um sinal de neurose obsessiva. No Teste de Szondi, a constelação *e+* constitui, mais uma vez, uma das poucas constelações que por si só podem ser interpretadas como um sinal indicativo de que não há qualquer tendência antissocial criminosa.

A constelação *e+* é raramente encontradas em crianças. Sua frequência aumenta gradualmente a partir da puberdade, alcançando o máximo (cerca de 40% da população) na idade adulta, entre vinte e quarenta anos. A frequência da constelação *e+* decai novamente na velhice.

Em adultos clinicamente sem sintomas, *e+* geralmente aparece correlacionado a um elevado nível cultural, sendo encontrado com mais frequência em ocupações e profissões voltadas sobretudo para a prestação de ajuda. Na patologia, *e+* é característico da neurose obsessiva e da histeria de conversão. A teoria acima descrita, que atribui o *e+* ao controle restritivo no limite da região motora, está apoiada nesses dados (Szondi: *Experimentelle Triebdiagnostik* Psychodiagnostik, Tabela XXIV). O *e+* também aparece associado com relativa frequência à esquizofrenia, uma descoberta empírica, cuja explicação psicodinâmica não pode ser determinada facilmente. Pode ser atribuída ao fato de uma disfunção do ego *par excellence,* como a esquizofrenia, estar correlacionada com a inibição da livre descarga das emoções através do sistema motor. Pode-se até levantar a hipótese de uma relação causal entre os dois fenômenos. O fato de a constelação *e+* aparecer muito raramente na fase maníaca da psicose maníaco-depressiva, que é prototípica, entre os transtornos psicóticos, de uma sintomatologia motoramente ativa direcionada para o objeto, está de acordo com a hipótese "motora" na interpretação do fator *e*.

Além de esclarecer o significado de um fator específico, as considerações acima ilustram como o estudo cuidadoso de vários dados do teste pode contribuir para a compreensão da psicodinâmica subjacente a várias neuroses e psicoses. Como o Teste de Szondi pode ser comparado a um prisma octogonal que permite ao psicólogo medir, por meio de oito planos, as reações de sujeitos neuróticos, psicóticos e antissociais e similares sem sintomas clínicos, é, provavelmente, o instrumento mais adequado para tornar visíveis os mecanismos psicodinâmicos profundos que formam a base das classificações diagnósticas comuns como esquizofrenia, mania, etc. De acordo com descobertas de pesquisadores que trabalham com psicanálise, o emprego de um instrumento de avaliação tangível é da maior importância para pesquisas adicionais. E, claro, o progresso envolveria o estabelecimento de experimentos que possam finalmente comprovar ou descartar as hipóteses levantadas com base no Teste de Szondi.

Inseri essas observações pela seguinte razão. Desde que fiz meu primeiro estudo sobre esquizofrenia em 1939, a frequência da constelação *e+* nesse grupo tem me intrigado, pois não conseguia enxergar a conexão dinâmica entre as duas. Se a hipótese de que a constelação *e+* na esquizofrenia expressa a impossibilidade de descarregar emoções violentas for verdadeira, os objetivos de pesquisa adicional, bem como algumas indicações para terapia, poderiam ser desenvolvidos.

8. O VETOR PAROXÍSTICO

Antes de passar para a discussão da constelação *e-*, citarei uma lenda do Talmude, que encontrei na obra *The Expression of Personality*[4] de Werner Wolff, no capítulo em que ele discute a dificuldade de julgar a personalidade partindo da fisionomia. A citação apresenta uma descrição perfeita do sentido dinâmico da constelação *e+*.

> Notícias do grande milagre chegaram também ao sábio rei de Arabitão, que chamou o seu melhor pintor e lhe ordenou que fosse até Moisés, pintasse o seu retrato e lho trouxesse. Quando o pintor voltou, o rei reuniu todos os sábios do seu reino, hábeis na ciência fisiognomônica, e pediu-lhes que definissem pelo retrato o caráter de Moisés, as suas qualidades, inclinações, hábitos e a origem do seu poder miraculoso.
>
> "Majestade", responderam os sábios, "este é o retrato de um homem cruel, orgulhoso, ávido de riquezas, possuído pela ânsia do poder e por todos os vícios existentes no mundo."
>
> Essas palavras suscitaram a indignação do rei.
>
> "Como pode ser possível", exclamou ele, "que um homem cujos feitos maravilhosos repercutem por todo o mundo possa ser assim?"
>
> Iniciou-se entre o pintor e os sábios uma discussão. O primeiro afirmava ser o retrato de Moisés que pintara o mais fielmente possível, enquanto os sábios sustentavam que o caráter de Moisés tinha sido determinado absolutamente de acordo com o retrato.
>
> O sábio rei do Arabitão decidiu verificar qual das partes em disputa tinha razão, e ele próprio partiu para o acampamento de Israel.
>
> Desde o primeiro momento, o rei se convencera de que o rosto de Moisés fora retratado de forma impecável pelo pintor. Ao entrar na tenda do homem de Deus, ajoelhou-se, fez uma reverência e contou a Moisés a discussão entre o artista e os sábios.
>
> "De início, até ver o vosso rosto", disse o rei, "pensava que o artista o havia pintado mal, pois os meus sábios são homens com muita

---

[4] Werner Wolf, *The Expression of Personality*. New York, London Harper Bros, 1943.

experiência na ciência da fisiognomonia. Agora me convenci de que são homens sem mérito algum e de que a sabedoria deles é vã e inútil."

"Não", respondeu Moisés, "não é como pensais. Tanto o pintor como os fisiognomonistas são homens altamente habilitados, e ambas as partes estão certas. Sabei que todos os vícios de que os sábios falaram me foram destinados pela Natureza e talvez num grau muito superior ao que eles encontraram no meu retrato. Mas lutei contra eles durante muito tempo com intensos esforços da vontade e gradualmente superei-os e suprimi-os em mim mesmo, até que todas as coisas que se lhes opunham se tornaram minha segunda natureza. E nisso reside o meu maior orgulho."

e- (e *negativo*)

A interpretação da constelação *e-* já foi apresentada em grande parte de forma implícita. Ela significa a rejeição do material de estímulo que deve supostamente expressar forte controle sobre explosões emocionais. Portanto, a constelação *e-* é obtida em pessoas propensas a explosões agressivas. A correlação de *e* negativo com *s* positivo é óbvia. A constelação *s*+ fornece informações sobre o estado de tensão resultante da necessidade de agressividade sentida pelo sujeito, ao passo que a constelação *e-* mostra como ele lida com essa necessidade. O "estado *e-*" é experienciado pelo sujeito como forte tensão afetiva sem mecanismos positivos de controle. Tal estado de tensão pode resultar de algum tipo de descarga emocional repentina, pois a constelação *e-* representa um estado de equilíbrio emocional instável, no qual as pessoas geralmente não permanecem por longos períodos de tempo. Essas mudanças são indicadas no teste pela frequência com que *e-* muda para *e*O. Indivíduos para os quais *e-* é característico costumam ser impulsivos; problemas éticos não têm importância primordial para eles e geralmente caracterizam-se por um superego complacente. (Como veremos mais adiante, essa afirmação precisa ser mais bem avaliada, dependendo da constelação de *hy*.) Invariavelmente, um *e-* constante resulta numa inquietação geral e tendência a descarregar espontaneamente via *acting out* os impulsos id.

8. O VETOR PAROXÍSTICO

A distribuição por idade associada a *e-* segue a lógica do caráter geral dessa constelação. É mais frequentemente encontrada em crianças pequenas e decresce gradualmente ao longo da puberdade até os cinquenta anos de idade, a partir de quando aumenta novamente até que, próximo dos setenta anos de idade, alcança a frequência encontrada em crianças jovens (cerca de 42%). Essa curva representa o fato bem conhecido de que o controle emocional é característico da idade adulta.

O significado patodiagnóstico de *e-* consiste primordialmente na indicação do perigo potencial de uma violenta explosão emocional. Dependendo da carga de *e-*, e de sua relação com a configuração total, as explosões emocionais podem ou não resultar em atos antissociais. Nas crianças, a constelação *e-* frequentemente indica um iminente ataque de birra. De forma semelhante, a iminência de um ataque epiléptico real é muitas vezes indicada por um *e-* cada vez mais carregado numa série de dez perfis, que se esgota de repente imediatamente após o ataque epiléptico.

A constelação *e-* é uma indicação negativa de neurose obsessiva. Pode ser encontrada com mais frequência do que em quaisquer outros grupos patológicos, em indivíduos antissociais de todo tipo, de vagabundos a criminosos. A constelação *e-* é um dos três constituintes básicos da síndrome tipicamente antissocial; os outros dois são *s+* e *m-*. Naturalmente, se a síndrome não é completa, não temos o direito de prever comportamento antissocial. Na população clinicamente saudável *e-* em geral, é encontrado nos níveis ocupacionais mais baixos e que envolvem trabalho físico. Quando aparece em indivíduos de nível profissional mais elevado, ainda assim indica certa agressividade no caráter.

e± (e *ambivalente*)

De maneira semelhante ao *s±*, a constelação *e±* indica ambivalência na maneira do sujeito lidar com a agressividade. Essa ambivalência é experienciada subjetivamente como conflito emocional, pode desencadear explosões periódicas, porém não as explosões antissociais associadas a *e-*. Indivíduos com *e±*

apresentam um superego *muito forte, mas que não está bem integrado à personalidade* total. Em vez disso, o superego é vivenciado como um agente externo independente que procura exercer poder sobre as ações do organismo. Corresponde, de certo modo, ao pseudossuperego mencionado por alguns psicanalistas. O comportamento desses sujeitos pode ser correto demais e por vezes inconsistente, conduzindo a sentimentos de culpa.

O fato de os sintomas patológicos mais característicos que acompanham a constelação *e±* serem a neurose obsessiva e a gagueira está de acordo com as considerações dinâmicas citadas. Essa constelação *e±* raramente aparece em qualquer tipo de psicose manifesta. Parece que a ambivalência afetiva vivenciada subjetivamente implicada nessa constelação não é compatível com os reais estados psicóticos.

A constelação *e±* não é característica de nenhuma faixa etária. Da primeira infância à faixa etária dos vinte anos, a frequência de *e±* não apresenta grande variabilidade, oscilando de 15% a 17%. Depois disso ela diminui para 9% a 10% entre os vinte e quarenta anos de idade, seguida por um aumento gradual para 14%. Na velhice, ocorre uma segunda queda acentuada.

eO (e *nulo*)

A constelação *e*O indica que não há tensão na área do controle emocional, o que significa apenas que as emoções podem ser facilmente descarregadas. Como em todos os outros fatores nulos, há uma diferença importante entre sua ocorrência como padrão constante e sua ocorrência como resultado de uma descarga periódica e repentina súbita do fator.

Se *e*O é constante, mecanismos estáveis de descarga estão disponíveis. Por si só, é claro que *e*O não indica se essa descarga constante é o resultado de mecanismos saudáveis ou neuróticos; isto é, se indica que pequenas quantidades de agressividade são descarregadas facilmente antes que sua acumulação produza uma forte tensão emocional, ou se um sintoma constante, como uma formação de sintoma psicossomático, alcança a descarga constante. Sem levar em consideração o perfil do teste completo ou, preferivelmente, a série completa de testes, não é possível concluir qual dessas duas possibilidades é responsável pela reação $e\bigcirc$. Uma pista que ajuda a diferenciar entre descarga saudável e neurótica pode ser encontrada na formação de $e\bigcirc$; isto é, se ele é constituído por uma escolha positiva e uma negativa, de uma única escolha, ou de escolha nenhuma. A ausência de escolha pode ser proveniente da formação de sintoma, pois é incomum haver uma descarga tão completa a ponto de não deixar a mínima tensão residual.

Se a constelação $e\bigcirc$ ocorre como parte de um padrão mutável, ou seja, constelações e-carregadas, alternando com constelações nulas, é provável que algum tipo de explosão paroxística tenha ocorrido entre os dois estados. Esse padrão também é característico da epilepsia real, embora a alteração apenas no fator e não seja suficiente para diagnóstico. A epilepsia verdadeira está associada a constelações $s+$ e $m-$ juntamente com um ego fraco, além da sua associação com uma constelação e mutável.

O significado patodiagnóstico de $e\bigcirc$ está implícito na descrição geral dessa constelação. Além dos estados mencionados acima, $e\bigcirc$ pode ser encontrado com uma frequência relativamente alta na psicose maníaca, um achado que pode ser interpretado dinamicamente com base no significado motor do fator e, discutido acima.

A constelação $e\bigcirc$ não é característica de nenhuma faixa etária específica. Em todas as faixas etárias, pode ser encontrada em aproximadamente 30% dos sujeitos, exceto na idade avançada (por volta dos setenta anos), quando se torna mais frequente. Isso corresponde, muito provavelmente, à constante irritabilidade sem controle, característica das pessoas idosas.

O fator *hy*

O segundo fator no vetor paroxístico, o fator *hy*, está estreitamente ligado à função do fator *e*, porque também indica a forma pela qual a pessoa lida com as próprias emoções. Não obstante, o fator *hy* pode ser considerado oposto ao fator *e*, pois o fator *e* expressa a forma como as emoções violentas ligadas ao fator *s* são tratadas, ao passo que o fator *hy* está mais relacionado com emoções correspondentes ao fator *h* do vetor sexual. A relação entre epilepsia e histeria é cada vez mais mencionada na psiquiatria moderna. Nos hospitais psiquiátricos, o diagnóstico "histeroepilepsia"[5] é feito com alguma frequência para indicar que os ataques motores parecidos com epilepsia são atribuídos a reações decorrentes de experiências emocionais perturbadoras. O papel da experiência emocional nas crises epiléticas é cada vez mais reconhecido pelos psiquiatras. Portanto a diferenciação entre epilepsia e histeria frequentemente se torna objeto de uma decisão arbitrária. Foi exatamente essa semelhança entre histeria e epilepsia, no que se refere à explosividade[6] emocional acompanhada de descarga motora, que levou Szondi a classificar a histeria e a epilepsia no vetor paroxístico. Como as duas doenças têm em comum certa imprevisibilidade nas manifestações emocionais, ambas podem ser formalmente caracterizadas como transtornos na esfera do controle emocional.

Decerto, devemos ter em mente que a diferença quantitativa, assim como a diferença qualitativa, entre a explosão emocional correspondente ao fator *hy* e a explosão correspondente ao fator *e* equivale à diferença na qualidade das emoções nos fatores *h* e *s*, respectivamente. As emoções mais delicadas, voltadas para o objeto de amor, encontram expressão por meio do fator *hy*; e justamente porque o conteúdo de *hy* é essa libido não agressiva, sua explosividade se dá numa escala quantitativamente muito inferior que a do fator *e*. A explosividade de *hy* consiste de uma frequente oscilação na maneira pela qual o afeto é demonstrado; assim, em vez das violentas explosões paroxísticas, ocorre uma descarga exibicionista de quantidades menores de libido.

No contexto da teoria do Teste de Szondi, consideramos a histeria como representante do seguinte tipo de estrutura de personalidade: ou a barreira funcional entre as regiões profundas do indivíduo, correspondentes às

---

[5] Ou histeroepilepsia e pseudoepilepsia. (N. R.)
[6] Termo emprestado da química para expressar o grau de inflamabilidade, o potencial explosivo de determinada substância. (N. R.)

emoções ternas de amor, e a região motora da personalidade é fraca demais, ou as próprias emoções são fortes demais. Nos dois casos, o resultado é que as emoções rompem essa barreira, manifestando-se com extrema facilidade em sintomas motores observáveis.

A representação topológica de Lewin[7] aparece na Figura 7. A representação topológica do indivíduo foi desenvolvida, primeiro, por Dembo.[8]

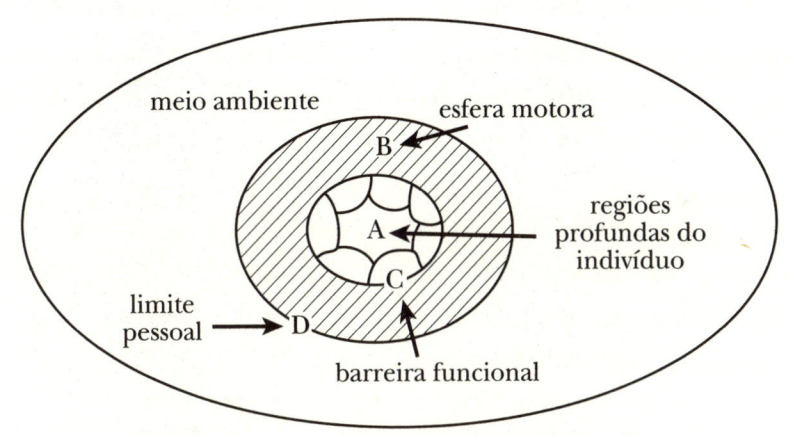

Figura 7. Representação topológica segundo Lewin.

Embora, para fins de uma análise melhor, deva-se fazer uma representação topológica mais detalhada, para o nosso objetivo é adequado visualizar a personalidade macroscopicamente, consistindo de duas partes principais: (a) as regiões mais profundas do indivíduo que correspondem às diferentes necessidades afetivas da pessoa (indicadas na Figura 7 pela área dividida em várias áreas menores dentro da esfera sombreada); e (b) a esfera motora que funciona como a região por meio da qual a pessoa torna visível a expressão das suas necessidades, ou de qualquer outra forma que possa ser observável pelas pessoas no seu meio ambiente (indicada na Figura 7 pela área sombreada). Essa região está representada ao redor da pessoa, porque

---

[7] K. Lewin, *Dynamic Theory of Personality*. New York and London, McGraw-Hill Book Company, Inc. 1935. [Publicado em português com o título *Teoria Dinâmica da Personalidade*. (N. T.)]

[8] T. Dembo, "Der Arger als dynamisches Problem". *Psychol. Forsch.*, 15, 1931.

funciona como meio de comunicação entre a pessoa e seu meio ambiente. A extensão da expressão das necessidades e das emoções através da esfera motora depende da força da barreira funcional (indicada na Figura 7 pelo círculo C) que supomos existir entre as regiões profundas do indivíduo e a esfera motora. Dinamicamente, entendemos que essa barreira foi construída para conter as forças que atuam sobre as pulsões afetivas na direção oposta à das manifestações motoras evidentes. Assim sendo, o vigor dessas forças restritivas – ou, em outras palavras, a força dessa barreira funcional – decide a extensão e a maneira pela qual as emoções são expressas. O significado interpretativo do fator *hy* está centrado precisamente nessa fronteira – tanto na sua força como nas peculiaridades qualitativas do seu funcionamento. Em circunstâncias normais espera-se que essa fronteira funcione sem problemas com flexibilidade, dando espaço à quantidade necessária de expressão motora das emoções: linguagem, gestos e expressões faciais pertencentes a esse grupo de fenômenos.

No caso dos histéricos, contudo, existem perturbações no funcionamento dessa fronteira. Devido à fraqueza da fronteira, ou devido à extrema intensidade das pulsões afetivas, a expressão motora das emoções adquire uma forma exagerada ou distorcida.

Pretendemos apresentar aqui a descrição dinâmica formal da sintomatologia observável da histeria, sem considerar, nesse contexto, a gênese desses sintomas motores. A aparente hiperemotividade dos histéricos, a imprevisibilidade de suas reações afetivas manifestas, as visíveis descargas de afetos positivos, assim como de angústia, e até mesmo os sintomas de conversão podem ser descritos como reflexo do funcionamento errôneo da região motora expressiva. Em todas essas circunstâncias, o aparato motor é usado para expressar emoções de tal maneira que interfere no funcionamento racionalmente objetivo e integrado da personalidade total.

Outras características de todos os fenômenos histéricos mencionados acima são as suas manifestações exibicionistas de emoções. O termo "exibicionista" é usado neste contexto no seu sentido literal mais amplo: a saber, para descrever alguém que exibe realmente, isto é, expõe seu estado emocional às pessoas do seu meio ambiente. Nesse sentido, a histeria é o protótipo da perturbação exibicionista. De acordo com isso – voltando à interpretação do teste –, parte do pressuposto de que as reações aos retratos de pacientes histéricos refletem a intensidade e a qualidade da "pulsão para o exibicionismo" tal como ela existe no sujeito que reage a esses retratos.

Assim como as demais necessidades (ou pulsões) representadas pelos oito fatores no Teste de Szondi, supõe-se que essa "necessidade de exibicionismo" esteja presente não apenas no indivíduo psicologicamente mal ajustado, mas em todos os indivíduos, pois a capacidade de demonstrar os próprios sentimentos – ao menos até certo ponto – é necessária para o equilíbrio psicológico.

hy+ (hy *positivo*)

As reações positivas às fotografias de pacientes histéricos indicam que o sujeito se identifica com a necessidade de exibir emoções de forma perceptível. Até que ponto essa necessidade está socializada depende da intensidade de *hy+*, assim como da constelação dos outros fatores. Em todos os casos, uma reação positiva de *hy* indica que o sujeito está inclinado a exteriorizar suas emoções, o que não deve ser confundido com a intensidade e a profundidade das emoções presentes. Há uma correlação negativa; a saber, as emoções superficiais são com frequência aquelas que conduzem mais rapidamente à expressão emocional, e não as emoções mais profundas. Dembo chegou às mesmas conclusões em relação à dinâmica de descarga de emoções em seu estudo[9] sobre a criação experimental da ira.

Na minha experiência com o Teste de Szondi, também descobri que as constelações *hy+* bem definidas e constantes são reações de sujeitos que, apesar de expressarem facilmente as emoções, ainda podem ser caracterizados – em termos coloquiais – como pessoas com uma vida emocional mais superficial. É tentador traçar um paralelo de "*hy*"+ com a proporção das reações do tipo C no Teste de Rorschach,[10] mas não tenho dados quantitativos para

---

[9] Ibidem.
[10] No Teste de Rorschach, as respostas do tipo *C* referem-se às respostas de cores.

apoiar a real existência dessa correlação entre as constelações *hy* e o número de respostas do tipo C. Contudo, parece tratar-se de correlação promissora a ser pesquisada.

Em termos do esquema de personalidade representado pela Figura 7, uma constelação *hy* indica a fraqueza da barreira funcional entre as regiões emocionais e motoras. O limiar da tradução da tensão emocional para comportamento motor é baixo. Indivíduos de *hy*+ conseguem estruturar sua vida de forma a obter quantidades significativas de atenção. Gostam de desempenhar papéis e têm uma clara necessidade de plateia, o que os conduz com frequência a ocupações ou profissões especialmente adequadas para satisfazer a essa necessidade exibicionista e narcisista. Atores profissionais, artistas, políticos, certos tipos de organizadores, professores, ou aqueles que seguem uma profissão qualquer que permite estar "no palco" podem ser enumerados entre aqueles que encontraram canais socializados aceitáveis para a satisfação de necessidades implícitas no *hy*+.

No diagnóstico clínico, a constelação *hy*+ tem duplo significado: é uma clara indicação de determinados estados psicopatológicos, bem como indicação negativa de outros. Portanto, grupo dos diferentes tipos de histeria, a constelação *hy*+ pode ser considerada um sinal diagnóstico de um ou do outro tipo. Ela ocorre frequentemente na histeria de conversão (em cerca de 30%), ao passo que praticamente nunca é encontrada nos casos de histeria de angústia, nem de angústia hipocondríaca. É também encontrada com relativa frequência em casos da assim chamada histeroepilepsia.

Essas constatações apoiam o que foi dito sobre a relação de *hy*+ com a fraqueza da barreira entre as esferas motora e emocional. Qualquer forma de histeria de conversão implica que o aparato motor (músculo) funciona de maneira inadequada, de modo que algumas partes do sistema muscular são usadas pelo sistema nervoso sem qualquer objetivo racional (do ponto de vista do pensamento consciente, lógico). Nos sintomas de conversão, essas partes do sistema motor, que em circunstâncias normais são usadas para funções completamente diferentes, como locomoção, ingestão de alimento, respiração, etc., são usadas com o objetivo de expressar pulsões afetivas inconscientes. No entanto, devido a inervações inadequadas, o organismo fica inibido na execução dessas funções racionais, sendo praticamente "forçado" pela dinâmica das emoções a empregar os respectivos órgãos a apresentar emoções sob a forma de um sintoma, o qual em geral é bem evidente para o observador ainda que seu inteiro significado – expresso pelo sintoma de maneira distorcida – só possa ser compreendido por meio do longo processo da psicanálise. Em termos dinâmicos a-históricos, tais sintomas motores exibicionistas, porém irracionais, devem-se ao mau funcionamento das forças restritivas nos limites da região motora de tal forma que as emoções são expressas na esfera errada. A frequência de *hy*+ na histeria de conversão, assim como nos ataques histeroepilépticos, pode ser compreendida com base nesta teoria dinâmica.

A ausência de *hy*+ na histeria de angústia e na angústia hipocondríaca segue as mesmas considerações, pois os estados de angústia resultam, do ponto de vista a-histórico, da incapacidade para demonstrar afetos por meio da descarga motora, o que leva a uma acumulação interna dos afetos e a um sentimento subjetivo de tensão e angústia. Esses são os casos nos quais o limiar de tradução da tensão emocional para a expressão motora é patologicamente elevado. Comentaremos mais sobre esse mecanismo em conexão com a constelação *hy-*.

Do ponto de vista do desenvolvimento, o *hy*+ ocorre mais frequentemente em crianças pequenas e diminui gradualmente por volta da pré-puberdade. Sua frequência mais baixa é alcançada na puberdade e no início da adolescência. Na velhice há novamente um súbito aumento na frequência de *hy*+, com aproximadamente o mesmo percentual (22%-25%) observado em crianças muito jovens. Essa curva ilustra o fato bem conhecido de que na primeira infância e na idade avançada as emoções são exibidas mais prontamente, ao passo que no longo período entre esses dois polos de desenvolvimento somos geralmente compelidos por pressões internas e externas a exercer mais controle na exposição de sentimentos pessoais.

hy- (hy *negativo*)

As escolhas negativas no fator *hy* indicam que o sujeito rejeita o material de estímulo que representa tendências exibicionistas; assim, *hy-* é característico daqueles indivíduos que não querem ou não conseguem demonstrar seus sentimentos de maneira claramente perceptível. As pessoas que apresentam a constelação *hy-* têm certa timidez emocional, o que, contudo, não necessariamente exclui uma intensa vida emocional. Essa correlação – que as emoções graves têm menor probabilidade de serem expressas prontamente – já foi mencionada em conexão com *hy+*. O limite funcional entre as regiões emocionais e a esfera motora, no caso da constelação *hy-*, na verdade atua como uma barreira que bloqueia as emoções de manifestações visíveis. Esse controle emocional, se não for rígido demais, pode indicar um superego funcionando bem, que superou a necessidade infantil da satisfação narcísica exibicionista, e assim a pessoa é capaz de viver uma vida emocional intensa, sem a necessidade de demonstrar sentimentos para uma plateia. Com base nessa descrição, já se pode concluir que a constelação *hy-* apresenta uma forte correlação com *e-*, o que, efetivamente, é o caso. Entretanto, se o controle afetivo for rígido demais, segue-se – em termos psicanalíticos – o recalque da libido, que pode conduzir a uma série de sintomas neuróticos.

As características psicológicas que acompanham a constelação *hy-* incluem intensa vida de fantasia, tendência ao devaneio e capacidade de pensamento lúdico, "pré-lógico". A dinâmica dessas características todas pode vir do fato de que as emoções não são "postas para fora", mas sentidas como uma experiência interior, subjetiva.

Aqui devemos reenfatizar o princípio dinâmico geral de que a negação de uma necessidade e a indicação dessa negação pela reação negativa em qualquer fator não significa a ausência absoluta dessa necessidade na personalidade. Ao contrário, pode significar que a necessidade negada pelo ego ou superego está presente como um potente dinamismo inconsciente, impedido de manifestar-se abertamente por algum agente censor. Portanto, a constelação *hy-* não significa que a pessoa não tenha necessidade de se "exibir".

8. O VETOR PAROXÍSTICO

Todas essas necessidades exibicionistas estão implícitas no *hy-*, da mesma forma que no *hy+*; no entanto, enquanto elas são exteriorizadas na constelação positiva, são mantidas latentes pelas forças controladoras na constelação negativa. Na verdade, *hy-*, com mais intensidade do que o positivo, indica que as necessidades acima descritas são de uma importância dinâmica específica na estrutura total da personalidade exatamente porque a descarga manifesta lhes foi negada.

Esses aparentes paradoxos na interpretação de constelações isoladas do Teste de Szondi tornam a interpretação do teste um processo psicológico muito complexo. O intérprete deve estar familiarizado com a dinâmica igualmente paradoxal do inconsciente, que ignora as regras do pensamento lógico ao empregar o mesmo símbolo para significar uma coisa e o seu oposto, simultaneamente. O fato de o Teste de Szondi refletir as reações afetivas do sujeito nesse nível de profunda ambivalência inconsciente faz dele um instrumento único entre os diferentes procedimentos psicodiagnósticos, mas limita o número de indivíduos capazes de fazer o máximo uso das possibilidades diagnósticas desse instrumento.

Voltando à interpretação da constelação *hy-*, se a constelação está carregada (quatro ou mais escolhas na direção negativa), interpretamos isso como indicação de que a pessoa dispõe de acentuadas pulsões exibicionistas que estão frustradas. Quanto mais carregado estiver *hy-*, maior será a probabilidade de que esse exibicionismo seja aparente de alguma forma distorcida no comportamento presente, embora a constelação negativa carregada seja sinal claro de que quaisquer manifestações exteriores são inadequadas para aliviar a frustração no sujeito.

A constelação *hy-* geralmente é obtida com mais frequência do que a *hy+*. Os grupos psicodiagnósticos para os quais ela é particularmente característica são homossexualidade (muitas vezes, latente, porém sentida dinamicamente como uma forte pulsão homossexual), angústia, estados de angústia difusa, fobia e angústia hipocondríaca. Nas crianças pode ocorrer na pseudológica fantástica. A menor frequência da constelação *hy-* é encontrada na histeria de conversão.

A relação dinâmica da constelação *hy-* com as diferentes formas de angústia foi mencionada na discussão da raridade desses sintomas nos casos de *hy+*. Essa relação entre o recalque da libido e a angústia foi o núcleo central da primeira teoria de Freud sobre a angústia e se encaixa muito bem com as constatações experimentais no Teste de Szondi de que uma reação de *hy-* forte constitui a indicação mais comum de angústia. A frequência de *hy-* em homossexuais não é fácil de ser compreendida. É mais provável que reflita a angústia neurótica característica de homossexuais. Pode também ser devida ao fato de que homossexuais efetivamente nunca ousam realmente se "mostrar". Sentimentos primários de culpa em razão das pulsões incestuosas proibidas, porém dinâmicas – causa original da homossexualidade –, bem como sentimentos secundários de culpa resultantes da desaprovação social geral podem estar todos refletidos no *hy-*.

O fato de *hy-* ser raramente encontrado na histeria de conversão pode ser entendido com base no que foi dito sobre a relação dos sintomas de conversão com as constelações *hy*. O elevado limiar de expressão da tensão emocional através de sintomas motores no *hy-*, em contraste com o baixo limiar no *hy+*, previne a formação excessiva de inervações musculares característica da histeria de conversão.

A frequência de *hy-* é bem constante nos vários grupos etários, com exceção de que ocorre mais raramente em crianças muito jovens (três a cinco anos), alcançando sua frequência mais alta na pré-puberdade e na puberdade.

hy ± (hy *ambivalente*)

A interpretação dessa constelação *hy* pode ser deduzida da combinação do que foi dito sobre as constelações *hy* positiva e negativa. Como em todas as reações ambi-iguais, a constelação *hy* ambivalente reflete um conflito sentido subjetivamente e uma tensão no indivíduo. Nesse caso, ela reflete o conflito naqueles que não conseguem se decidir entre esconder ou revelar seus sentimentos. No entanto, no fator *hy* essa experiência subjetiva das duas tendências opostas parece ser resolvida de forma satisfatória, e mais rapidamente do que acontece, por exemplo, no fator *e*. Nesse sentido, o *hy* ambivalente pode ser comparado com a estrutura *s* ambivalente, inclusive nos seus campos de sublimação. Em ambos os fatores, diferentes campos de sublimação artística servem como saídas adequadas para a tensão implícita na reação fatorial ambivalente. E mesmo naqueles sujeitos *hy* ambivalentes para os quais a arte não constitui o principal campo de trabalho, com frequência pode-se encontrar uma tendência para algum tipo de extravagância exibicionista (não no sentido patológico da palavra), na forma de *hobbies*, maneirismos na conduta geral de vida, escolha de vestuário, etc.

As implicações clínicas do *hy* ambivalente encontram-se sobretudo na esfera das neuroses. Sua frequência relativamente mais alta ocorre nas neuroses compulsivas, mais provavelmente como resultado da ambivalência básica característica de sujeitos compulsivos e como reflexo das frequentes excentricidades dessas personalidades.

A distribuição do *hy* ambivalente ao longo das várias faixas etárias é relativamente constante, com alguma flutuação nos valores de frequência, de aproximadamente 15% a 20%. Assim, a ocorrência dessa constelação *hy* costuma ter a metade da frequência de *hy-*. A faixa etária na qual *hy* ambivalente é relativamente menos frequente (cerca de 10%) é a do jovem adulto, entre os vinte e trinta anos. A diminuição nessa faixa etária se deve ao aumento nos padrões *hy* puramente positivos ou puramente negativos, indicando que os sujeitos dessa idade assumem posições mais claras em relação à maneira como direcionam sua libido, diferentemente dos sujeitos das faixas etárias mais jovens ou mais velhas.

hyO (hy *nulo*)

A descarga do fator *hy* significa que a necessidade de manifestar sua libido de maneira perceptível da pessoa está sendo vivida por completo – ao menos por enquanto. Como, mais do que qualquer outro, o fator *hy* é particularmente suscetível a apresentar variação de uma aplicação do teste para a aplicação seguinte, em geral na forma de descarga sob a influência de experiências momentâneas, torna-se especialmente difícil tecer generalizações sobre a constelação "nula" dele. E mesmo naqueles casos em que a constelação *hy* nula aparece como uma característica consistente numa série de perfis de teste, é mais difícil caracterizá-la em termos gerais do que as mesmas considerações nos outros fatores, devido à variedade de formas que as necessidades exibicionistas podem adquirir no comportamento superficial. A única interpretação válida para todos os casos de *hy*O é que algo está sendo descarregado via *acting out*: não é possível saber somente com base no fator *hy* se ele é indicativo de *acting out* sem inibição de sentimentos libidinosos perante o presente objeto de amor, ou se indica o *acting out* de rituais compulsivos de maneira exibicionista. Em todo caso, indivíduos que apresentam constância da constelação *hy*O não exercem controle severo sobre as próprias emoções e estão propensos a mostrar rapidamente suas reações afetivas diante de experiências externas. Mesmo dentro da faixa da "normalidade", eles geralmente são o que pode ser denominado como indivíduos "histeroides".

Do que foi dito segue-se que a constelação *hy*O pode ser encontrada em uma variedade de grupos clínicos. Sua maior frequência percentual é encontrada em psicoses maníacas e em personalidades psicopatas, antissociais e emocionalmente instáveis, inclusive em criminosos. A liberdade para dar livre vazão às pulsões e a ausência de controle emocional são características de todos esses sujeitos.

Entre os neuróticos, o *hy*O é encontrado com relativamente maior frequência nos neuróticos obsessivos – embora em menor grau do que nos grupos psicóticos e nos psicopatas mencionados em primeiro lugar. A hipótese de que nesses casos o *acting out* exibicionista dos rituais e cerimônias obsessivos descarrega a tensão no fator *hy* já foi mencionada anteriormente.

A constelação *hy*O é menos frequente na histeria de angústia. É frequente em crianças pequenas, até o começo do período de latência, quando se torna a mais rara de todas as quatro principais constelações *hy*. Torna-se, novamente, mais frequente na adolescência, aumentando lentamente ao longo dos anos, alcançando mais ou menos a mesma frequência na velhice, semelhante à frequência nas crianças pequenas.

Constelações vetoriais *P*

A seguir serão apresentadas brevemente as mais importantes combinações das constelações nos fatores *e* e *hy*. Assim como no caso do vetor *S*, terei de limitar-me à apresentação daquelas constelações vetoriais *P* que correspondem aos tipos de personalidade mais fáceis de serem distinguidos. Dessa forma, espero que com base em umas poucas constelações vetoriais *P* "básicas" as variações restantes possam ser deduzidas. A sequência da apresentação seguirá o grau com que as constelações se prestam a caracterizações bem definidas das personalidades.

e+ hy- (e *positivo com* hy *negativo*)

A simultaneidade de *e+* com o *hy-* constitui a constelação vetorial *P* mais controlada. O *e+*, assim como o *hy-*, indica que as emoções são rigidamente controladas, impedindo qualquer demonstração exibicionista. Das dezesseis configurações possíveis no vetor *P*, ou seja, de todas as combinações possíveis dos dois fatores nas quatro direções, essa configuração indica o superego mais forte, o que equivale a dizer que a estrutura vetorial *e+* e *hy-* é característica de indivíduos éticos e que é o sinal mais claro no perfil contra qualquer forma de comportamento antissocial ou criminoso. O *e+* sozinho, assim como o *hy-*, é um indicador negativo de criminalidade, mas sozinhos nenhum deles exclui o grau de certeza com que pode ser excluído quando essas duas configurações surgem como partes da mesma configuração vetorial *P*. A configuração *e+ hy-* aparece com frequência em indivíduos religiosos, ou em pessoas com um interesse especialmente forte por problemas relativos ao bem-estar social geral. As emoções são sentidas fortemente, mas não são expressas facilmente.

Quando essa configuração apresenta inflexibilidade, mantendo-se inalterada numa série de dez perfis, é sinal de um controle emocional muito rígido e indica um caráter obsessivo.

Entre as diferentes psicoses, a configuração *e+ hy-* é encontrada com maior frequência na esquizofrenia catatônica. A psicodinâmica subjacente a essa constatação empírica foi mencionada em conexão com a constelação *e+*.

Foi sugerida uma possível conexão causal entre a força extrema da barreira funcional entre as regiões afetiva e motora e o desenvolvimento de esquizofrenia catatônica. Entre todas as constelações vetoriais *P*, *e+ hy-* representa a maior incapacidade de descarregar as tensões afetivas por meio do aparato motor. Constatações ulteriores, no sentido de que as formas agitadas de esquizofrenia catatônica não são encontradas nesse grupo vetorial *P*, apoiam essa teoria.

O fato de esta ser a configuração vetorial *P* mais frequente na histeria de conversão[11] e nos casos de angústia fóbica bem estruturada (a expressão "bem estruturada" é empregada aqui como o contrário de "livremente flutuante") pode ser entendido também com base na rigidez do superego e na dificuldade em relação à livre descarga motora da tensão. Os sinais diagnósticos diferenciais entre a esquizofrenia catatônica e as duas formas de neurose mencionadas acima podem ser encontradas no vetor *Sch*. Enquanto o controle rígido das manifestações afetivas resulta numa configuração semelhante no vetor *P*, o sinal adicional *k+* (autismo) aparece em conjunção com sintomas catatônicos, ao passo que a conversão neurótica ou os sintomas fóbicos acompanham *k-* como indicativo do recalque básico no ego.

A constelação *e+ hy-* é uma constelação tipicamente adulta e, se encontrada em crianças, é sinal de desenvolvimento precoce do superego. É uma das configurações *P* mais frequentes em adolescentes e adultos até a idade de aproximadamente sessenta anos, depois da qual ocorre uma queda súbita na sua frequência até que, na velhice, se torna ainda menos frequente (cerca de 6%) do que ocorre em crianças.

---

[11] Esta afirmação está em aparente contradição com o que foi dito mais acima sobre a correlação entre a conversão e hy+. Mas a contradição é apenas aparente. Com efeito, na maior parte do tempo e no que diz respeito ao essencial do gasto econômico, o histórico de conversão defende-se energicamente contra a exibição das suas emoções eróticas. Portanto, quer fazer bem (e+), ser conforme (hy-), ou mesmo conformista (hy-!) e, de todo o modo, nega (k-) o seu desejo. Mas o retorno do recalcado (hy+) tende constantemente a produzir-se na forma de descarga exibicionista (*hy*O), acompanhada, ao mesmo tempo, por uma breve "perda" do eu (*k*O). Nota de Jean Mélon à edição francesa deste mesmo volume: Susan Deri, *Introduction au teste de Szondi*. Trad. e notas de Jean Mélon. 2ª ed. Paris/Bruxelas, De Boeck Université, 1991. (Bibliothèque de Pathoanalyse) (N. R.)

e- hy+ (e *negativo com* hy *positivo*)

A constelação *e- hy+* é oposta à constelação *e+ hy-*, tanto na configuração visível como no seu significado psicodinâmico. O componente *e-* indica a tendência a acumular tensão agressiva sem qualquer mecanismo positivo de controle, e o componente *hy+* indica tendência à descarga exibicionista das emoções. Em outras palavras, retratos de epilépticos são rejeitados com uma simpatia simultânea por retratos de histéricos pelas pessoas que geralmente tendem a manifestar suas emoções de modo antissocial.

Em todo o teste não há nenhuma outra configuração vetorial – em nenhum dos quatro vetores, com todas as dezesseis constelações – na qual eu possa justificar as conclusões contendo tantos julgamentos de valor ético como faço no caso da configuração *e+ hy-*, no seu oposto.

Indivíduos com configuração *e- hy+* não se preocupam com a forma com que suas ações afetam outros e, em geral – mesmo se dentro dos limites sociais –, pertencem ao tipo de pessoa "atrevida" cuja preocupação principal é obter uma vantagem egoísta. Essas características são especialmente óbvias quando a configuração *e- hy+* ocorre simultaneamente com as constelações *s+* e *d+* em um perfil em que não há *k+*.

Em geral, a ocorrência da configuração *e- hy+* é aproximadamente a metade da frequência da configuração oposta *e+ hy-*. Seu significado patodiagnóstico está no campo das formas antissociais de comportamento, seja na forma de criminalidade, seja em outras formas de psicopatologia. Na sua frequência mais elevada, é encontrada em assassinos e outros tipos de criminosos abertamente agressivos, em psicóticos maníacos, em epilépticos próximos de um ataque e em casos agitados de paresia generalizada. A excitabilidade motora antissocial e impulsiva é a característica dinâmica comum a todos esses grupos.

A configuração *e- hy+* é rara em neuróticos, pois a força do superego – embora não desejada pela pessoa neurótica – em geral constitui a pré-condição para a formação sintomática de várias neuroses. Pode ser encontrada em personalidades antissociais e histeroides.

Na sua frequência relativamente mais alta, essa constelação vetorial *P* é encontrada na idade avançada. A outra única faixa etária na qual essa constelação figura como uma das quatro configurações vetoriais *P* mais frequentes é a tenra infância, abaixo de seis anos de idade.

Esse paralelo nas frequências de determinadas constelações em crianças pequenas e na idade avançada deve ter ficado óbvio ao longo do nosso estudo. Até certo ponto, essas interpretações devem ser consideradas evidências de validade quando associadas às diferentes constelações fatoriais e vetoriais em razão da consistência psicodinâmica implícita na distribuição simétrica dessas curvas. Essa distribuição, muito provavelmente, é devida ao fato de que cada fator do teste pode expressar a presença ou a ausência de um mecanismo de controle, seja do tipo autorregulador ou de algum outro tipo, dependendo da direção específica dos fatores. Além disso, sabemos por outros estudos da psicologia genética, assim como de observações clínicas, que a tenra infância e a idade avançada se assemelham dinamicamente na sua relativa falta desses controles do comportamento.

e- hy- (e *negativo com* hy *negativo*)

Diferentemente do vetor *S*, no qual os dois fatores constituintes de constelações com a mesma direção representam a fusão de duas pulsões conectadas, porém opostas, as constelações numa mesma direção no vetor *P* expressam exatamente o contrário; a saber, a existência simultânea de controle emocional indicada em um fator com a falta de controle indicada no outro fator. A razão dessa discrepância na interpretação das configurações vetoriais *S* e *P* reside no fato de que, enquanto as interpretações primárias dos dois fatores no vetor *S* – as pulsões básicas representadas pelas fotografias *h* e *s* – são as próprias pulsões básicas do id, no vetor *P*, o material-estímulo de um dos dois fatores, o *e*, não representa a pulsão básica do id em sua forma original, mas na forma de controle do superego sobre a pulsão específica. De acordo com isso, no vetor *P*, as configurações vetoriais anteriores representam meios unificados para lidar com as emoções, tanto de maneira socialmente positiva como negativa, enquanto as constelações nas quais ambos os fatores estão na direção negativa ou ambos estão na direção positiva representam formas em si contraditórias de lidar com pulsões emocionais.

No caso da configuração *e- hy-*, há uma acumulação potencialmente explosiva de afetos violentos (*e-*). No entanto, a efetiva descarga dessas emoções é barrada, ou ao menos retardada, pela função controladora de *hy-*, que atua como barreira contra qualquer demonstração exibicionista das emoções. Em consequência dessas tendências conflitantes, toda a esfera emocional é tensionada, sendo vivenciada subjetivamente uma angústia flutuante e difusa. Quanto mais constante for essa configuração vetorial *P* numa série de dez perfis, tanto mais ela será sentida subjetivamente como desconforto. Na verdade, com certa frequência, a tensão implícita na configuração *e- hy-* consegue encontrar uma saída ao longo da administração dos dez perfis, o que é indicado pela descarga, ou pelo menos por uma descarga relativa, do vetor inteiro.

Clinicamente, essa constelação é sinal bem conhecido para todos os grupos diagnósticos que implicam a presença de angústia difusa. A característica dessa angústia difusa é a incapacidade do indivíduo de projetar sua angústia em um objeto específico, ou em uma exigência específica temida por ele; ele prefere falar de forma vaga sobre o medo da morte, ou da loucura, ou de outras catástrofes destrutivas. Como a configuração *e- hy- no vetor P* aparece mais frequentemente junto com a configuração *h+ s+* no vetor *S*, provavelmente o medo está relacionado, muitas vezes, com o perigo de uma irrupção socialmente indesejável de impulsos sexuais e agressivos. Ou pode indicar a "angústia pulsional" conforme descrita por Anna Freud,[12] o que significa que a pessoa se sente desconfortável e angustiada ao entrar em contato com seus próprios impulsos, o que não implica necessariamente que a descarga da pulsão resultaria em comportamento antissocial. Nesses casos, o paciente não tem medo de nada mais que o seu próprio id.

---

[12] Anna Freud, *The Ego and the Mechanisms of Defense*. London, Hogarth Press, 1937. [Publicado em português com o título *O Ego e os Mecanismos de Defesa*. (N. T.)]

Nas crianças, a constelação nos vetores *S* e *P* descrita acima é muitas vezes indicativa de angústia de masturbação, seguida de sentimentos de culpa. A configuração *e- hy-* é a configuração vetorial *P* mais frequente em adultos gagos, que compõem outro grupo caracterizado pela tensão emocional não resolvida.

Essa constelação ocorre com frequência em vários tipos de delinquências e até mesmo em crimes graves. Entretanto, no último existe uma tendência à descarga periódica no vetor *P*. Assim, o próprio ato criminoso pode ser considerado uma consequência dinâmica da tensão de pânico extremo implícita na configuração carregada *e- hy-*. Em outros casos pode-se questionar se o significado psicodinâmico de cometer um ato antissocial é a liberação de uma tensão emocional existente, ou se seria a criação de uma situação que justifique realisticamente os medos preexistentes, porém irracionais. De acordo com minha própria experiência com crianças encaminhadas pelo juizado de menores, o segundo costuma ser o caso.

A configuração *e- hy-* ocorre com mais frequência na infância até a adolescência. Diminui a frequência até alcançar aproximadamente a faixa etária de sessenta anos, quando aumenta novamente. No entanto, não chega a alcançar a frequência com a qual aparece na infância (cerca de 20%).

e+ hy+ (e *positivo com* hy *positivo*)

A configuração *e+ hy+* é uma configuração *P* encontrada raramente, cuja frequência na população média é de cerca de um quarto da frequência da constelação *e- hy-*. No entanto, as particularidades afetivas distintas correspondentes a essa configuração justificam sua caracterização à parte.

Ela se assemelha à constelação vetorial *P e- hy-* na ocorrência simultânea de controle emocional em uma componente e ausência de controle na outra. Ela difere, porém, na qualidade da tensão afetiva resultante dessas tendências contraditórias em relação ao modo como os afetos são direcionados, pois há um controle mais autêntico da agressividade, indicado pela presença da componente *e+*. Há, portanto, nessa configuração a tendência para o exibicionismo afetivo implícito na componente *hy*, cujo uso antissocial é impedido pelo superego ($e+$). O resultado dessa constelação de forças é experienciado como inflação afetiva, pulsões exibicionistas são permitidas, mas apenas a serviço de objetivos socialmente aceitáveis. Os indivíduos que apresentam essa configuração vetorial *P* em geral são exageradamente amáveis e encantadores de uma forma exibicionista. Passam grande parte do seu tempo se expressando e se interessando pelas emoções. Gostam de ser bons e prestativos e cuidam para que os outros percebam sua bondade.

A configuração *e+ hy+* não é característica de nenhum grupo clínico em particular. Trata-se de uma estrutura afetiva complexa, produzida por indivíduos "histeroides" em geral, mas sem formação de qualquer sintoma preciso. Parece que a capacidade de dar vazão às pulsões afetivas previne essas formações. Além disso, a conduta antissocial parece ser evitada pelo controle exercido pela componente *e+*.

A distribuição da configuração *e+ hy+* ao longo das diferentes faixas etárias apresenta uma curva exatamente oposta à da configuração *e- hy-*. É mais frequente na idade adulta e na adolescência tardia, menos frequente na velhice, e menos frequente ainda nas crianças.

e± hy± (e *ambivalente com* hy *ambivalente*)

A constelação *e± hy±* contém todas as componentes das configurações discutidas acima. Ela pode ser considerada a mais ambivalente de todas as estruturas afetivas, pois contém todas as componentes que indicam controle emocional (*e+* com *hy-*), assim como as que indicam prontidão para uma explosão emocional agressiva e exibicionista (*e-* com *hy+*). Essa tensão não resolvida é experienciada subjetivamente como uma condição extremamente desconfortável. No entanto, em razão da existência dos mecanismos de controle nessa configuração, a ocorrência de uma descarga de tensão por meio de ataques explosivos é menos provável de acontecer do que no caso do *e- hy-*. Em consequência, a presente configuração *P* não é característica de delinquentes ou criminosos, ou de comportamento psicótico antissocial. Em geral, encontra-se entre as configurações *P* mais raras, ocorrendo, ainda, com menor frequência na população geral do que as estruturas vetoriais *e+ hy+*.

Sua frequência mais alta ocorre em adultos gagos, e sua segunda frequência mais alta, nos neuróticos obsessivo-compulsivos.

Existe apenas uma faixa etária na qual a estrutura vetorial e± hy± figura como uma das quatro estruturas *P* mais frequentes: adolescentes de dezessete a dezoito anos de idade. Nesse grupo, ela muito provavelmente reflete o conflito emocional resultante da busca dos adolescentes pelos limites de expressão e inibição das pulsões, problema característico dessa idade.

e⊙ hy⊙ (e *nulo com* hy *nulo*)

A descarga dos dois fatores no vetor *P* indica ausência momentânea de tensão na área do controle afetivo. Essa configuração é ainda mais difícil de ser descrita do que as configurações *e* ⊙ e *hy* ⊙ isoladamente, pois em geral ocorre dentro de uma série como resultado de uma súbita explosão emocional. Mas, nos casos em que *e* ⊙ *hy* ⊙ se apresenta consistente numa série de dez perfis, deve ser interpretada como sinal de que as emoções são liberadas sem dificuldade. A fronteira ilustrada na Figura 7, funcionando nos limites da esfera afetiva, não atua como uma barreira nos sujeitos com uma estrutura vetorial *e* ⊙ *hy* ⊙, mas permite que as emoções sigam facilmente seu curso. Os sujeitos nessa categoria vetorial *P* costumam reagir às experiências cotidianas de maneira "emocional", expressando rapidamente suas reações emocionais por meio de gestos, entonação de voz, etc. Irritam-se com facilidade sem, contudo, deixar que a raiva se intesifique. Sua falta de habilidade no controle das emoções, mesmo em situações em que esse controle se faz necessário, é muitas vezes sentida por eles, subjetivamente, como uma sensação de impotência. Além disso, a torrente de emoções resultante da frouxidão da fronteira ao redor da região afetiva pode prejudicar a capacidade de concentração sustentada.

A configuração *e* ⊙ *hy* ⊙ é frequente nos dois extremos das psicoses maníaco-depressivas, sendo mais frequente no estágio maníaco. Também pode ser encontrada com certa frequência na gagueira da primeira infância. Entre os criminosos, essa constelação aparece com o dobro da frequência do que na média da população, da qual só 5% apresentam *e* ⊙ *hy* ⊙.

Essa constelação vetorial *P* distribui-se mais ou menos uniformemente em todas as faixas etárias e ocorre com frequência relativamente mais alta na idade avançada.

No próximo capítulo, vou me desviar da ordem de apresentação dos fatores isolados, conforme aparece no perfil do teste. Em vez de discutir o vetor *Sch*, que no perfil vem depois do vetor *P*, consideraremos a interpretação dos dois fatores do vetor *C*, deixando a discussão do vetor *Sch* para depois. A razão dessa ordem de apresentação é que o vetor *Sch* reflete a estrutura do ego, que, de certa forma, representa a resultante de todas as pulsões parciais correspondentes aos outros seis fatores. A maneira como as pulsões são elaboradas por intermédio do ego será discutida em conexão com o vetor *Sch*.

9. O vetor do contato

No início a designação com a letra *C* do vetor de Contato pretendia indicar o grupo de psicoses circulares que, na terminologia da psiquiatria europeia, compreende as formas maníaco-depressivas das psicoses, incluindo a melancolia.

Entretanto, quanto mais se estudou sobre a interpretação desse vetor, tanto mais Szondi se inclinou a denominá-lo vetor do contato, uma vez que as reações de escolha dos retratos de pacientes maníaco-depressivos representam, psicologicamente, as atitudes do sujeito diante dos objetos do meio ambiente (no sentido psicanalítico de objeto da libido) ou, em outras palavras, o contato do sujeito com a realidade.

Na interpretação dos dois fatores desse vetor, fator *d* e fator *m*, nos apoiaremos mais nos conceitos psicanalíticos – sobretudo aqueles em relação às "componentes" pré-genitais das pulsões anais e orais – do que fizemos ao interpretar qualquer um dos outros vetores. O leitor pode buscar referência nos trabalhos de Freud[1] e Abraham,[2] que apresentam suas teorias relativas ao significado das fases pré-genitais da sexualidade em relação à posterior formação da identidade.

---

[1] Sigmund Freud, "Three Contributions to the Theory of Sex". *Nerv. And Ment.* New York, Dis. Pub. Co., 1910; *Character and Anal Erotism*. Collected Papers, vol. II, 1929. *The Predisposition to Obsessional Neuroses*. Collected Papers, Vol. II. [Publicados em português, respectivamente, com os títulos: *Três Ensaios sobre a Teoria da Sexualidade*, *Caráter e Erotismo Anal*; *A Disposição à Neurose Obsessiva*. (N. T.)]

[2] Karl Abraham, *Selected Papers*. Hogarth Press, Inst. Psychoanalytic Library Series, n. 13, 1927.

O fator *d*

Supõe-se que as reações aos retratos de pacientes depressivos estejam relacionadas àquelas características da personalidade que remontam ao modo específico pelo qual o sujeito atravessou a fase anal do desenvolvimento psicossexual. Dessa forma, ao interpretar o fator *d*, serão mencionados sobretudo os traços da personalidade conhecidos na literatura psicanalítica como "traços anais". Os traços anais referem-se principalmente a determinados tipos de relações objetais do indivíduo: isto é, suas atitudes diante dos objetos do seu meio ambiente. Possessividade, asseio, pedantismo e parcimônia estão entre os traços anais listados com mais frequência. O aspecto tipicamente anal da relação objetal está centrado na questão da retenção ou da renúncia de objetos e na reação da pessoa perante a perda de um objeto investido de libido.

Estabelecer uma relação psicológica entre os traços da personalidade, como os listados acima, com as primeiras funções anais da criança já é uma tarefa bastante difícil, mas ainda é mais fácil do que estabelecer uma hipótese aceitável que relacione todo esse grupo de características à reação de simpatia ou antipatia diante dos retratos fotográficos de pacientes depressivos.

A relação entre determinados aspectos da personalidade e os diferentes estágios de desenvolvimento psicossexual foi primeiro observada e descrita por Freud, tendo sido apoiada e elaborada posteriormente por Ferenczi,[3] Abraham e outros. Freud descobriu em seus pacientes que aqueles que na infância apresentaram um interesse particularmente forte e duradouro pelos seus processos excretores desenvolveram mais tarde o assim chamado "caráter anal". A ligação entre as duas fases é estabelecida pelo pressuposto de que a criança catexiza suas fezes de forma positiva, considerando-as como parte de si mesma, como algo que tem, sobre as quais pode exercer vontade e poder. Essa hipótese é apoiada por estudos de casos publicados, bem como pelas histórias de casos de indivíduos observados por mim.

---

[3] Sándor Ferenczi (1873-1933) foi um psicanalista húngaro e um dos mais íntimos colaboradores de Freud. (N. R.)

O estágio de frustração, ou sentimento de privação, que interfere com o prazer narcísico primitivo de ser o único senhor de seus processos excretores começa com o treinamento do esfíncter imposto à criança por adultos do seu meio ambiente. Esse é o período na maturação da criança em que, dependendo da força ou persuasão por meio da qual ela toma consciência do controle do esfíncter, são desenvolvidas as atitudes básicas ao lidar com posses e em relação à disciplina em geral.

Com base na experiência psicanalítica, pode-se supor que a superestimação narcísica e afetiva das fezes na infância é transferida, por mecanismos inconscientes de simbolização e deslocamento, para outros objetos do meio ambiente que representam valores reais. Para a formação posterior do caráter, a identificação inconsciente das fezes com dinheiro, presentes e bens em geral é de grande importância. Aqueles para os quais a aprendizagem do controle esfincteriano na infância foi uma experiência psicologicamente traumática estão mais propensos a desenvolver em sua vida futura sentimentos irracionais em relação a qualquer coisa que tenham, seja superestimando ou subestimando o significado de objetos tangíveis. A experiência específica que age traumaticamente nesses indivíduos é a compulsão sob a qual *tinham* de renunciar a algo que lhes pertencia – suas fezes – a pedido de terceiros. Essa experiência traumática pode resultar na característica de personalidade de ser incapaz de renunciar a objetos, ou de tentar compensar a perda do objeto primário, investido com libido, pelo entesouramento ou ávida acumulação de bens.

Na interpretação do Teste de Szondi, partimos do pressuposto de que sintomas de depressão podem se desenvolver naqueles indivíduos que são caracteristicamente "anais". A ligação psicológica entre depressão e características anais é a angústia constante de pacientes depressivos em relação à possibilidade remota de perder dinheiro ou de se esgotarem quaisquer fontes com uma importância especial para eles. Essa angústia é bem conhecida de qualquer clínico que tenha trabalhado com pacientes depressivos que precisam ter mais do que necessitam e que temem a perda mesmo no caso de superabundância.

De acordo com nossa interpretação, os retratos *d* no Teste de Szondi refletem essa estreita e preocupante ligação com os objetos, uma formação reativa ao trauma de perda do objeto "primário" da libido. A psicodinâmica da depressão como reação à perda de um objeto é descrita em detalhe na obra de Freud *Mourning and Melancholia*.[4] Nela, ele diferencia entre o processo psicologicamente normal do luto e os sintomas patológicos de depressão (melancolia), que – na superfície – diferem principalmente na duração do tempo em que os sintomas de depressão podem ser observados. O pressuposto adicional, necessário para preencher a lacuna ainda existente entre a interpretação dos traços anais e as reações aos retratos de pacientes depressivos, é que os sintomas patologicamente duradouros de depressão que se seguem à perda de um objeto de amor ocorrem em indivíduos que apresentaram características tipicamente anais antes de a doença se manifestar. Pode-se supor que a perda de uma ligação particularmente forte, "viscosa", com o objeto de amor provocou os sintomas depressivos. Além disso, supõe-se que essa tenacidade tipicamente anal da libido foi desenvolvida geneticamente a partir das experiências da primeira infância, constituindo o fundamento do desenvolvimento de traços de caráter anal.

Outra possibilidade – que considera mais os elementos que constituem a personalidade – é que, de quaisquer traumas específicos que possam ocorrer durante o treinamento do controle esfincteriano, e independentemente do tipo de disciplina experienciada, certos indivíduos desenvolverão traços anais. Nesses indivíduos supõe-se a existência de uma predisposição determinada constitucionalmente para desenvolver precisamente essas características, e nenhuma outra, de modo que incidentes na fase de treinamento esfincteriano apenas reforçam os padrões de reação constitucionalmente predeterminados ou hereditários. Essas pessoas, consideradas "traumatofílicas" por constituição, teriam abstraído experiências traumáticas características para si mesmas, independentemente do tratamento recebido do seu meio ambiente. A mesma ideia é expressa na teoria de Freud em relação ao significado do que ele chamou de séries complementares, que atribuem à hereditariedade um papel mais importante na formação de diferentes neuroses, do que se poderia supor da leitura de publicações mais recentes da literatura psicanalítica.

---

[4] Sigmund Freud, *Mourning and Melancholia*. Collected Papers, v. IV, 1925. [Publicado em português com o título *Luto e Melancolia*. (N. T.)]

d+ (d *positivo*)

Uma reação positiva no fator *d* indica que o sujeito se identifica com características anais. Dessa forma, as seguintes características das relações objetais do indivíduo podem ser interpretadas com base numa reação *d+*: há uma acentuada necessidade de objetos concretos, o que significa que os objetos reais são muito valorizados, com um interesse geral pela realidade externa como fonte de todas as coisas materiais. Esse interesse realista, extrovertido, que resulta do alto valor atribuído a objetos reais, necessariamente acompanha uma tendência a manipular ativamente e sair em busca de objetos, o que revela a estreita ligação entre as características *s+* e *d+*. Essa relação pode ser antecipada pelo que se sabe sobre a coexistência usual dos traços de caráter anal e sádico. A base para essa estreita associação não é muito clara, embora muitas hipóteses possam ser levantadas. Do ponto de vista da correlação entre as reações *s+* e *d+* no teste, será suficiente destacar que tanto os impulsos sádicos (a pulsão fisicamente ativa, manipulativa, implícita em *s+*) como o tipo anal de relação objetal (implícito em *d+*) têm a tendência a controlar objetos em comum. Na verdade, esses traços são bem típicos de sujeitos com uma reação *d+* constante. Evidentemente, essa tendência básica de controlar objetos pode manifestar-se de diferentes maneiras, dependendo dos outros fatores. Pode assumir a forma de agressividade antissocial em alguns indivíduos (em conjunção com as estruturas *s*O, *e-* e *m-*), assim como no pedantismo, asseio ou tentativas científicas de forçar coisas dentro um sistema (em conjunção com um *h-*, *k+* ou *p+* e *m+*, associados a *d+*). Em outras circunstâncias, as tendências anais de *d+* encontram expressão em interesses sublimados como coleções (selos, livros, moedas, etc.) ou profissões que envolvem a sistematização e a crítica de trabalhos alheios. O estudo não publicado da autora sobre vários grupos de artistas criativos e performáticos (citados anteriormente em conexão com o fator *s*) mostrou que *d+* era de longe a mais comum entre escultores, depois entre pintores, e menos comum entre músicos. Esses dados corroboram as constatações anteriores de psicanalistas que concluíram que o interesse em modelar e esculpir pode ter sua origem no prazer anal infantil de lambuzar.

Outros traços de caráter que podem ser deduzidos da qualidade específica "adesiva" da libido em personalidades anais, e que são características da constelação *d+*, são possessividade geral, tendência à rivalidade e persistência em atingir um objetivo a ponto de chegar à obstinação. A disposição para um humor depressivo é indicada por *d+*, provavelmente porque a perda de bens é experienciada como um perigo potencial constante.

De acordo com isso, a constelação *d+* é encontrada com maior frequência nos grupos de diagnósticos em depressão. Como já foi mencionado, ela também ocorre com frequência em indivíduos antissociais. As constelações *d+* e *d*O são as duas constelações fatoriais *d* mais frequentes na população geral. A frequência da constelação *d+* alcança o pico na faixa etária de sete a oito anos e na idade extremamente avançada. Sua frequência em crianças de sete ou oito anos de idade coincide com o período em que colecionar vários objetos se torna geralmente importante para elas. Uma interpretação mais profunda desse fenômeno sugere que esta é a idade em que as crianças começam a perder seu forte apego à sua mãe, para cuja perda emocional a acumulação de vários objetos concretos pode servir como substituto. Incidentalmente, essa interpretação dinâmica da qualidade da busca e acumulação de *d+* em crianças é tida como válida para o *d+* de um modo geral.

d- (d *negativo*)

Descobriu-se que retratos de pacientes depressivos são rejeitados por sujeitos que se recusam a identificar-se com a relação objetal possessiva e agressiva do tipo anal descrita em conexão com a reação *d+*. A qualidade adesiva da catexia da libido, que é uma característica tipicamente anal, é válida para qualquer reação *d* carregada, positiva e negativa, ou ambivalente. Há, contudo, uma grande diferença entre a avaliação de objetos materiais nos indivíduos *d+* e nos indivíduos *d-*. As reações *d-* indicam que o sujeito ainda não renunciou ao apego ao objeto primário, pois deprecia os outros objetos concretos, materiais. Os sujeitos nessa categoria *d* tendem a ser extremamente leais ao objeto no qual a libido está investida. Permanecem com seu objeto do amor, independentemente da possibilidade realista de alcançar ou não seus objetivos. Essa atitude geralmente faz com que sejam mais idealistas e menos práticos do que indivíduos com *d+*. Nesse sentido, os sujeitos *d-* são verdadeiros "conservadores" que evitam inovações e mudanças porque não conseguem – ou não estão dispostos a – investir sua libido em objetos novos. Eles também poderiam ser caracterizados como geralmente passivos em sua relação objetal, pois tudo que parece lhes interessar é o investimento da libido no objeto, mas sem empreender esforços motores para mantê-lo. A correlação entre *d-* e *s-* é indicada por essa característica comum de passividade física, bem como pela constatação de que as estruturas *s-* e *d-* são reações mais comuns em mulheres do que em homens. A correlação reversa desses dois fatores no perfil, por exemplo *s+* com *d-*, apresenta questões interessantes para interpretação, pois indica uma contradição inerente à personalidade do sujeito em relação a um comportamento agressivo (ou apenas ativo) voltado à consecução de objetivos. Essas pessoas dão a impressão de ser "agressivas", ao mesmo tempo que escondem uma subjacente fixação passiva em objeto de amor por meio dessa atividade aparente.

Nesse ponto da nossa discussão, podemos introduzir, brevemente, algumas combinações mais complexas ou constelações fatoriais para ilustrar o raciocínio implícito na interpretação. A questão mais difícil associada à constelação *d-* é a natureza do objeto "primário" da libido. No seu sentido mais profundo, o termo provavelmente se refere à mãe; no entanto, com o propósito de interpretar a reação *d-* no Teste de Szondi, essa interpretação básica não é suficientemente inclusiva. Ainda que essa interpretação possa sempre estar no fundo de toda reação *d-*, no nível comportamental, os indivíduos com *d-* apresentam com frequência uma extrema aderência aos objetos ou às ideias que – ao menos na aparência – não parecem estar relacionados com a mãe ou com qualquer imagem que evoque a mãe. Do ponto de vista da interpretação do teste, não é necessário traçar as ligações que, mediante vários processos de simbolização e deslocamento, podem finalmente revelar a conexão entre a fixação materna original e os objetos catexizados com quase a mesma intensidade na vida posterior do indivíduo. O que se deve ter em mente ao interpretar a reação *d-* é que ela indica forte apego a *um* objeto específico ou a *uma* ideia, em contraste com o desejo de ter muitos objetos, característico de indivíduos associados com a reação *d+*.

Como os traços anais foram mencionados ao longo da nossa discussão sobre o fator *d*, e como o papel simbólico do dinheiro para o caráter anal é amplamente reconhecido na psicanálise, algo tem de ser dito sobre o significado do dinheiro em indivíduos *d+* e *d-*, respectivamente. Superficialmente, a avareza ou a supervalorização do dinheiro enquanto tal parece ser característica de indivíduos com reações *d+*. No entanto, o apego ao dinheiro, paradoxalmente, é mais característico daqueles que apresentam *d-*. Sujeitos *d+* são ativos na busca de maneiras de ganhar dinheiro, sobretudo como meio de assegurar outros objetos, podendo até apelar à violência nessa busca. Entretanto, como a busca de dinheiro não é o interesse dominante dos indivíduos *d-*, é ainda mais difícil para eles separar-se do dinheiro que têm à mão. (A possibilidade de os sujeitos *d-* catexizarem o dinheiro em si, com toda a adesividade da sua libido, não pode ser excluída.)

Há outros paradoxos aparentes na relação do sujeito *d-* com objetos materiais. Por exemplo, mesmo sendo indiferente em relação ao acúmulo de riqueza, pode sentir uma privação pessoal, que pode se tornar traumática caso seja forçado a separar-se de um objeto, ainda mais do que sentiria uma pessoa tipicamente "*d*"+. A despeito do entesouramento característico, um sujeito *d+* provavelmente tem consciência da sua capacidade de repor objetos materiais. Por outro lado, o apego sentimental a um objeto pode fazer com que o sujeito *d-* fique inconsolável diante da sua perda.

Discuti esse problema específico devido à sua aparente inconsistência, o que, à primeira vista, é inerente a ele. A relação de *d-* com a atitude do sujeito em relação ao dinheiro foi um dos problemas mais intrigantes no Teste de Szondi, em que o conhecimento pragmático precedeu, de longe, a compreensão teórica do fenômeno, e apenas recentemente fui capaz de formular uma teoria que permite a reconciliação dos resultados que antes pareciam contraditórios.

Entre os diferentes grupos de diagnósticos, *d-* ocorre com mais frequência na hipocondria e na esquizofrenia paranoide. Essa constelação raramente aparece na depressão psicótica. Quanto à sua relação com o comportamento social, *d-* pode ser considerado um atributo do comportamento ético, em razão do idealismo e do comportamento não agressivo implícito na sua dinâmica.

Entre as diferentes faixas etárias, a constelação *d-* ocorre com mais frequência em adultos entre vinte e quarenta anos. É mais rara em crianças entre sete e nove anos, quando a reação *d+* prevalece.

d± (d *ambivalente*)

Como as reações ambivalentes são, por definição, sempre reações carregadas, refletem uma tensão na área específica em que ocorrem. A constelação *d±* indica uma forte tensão vivida de maneira subjetiva na esfera da relação objetal. Existe ambivalência em relação a sair em busca de mais e novos objetos ou agarrar-se aos antigos. Em qualquer circunstância esse tipo de relação objetal é um sério problema para os indivíduos que apresentam uma constelação *d±*. Os sinais por meio dos quais esse problema se torna perceptível para as demais pessoas do seu meio ambiente é que grande parte da sua conversação é centrada nos relacionamentos presentes e passados com diferentes pessoas. Apesar da sua acentuada necessidade de intensa ligação e lealdade a uma pessoa (*d-*), tendem a envolver-se constantemente em novos relacionamentos, que poderão impedir a continuidade dos relacionamentos que já estabeleceram (*d+*). O resultado é que na maior parte do tempo sentem-se inseguros em relação à permanência de qualquer relação objetal, o que, por sua vez, é a causa de um sentimento geral de indecisão.

A tensão indicada pela carga da reação *d±* explica por que todos esses sujeitos podem ser descritos como caracteres anais, enquanto a atitude ambivalente implícita no direcionamento ambivalente é responsável pela existência de traços anais aparentemente contraditórios. O sujeito revela essa ambivalência geral por meio da instabilidade de características como generosidade com os gastos em algumas situações e mesquinhez em outras; autoestima exagerada combinada com sentimentos de inferioridade; idealismo inconsistente e materialismo; voluntariedade e provocação com obediência e conformidade e desejos concorrentes de privacidade e de fazer parte de grupos grandes. Uma série de outras inconsistências no comportamento manifesto dos sujeitos *d±* pode ser elencada. Um aspecto bastante característico dessas pessoas é a elaboração constante de planos para começar qualquer coisa nova: mudar para outro lugar, mudar de carreira, etc. Esses planos podem ou não ser levados a cabo, mas, mesmo quando o são, a renúncia ao estado anterior é lenta e vivida como um processo doloroso. Portanto, a constelação $d\pm$ confere certa opressão à personalidade, limitando a leveza da movimentação no espaço vital. Ainda assim, do ponto de vista de qualquer patologia grave, $d\pm$ parece ser uma constelação favorável, muito provavelmente devido à função autorreguladora inerente à reação ambivalente. Um problema comum a todas as reações ambivalentes é saber até que ponto indicam um conflito no sentido negativo do termo e onde apontam para o equilíbrio entre forças opostas. No caso da constelação $d\pm$, essas duas possibilidades parecem resolver-se em um tipo de estrutura de personalidade um tanto difícil, mas que compensa o desenvolvimento de formas graves de patologia.

Em consequência, a estrutura $d\pm$ não é particularmente característica de nenhuma das categorias diagnósticas habituais. É encontrada com relativa maior frequência nos epilépticos, o que explica o caráter geralmente lento e "viscoso" do epiléptico. Entre os diferentes grupos de criminosos e delinquentes, essa constelação ocorre mais frequentemente em pequenos ladrões. O fato de que, mesmo sendo antissociais, essas pessoas evitam cometer crimes mais graves (assalto, por exemplo) pode ser devido ao efeito moderador de d-.

A reação $d\pm$ é a constelação fatorial d fatorial menos frequente na população geral. Sua frequência máxima, de 15%, é encontrada no grupo de crianças mais jovens que podem ser testadas, de três a quatro anos de idade. Essa é a idade na qual ocorre a primeira verdadeira crise na relação objetal, período em que a ambivalência em relação aos pais, decorrente da situação edipiana, alcança o seu máximo. Depois desse período a ocorrência de $d\pm$ diminui, não chegando nem a 10% até a faixa etária de setenta/oitenta anos de idade, quando ocorre em cerca de 12% a 13% dos casos.

d0 (d *nulo*)

A reação $d0$ indica falta de tensão na esfera da relação objetal; em outras palavras, o problema relativo a apegar-se a antigos objetos ou sair em busca de novos não é particularmente importante para os sujeitos que apresentam $d0$. No entanto, o fato de o aspecto "anal" da relação objetal não ser importante para esses indivíduos não nega a importância do objeto de um ponto de vista "oral" da relação. A relação objetal oral será discutida em conexão com o fator *m*.

Em comum com todas as outras reações nulas, *d*O é a constelação fatorial *d* mais difícil de ser caracterizada em termos comportamentais devido à variedade de maneiras pelas quais a descarga da tensão existente pode ser alcançada. Ela sugere um tipo de relação objetal geralmente mais solto, no qual um objeto pode ser facilmente substituído por outro. O próprio sujeito não costuma fazer nenhum esforço particular para assegurar um determinado objeto, estando mais propenso a investir nos objetos que estão mais disponíveis. Em contraste com a "opressão" da reação *d*±, *d*O tem algo de despreocupado, porque essas pessoas não sentem necessidade de acumular objetos ou de fazer muito esforço para manter o objeto sob controle. Em certos casos, esse tipo de relação objetal pode ser caracterizado como indiferença, em vez de despreocupação. Pode ser encontrado depois da perda recente de um objeto real, que se reflete numa falta de interesse e indiferença em relação aos objetos em geral. Portanto, se o restante do perfil do teste apresenta determinada configuração, *d*O pode até significar certo estado depressivo; no entanto, apenas no sentido da indiferença acima descrita, que é muito diferente da depressão angustiada e inquietante, característica de *d*O. Esse apático desinteresse nos objetos externos ocorre com mais frequência nos estados catatônicos incipientes do que na verdadeira depressão psicótica. Em outras circunstâncias, se a configuração geral do perfil do teste apresenta sinais de boa adaptação, *d*O pode indicar boas possibilidades para a sublimação intelectual ou artística, pois a pessoa não está presa a uma preocupação com coisas materiais, podendo dedicar-se livremente a interesses não materialistas. Uma possível relação entre a tendência para a depressão e para a criatividade artística pode ser mencionada nesse contexto; embora a exploração das implicações teóricas dessa relação extrapole o âmbito deste manual.[5] Uma série de artigos publicados por Dr.

---

[5] Os dados são do estudo não publicado da autora, acima mencionado, no qual o Teste de Szondi foi administrado a um grupo de cinquenta artistas e que apoia essa teoria. (N. R.)

Harry B. Lee, que abordam a questão da criatividade artística, elaboram em detalhe a hipótese acima.[6]

Em alguns casos, a total ausência de tensão na área psicológica correspondente ao fator *d* é causada pelo fato de componentes importantes do erotismo anal da primeira infância não terem sido assimilados, por diferentes processos de transformação, a características da personalidade, e ainda conservarem seu significado ao nível anal primário. Nesses indivíduos, os processos excretores ainda estão efetivamente investidos de libido e servem como fonte de prazer, estando por vezes associados a rituais de banheiro bem definidos. Como a obtenção de informações nessa área sobre qualquer sujeito é difícil, se não impossível – a menos que se obtenha material psicanalítico sobre o sujeito –, não é possível estabelecer a frequência das características descritas em conexão com a ocorrência de *d*O. Não obstante, estudei pacientes em psicoterapia que apresentavam *d*O, que me possibilitaram aprender muito sobre o significado dessa reação.

O *d*O é significativo em termos patodiagnósticos, principalmente em relação à esquizofrenia catatônica, já mencionada em conexão com uma perda de interesse por objetos externos e apatia generalizada. Veremos que não se trata de uma constelação rara em determinados tipos de criminosos, excluindo os criminosos mais graves. (Quando ela reflete um comportamento antissocial, *d*O aparece junto com *m*- e *s*+ ou *s*O.)

O *d*O é a constelação fatorial *d* mais frequente entre as idades de dez e sessenta anos. (Abaixo de dez anos, *d*+ é a constelação mais frequente.) A frequência mais alta de *d*O é obtida em jovens adultos entre dezoito e trinta anos de idade. Essa parece ser a faixa etária quando objetos externos são avaliados mais do ponto de vista hedonista "oral", do prazer que procuram, do que da relação objetal do tipo anal agressivo e possessivo.

---

[6] Harry B. Lee, "A Theory Concerning Free Creation in the Inventive Arts". *Psychiatry*, vol. 3, n. 2, May, 1040; "On the Esthetic States of the Mind". *Psychiatry*, v. 10, n. 3, August, 1947; "The Cultural Lag in Aesthetics". *The Journal of Aesthetics and Art Criticism*, v. VI, n. 2, December, 1947; *Art as a Form of Projection*. Presented at the 1948 Annual Meeting of the American Orthopsychiatric Association.

O fator *m*

Ao interpretar o fator *m*, levaremos em conta aquelas características de personalidade que podem derivar da primeira fase oral do desenvolvimento psicossexual. Esse estágio é caracterizado pelo fato de que a satisfação da libido é obtida principalmente na região da boca pelo ato de sugar o seio da mãe. Entre os psicanalistas, foi Abraham[7] quem mais contribuiu para o desenvolvimento do conceito de "caráter oral", que tem origem no impulso de sugar. Ele estudou as vicissitudes da pulsão oral e descreveu como a satisfação ou a frustração dessa pulsão influencia as atitudes sociais do adulto. Segundo Abraham, o passo mais importante que o indivíduo pode dar para adquirir uma atitude satisfatória em suas relações sociais é resolver satisfatoriamente seu primeiro erotismo oral. Se o prazer de sugar do bebê não for perturbado, toda a sua atitude posterior em relação à vida será otimista, e ele terá uma atitude amigável em relação ao meio ambiente. Caso haja excesso de benevolência com as necessidades orais do bebê, ele poderá desenvolver uma personalidade negligente e indiferente, supondo que alguém tomará conta dele tal como sua mãe fez. Se, contudo, o bebê for frustrado na gratificação das suas necessidades orais, sua personalidade futura poderá refletir-se em atitudes sociais agressivamente exigentes, ou tentativas erráticas e exageradas de se agarrar aos outros.

As informações obtidas sobre o sujeito com base nas suas reações aos retratos de pacientes maníacos situam-se precisamente na dimensão desses traços de personalidade que Abraham descreveu como originadas na pulsão oral. Portanto, a tarefa consiste novamente em formular uma hipótese plausível que possa explicar o fato de que retratos de pacientes maníacos possam ser usados como instrumento de medida para traços de caráter oral. Ao fazer a ligação da psicodinâmica subjacente à mania com tendências que têm origem na fase oral do desenvolvimento psicossexual, devemos confiar, obviamente, nos conceitos conhecidos da psicanálise sem, contudo, sugerir que a teoria

---

[7] Karl Abraham, *Selected Papers on Psychoanalysis*.

a seguir tenha sido apresentada *per se* na literatura psicanalítica como uma interpretação da dinâmica psicológica subjacente à mania.[8]

Considerando os tipos de interpretação derivados das várias constelações fatoriais *m*, concluímos que os sintomas da psicose maníaca podem ser atribuídos à frustração da primeira pulsão oral de sugar. A primeira manifestação da pulsão oral é o bebê sugando e se agarrando ao seio da mãe. No curso do desenvolvimento, a pulsão oral passa por uma série de alterações na sua manifestação e na sua posição e função na totalidade da personalidade. Uma forma de manifestação posterior é a necessidade de contato social, o "agarrar-se à sociedade" no lugar do seio materno. Segundo nossa hipótese, supomos que os sintomas de mania, que começam com o típico estado hipomaníaco, se desenvolvem naqueles indivíduos que, durante os primeiros meses de vida ou na primeira infância, não conseguiram obter uma dose satisfatória de prazer a partir da situação original de mamar. Se essa frustração foi causada, principalmente, por fatores ambientais realistas, como a atitude da mãe em relação à amamentação, ou pelo vigor constitucional da pulsão oral do bebê que necessariamente provocou a frustração a despeito da atitude da mãe, é uma questão que no momento deixaremos de lado. Na realidade, esses dois grupos de fatores muito provavelmente interagem como descrito por Freud sobre o funcionamento da série complementar.[9]

O importante em nosso ponto de vista atual são as consequências futuras dessa primeira frustração oral. Em conexão com o fator *m*, supomos que o comportamento inquieto do paciente hipomaníaco ou maníaco (no estado de exaltação e hiperatividade, mas não no estado de comportamento agitado agressivo e ofensivo) representa tentativas patologicamente distorcidas de compensar a não obtenção de prazer oral do seio maternal durante a primeira infância. A hiperatividade que caracteriza o estágio inicial da

---

[8] Essa denominação bem poderia ter sido apresentada na discussão da teoria da depressão do ponto de vista da interpretação do teste de Szondi.
[9] Expressão empregada por Freud para explicar a etiologia da neurose, que considera tanto os fatores exógenos como os endógenos, que podem se complementar. Ver J. Laplance e J.-B. Pontalis, *Vocabulário da Psicanálise*, op. cit. (N. R.)

mania deve ser compreendida nessa perspectiva como a sucessão de tentativas de obter o máximo de prazer do mundo em geral. No estado hipomaníaco, essas tentativas adquirem a forma de interesse aumentado nos objetos do meio ambiente; a pessoa hipomaníaca está – por assim dizer – supercatexizando os objetos exteriores, os quais, temporariamente, podem fazer com que se sinta feliz, pois o sentimento de estar ligada a muitos objetos é acompanhado de certo sentimento de segurança, na esperança de que esses objetos exteriores, em algum momento, restituirão a libido neles investida. Assim sendo, o paciente hipomaníaco continua otimista, pois espera obter o prazer e o amor que faltaram na infância a partir das relações objetais estabelecidas na sua vida posterior. Disso resulta a atitude de expectativa característica das pessoas hipomaníacas, ou do caráter oral em geral. Por essa razão, esses indivíduos tendem a afiliar-se a muitas organizações, a tecer numerosos planos grandiosos, a começar novos empreendimentos no seu campo de atuação profissional. O momento decisivo no comportamento manifesto do paciente maníaco se dá no instante da realização de suas falsas premissas: quando ele reconhece que os novos objetos da sua libido não corresponderão às suas expectativas exageradas e que elas não fornecerão a dose de gratificação necessária para compensar a falta de prazer e amor na infância. Essa nova desilusão quebra a atitude amistosa e otimista do paciente, desencadeando nele acessos de raiva maníaca e tentativas agressivas de destruir os objetos que o "traíram" novamente.

Com base no que se conhece da interpretação do fator m, devemos supor que os retratos-estímulo refletem a primeira fase do processo "maníaco" acima descrito. Devemos supor, em outras palavras, que o sujeito reage à necessidade de se agarrar a objetos para obter prazer e apoio, expressa nos retratos do fator m.

As diferentes formas que podem assumir essa dependência oral, desde, literalmente, gratificações orais, como beber, comer, fumar e conversar, até todas as formas sublimadas de relação objetal do tipo oral, incluindo gratificações sociais e artísticas, serão discutidas em conexão com as diferentes constelações fatoriais m.

Entretanto, antes de passar à interpretação das constelações isoladamente, quero resumir as características da relação objetal do tipo fatorial *m*, ou oral, comparando-a, brevemente, com a relação objetal *d* do tipo fatorial, ou anal.

Tipo fatorial m *Relação objetal (oral)*	*Tipo fatorial* d *Relação objetal (anal)*
Os objetos são desejados para satisfazer à necessidade de prazer, para servirem de apoio, para agarrar-se a eles.	Os objetos são desejados pelo prazer de tê-los para acumulá-los e controlá-los.
A relação com o objeto é essencialmente passiva. Associada à relação objetal do tipo fatorial *h*.	A relação com o objeto é ativa, manipulativa. Associada à relação objetal do tipo fatorial *s*.
Impaciência e inquietação em relação à consecução de um objetivo.	Perseverança e persistência em relação à consecução de um objetivo.
Capacidade para dar amor e apoio emocional ao objeto de amor (mediante a identificação com a mãe provedora e a identificação com a pessoa que necessita de amor e apoio).	Tendência a sobrecarregar o objeto de amor com presentes materiais.
Mais possibilidade de sublimação sem recorrer ao mecanismo de defesa da formação reativa (sem necessidade de contracatexia exagerada na sublimação das pulsões orais).	Mais necessidade de recorrer à formação reativa para conseguir superar a atitude originalmente agressiva em relação aos objetos; daí resulta a qualidade compulsiva do amor do tipo "anal".

m+ (m *positivo*)

A reação *m*+ indica identificação com a necessidade de objetos externos para obter gratificação "oral". O *m*+, sozinho, não faz qualquer referência ao primitivismo ou à limitação dessa necessidade: a constelação dos sete fatores restantes é que determina se essa necessidade oral de agarrar-se aos objetos para obter prazer e apoio se manifestará em atividades orais primárias, como conversar, comer, beber e fumar, ou de forma sublimada, como a tendência a agarrar-se a objetos por prazer artístico ou intelectual. Na realidade, esses diversos níveis de manifestação da necessidade oral básica aparecem, muitas vezes, ao mesmo tempo na mesma pessoa; por exemplo, na pessoa que gosta de comer e fumar enquanto faz um trabalho intelectual. Os sujeitos para os quais *m+* é uma reação característica podem ser considerados personalidades orais, e a estrutura típica de sua relação objetal pode ser descrita com todas as características listadas na coluna da esquerda do resumo do tipo de relação objetal oral *versus* anal. Assim, *m+* implica uma atitude basicamente passiva em relação ao objeto de amor, sendo que o objetivo é desfrutar o objeto e apoiar-se nele para obter suporte. Há uma necessidade de dependência que, caso não seja forte demais, é um recurso para conseguir estabelecer relações sociais. No entanto, caso essa necessidade ultrapasse a intensidade ótima (quatro ou mais escolhas em *m+*), essa necessidade de dependência dos objetos adquire a qualidade da angústia quanto à possibilidade de perder o objeto. Deve ser lembrado que a angústia de *m+* é diferente da preocupação com uma possível perda do objeto, mencionada em conexão com *d+*. No segundo caso, a pessoa está preocupada com a possibilidade de perda material, ao passo que uma pessoa *m+* receia perder o apoio emocional inerente à relação objetal. A constelação *m+* geralmente indica uma atitude social calorosa, presente em sujeitos que não apenas buscam as emoções positivas dos outros, mas que também são capazes de dar amor e afeto aos outros. Embora essa constelação, em especial se estiver fortemente carregada, seja sinal de uma necessidade oral não satisfeita, também implica uma atitude essencialmente otimista do sujeito de não ter desistido de obter gratificação de objetos externos. Na verdade, parece que certo grau de tensão nessa área é desejável; ou, em outras palavras, parece existir um nível ótimo de frustração no que diz respeito às pulsões orais primárias, que resultam no reforço da necessidade de estabelecer novos contatos sociais. Esse estado é indicado no teste por duas ou três reações *m+*. Consequentemente, *m+* constitui um indício negativo de comportamento antissocial. Essa é, provavelmente, a única constelação entre todos os oito fatores em qualquer posição, a respeito da qual me atrevo a fazer uma declaração tão categórica: espera-se que adultos bem ajustados capazes de estabelecer e manter relações sociais satisfatórias apresentem *m+*. Bem ajustados, no sentido de que se sentem satisfeitos consigo mesmos e encontraram o seu lugar na sociedade, bem como em pequenos grupos, como família ou amigos íntimos. Essa especificação é necessária porque – como veremos adiante – é possível encontrar indivíduos com elevada capacidade de sublimação e muito sociáveis em outras constelações que não $m+$; no entanto, naqueles indivíduos o sentimento subjetivo de contentamento e a capacidade de obter prazer por meio de relações interpessoais próximas estão ausentes.

O $m+$ geralmente é encontrado em adultos profissionais, sendo, também, a constelação $m+$ mais comum na sublimação artística representada por escritores, pintores, escultores e músicos, ou por apreciadores de qualquer produção ou criação artística. Essas constatações corroboram a teoria psicanalítica que considera tanto a sublimação artística criativa como o intenso prazer estético formas bem-sucedidas de sublimação da componente pulsional oral da sexualidade. Bem-sucedida, primeiro, por ser uma canalização socialmente positiva, e bem-sucedida do ponto de vista subjetivo, pois agarrar-se a valores artísticos ou intelectuais é mais seguro do que se agarrar a determinados indivíduos, que, na realidade, podem ser perdidos. A segunda interpretação de $m+$ em geral é correlacionada com h- e s-, e certa tendência positiva no vetor Sch. A constelação $m+$ é pouco frequente em formas graves de patologia. Pode ser encontrada com maior frequência nos transtornos neuróticos do que nos transtornos psicóticos, ou do que em qualquer forma de comportamento antissocial. A conexão entre $m+$ carregado e a angústia já foi mencionada anteriormente. Sua frequência mais alta é encontrada na angústia hipocondríaca e na gagueira adulta. Também é frequente em homossexuais, talvez apoiando a relação da homossexualidade com a fixação no nível oral do desenvolvimento psicossexual. Da mesma forma, aponta para a correlação interna entre os fatores h e m, já mencionada.

A frequência do $m+$ nas diferentes faixas etárias apresenta grande flutuação. Não é muito frequente nas crianças pequenas, embora quanto mais cedo conseguimos administrar o teste em uma criança, maior é a probabilidade de obter $m+$ (na realidade, ela permanece agarrada à mãe até por volta dos três anos de idade). O $m+$ é muito raro (não mais que cerca de 3%) em crianças entre seis e nove anos de idade. Esse desaparecimento de $m+$ nas crianças coincide com o acentuado aumento nas reações *d*+, apontando para dois fatos: as crianças dessa idade abandonaram (ou foram forçadas a abandonar) a ligação mais estreita com sua mãe; estão mais interessadas em colecionar e manipular objetos do que em continuar agarradas à mãe, ou a uma mãe substituta. O *m*+ ocorre com mais frequência, novamente, por volta da puberdade, tornando-se a constelação *m* mais comum a partir dos dezessete anos de idade. Essa distribuição deve-se, muito provavelmente, ao fato de que as pulsões orais se prestam com relativa facilidade à sublimação mediante os contatos sociais cotidianos. A preponderância de *m*+s sobre as outras constelações fatoriais *m* é particularmente acentuada na idade avançada, entre sessenta e oitenta anos, indicando a dependência angustiante de objetos na busca de apoio, característica das pessoas mais velhas.

m- (m *negativo*)

As escolhas negativas no fator *m* representam uma negação da necessidade de se apoiar nos outros. Elas indicam uma frustração das primeiras necessidades orais, mas, em oposição à atitude ainda otimista característica de *m*+, os sujeitos que apresentam a reação *m*- são aqueles que abandonaram a esperança de compensar uma frustração precoce por meio de novos contatos sociais. Em vez disso, há abstinência e certa tristeza e frieza nas relações interpessoais. Os sujeitos *m*- são solitários, apesar de poderem sentir grande necessidade de dependência e gratificação a partir de objetos externos.

Em adultos, *m*- é sempre um sinal de infelicidade, embora numa configuração favorável ainda possa vir acompanhado de soluções socialmente positivas para essa atitude basicamente negativa. Assim, um indivíduo pode sentir-se basicamente isolado em sociedade, em especial em pequenos subgrupos, mas ainda é capaz de agir de uma maneira acentuadamente ética, mesmo em relação a prestar ajuda a terceiros para evitar o destino que conhece por experiência própria. Nesses casos, *m*- aparece em conjunção com *h*- e *s*- e, geralmente, *e*+. No entanto, nesses indivíduos, a atitude de ajuda em geral tem todas as características de uma formação reativa, e a forma exagerada e por vezes agressiva pela qual é levada a cabo trai o acentuado contrainvestimento da libido que tem de ser investida ao assumir o papel de "ajudante" e "doador" por aqueles que ocupam, eles mesmos, o lugar de quem mais necessita de apoio e amor. Assim, pode-se perceber que, no caso de *m+*, é psicologicamente mais fácil sublimar a necessidade oral não satisfeita do que no caso de *m-*. Essa diferença pode ser devida a uma diferença original na intensidade da frustração primária, ou a uma atitude diferente em relação a essa frustração primária. No primeiro caso, há um reconhecimento dessa necessidade, e o sujeito *m+* mostra tentativas positivas para se adaptar à perda original, ao passo que sujeitos com *m-* negam para si mesmos a existência da necessidade de se apoiar nos outros para obter prazer e suporte. Essa atitude, em si mesma, implica certo grau de contracatexia ou, em termos familiares, certa quantidade de autoengano. A segunda "dose" de contracatexia é necessária quando uma pessoa *m-* não só nega sua própria necessidade de apoio, mas procura identificar-se com o papel de "apoiador", sem reconhecer que o que realmente espera receber em troca é amor e afeto (esta última vale para os indivíduos *m+* que também são capazes de se identificar com a mãe generosa). O resultado de todo esse processo complicado e inconsciente, que acontece quando uma pessoa *m-* consegue canalizar sua frustração básica numa atitude social de ajuda, é uma qualidade ascética do caráter que permite que a pessoa atinja elevados objetivos humanistas. Esses indivíduos dispõem de elevado grau de tolerância a frustrações em razão dos desapontamentos reais na vida, pois, em primeiro lugar, jamais se permitem conscientemente esperar muito da vida. A tolerância à frustração dos indivíduos *m+* é consideravelmente menor justamente devido às suas expectativas otimistas.

A solução socialmente positiva da constelação *m-* foi discutida amplamente, pois representa um resultado extremo e raro de frustração oral, indicada por esta reação. Nossa discussão da contracatexia e da formação reativa, necessárias para a manutenção do altruísmo ascético de *m-*, é corroborada pelas constatações que mostram efetivamente *m-* como a constelação fatorial *m* mais frequente no comportamento gravemente antissocial (criminoso). A implicação lógica dessa constatação é que, na maioria dos casos, o comportamento antissocial destrutivo deve ser considerado uma reação, ou melhor, uma vingança, nos objetos externos que não conseguem satisfazer a intensa necessidade de gratificação oral da pessoa. Assim, a necessidade frustrada de dependência seria a força dinâmica subjacente à "necessidade" de destruição. O mesmo processo dinâmico foi descrito no início deste capítulo, na discussão do momento decisivo no comportamento aparentemente exaltado do paciente maníaco, quando propusemos, como explicação para o súbito acesso de raiva maníaca, o fato de essa ocorrer quando o paciente se dá conta da futilidade de suas tentativas de obtenção de doses satisfatórias de gratificação oral a partir de objetos libidinosamente catexizados do seu meio ambiente. Os resultados do teste mostram que, de fato, $m-$ é a constelação fatorial mais característica de pacientes maníacos que estão na fase antissocial. O terceiro grupo patodiagnóstico, no qual a reação $m-$ é a mais frequente, é representado por pacientes epilépticos prestes a ter um surto convulsivo. A semelhança entre as reações de criminosos ativos, psicóticos maníacos e epilépticos antes da convulsão aparece em praticamente todos os oito fatores.

Há um grupo de neuróticos no qual $m-$ é uma reação frequente: trata-se da histeria de conversão. Nesses casos, a estrutura inteira do teste se assemelha à dos sujeitos descritos como ascéticos e altruístas, apesar da sua intensa frustração oral. Os sintomas de conversão estão muito provavelmente relacionados com o recalque das necessidades orais nesses indivíduos.

O $m-$ é muito comum em crianças antes da puberdade, em especial naquelas com sete a oito anos de idade. A renúncia às fortes ligações com a mãe, que coincide com a maior frequência de $m-$, foi discutida em conexão com a elevada frequência de $d+$ e a baixa frequência de $m+$ nessa faixa etária. Na verdade, esse é um grupo no qual a interpretação usual de $m-$ deve ser um pouco modificada, pois não implica o mesmo tipo de infelicidade e isolamento como acontece nos adultos, a menos que esteja fortemente carregada (quatro ou mais quadrículos), quando indica que a criança está excepcionalmente solitária e infeliz. Do contrário, ela corresponde ao processo "fisiológico" de crescimento, que envolve necessariamente um desapego gradativo da mãe, não sendo inclusive desejável que a mesma atitude de dependência seja transferida imediatamente para novos objetos. No desenvolvimento "normal" há um período intermediário (o período de latência), quando a criança obtém satisfação de outro tipo, que não o tipo oral de ligação com o objeto, como a curiosidade na construção de objetos, a exploração da sua utilidade prática, etc. Então, na puberdade e na adolescência, quando vários contatos sociais e prazeres intelectuais podem substituir a dependência original da mãe, a frequência de *m-* diminui com aumento simultâneo de *m+*. A reação menos frequente é *m-* na idade avançada.

m± (m *ambivalente*)

A posição *m±* do fator *m* expressa a ambivalência do sujeito em relação a agarrar-se ou não aos objetos do meio ambiente. Por causa dessa ambivalência, ela reflete um estado crítico na relação objetal. Subjetivamente, a tentativa de obter prazer do meio ambiente (*m+*), ao mesmo tempo que, negando a possibilidade desse prazer (*m-*), resulta em um sentimento de insatisfação, ainda maior do que no caso de *m-* puro. Neste, ao menos não há mais conflito e há uma solução, ainda que no sentido negativo de resignação. No caso do *m±*, contudo, a indecisão quanto a desistir ou não das tentativas infrutíferas de obter apoio e prazer dos objetos do meio ambiente consome mais energia e é deprimente do ponto de vista energético. Outra explicação para o sentimento de grande insatisfação e depressão nos sujeitos *m ±*, mais do que nos sujeitos *m-*, é que, no primeiro caso, a componente *m+* indica que há muito menos possibilidade de recorrer ao mecanismo de defesa da formação reativa do que acontece no caso de um *m-* puro. Em outras palavras, os sujeitos *m±* não enganam a si próprios negando a própria necessidade de buscar apoio e amor: eles simplesmente experimentam a própria incapacidade de assegurar ou manter essa relação satisfatória. Essa é, mais uma vez, uma das raras e únicas constelações fatoriais que têm um claro valor diagnóstico em si mesmas, não importa em que configuração possa ocorrer; especificamente, ela sempre indica uma relação objetal não satisfatória, ao mesmo tempo que uma frustração subjetiva nessa esfera, sentida subjetivamente. A caracterização geral das reações ambivalentes (ver Capítulo IV) quanto a sugerirem uma ambivalência ao nível consciente, pelo menos próximo do nível consciente do pensamento, é particularmente verdadeira no caso de *m*. De acordo com minha experiência com indivíduos que apresentam *m±*, cuja personalidade conheço bem do trabalho terapêutico com eles ou de outro modo, essa relação objetal frustrante pode ser explicada, por assim dizer, em quase todos os casos, por uma indefinição básica da orientação sexual. Eram indivíduos que efetivamente entraram em contato com sua bissexualidade básica, sendo, portanto, incapazes de obter satisfação do objeto de amor heterossexual, e tampouco do objeto de amor homossexual.

Entre os grupos clínicos claramente definidos, *m±* é mais frequente na neurose obsessiva-compulsiva e na depressão. Indivíduos com fantasias suicidas frequentemente apresentam a constelação fatorial *m*. A explicação psicodinâmica para todas essas frequências marcantes pode ser deduzida do que foi discutido anteriormente.

A reação *m±* ocorre muito frequentemente em crianças pequenas, de três a quatro anos de idade, e depois, novamente, na idade avançada, após os oitenta anos. Em todas as faixas etárias entre esses dois extremos, *m±* é a menos frequente de todas as quatro posições possíveis no fator *m*. As duas frequências marcantes referem-se, muito provavelmente, a crises de apego aos objetos, no pico da fase edipiana (três a quatro anos), bem como na regressão senil.

mO (m *nulo*)

A reação nula no fator *m* mostra que a tensão oral é descarregada continuamente, indicando que traços de personalidade orais são parte do comportamento manifesto, em vez de ser uma fonte dinâmica de energia nas camadas inconscientes da personalidade. É difícil dizer exatamente que forma essa descarga de necessidade oral adquire ao nível de comportamento – afirmação que me sinto compelida a repetir no caso de quase toda reação aberta. Geralmente, ela implica a excessiva indulgência em alguma forma de atividade oral, como comer em excesso, beber e conversar. Do ponto de vista do desenvolvimento psicossexual, significa que a componente pulsão oral da sexualidade não perdeu importância diante da supremacia da sexualidade genital. Em outras palavras, o *m*O em adultos indica que a primazia genital ainda não foi completamente estabelecida, sendo, portanto, sinal de imaturidade sexual. Em indivíduos com *m*O *constante*, a capacidade de estímulo da zona oral conserva muito da força e da importância originais na estrutura total da personalidade total. No sentido primário sexual, nesses indivíduos a excitabilidade oral, em vez de proporcionar um "prazer antecipado", que ajudaria a provocar uma gratificação genital completa, permanece, ainda, como um fim em si mesmo. Essa falta de organização da organização sexual está geralmente associada a determinadas características infantis da personalidade, cuja origem sexual não aparece, a não ser por meio da psicanálise. Esses traços infantis refletem-se no tipo de relação objetal que a pessoa tende a estabelecer. No caso de *m*O, a pessoa está sujeita a estabelecer numerosos relacionamentos desse tipo, os quais, na superfície, dão a impressão de que o indivíduo está encontrando facilmente o seu lugar em qualquer situação. No entanto, num exame mais cuidadoso, descobre-se que nenhum desses relacionamentos é realmente intenso e que a troca de objetos acontece com facilidade. A pessoa tipicamente *m*O pode ser caracterizada como alguém que tenta "consumir" o mundo, procurando, portanto, estabelecer o mais rapidamente possível o maior número de relacionamentos possível para que possa obter o máximo de prazer dos objetos. Essa intensa voracidade em relação aos objetos, característica de *m*O, é diferente da necessidade de agarrar-se a um objeto, descrita em conexão a *m*+, de natureza definitivamente mais passiva. No *m*O, os oral-sádicos estão mais pronunciados. A incansável experimentação de um objeto após outro, devida à angústia de que possa perder algo, também pode ser derivada da ambivalência básica característica da fase original oral-sádica do desenvolvimento psicossexual. É óbvio que, embora esses sujeitos, à primeira vista, possam dar a impressão de ser exuberantes, e que levam uma vida feliz e despreocupada, apresentam uma insatisfação básica decorrente da falta de maturidade e da sua pré-ambivalência em relação a um determinado objeto de amor, o qual só poderá ser alcançado no estágio de maturidade genital.

A imaturidade genital é a raiz da aparente contradição dos achados experimentais de *m*O, característico de *bons-vivants* superficialmente encantadores e aparentemente muito sociáveis, assim como também daqueles que se cansaram dessas tentativas exageradas, embora basicamente insatisfatórias, de assegurar o prazer, e que podem considerar a possibilidade de suicídio como forma de acabar com esse tormento.

Nas soluções socialmente positivas, o *m*O pode ser encontrado com certa frequência em escritores, atores, palestrantes. O significado patológico de *m*O deriva tacitamente da caracterização dessa posição. Assim, é encontrado nos casos de imaturidade sexual e naqueles com tendência para a perversão oral, em determinados tipos de psicopatas instáveis propensos a "acting out", e frequentemente nos casos de angústia histérica, nos quais a angústia é decorrente da incapacidade de gozar o mundo plenamente. Pertencem a esse grupo os jogadores, os ávidos frequentadores de clubes noturnos ou, em geral, todos aqueles que se sentem desconfortáveis quando não conseguem preencher cada minuto livre com planos que prometem diversão.

Entre as diferentes faixas etárias, a frequência mais alta de *m*O é encontrada na puberdade e entre quarenta e sessenta anos de idade. (Teoricamente, deveria ser uma reação típica das crianças menores; no entanto, a faixa etária correspondente está abaixo do limite de idade em que o teste pode ser aplicado.) Os dois pontos de frequência mais elevada podem indicar tanto voracidade das crianças na puberdade em relação ao desejo de gozar o mundo quanto reforço dessa tendência hedonista, mais tarde, na meia-idade.

Constelações vetoriais *C*

Serão descritas, brevemente, nove estruturas das constelações *d* e *m*, pois cada uma delas se refere a uma forma característica de o sujeito se relacionar com os objetos do seu meio ambiente. Aqui serão discutidas mais variações separadamente, do que no caso do vetor *P*, devido à importância especial dos traços de caráter anal e oral na determinação das atitudes sociais e do tipo de contato com a realidade que é estabelecido. Novamente, o significado das sete configurações vetoriais *C* restantes pode ser derivado das interpretações das nove estruturas vetoriais *C*, descritas individualmente.

Como nos vetores anteriores, a apresentação seguirá o grau de clareza das características de personalidade correspondentes às várias estruturas *d* e *m*.

d- m+ (d *negativo com* m *positivo*)

A situação no vetor *C* é semelhante àquela no vetor *P*, no sentido de que nessas constelações os dois fatores apontando para direções opostas na realidade indicam que as duas pulsões respectivas operam na mesma direção. No caso do *d-* com *m+*, ambos os fatores expressam a necessidade de manter e se agarrar a um objeto fortemente investido de libido. Essa constelação poderia ser considerada a constelação mais "fiel", pois *d-* indica que a pessoa está apegada a um objeto específico e não sai constantemente em busca de novos (o que seria indicado por *d+*), ao passo que *m+* mostra que a necessidade de se agarrar para obter amor e apoio está sendo afirmada. Também mostra que ainda existe uma atitude basicamente otimista, e que o meio ambiente é considerado de maneira emocionalmente positiva, como provedor de "possibilidades" de gratificação "oral". Os indivíduos com *d-* e *m+* estão fixados no objeto "primário" no sentido discutido em conexão com *d-*. Assim, ele não implica necessariamente uma ligação óbvia com qualquer uma das figuras parentais, mas significa que algo (uma pessoa, uma ideia ou uma coisa) está investido com a mesma intensidade que o primeiro importante objeto da libido (é sempre a mãe, ou a pessoa que assume o lugar da mãe). Ao mesmo tempo que *d-* indica forte apego a uma pessoa ou ideia, m+ mostra que, seja qual for o objeto fortemente investido de libido, ele certamente poderá ser efetivamente apreciado e que é possível "agarrar-se" a ele. Apreciar e agarrar-se, no caso dessa configuração vetorial *C* específica, tem sempre um caráter não agressivo e por vezes – dependendo da carga de *d-* – um caráter definitivamente passivo. Indivíduos com essa estrutura não fazem esforço físico para assegurar-se da posse do objeto fortemente investido. Na maioria dos casos, não se trata nem mesmo de um objeto material, mas de uma pessoa ou ideia, e não raramente da simples ideia de uma pessoa à qual estão fielmente apegados. Assim, para agarrar-se a esses "objetos" de libido não é necessário empreender uma ação física ou querer monopolizar, mas ter a capacidade de sublimar e obter prazer a partir de valores intangíveis. Essa afirmação é apoiada pela constatação de que d- com $m+$ é raramente observada nos níveis ocupacionais mais baixos, praticamente nunca em criminosos, e tampouco em psicóticos associais. Ocorre com frequência em adultos saudáveis, principalmente nos grupos profissionais nos quais o tipo de trabalho realizado é mais importante do que o ganho financeiro. Em outras palavras, essas são as pessoas que costumamos chamar de "idealistas". Elas podem encontrar dificuldade em relação ao sucesso exterior, devido à passividade inerente a essa configuração, em especial quando associada a s-. São conservadoras no sentido de não apreciarem mudança e, quando são forçadas a abandonar uma situação à qual estão acostumadas, sentem isso como algo doloroso. Essas reações resultam da qualidade adesiva do investimento libidinal, característica de indivíduos d- $m+$. Uma vez que um objeto está realmente investido, ele jamais, por assim dizer, é abandonado. Mesmo não havendo quaisquer sinais externos de aderência entre o sujeito e seu objeto da libido, um exame mais cuidadoso mostra que a ligação ainda está lá, inclusive sem perder a sua intensidade. E a característica particularmente interessante desses sujeitos é que ligações irrealistas como essas não são sentidas como graves frustrações, pois eles conseguem obter satisfação de ideias intangíveis. Para eles, pensar no objeto tem quase o mesmo valor afetivo que a posse dele. Esta é outra ilustração da lealdade exagerada e da elevada capacidade de sublimação, tão característica de sujeitos associados a essa estrutura vetorial C.

Essa estrutura, conforme dissemos, é raramente encontrada nas psicoses. Pode ser associada a diferentes formas de neurose, pois há uma fixação fundamentalmente incestuosa implícita na sua interpretação mais profunda. No entanto, mesmo nesses casos, ela pode ser interpretada como indício de uma atitude socialmente positiva e de um controle ético satisfatório. (d- com $hy+$ é frequentemente associado a $e+$ e hy- no vetor P.)

A estrutura é tipicamente adulta, e muito incomum em crianças. Sua frequência é bastante estável da adolescência à idade avançada. Raramente ocorre na infância, provavelmente porque indica uma forma sublimada (ou transposta) de ligação com seu objeto "primário" original (a mãe ou mãe-substituta) que a criança ainda tem. E uma necessidade de ligação tão intensa, como indicada por *d-* com *m+*, raramente pode ser satisfeita no contato normal e mais realista com pais verdadeiros.

d+ m- (d *positivo com* m *negativo*)

A estrutura *d+ m-* no vetor *C* é, em todos os aspectos, o oposto de *d- m+*. Isso significa que não há forte ligação com um objeto específico da libido, mas que a pessoa que apresenta essa estrutura persegue ansiosamente muitos objetos. Com base em observações clínicas, supomos que essa busca agressiva seria decorrente da renúncia forçada à ligação ao mais importante objeto "primário" (os pais). Para esses sujeitos, a especificidade dos objetos não é tão importante quanto a quantidade. Essa configuração aponta com precisão para a atividade e com frequência para a agressividade, em contraste com a característica passividade física de *d- m+*. Os indivíduos que apresentam *d+ m-* procuram ansiosamente manipular e dominar os objetos do seu meio ambiente; no entanto a componente *m-* indica que, na realidade, toda essa atividade não é prazerosa. (Essa interpretação requer modificação quando essa estrutura vetorial *C* aparece em crianças entre seis e oito anos de idade.) A configuração *d+ m-* indica uma atitude geralmente realista diante do mundo, uma vez que os objetos reais são considerados importantes, mas esse ponto de vista materialista é associado a certo pessimismo perante a ele, como fonte potencial de prazer. O indivíduo consegue apropriar-se de certa quantidade de objetos reais, mas é incapaz de apreciá-los. Há pouca possibilidade para formas sublimadas de prazer nos sujeitos dessa constelação no vetor *C*. Na população sem sintomas clínicos, essa estrutura é obtida mais frequentemente nos níveis ocupacionais mais baixos, em especial nos trabalhadores sem qualificação, que trabalham arduamente e sem prazer, com pouca oportunidade ou habilidade para obter prazer das coisas em geral, exceto no nível mais concreto. Entre os indivíduos pertencentes a grupos ocupacionais ou profissionais mais elevados, essa estrutura costuma ser um indício de humor depressivo, e geralmente de uma tendência ativa para acumular e dominar os objetos. Quando a estrutura está associada ao *s+*, esses indivíduos podem se mostrar impiedosos na busca de seus objetivos. Graças à ausência de uma ligação intensa com qualquer objeto, pessoa ou ideia, esses sujeitos se movimentam com mais facilidade no seu meio ambiente, com mais flexibilidade para passar de uma situação a outra, do que aqueles que apresentam a estrutura oposta (*d-* com *m+*) no vetor *C*.

O significado patológico dessa configuração refere-se, em primeiro lugar, ao comportamento antissocial. Seja qual for o tipo de crime, essa é uma das estruturas vetoriais *C* mais frequentes, em geral associada a *s+* e *e-*, representando o quadro típico do indivíduo anal sádico. Além disso, foram observadas semelhanças nessa configuração vetorial *C* entre as reações ao teste de criminosos e epilépticos.

Em determinadas configurações no conjunto da estrutura total, quando existem reações indicativas de recalque (principalmente *hy-* e *k-*), a configuração *d+ m-* pode ocorrer em conjunção com sintomas histéricos. A psicodinâmica subjacente a esse achado experimental refere-se, muito provavelmente, à atitude antissocial básica dos histéricos, e à sua inabilidade para estabelecer relações objetais prazerosas.

A curva de distribuição etária de *d+ m-* aponta para uma tendência exatamente oposta à curva de *d- m+*, embora a frequência absoluta na população da primeira seja aproximadamente três vezes maior que a frequência da segunda. A configuração vetorial C *d+* com *m-* é a mais frequente apresentada por crianças de aproximadamente quatro a nove anos de idade. A partir da pré-puberdade, sua frequência diminui gradualmente, tornando-se uma das estruturas mais raras nas pessoas com mais de sessenta anos. As possíveis razões para a elevada frequência dessa estrutura na infância foram discutidas em conexão com as distribuições etárias dos dois elementos componentes dessa configuração, na seção referente à *d+* e na seção relativa à *m-*. Recapitulando brevemente: essa é a idade na qual, devido a razões externas e internas, as crianças são forçadas a afrouxar sua ligação com a mãe e a "andar com as próprias pernas". É o período no qual exploram o possível uso de uma série de objetos do meio ambiente, desenvolvendo habilidades para manipular esses objetos. O hábito infantil, bem conhecido, de colecionar diversos objetos também é outro fenômeno compreensível a partir da atitude implícita em *d+ m-*. Embora nessa faixa etária a estrutura *d+ m-* não indique uma atitude socialmente negativa, e tampouco uma tendência à depressão no sentido indicado para adultos, muito provavelmente ela reflete o fato de que crianças dessa idade sentem-se solitárias e, até certo ponto, frustradas "oralmente", como parte do processo fisiológico de crescimento. O início da formação de "turminhas", por volta dos sete anos de idade, em geral com leve toque antissocial, embora ainda em tom de brincadeira, também pode ser encarado como uma reação contra o mundo frustrador dos adultos, que se encaixa muito bem na interpretação de *d+* e *m-* correspondente.

d- m- (d *negativo com* m *negativo*)

A estrutura *d- m-* no vetor *C* ocorre raramente na população geral. Todavia ela merece ser discutida, pois corresponde a um tipo de personalidade claramente definível. Indica fixação em um determinado objeto (*d-*) com negação simultânea da necessidade de se agarrar a esse objeto (*m-*). O resultado dessa contradição interna é uma inquietação contínua e um sentimento geral de distanciamento da realidade. Esse distanciamento não provoca necessariamente uma ausência patológica de contato com a realidade, embora *d- m-* seja uma configuração relativamente frequente nas psicoses agudas.

Caso o restante da estrutura do teste revele um bom equilíbrio entre os fatores, *d- m-* pode significar que a pessoa, subjetivamente distante da realidade cotidiana, é capaz de viver em um plano "mais elevado" de idealismo humanista. No entanto, essa interpretação é válida apenas quando essa estrutura do vetor *C* aparece em conjunção com *h-* e *s-*, e existe uma tendência positiva nos dois fatores do vetor *Sch*. Indivíduos que apresentam essa combinação incomum de reações são profundamente irrealistas, porém racionais, no sentido de que na prática e intelectualmente atuam em conformidade com as leis da realidade, ao mesmo tempo que emocionalmente as rejeitam, junto com uma escala de valores convencionais. Portanto, dentro dos limites da realidade, eles são basicamente não conformistas e autistas. A psicodinâmica inconsciente por trás dessa atitude refere-se à reconciliação com uma situação frustradora na qual há a percepção do fato de que o objeto de amor, que continua sendo muito importante, não está disponível, sem que haja qualquer tentativa de buscar um substituto. Os sujeitos desse grupo têm uma qualidade ascética de autonegação e elevada tolerância à frustração. Em contraste com a atitude otimista que corresponde a *d- m* mais+, pela qual o indivíduo também basicamente fixado em um objeto de amor não acessível ainda se mostra capaz de transferir esse amor para um nível abstrato e obter prazer dessa sublimação, os sujeitos com a configuração *d- m-* negam por completo a importância do prazer. Em circunstâncias não usuais, esse desinteresse pelo prazer pode fazer com que esses indivíduos tenham uma força excepcional em relação ao autossacrifício, exibindo sinais de exagero, característica bem conhecida de todo comportamento resultante da formação reativa.

Como já mencionamos, essa configuração no vetor *C* é encontrada com frequência nas psicoses, sobretudo nos estágios iniciais, indicando perda imediata de contato com a realidade. A configuração *d- m-* constitui grande parte de uma importante síndrome no teste, geralmente denominada "bloco da irrealidade", que consiste de *p-* (projeção inconsciente), *d-* e *m-*. Entre os sintomas neuróticos, a angústia difusa ocorre com mais frequência com esta estrutura no vetor *C*.

A curva de distribuição etária dessa configuração apresenta dois picos: o primeiro, o menor dos dois, ocorre em crianças pequenas; o segundo, na idade adulta. Essa estrutura é menos frequente na adolescência e na idade avançada. Nas crianças pequenas, essa estrutura geralmente aparece como parte do "bloco da irrealidade", que corresponde à idade do autismo infantil, que é uma fase normal do desenvolvimento.[10] Nos adultos, é sinal de resignação irrealista. A raridade dessa estrutura vetorial C em adolescentes é compreensível, pois os adolescentes efetivamente superaram o estágio no qual a alienação autista da realidade frustradora é admissível em circunstâncias normais, mas ainda não alcançaram a idade na qual terão de recorrer à autonegação arbitrária. A energia psíquica necessária para manter o contrainvestimento necessário para essa atitude explica a observação de que pessoas idosas não revelam esse mecanismo consumidor de energia.

d+ m+ (d *positivo com* m *positivo*)

Contrastando com a atitude social irrealista característica da configuração *d- m-* no vetor *C*, a configuração *d+* e *m+* poderia ser denominada "bloco da realidade", sendo *d+* e *m+* suas duas componentes fatoriais mais importantes. Essa estrutura indica que os objetos materiais do mundo, assim como as relações interpessoais, são muito valorizados. O comportamento desses sujeitos é aparentemente muito sociável, embora subjetivamente possam experimentar dificuldades devido ao fato de o excesso de objetos (no sentido de objetos materiais, bem como de pessoas ou ideias) do meio ambiente ser igualmente desejável. Expresso nos termos de Lewin: existe uma situação de conflito na qual a pessoa deve escolher entre dois ou mais objetos com valência igualmente positiva, de modo que a frustração é inevitável, uma vez que na realidade apenas um desses objetos poderá ser escolhido. Essa múltipla orientação da libido explica a voracidade desses sujeitos no sentido de ter cada vez mais objetos, e de estabelecer mais e mais relacionamentos, pois as necessidades anais e orais estão igualmente investidas. Os objetos são desejados para que possam ser dominados (*d+*) e desfrutados (*m+*) também. Essa estrutura no vetor *C* acompanha uma clara tendência à competitividade, pois o que os outros têm é tão desejado quanto aquilo que já adquiriram. Contudo, essa tendência à inveja e à insaciabilidade não apresenta manifestações

---

[10] Jean Piaget, *The Child's Conception of the World.* New York, Harcourt, Brace and Co., 1929. [Publicado em português com o título *A Representação do Mundo na Criança.* (N. T.)]

antissociais do tipo descrito em conexão com o *d+* e o *m-*, pois na presente configuração *m+* é um tipo de salvaguarda contra o comportamento nocivo e abertamente agressivo. Os sujeitos associados a essa configuração costumam ser mais vorazes e ansiosos para não perder nada na vida; embora possam sentir o desejo de passar por cima dos outros, as qualidades socialmente positivas implícitas em *m+*, que psicologicamente consistem nas necessidades de ser amado e obter apoio, mantêm esse desejo dentro de limites socialmente aceitáveis. Mesmo o termo "voracidade" nesses indivíduos muitas vezes deve ser compreendido como primariamente não materialista, pois com frequência se manifesta em tentativas de acumular grande quantidade de conhecimento em diferentes campos. A tendência a adquirir habilidades de várias ocupações ou de trocar de profissões frequentemente é característica dos sujeitos desse grupo.

O significado patológico dessa estrutura do vetor *C* refere-se sobretudo ao sentimento de insuficiência inerente ao mecanismo, que é consequência da tendência a assumir mais tarefas do que poderia efetivamente fazer. Isso pode resultar em diferentes sintomas neuróticos, os quais apresentam como características comuns hiperatividade e dificuldade de concentração, em vez do retraimento associado a *d- m-*. Nos transtornos sexuais primários, essa estrutura *C* é encontrada com frequência em indivíduos bissexuais, nos quais a múltipla orientação da libido implica que as pessoas de ambos os sexos estão investidas com igual intensidade. O resultado dessa orientação bissexual é, também, o sentimento de que nenhum objeto pode gerar gratificação por si só, ao passo que a conexão simultânea com vários objetos implica necessariamente frustrações de outra natureza.

A configuração *d+ m+* é encontrada mais frequentemente na velhice e menos frequentemente em crianças. Na velhice, pode refletir a desintegração regressiva da sexualidade nas componentes pulsionais pré-genitais correspondentes às necessidades anais e orais. Também corresponde mais à preocupação dos idosos em relação aos objetos (inclusive pessoas) do seu meio ambiente do que com a estruturação do próprio ego. (Os resultados experimentais que apoiam essa afirmação serão discutidos em relação às configurações do vetor *Sch* e suas frequências nas diferentes faixas etárias.)

dO m+ (d *nulo com* m *positivo*)

A constelação dO m+ pode ser compreendida com base na configuração discutida acima se – para usar uma metáfora matemática – subtrairmos da configuração anterior a interpretação correspondente à componente d+. A estrutura remanescente, dO, m+, contém os elementos das necessidades orais sublimadas (m+) sem a tensão na área correspondente à necessidade de uma relação objetal possessiva, do tipo anal (dO). Essa ausência de qualquer tensão, na direção positiva tanto quanto na direção negativa, na área correspondente às necessidades anais, explica a passividade característica dos sujeitos com dO e m+ diante dos objetos do seu meio ambiente. (Vale a pena lembrar que no caso de qualquer reação nula, "nenhuma tensão" refere-se à ausência de tensão indicada no perfil do teste em comparação com os outros fatores do teste, nos quais a tensão é indicada pelo número de escolhas, e não a uma absoluta falta de tensão na área específica da personalidade.) A configuração dO indica que não há busca de novos objetos, e que tampouco a pessoa está fortemente apegada ao objeto primário, ou a qualquer outro objeto que possa tê-lo substituído ao longo do desenvolvimento. A ausência de uma forte ligação com qualquer objeto, indicada pela descarga do fator *d*, refere-se apenas à ausência de interesse do tipo anal nos objetos; em outras palavras, não há qualquer inclinação para manipular e controlar ativamente os objetos, mas isso não implica ausência da necessidade "oral" em relação aos objetos. Exatamente o contrário se aplica às pessoas com dO m+: ou seja, há uma acentuada necessidade de agarrar-se a objetos para obter amor, apoio e prazer (m+ *tensionado*). Esses indivíduos podem ser descritos em termos psicanalíticos como "personalidades orais". Dependendo da intensidade (carga) de m+, essa necessidade oral de agarrar-se a objetos pode se manifestar de formas socialmente mais aceitáveis como atitudes otimistas e não agressivas, ou – quando m+ estiver muito tensionado – a necessidade de apego a um objeto pode se tornar angustiante devido ao medo da possibilidade de perder o objeto. Essa angústia é diferente da inquietação quanto à possibilidade de perder um objeto, como descrito em conexão com d+, a angústia referente à

9. O VETOR DO CONTATO

perda de uma posse, à perda de controle sobre parte do meio ambiente; em outras palavras, angústia quanto à incapacidade de afirmar sua força e poder. Na angústia associada à acentuação de *m+* a questão não é poder; a pessoa simplesmente sente angústia diante da possibilidade de perder o apoio psicológico que o objeto da sua libido significou para ela. Esses sujeitos estão frustrados em suas necessidades orais, mas, em vez de se reconciliarem com essa frustração, buscam constantemente formas de gratificar essa necessidade, e o fato de apresentarem *m+*, e não *m-*, mostra que são capazes de obter prazer de tipos orais de relação objetal, embora possam sentir que a quantidade é insuficiente. Nos contatos sociais, são agradáveis e, devido à compreensão e à aceitação da própria necessidade de amor e apoio, também são capazes de identificarem-se com o papel daquele que propicia essas emoções. Como lhes falta a energia necessária para assegurarem objetos específicos (*d*O), indivíduos com essa estrutura vetorial *C* tendem a investir a libido nos objetos que estão facilmente disponíveis e, uma vez catexizados, agarram-se a eles. Depois de estabelecida uma relação objetal, experimentam certa inércia diante de qualquer mudança na situação; no entanto, caso a mudança seja inevitável, novas relações, semelhantes à anterior, serão estabelecidas com relativa facilidade, devido à necessidade inerente a esses indivíduos de encontrar objetos ("objeto" sempre no sentido de pessoas) aos quais possam se agarrar, e à sua atitude basicamente hedonista de gozar o mundo. A tolerância à frustração dos sujeitos com *d*O *m+* é baixa. Não querem sofrer, revelando-se capazes de estruturar sua vida de modo que isso não seja necessário. Sua capacidade de sublimação, geralmente boa, é uma das principais razões pelas quais, mesmo em circunstâncias aparentemente desfavoráveis, ainda se mostram capazes de sentir prazer, pois o prazer nesse nível de sublimação não depende da posse de objetos materiais ou de ligações realistas com pessoas, mas da posse de ideais ou valores abstratos, que não podem ser perdidos quando as circunstâncias externas mudam. Resta saber se esses valores abstratos foram catexizados espontaneamente ou não, em razão do medo subjacente de se expor a frustrações, caso a libido tivesse de ser investida em objetos mais tangíveis, passíveis de serem perdidos com facilidade, mas, sem dúvida, essa possibilidade passa a ser concebível. A história do desenvolvimento desses sujeitos geralmente mostra que receberam muito amor na infância, o que seria uma explicação não só para sua atitude basicamente otimista na vida posterior, mas também para sua extrema necessidade de amor solidário ocasional, mesmo quando adultos.

Essa estrutura no vetor *C* é encontrada com frequência em indivíduos saudáveis e razoavelmente felizes, que, além de uma atitude social positiva, também se sentem parte de um grupo bem unido, como a família ou um grupo de amigos íntimos. Percorrendo os níveis ocupacionais, do trabalho físico pesado, às profissões que requerem graus de sublimação artística ou científica mais elevados, observamos um aumento constante na frequência da configuração *d*O *m*+. No meu estudo sobre diferentes grupos de artistas, músicos e escritores, essa é, de longe, a estrutura mais frequente no vetor *C*.

O significado patológico mais importante dessa constelação é a predisposição para o apego angustiante, mencionado acima, que, caso existam outros sinais de angústia no perfil (*h*+, *hy*- tensionado, *k*-), podem provocar, obviamente, sintomas neuróticos. A agorafobia – embora um sintoma raro na sua forma mais clara – é caracteristicamente associada à estrutura descrita acima. A combinação de *h*+ tensionado com *m*+ é sempre um indício de que o sujeito tem acentuada necessidade de dependência. Quando essas reações correlacionadas aparecem em adultos, podem ser interpretadas como imaturidade genital e fixação na estrutura original da relação pais-filho. Outro grupo no qual essa constelação é frequente é representado por adultos gagos, e a dinâmica subjacente a essa constatação é provavelmente idêntica à dinâmica descrita acima.

A configuração vetorial *C d*O *m*+ é uma das mais frequentes na população geral (em todas as dezesseis variações possíveis ao se combinar os dois fatores desse vetor). É encontrada com mais frequência na velhice, embora seja frequente em adultos, e não incomum em adolescentes. Torna-se cada vez mais rara nas faixas etárias mais jovens, sendo muito rara nas crianças pequenas. A raridade dessa configuração na infância pode ser compreendida se considerarmos a forte necessidade das crianças de se agarrarem à mãe real, que não pode ser gratificada com a substituição por outro objeto, muito menos por um conceito abstrato no lugar da mãe. Essa insistência em um objeto específico é indicada pela ausência da constelação *d*O *m*+ na infância; em vez disso, nessa idade encontramos estruturas vetoriais *C* que indicam uma frustração presente em relação à gratificação oral. Por outro lado, a elevada frequência dessa constelação na idade avançada (entre sessenta e oitenta anos de idade, *d*O com *m*+ é de longe a estrutura mais frequente no vetor *C*) reflete, muito provavelmente, a necessidade generalizada de agarrar-se a praticamente qualquer objeto no seu meio ambiente imediato, o que é traço característico dos idosos.

*d*O m- (d *nulo com* m *negativo*)

Contrastando com a configuração *d*O *m*+, que dizia respeito a características sobretudo socialmente positivas e otimistas, e era a reação vetorial *C* mais comum nos adultos socialmente bem ajustados, a reação *d*O *m*- é apresentada pelos sujeitos com a atitude mais negativa em relação à sociedade e que são os menos ajustados socialmente. Quando encontrada em adultos, essa constelação no vetor *C* indica desajustamento social, não importa qual seja a configuração no restante do perfil do teste. A ausência de preocupação com relação à escolha de objetos específicos (*d*O), combinada com a negação da necessidade de se apoiar de outros (*m*-), resulta numa atitude social de indiferença desesperada. Essa atitude social negativa em geral aparece em indivíduos que originalmente se sentiram frustrados em relação à gratificação das necessidades orais na sua infância e que posteriormente chegaram à conclusão de que os objetos disponíveis para a catexia da libido não fornecerão a gratificação necessária para compensar o que perderam na infância. Portanto, sujeitos com *d*O *m*- estão essencialmente desapontados com a vida, e esse desapontamento se transforma facilmente em agressividade contra o meio ambiente frustrador. A transição do desapontamento para um comportamento agressivo manifesto é em geral ocasionada pelo mecanismo de projeção inconsciente (*p*-), que faz com que a pessoa jogue a culpa da sua frustração básica em pessoas ou objetos específicos do seu meio ambiente. A elevada frequência dessa constelação no vetor *C* entre criminosos é mais provavelmente devida à sequência de mecanismos delineados acima. Nesses casos, *d*O e *m*- aparecem em conjunção com *h*+, *s*O ou *s*+, *e*O ou *e*-, e *p*-.

Outro grupo patológico, para o qual essa estrutura no vetor *C* é característica, é constituído de pacientes hipomaníacos, ou casos de mania incipiente. Supõe-se que a atitude indiscriminada desses pacientes de agarrar-se também tem uma acentuada frustração da necessidade oral de agarrar-se e obter prazer a partir dos objetos do mundo como base. Novamente, *m*- indica que o sujeito desistiu de fazer tentativas mais construtivas e otimistas em relação à satisfação dessa necessidade; em vez disso, procura obter algum tipo de prazer a partir de qualquer outro objeto que encontrar (*d*O), muitas vezes de forma associal ou antissocial (*m*-). Entretanto, essas tentativas indiscriminadas não propiciam qualquer satisfação real, o que explica o rápido descarte dos objetos e a instabilidade e a imprevisibilidade generalizada do comportamento desses sujeitos.

Além desses dois grupos patológicos, *d*O *m*+ aparece com frequência em todas as formas de psicose no estágio em que o paciente está prestes a ser institucionalizado, pois seu comportamento se tornou antissocial.

Comparando o significado patológico dessa estrutura vetorial *C* com o seu oposto, *d*O *m*+, é óbvio que, enquanto a *d*O *m*+ pode ser geralmente interpretada como um sinal contrário a qualquer forma grave de patologia – sendo a angústia neurótica o caso mais grave em que foi encontrada –, a presente constelação é uma daquelas determinantes essenciais no teste que dão uma interpretação desfavorável a todo o perfil, não importa qual seja a reação nos outros seis fatores. Com essa constelação, os sintomas neuróticos são muito menos frequentes do que os sintomas psicóticos ou o comportamento antissocial.

A curva de distribuição ao longo das diferentes faixas etárias apresenta tendências exatamente opostas à da configuração anterior desse vetor. A configuração *d*O *m*- é mais frequente em crianças, com rápido declínio da frequência com o aumento da idade. Nos adultos, ocorre com uma frequência menor que a metade da incidência em crianças (cerca de 10% em adultos), e é muito rara na velhice. Assim como no caso da configuração *d*+ *m*-, quando encontrada em crianças, não chega a ser tão desfavorável como ao ser encontrada em adultos. A psicodinâmica subjacente à frequência relativamente alta das duas configurações vetoriais *C* na infância tem grande probabilidade de também ser praticamente a mesma. Ambas refletem a real frustração das crianças devido à necessidade de renunciar a sua mais íntima ligação com a mãe, e ambas refletem suas tentativas para encontrar substitutos para a figura da mãe por meio do investimento da libido em inúmeros objetos do seu meio ambiente, sem, contudo, serem capazes de "se apegar" a esses novos objetos da mesma forma como se apegariam à mãe. Parece que a satisfação substituta nessa área está associada à capacidade de sublimar a necessidade oral original, e, portanto, não pode ser alcançada antes da maturidade, que coincide com a idade na qual *d*O *m*+ se torna frequente. De acordo com a minha experiência, não é favorável para o desenvolvimento posterior da personalidade pular esse estágio de frustração oral – indicado pela reação *m*- nas crianças – sob pena de a personalidade adulta apresentar uma necessidade de dependência forte demais e uma tolerância às inevitáveis frustrações baixa demais.

A raridade de *d*O *m*- na idade avançada é muito provavelmente devida ao intenso apego das pessoas idosas a todas as pessoas do seu meio ambiente imediato e a seus esforços no sentido de manter contato com a vida. (Cf. elevada frequência de *d*O *m*+ nessa faixa etária).

d**O** m**O** (d *nulo com* m *nulo*)

Faremos apenas uma caracterização muito concisa dessa e das duas constelações seguintes do vetor *C*, pois as quatro formas básicas de reações às duas componentes fatoriais já foram discutidas em detalhe, primeiro como reações fatoriais isoladas e depois em relação às seis configurações mais características na totalidade do vetor. Todavia, pelo menos uma breve caracterização de cada uma das duas constelações seguintes se justifica em razão dos diferentes tipos de relações objetais correspondentes.

A configuração *d*O *m*O é apresentada por sujeitos para os quais a relação objetal enquanto tal não é uma área de preocupação. Podem ser caracterizados como indivíduos despreocupados, que não sentem nenhuma dificuldade particular em passar de uma situação para outra. Sua atitude é mais ou menos a mesma em relação a todos os objetos e às pessoas com os quais entram em contato;

ou seja, uma curiosidade infantil relativa às maneiras como podem obter prazer do objeto, da pessoa ou da situação. São hedonistas, da mesma forma como uma criança mimada é hedonista ao supor que o dever da mãe é cuidar de seu bem-estar. Em consequência, a atitude despreocupada desses sujeitos depende da expectativa de que alguém tome conta deles como a mãe deles fez. O fato de o fator *d* e o fator *m estarem descarregados* é um indício de que, na verdade, esses sujeitos são capazes de provocar esse tipo de situação; do contrário, a tensão apareceria em pelo menos um dos dois fatores. Por outro lado, o fato de não haver tensão, seja do tipo anal ou do tipo oral de relação objetal, já é, por si mesmo, um indício de uma organização sexual genitalmente imatura, pois se espera que haja algum grau de tensão em pelo menos uma dessas componentes pulsionais pré-genitais após o estabelecimento bem-sucedido da supremacia genital.

De acordo com isso, essa configuração é encontrada com frequência em casos de neuroses nos quais a imaturidade sexual é um dos sintomas óbvios. As assim chamadas perversões anais e orais aparecem com frequência em conjunção com essa estrutura no vetor *C*.

Embora os tipos de personalidade correspondentes a essa configuração tenham sido caracterizados como "infantis" na sua relação e nas suas expectativas diante do meio ambiente, ela raramente é encontrada em crianças. Isso pode ser devido ao simples fato de que o teste não pode ser aplicado em crianças menores de três anos e meio, idade em que já ultrapassaram o estágio de desenvolvimento correspondente a essa estrutura vetorial *C*. Essa constelação ocorre com frequência relativamente mais elevada em adolescentes e, em segundo lugar, em adultos, sendo que em ambos os grupos ela aparece nos indivíduos com inclinação para o hedonismo indiscriminado.

d+ m± (d *positivo com* m *ambivalente*)

A ocorrência dessa configuração na população geral não é superior a cerca de 5%, mas, quando ocorre, tem grande valor diagnóstico. Subjetivamente, esta constelação é vivida como descontentamento em um grau mais alto do que em qualquer outra constelação no vetor *C*. Sujeitos que apresentam *d*+ e *m*± se sentem deprimidos e têm consciência dos seus conflitos referentes às suas relações com os objetos do seu meio ambiente. Nesse sentido, esta configuração corresponde, psicologicamente, a uma atitude diametralmente oposta àquela descrita em conexão com a constelação $d\bigcirc$ $m\bigcirc$. A configuração $d+$ com $m\pm$ mostra que os objetos do meio ambiente são necessários e altamente valorizados ($d+$), mas não podem ser desfrutados ($m\pm$). O fato de a direção ambivalente de m indicar tentativas de obter prazer a partir do meio ambiente ($m+$) ao mesmo tempo que aponta para a negação da possibilidade de obter prazer explica a experiência de um conflito agudo e sem esperança que, no comportamento, é expresso como humor depressivo. Em outras palavras, o indivíduo experimenta a necessidade de posse anal dos objetos, bem como atração oral por eles, e se sente infeliz quando um desses dois aspectos da relação objetal não pode ser materializado. Por outro lado, a reação $m\pm$ indica que a necessidade oral não pode ser satisfeita. Em qualquer outra configuração, na qual uma dessas necessidades representa uma componente menos saliente da estrutura motivacional da personalidade – seja porque há menos tensão ou porque o indivíduo está mais resignado com as inevitáveis frustrações –, o humor jamais é tão profundamente deprimido como acontece na estrutura que estamos discutindo.

Os sujeitos que apresentam $d+$ $m\pm$ frequentemente conseguem verbalizar a natureza exata dos seus problemas. Sentem que têm predisposição para serem ávidos e hedonistas, mas que não são capazes de satisfazer a essas necessidades. Podem parecer bem-sucedidos porque $d+$ lhes dá persistência "anal" necessária para alcançar objetivos concretos, mas têm necessidade "oral" demais para que possam se sentir gratificados pela simples posse dos objetos. Apesar de ter muitos objetos, sentem-se solitários ($m-$). Por outro lado, são "anais" o suficiente para sair constantemente em busca de novos objetos.

Já foi mencionado, na caracterização geral, que essa estrutura é característica de formas patológicas de depressão. Ela também ocorre com frequência em determinados tipos de pacientes histéricos que se caracterizam por uma busca incessante e constante de novos objetos.

Não há uma faixa etária específica para a qual essa constelação seja característica. Ela ocorre com menor frequência nos adultos de meia-idade.

d± m± (d *ambivalente com* m *ambivalente*)

Um olhar superficial na estrutura *d± m±* pode levar à conclusão de que há mais tensão e um conflito experienciado subjetivamente do que em *d+ m±*. Mas esse não é o caso. A tensão contínua e o mau humor são, sem dúvida, característicos de sujeitos com *d± m±*, ainda que não se sintam tão agudamente deprimidos como aqueles indivíduos que apresentam *d+ m±*. Isso pode ser compreendido se considerarmos que *d± m±* contém em si mesmo os principais fatores do "bloco da irrealidade": *d-*, *m-*. As características discutidas em conexão com esta segunda configuração explicam o achado paradoxal de que indivíduos que apresentam essa estrutura de "duplo" conflito têm muito mais soluções à sua disposição do que aqueles com conflito em apenas um dos dois fatores, no *m*. As componentes *d- m-* desse duplo conflito permitem que o indivíduo se retraia para que possa encontrar satisfação num nível abstrato de irrealidade em vez de travar lutas frustrantes na realidade (*d+ m±*). (Para uma representação topológica detalhada da personalidade do ponto de vista dos diferentes níveis de realidade e irrealidade nos quais o comportamento pode se manifestar, ver *Topological Psychology*, de Lewin, op. cit.) Portanto, quer chamemos isso de sublimação ou de fuga, esses sujeitos são eventualmente capazes de evitar frustrações realistas adotando mecanismos de depreciação de escalas de valores realistas e convencionais e recolhendo-se para seu mundo autista. Por outro lado, as componentes *d+ m+* desta configuração no vetor *C* mostram que o mesmo sujeito, em outros momentos, mostra-se ávido para assegurar um grande número de objetos materiais a fim de também dominá-los e desfrutá-los.

Portanto, de acordo com minha experiência, a ambivalência em relação à realidade de indivíduos que apresentam *d± m±* costuma manifestar-se mais na sucessão de pequenas unidades de tempo do que na experiência ininterrupta de conflitos sem solução, que caracteriza a configuração vetorial *C* na qual um *d+* bem definido mostra que, apesar das frustrações reais, o individuo está consistentemente apegado à realidade material, malgrado sua disposição de negar sua importância.

A configuração *d±* *m±* geralmente é o padrão que ocorre com menor frequência entre todas as dezesseis variações possíveis no vetor *C*. Ocorre com frequência relativamente maior na neurose obsessiva-compulsiva, nas psicoses maníaco-depressivas e nos primeiros estágios da esquizofrenia paranoide. No primeiro grupo, ela corresponde à ambivalência básica subjacente a todas as relações objetais dos neuróticos obsessivos compulsivos. Nos psicóticos maníaco-depressivos, reflete o mau humor, e nos primeiros estágios de esquizofrenia paranoide, ela muito provavelmente corresponde ao frágil contato com a realidade que, na frustração verdadeira, foi facilmente abandonada a favor de um irrealismo autista.

Essa estrutura no vetor *C* virtualmente nunca é encontrada em crianças, e muito raramente na puberdade ou na adolescência. Em outras palavras, ela aparece com mais frequência na vida adulta e na velhice.

10. O vetor Sch e os estágios de desenvolvimento do ego

Adiamos a discussão do vetor *Sch* porque a constelação dos seus dois fatores componentes reflete a estrutura do ego, que pode ser considerada a resultante – a elaboração em um nível mais abstrato – das pulsões parciais, correspondentes aos outros seis fatores: principalmente aqueles contidos nos vetores *S* e *C*.

A definição do termo *ego*, como geralmente empregado na psicologia, caberia aqui para facilitar a discussão do conceito de ego tal como concebido no teste de Szondi. Infelizmente, não existe uma definição de ego aceita de modo universal. Amplamente usada, com conotações mais ou menos variáveis, dependendo dos pontos de vista pessoais do autor que a usa, a variedade de significados do termo também fica evidente na literatura psicanalítica, tida como estritamente freudiana. Nossa definição está fundamentada essencialmente nos conceitos desenvolvidos por Freud,[1] Nunberg[2] e Schilder.[3] Também faremos referência ao conceito de *self*, concebido por Jung.[4]

Freud, em *The Ego and the Id*, descreve topograficamente a personalidade com três componentes principais: id, ego e superego. Dos três elementos, o

---

[1] Sigmund Freud, *The Ego and the Id*. London, Hogarth Press, 1927. [Publicado em português com o título *O Ego e o Id*. (N. T.)]

[2] Herman Nunberg, "The Synthetic Function of the Ego". *Internat. J. Psycho-Analysis*, XII, 1931.

[3] Paul Schilder, "Introduction to a Psychoanalytic Theory of Psychiatry". *Nerv. & Ment. Dis. Publ*, 1927.

[4] C. G. Jung, *Psychological Types*. New York and London, Harcourt, Brace & Co., 1923. [Publicado em português com o título *Tipos Psicológicos*. (N. T.)]

id é considerado primário, representando a fonte de toda a energia instintiva, permanecendo praticamente inalterado durante a vida do indivíduo. Isso significa que o id pode ser descrito como inalterado, uma vez que as mudanças resultantes do contato com o mundo externo são concebidas como constituintes de uma organização separada dentro da psique, organização essa denominada ego. Portanto, basicamente, o ego é um derivado da organização psíquica geneticamente mais velha, o id. Na verdade, a palavra "organização" não deveria nem ser aplicada ao id, porque ele é, por definição, desorganizado, e é a tendência para a organização e a unidade que diferencia o ego do id.

A função do ego é a de fazer a mediação entre as demandas instintivas do id e os requisitos da realidade externa. Topograficamente (visualmente), Freud representa o ego como localizado na superfície do id, tomando conhecimento do mundo exterior por meio do sistema perceptivo. O sistema perceptivo também nos induz a perceber os processos que se originam dentro do organismo. Em virtude da sua relação com o sistema motor, o ego regula a forma de descarga das demandas instintivas que têm origem no id. O primeiro esforço do ego é no sentido de estabelecer uma organização coerente da personalidade ao sintetizar conflitos de diversas origens numa resultante que satisfará, até certo ponto, as demandas originais do id e evitará conflitos dolorosos com os limites determinados pela realidade externa, ou pelas exigências moralistas do superego. O ego dispõe de diferentes métodos para alcançar um compromisso; a saber, os métodos de identificação ou recalque. Entendemos por identificação que o objeto original da libido é assimilado pela força "sintética" inerente ao ego, de modo que o objeto que havia sido catexizado originalmente de maneira libidinosa é incorporado ao ego, e, dessa forma, não só passa a ser dessexualizado, como deixa de ser necessário como objeto externo.

Portanto, é óbvio que, por meio da identificação, as pulsões originárias do id são atraídas para o domínio do ego, tornando-se, assim, mais racionais e mais fáceis de serem satisfeitas sem entrar em choque com os limites fixados pela realidade ou pelo superego. Entretanto, também é óbvio que, como resultado desse processo, as pulsões originais do id deixem suas marcas na estrutura do ego, sendo o ego formado, em grande parte, por objetos catexizados abandonados. Esse ponto deve ser enfatizado para lembrar que a linha divisória entre o id e o ego é, de maneira geral, arbitrária, e que esses dois conceitos não devem ser considerados duas entidades estritamente separadas, o que muitas vezes constitui o erro na descrição superficial da teoria psicanalítica da estrutura da personalidade feita por não psicanalistas. Esse cuidado deve acompanhar o delineamento das três componentes da personalidade: id, ego e superego. As três estão intimamente relacionadas, e qualquer separação serve apenas ao objetivo de facilitar o estudo de um aspecto específico da personalidade total.

Do ponto de vista do vetor *Sch*, é muito importante ter em mente essa divisão arbitrária da vida mental em três componentes, pois – como veremos –, por um lado, a interpretação do vetor *Sch* atravessa essa divisão, e, por outro, a divisão continua sendo útil na caracterização das funções psicológicas dos fatores k e p, respectivamente.

Portanto, seria mais preciso chamar o vetor *Sch* de vetor do *self* do que chamá-lo de *vetor* do *ego*, pois o *self*, de acordo com a definição de Jung, é um conceito mais inclusivo do que o conceito do ego.

O vetor do ego indica a força dinâmica das pulsões "instintivas": o grau em que a urgência dessas pulsões alcança a consciência, ou o grau em que essas pulsões aparecem na consciência de forma simbolizada (fator p), e a forma como são integradas na organização coerente da vida mental denomina-se ego (a integração é a função do fator k). A discussão em separado dos dois fatores que compõem o vetor *Sch* é mais forçada e mais difícil do que a discussão em separado de qualquer outro vetor, pois as funções dos fatores k e p estão mais intimamente ligadas do que as funções dos dois fatores que compõem qualquer outro vetor. Mesmo assim, uma delineação se faz necessária para a finalidade de estudo.

Nosso estudo do fator p precederá o do k, pois o fator k reflete o modo como a parte integradora do ego responde às tensões pulsionais indicadas pelo fator p.

O fator p

No nosso estudo das funções dos dois fatores do vetor *Sch* vamos nos valer da representação topológica da personalidade. Este esquema (Figura 8)

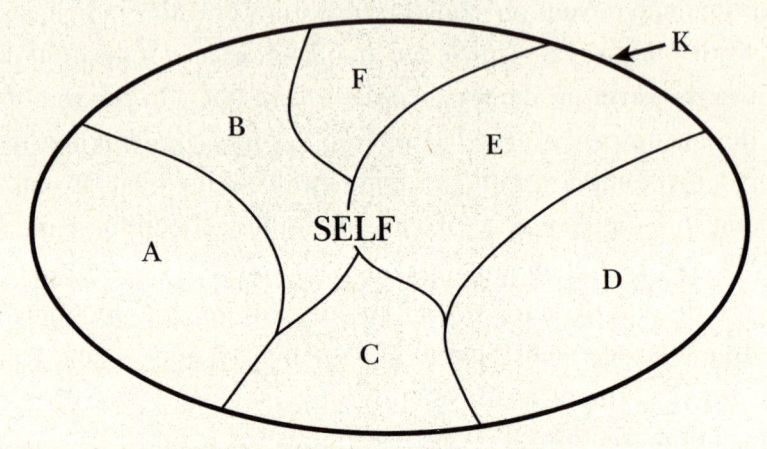

Figura 8. Representação Topológica da Personalidade
A-F correspondem a diferentes necessidades da pessoa.
K é a linha fronteiriça entre o *self* e o meio ambiente.

se mostra mais adequado aos nossos propósitos do que o diagrama apresentado por Freud[5] em *O Ego e o Id*. Como a Figura 8 indica, conceituamos o ego[6] formado por um certo número de áreas correspondentes a várias necessidades e separadas umas das outras por fronteiras funcionais. A força das fronteiras entre os vários sistemas de necessidade determina o grau de facilidade ou de dificuldade da comunicação entre as necessidades correspondentes. Por "comunicação entre os sistemas de necessidade", entendemos processos psicológicos como a intensidade da tensão, o grau

---

[5] Uma forma elaborada do diagrama de Freud é apresentada em Healy, Bronner e Bowers, *The Structure and Meaning of Psychoanalysis*, p. 56.
[6] O termo ego será sempre usado no sentido mais amplo delineado acima, incluindo, até certo ponto, as funções psíquicas que, de acordo com a psicanálise, estão localizadas no id. O exame mais detalhado das semelhanças e diferenças entre as funções do fator p e as do id freudiano será abordado mais adiante, neste capítulo.

em que a descarga de uma necessidade específica produz um efeito concomitante de liberação em outra necessidade, etc.[7]

A linha que circunda os sistemas de necessidade representa a fronteira entre o ego (personalidade) e o meio ambiente. A força dessa fronteira determina o grau de separação do ego do mundo exterior.

A interpretação psicológica mais geral do fator *p* refere-se a uma necessidade de comunicação entre o próprio sistema de necessidade e o mundo exterior. A função do fator *p* é dilatar o ego por meio da fusão com os objetos do meio ambiente. Assim, o objetivo dinâmico da pulsão inerente no *p* é derrubar o muro existente entre o sujeito e o meio ambiente. A interpretação do fator *p* é projeção no sentido mais amplo do conceito, não no sentido estritamente psicanalítico do mecanismo de defesa da projeção, que corresponde ao processo inconsciente de atribuir algo que tem origem no sujeito em um objeto externo, pois o conteúdo específico é inaceitável para o próprio sujeito. Esse tipo de projeção também pode estar implícito em determinadas posições do fator *p*, mas o que *p* indica, em todos os casos, é a necessidade de projetar as próprias necessidades no meio ambiente, para encontrar objetos apropriados por meio dos quais possa liberar a necessidade específica em questão.

Essa é a projeção no sentido do termo usado no contexto das "técnicas de projetivas", que quer dizer que o material não estruturado oferecido nessas técnicas permite que o sujeito *projete* sua personalidade no material, manipulando-o da maneira requerida. A definição básica de todas as técnicas projetivas é que em todas as nossas ações projetamos nossa personalidade no objeto específico com que estamos lidando; em outras palavras, revelamos continuamente nossa personalidade mediante uma série de projeções, estejamos ou não conscientes da projeção. No teste de Szondi, é o fator *p* que

---

[7] O trabalho experimental que fornece definições mais concretas, operacionais, para esses conceitos dinâmicos topológicos foi feito pelos psicólogos da escola lewiniana. Uma apresentação condensada dos estudos originais mais importantes pode ser encontrada em *Dynamic Theory of Personality,* de Lewin, op. cit. [Publicado em português com o título *Teoria Dinâmica da Personalidade.* (N. T.)]

indica essa tendência do organismo de se expressar continuamente por meio de qualquer ação que desempenhe. Expressando isso *grosso modo*: as técnicas projetivas não funcionariam se não tivéssemos o fator *p*.

Agora que discutimos todos os outros fatores do teste, com a exceção do *k*, podemos comparar os diferentes tipos de relação objetal refletidos pelos diferentes fatores (*k* é o fator que representa a necessidade de não estabelecer relações objetais). A configuração *h*+ indica acentuada necessidade de um objeto que o ame com ternura; *s*+ mostra a necessidade de objetos para poder manipulá-los fisicamente; *hy*+, para que possa ter uma "plateia"; *d*+, para ter e controlar esses objetos, ao passo que *m*+ mostra a necessidade de objetos que lhe deem prazer e aos quais possa se agarrar. Todos esses diferentes tipos de necessidade de relação objetal são mais específicos do que a necessidade de catexizar objetos conforme refletido no fator *p*. Essa necessidade mais geral de catexizar objetos é uma necessidade diferente de todas as anteriores, porque inclui ou se refere a todas elas. Não é uma tautologia dizer que o fator *p* corresponde à necessidade de dar vazão às necessidades, seja qual for seu conteúdo específico. Portanto, *p* corresponde a uma tendência dinâmica expansiva do organismo de transgredir suas próprias fronteiras e dar vazão às suas necessidades em conexão com os objetos do meio ambiente. Nesse sentido, amplia o alcance do ego porque, fazendo com que a pessoa busque objetos adequados que possam ser instrumentais na gratificação das diferentes necessidades mais específicas, o ego se funde, ao menos temporariamente, àqueles objetos que parecem ser adequados a esse fim. O fator *p* sempre se refere à comunicação e ao contato com o exterior. O tipo mais específico desse contato deve ser considerado partindo-se da distribuição quantitativa das escolhas no interior dos outros fatores e da posição deles. Por exemplo, um *m*+ carregado, com um *p* acentuado, indica que a pessoa é levada a dar vazão à sua necessidade de se agarrar aos outros em busca de apoio e prazer; ao passo que um *p* acentuado com *s*+ indica que a pessoa é levada a manipular objetos de forma agressiva. Certamente, a tendência básica de qualquer necessidade está sempre direcionada para sua liberação, o que pode dar a impressão de que o fator *p* não acrescenta

10. O VETOR SCH E OS ESTÁGIOS DE DESENVOLVIMENTO DO EGO

realmente nada de novo à interpretação baseada na carga e na posição dos outros fatores. Mas esse não é o caso. Aqui nos deparamos com uma grande dificuldade ao tentarmos caracterizar a função do fator p sem ter a oportunidade de fazer referência à sua dinâmica oposta, o k. O sentido completo de qualquer um desses dois fatores só pode ser compreendido quando estabelecemos a função de um fator em relação ao outro.

A interpretação do fator p, mesmo quando seu conteúdo específico estiver refletido em fatores dos outros três vetores, acrescenta algo específico à interpretação da totalidade de personalidade precisamente porque ele corresponde a uma necessidade de ordem mais inclusiva. É devido ao seu caráter mais geral e formal que nos referimos a esse fator como uma necessidade do ego, em contraste com as outras necessidades nomeadas de acordo com seus conteúdos específicos. Ao explicar o caráter dessa necessidade egoica com ajuda da Figura 8, pode-se dizer que não há nenhuma região intrapessoal específica correspondente à necessidade p, mas que se trata de uma necessidade geral, que só diz respeito à personalidade como um todo. É uma tendência dinâmica da personalidade, adicional às tendências dinâmicas específicas características de cada necessidade particular. É a necessidade correspondente ao fator p que, por fim, permite o estabelecimento das relações objetais. As necessidades mais primárias, que, do ponto de vista psicanalítico, podem ser localizadas no id, buscam satisfação de maneira desorganizada, sem capacidade de discriminar entre objetos mais ou menos adequados, pois a discriminação é um processo psicológico não considerado uma das funções do id. Assim, a fim de encontrar um objeto apropriado, que possa ser investido com as pulsões instintivas com origem no id, a função do ego também se faz necessária para encontrar um objeto de amor adequado. De acordo com essa teoria, o objeto de amor é sempre o resultado do funcionamento conjunto das pulsões do id e da orientação dessas pulsões para um objeto de amor adequado, que é a função do ego. Essa orientação das pulsões do id em direção aos objetos do meio ambiente é a função do fator p. Portanto, justifica-se a inclusão desse fator no vetor do ego, uma vez que ele corresponde a uma pulsão mais direcionada para um objetivo do que aquelas localizadas no id. No entanto, o fator *p* reflete a força das pulsões do id, da maneira como aparecem no interior do ego, na forma de uma pulsão bem coerente e organizada para encontrar objetos adequados para serem investidos com as pulsões do id. Portanto, a força do fator *p* pode servir para indicar a influência das pulsões do id no comportamento.

A interpretação lógica subjacente a esse processo psicológico complexo com base nas reações de escolha de retratos de pacientes paranoides ainda precisa ser esclarecida. Paranoia – nesse contexto – é considerada o protótipo ou a forma psicologicamente exagerada daquele estado psicológico no qual os limites do ego foram rompidos de modo que não há mais uma delimitação precisa entre sujeito e meio ambiente. O paciente paranoide dirige seus pensamentos e sentimentos para o mundo exterior a ponto de perceber os processos originários de dentro de si como provenientes de outro indivíduo, que poderia ser a descrição formal das formas patológicas de projeção encontradas em paranoicos. Ideias de referência, ideias de perseguição ou delírios de grandeza são os sintomas característicos de pacientes paranoides, sendo comum a todos esses sintomas a tendência à dilatação do ego no sentido de fundir-se irracionalmente a um objeto externo. Os primeiros sintomas da paranoia são tipicamente perturbações na esfera da percepção e nos processos do pensamento na forma de ideias delirantes de autorreferência. A pessoa paranoide liga tudo ao seu redor consigo mesma: acha que as pessoas estão falando dela; acredita que consegue ler a mente dos outros; chega a acreditar até mesmo que os jornais estão se ocupando dos seus problemas mais pessoais, mais íntimos. Essa necessidade patológica de se conectar ao meio ambiente explica por que somos capazes de interpretar a necessidade geral de comunicação e de contato com o exterior partindo das reações do sujeito ao material de estímulo representado por pacientes paranoides. Essas características dos paranoides podem ser consideradas manifestações extremas, o extremo patológico, de um *continuum*, cujas manifestações iniciais correspondem à necessidade normal de estabelecer contatos e de projetar as próprias necessidades no meio ambiente pelo próprio processo de viver.

p+ (p *positivo*)

Essa constelação *p* significa que o indivíduo está identificado com a necessidade acima descrita de estabelecer contato afetivo com o meio ambiente. Indica um ego "fluido", no sentido de prontidão para deixar que a libido "flua" e seja investida em objetos externos. Sujeitos com *p*+ têm sempre a necessidade de "fundir-se" a algo externo a eles, podendo adquirir a forma de necessidade de apaixonar-se por uma pessoa, por uma ideia ou, em alguns casos, pela humanidade como um todo. A principal característica é a necessidade de ultrapassar as próprias fronteiras, o que muitas vezes resulta em traços de personalidade geralmente considerados "idealistas".

Provavelmente, a mais bela ilustração dessa necessidade de comunicação é apresentada na ode de Schiller, *An die Freude*, musicada por Beethoven no último movimento de sua Nona Sinfonia:

> ... Alle Menschen werden Brüder
> Wo dein sanfter Flügel weilt.
> Seid umschlungen, Millionen!
> Diesen Kuss der ganzen Welt!
> Brüder, überm' Sternenzelt
> Muss ein lieber Vater wohnen.
>
> Wem der große Wurf gelungen
> Eines Freundes Freund zu sein,
> Wer ein holdes Weib errungen,
> Mische seinen Jubel ein!
> Ja-wer' auch nur eine Seele
> Sein nennt auf dem Erdenrund!
> Und wer's nie gekonnt, der stehle
> Weinend sich aus diesem Bund.[8]

---

[8] Tradução do original alemão, tal como se canta na nona sinfonia de Ludwig van Beethoven: ...Todos os homens se irmanam / Onde pairar teu voo suave. / A quem a boa sorte tenha favorecido / De ser amigo de um amigo, / Quem já conquistou uma doce companheira / Rejubile-se conosco! / Sim, também aquele que apenas uma alma, / Possa chamar de sua sobre a Terra. / Mas quem nunca o tenha podido / Livre de seu pranto esta Aliança! (N. R.)

Não seria possível fazer uma descrição mais adequada da necessidade correspondente à *p*. Nela aparece a expressão da necessidade de abraçar toda a humanidade, a necessidade de fazer amigos, a necessidade de amar e de expressar emoções. (As últimas duas linhas poderiam referir-se à oposição psicológica entre as tendências *p* e *k*; a segunda representa a necessidade de separação e renúncia às relações objetais.)

É muito provável que não tenha sido por acaso que me ocorreu ilustrar as necessidades inerentes à constelação *p* ao citar partes de um poema famoso, uma vez que a necessidade de produzir algo artístico e criativo enquanto tal está principalmente associada a *p*+, especialmente a necessidade de expressão verbal, isto é, a expressão conceitualizada. A maioria dos escritores apresenta *p*+, assim como muitos indivíduos que sentem a necessidade de escrever sem ter a capacidade para realmente fazê-lo. Essa necessidade de autoexpressão é a consequência da característica "fluida" da estrutura do ego típica de indivíduos *p*+. O termo *fluido* é empregado para indicar a facilidade com que o material afetivo pode chegar à consciência, que implica a passagem desse material pelo sistema psicológico *pré-consciente,* que – de acordo com a teoria psicanalítica – consiste da representação de palavras. Significa que o que antes foi material verbalizado pode ser verbalizado novamente. Essa característica da constelação *p*+, a saber, que o material afetivo é percebido após passar pelo pré-consciente, onde foi associado a conceitos verbais, explica a estreita ligação entre *p*+ e a capacidade de sublimação por meio de formas verbais. Pode-se dizer, também, que sujeitos com *p*+ costumam ter grande capacidade de simbolizar suas necessidades, o que significa dizer que pelo menos alguns aspectos de suas necessidades afetivas são efetivamente percebidos. Isso, todavia, não significa que tenham consciência de todas as suas necessidades ou do pleno significado de suas necessidades particulares. Em outras palavras, os sujeitos com *p*+ continuam com um inconsciente; *p*+ indica apenas que a qualidade premente das emoções atingiu a consciência, tendo sido conceitualizada de alguma maneira, mas respondeu à questão que define até que ponto a conceitualização representa o pleno significado da necessidade.

A necessidade básica implícita em *p+*, a necessidade de ultrapassar os limites do próprio ego, também pode manifestar-se em um comportamento arrogante, e por vezes até agressivo, quando em conjunção com *s+*. Contudo, mesmo nesses casos, a agressividade não implica agressão física ou comportamento gravemente antissocial; implica muito mais uma agressividade no contexto do estabelecimento de objetivos socialmente aceitáveis. Formas primitivas de agressão parecem contradizer o nível relativamente elevado de conceitualização implícito em *p+*. O fato de *p+* ser raramente encontrado em grupos ocupacionais que não envolvem trabalhos com material conceitual aponta para o mesmo aspecto dessa constelação. A configuração *p+* é muito rara em operários (trabalhadores braçais), mas é uma das constelações fatoriais *p* mais frequentes em estudantes universitários.

O significado patodiagnóstico mais importante dessa constelação refere-se a indivíduos paranoides, não necessariamente na forma de psicose paranoide, embora *p+* seja característico daquelas formas de paranoia que apresentam delírios com conteúdo idealista e religioso. Não é possível dizer mais nada sobre as eventuais implicações patológicas de *p+* sem especificar a constelação correspondente do fator *k*. Ao abordar as várias constelações no vetor *Sch*, discutiremos mais a respeito.

A reação *p+* é característica de adolescentes e jovens adultos e muito raramente ocorre em crianças de seis a nove anos de idade e em adultos por volta dos setenta anos.

p- (p *negativo*)

A tensão no fator *p* em qualquer direção indica a necessidade de romper os limites da individualidade e de fundir-se com o mundo exterior; no entanto, no caso de *p-*, essa necessidade não é reconhecida como tal pela pessoa. Quanto mais carregado estiver *p-*, maior será a tensão e a urgência das necessidades que precisam ser liberadas por meio do *acting out*. De fato, o *acting out* acontece em grande parte, porém com um contínuo "curto circuito" no reconhecimento. Sujeitos com *p*- acentuado projetam suas personalidades no mundo exterior por meio de suas ações; em outras palavras, estruturam seu meio ambiente de acordo com as próprias estruturas de necessidades sem, no entanto, terem consciência de estar fazendo isso. Comparando esse processo com aquele descrito em conexão a *p*+, poder-se-ia dizer que no caso de *p*- as tensões de necessidades são liberadas sem que tenham passado primeiro pelo sistema pré-consciente, portanto sem que tenham sido associadas a representações de palavras. Os resultados do estudo já citado sobre vários grupos de artistas, músicos e escritores podem servir como ilustração dessas afirmações. Enquanto *p*- era praticamente inexistente nos escritores, era a reação mais característica dos pintores. Penso que a diferença entre os processos criativos que envolvem a manipulação de símbolos verbais e aqueles que envolvem a autoexpressão por meio de imagens visuais sem necessariamente conseguir verbalizar o conteúdo implícito na produção artística final é o que explica a diferença significativa da frequência de *p*- nos dois grupos de sujeitos criativos citados acima.

A frequência de *p*- na população geral, com a possível exclusão de qualquer fator seletivo, é muito mais alta do que a de *p*+. Segundo nossa teoria, isso significaria que a maioria das pessoas age de acordo com suas necessidades emocionais, o que quer dizer que estamos continuamente envolvidos na projeção inconsciente. Essa afirmação foi nosso ponto de partida ao discutir o fator *p*, e como essa parece ser tão simples e autoevidente é preciso realmente certo tempo para que toda a sua implicação psicológica possa ser plenamente compreendida. É exatamente essa falta de compreensão plena das implicações psicológicas de nossas ações, a falta de reconhecimento da conexão entre as atividades cotidianas e as necessidades emocionais mais profundas subjacentes que explicam a constatação de que *p*- é, de longe, a constelação fatorial *p* mais frequente em qualquer faixa etária. É claro que há certas faixas etárias nas quais a diferença entre a frequência de *p*- e a segunda mais frequente constelação *p* é menor que nas demais, mas, em números absolutos, *p*- ganha de todas.

Além desse significado mais genérico da projeção inconsciente implícita em p-, formas mais patológicas de projeção inconsciente, no sentido de forte mecanismo de defesa paranoide, também podem estar implícitas nessa posição do p. Caso outros sinais na série dos perfis do teste apontem para psicose, p- pode significar ideias patológicas de referência, desconfiança, tendência a falsas interpretações e uma tendência de culpar os outros e para considerar as necessidades originárias no *self* como provenientes de fora. Muito provavelmente, devido a essas tendências potenciais "extrapunitivas", p- é ainda mais frequente em grupos de indivíduos antissociais do que na população em geral.

Algumas das possíveis manifestações positivas da projeção inconsciente inerente a essa posição p já foram mencionadas em conexão com a criatividade artística do tipo não verbal. Outras formas de sublimação, características de p-, podem ser processos de pensamento envolvendo certas características intuitivas ou místicas. Esse tipo de pensamento não segue as regras da lógica geralmente aceitas, mas é proveniente de súbitas percepções intuitivas, nas quais não se sente a necessidade de conceitualizar as ligações que conduzem aos resultados finais. (Se a intuição, enquanto tal, fosse conceitualizada como um elemento aceito no pensamento, então a constelação p correspondente já não seria mais negativa, mas positiva.)

Algumas das implicações psicopatológicas de p- já foram mencionadas anteriormente. Sua frequência em todas as formas de psicose é muito mais alta do que a frequência média na população geral. Isso é compreensível com base no pensamento projetivo "pré-lógico" do qual p- pode ser um indício, e que pode ser encontrado em praticamente todas as formas de psicose, não apenas na paranoia. Naturalmente, outra maneira de expressar essa constatação é dizer que a maioria das psicoses representa formas mistas de vários elementos, e que os casos clínicos geralmente apresentam traços paranoides, não importa qual seja o diagnóstico oficial. Essa afirmação é verdadeira particularmente para casos de depressão psicótica, nos quais os elementos paranoides são bem conhecidos. A elevada frequência de p- em indivíduos antissociais também já foi mencionada. Deve-se acrescentar, contudo, que nesses casos *p-* está associado a *m-* e, mais frequentemente, a *s+*, ou *h+* e *s0*. Portanto, com base em nossa teoria, somos levados a considerar a atividade antissocial nesses casos como consequência de um processo de projeção, mais provavelmente na forma de atribuição da culpa pela própria frustração em relação a objetos específicos do meio ambiente, objetos esses que podem ser punidos "justamente" como fonte do desapontamento. Toda a questão relativa à percepção social objetiva ou distorcida pode ser associada à função de *p-*. O exame desse tópico ultrapassa o escopo deste livro: ele é mencionado aqui em virtude das suas implicações para pesquisa na psicologia social experimental.

Vale a pena considerar brevemente os dois grupos nos quais *p-* ocorre com menor frequência – nos quais sua frequência é muito inferior àquela encontrada em qualquer faixa etária da população não selecionada. Esses grupos são representados por neuróticos obsessivo-compulsivos e hipocondríacos. Podemos compreender o porquê de *p-* ser raramente encontrado nesses pacientes quando lembramos que nessas duas formas de neurose ocorre o menor deslocamento das próprias necessidades e dos conflitos para o exterior. A formação dos sintomas, tanto da neurose obsessiva-compulsiva quanto da hipocondria, se dá na maioria das vezes em conexão com o *self*; isto é, a formação tem origem no interior da própria personalidade sem necessariamente envolver estranhos. Essa formação de sintomas está relacionada com a função de *k-*, e não de *p-*, que sempre indica a tendência dinâmica do sujeito de envolver os outros na própria neurose. Assim, as neuroses associadas à configuração *p-* são menos privativas do que aquelas associadas a *k-*, sendo que a primeira tem sempre um raio de ação maior. Como destacamos anteriormente, *p-* é sempre, em números absolutos, a constelação fatorial *p* mais frequente em todas as faixas etárias. Todavia, é mais frequente em crianças e idosos do que em adolescentes e jovens adultos. É definitivamente menos frequente no grupo entre dezessete e vinte anos de idade, o que aparentemente reflete as idades nas quais os indivíduos têm mais consciência de suas necessidades. Crianças e indivíduos de idade avançada caracteristicamente projetam suas necessidades no meio ambiente sem estarem conscientes dessa projeção.

p± (p *ambivalente*)

A constelação *p*± reflete um conflito quase consciente em relação à necessidade de se fundir ao meio ambiente. O sujeito tem consciência parcial dessa necessidade (*p*+), liberando-a, em parte, inconscientemente (*p*-). O resultado dessa ambivalência depende tanto da posição concomitante do fator *k* que, sem ele, é praticamente impossível fazer a caracterização de *p*±. Em circunstâncias favoráveis (nas quais ocorrem *k*+), *p*± pode acompanhar uma personalidade criativa ou, pelo menos, produtiva. Nesse caso, a ambitendência de *p* pode ser interpretada como apresentação da conexão existente entre processos de pensamento conscientes e intuitivos (inconscientes), conexão essa que parece ser desejável em determinadas fases do pensamento criativo.

Em outros momentos, todavia, *p*± é indício de infelicidade ou desamparo vividos subjetivamente. Trata-se, mais uma vez, de uma daquelas circunstâncias em que o conhecimento empírico precede de longe a compreensão teórica. Constatou-se que indivíduos que vivenciam uma crise na sua relação com seu mais importante objeto de amor frequentemente apresentam *p*±. Entendemos por *crise* aquelas circunstâncias bem definidas nas quais a pessoa que apresenta *p*± se sente abandonada pelo objeto do seu amor. Não é fácil estabelecer uma ligação entre o sentimento de abandono e a constelação *p*±, embora essa conexão seja evidente. Ela muito provavelmente acompanha o conflito experienciado subjetivamente, característico dessa constelação. Parece lógico que, em tempos de crise, quando a fusão no objeto de amor encontra dificuldades no plano da realidade, a própria necessidade passa a ser experienciada de forma mais aguda, o que é indicado pela constelação ambivalente do fator *p*.

Se a fusão com um objeto não causar nenhum conflito particular, a constelação *p* correspondente pode ser tanto positiva quanto negativa, o que expressa a necessidade do sujeito de expandir o próprio ego. O significado básico do fator *p* torna aparentemente difícil separar a atitude do sujeito diante dessa necessidade particular. Seria de esperar que, havendo qualquer indício de aceitação consciente dessa necessidade (*p*+), não deveria haver qualquer motivo para uma componente inconsciente referente à mesma necessidade (*p*-), a menos que a componente inconsciente (p-) se refira efetivamente à projeção, como um mecanismo de defesa, por meio do qual o sujeito procura se livrar das *próprias* necessidades inaceitáveis projetando-as nos objetos do meio ambiente. A situação é bem diferente quando não há qualquer sinal de que a pessoa está inclinada a experimentar conscientemente suas necessidades; em outras palavras, se não houver $p+$ nenhum. Esses casos podem implicar, simplesmente, que a atenção da pessoa não está direcionada para a percepção dos estímulos originários do seu interior, ou seja, dentro do seu próprio organismo. Caso, porém, a pessoa tenda a perceber os estímulos internos ao mesmo tempo que ocorre uma projeção inconsciente suficiente para produzir uma reação p- com a mesma intensidade que $p+$, o sentimento resultante será de indecisão e dúvida sobre se os estímulos internos poderiam ser considerados aceitáveis e construtivos, ou alheios ao organismo (Essas afirmações terão um significado ligeiramente modificado de acordo com a discussão das constelações fatoriais k correspondentes, que também podem expressar aceitação ou não aceitação, embora em diferentes níveis.)

Na população geral, $p\pm$ é a posição menos frequente no fator p. Os grupos patológicos nos quais $p\pm$ aparece relativamente com maior frequência são compostos de indivíduos que sofrem de formas paranoides de neuroses, homossexuais latentes, e indivíduos com tendências suicidas. Por formas paranoides de neuroses refiro-me àquelas formas nas quais a fonte do conflito é projetada no meio ambiente, e o sujeito sente que é vítima de tratamento injusto. Os pacientes neuróticos que se sentem abandonados, ou não suficientemente desejados pelo seu objeto de amor, entram nessa categoria. O elevado percentual de pacientes suicidas que apresentam a mesma constelação p pode ser compreendido com base no mesmo mecanismo. A relação entre homossexualidade latente e traços paranoides, descoberta por Freud,[9] explica por que $p\pm$ também é frequente nesse grupo.

---

[9] Sigmund Freud, *Psychoanalytic Notes upon an Autobiographical Account of a Case of Paranoia.* Collected Papers III. [Publicado em português com o título *Notas Psicanalíticas sobre um Relato Autobiográfico de um Caso de Paranoia.* (N. T.)]

O fato de $p\pm$ ser, entre as quatro constelações p possíveis, a que apresenta menor frequência já foi citado anteriormente. Sua frequência varia em cerca de 10% a 14% nas diferentes faixas etárias, tornando-se ainda menos frequente nas idades acima de sessenta anos. Essa diminuição é devida à preponderância de p- na idade avançada, que nos indivíduos idosos indica ausência de uma percepção interior, mesmo que parcial, e falta de interesse em conceitualizar as próprias necessidades afetivas.

p○ (p *nulo*)

A constelação p○ indica que a tensão dinâmica da necessidade do sujeito de fundir sua personalidade no meio ambiente foi, de alguma forma, eliminada. Isso significa que o sujeito já não sente a urgência dessa necessidade, cujo estado psicológico de relativa calma pode ser devido a várias razões. Nesta, mais do que em qualquer outra conexão, p não pode ser considerado sem o fator k, pois essa eliminação da tensão externa da necessidade dirigida para um objeto exterior geralmente não se deve à descarga direta, mas à função simultânea do fator k. Nessas configurações *Sch*, nas quais o fator p está vazio, a ausência de tensão em geral significa que ela foi consumida pelo fator k, seja por meio do mecanismo da introjeção, seja pelo recalque. Entretanto, nesses casos, a atividade do resultado final é praticamente afastada para bem longe do conteúdo emocional original do fator p. Embora o fator k contribua para fazer a ligação entre sujeito e objeto, que era o objetivo inicial da necessidade p, mesmo assim essa ligação é alcançada não pela fusão *no* objeto, mas pela introjeção do objeto exterior *no interior do próprio* ego. Ao longo desse processo, muito do conteúdo afetivo primário da pulsão original foi transformado em conteúdo de natureza mais intelectual; ou, em termos psicanalíticos, a libido erótica originária no id (no teste, correspondendo mais ou menos ao conteúdo de p) foi transformada em libido narcísica, ou do ego (correspondente à função do fator k). No entanto, esse processo "neutralizador" originário do ego (fator k), de querer manter o organismo livre de possíveis tensões perturbadoras, pode realmente alcançar seu objetivo, o que é então indicado no teste pela descarga do fator p; ou seja, pelo p○.

Em outras ocasiões, $p\bigcirc$ pode indicar que a tensão da necessidade p foi eliminada por meio do recalque, ou pela formação de sintomas obsessivos, que, naturalmente, implica recalque da tendência original. Contudo, nos casos "ideais" desse processo compulsivo, o próprio sintoma representa a tendência defensiva, assim como o recalque da tendência; em outras palavras, o sintoma como tal sempre pode ser considerado um compromisso.[10] É graças a essa qualidade de compromisso do sintoma que até mesmo esse processo compulsivo baseado no recalque da pulsão do id pode produzir uma calma superficial no ego, livrando as pulsões do id da sua tensão original – ao menos temporária e superficialmente –, estabelecendo, dessa forma, uma espécie de suposta calma no interior do ego. No caso de todo esse processo ser bem-sucedido em alcançar o objetivo psicodinâmico descrito brevemente acima, a constelação p correspondente – indicando que a tensão das pulsões do id foi eliminada – é, novamente, $p\bigcirc$.

Essas interpretações de $p\bigcirc$ são válidas para todos os casos nos quais a constelação concomitante no fator k é nula. Em outras palavras, só a combinação de $p\bigcirc$ com $k\bigcirc$ significa que a necessidade de fusão em um objeto externo foi eliminada. Nesses casos, indica que a personalidade tem como característica constante um forte contato afetivo com a realidade externa.

O significado patológico do $p\bigcirc$ refere-se, primeiro, à neurose obsessiva-compulsiva. A ligação psicodinâmica entre as duas já foi discutida acima. A configuração $p\bigcirc$ também é relativamente frequente naquelas formas de angústia com um sintoma claramente estruturado, e *não* uma angústia flutuante; em outras palavras, nas angústias fóbicas e na angústia hipocondríaca. O significado de $p\bigcirc$ nesses grupos é muito provavelmente similar àquele da neurose obsessiva-compulsiva.

O grupo em que $p\bigcirc$ ocorre muito raramente é representado por psicóticos maníacos, o que é compreensível quando consideramos os sintomas violentos direcionados para um objeto.

---

[10] Sigmund Freud, *Introductory Lectures on Psychoanalysis*. New York, Liveright Publishing Corp., 1935. [Publicado em português com o título *Conferências Introdutórias sobre Psicanálise*. (N. T.)]

A distribuição de *p*O é bem equilibrada nas diferentes faixas etárias. É mais frequente na pré-puberdade (cerca de 30%), diminuindo gradativamente depois disso, com uma queda súbita apenas na idade muito avançada, superior a setenta anos. Essa diminuição repentina concorre com a frequência de *p*- nas pessoas idosas.

O fator *k*

A interpretação mais geral do fator *k* refere-se à necessidade de manter a independência e a integridade do ego. Em termos da Figura 8, pode-se dizer que o fator *k* funciona como força limitadora, que impede que as necessidades internas sejam exteriorizadas, formando assim uma barreira entre o ego (ou o *self*) e o meio ambiente, que visa a manter a separação dos diferentes sistemas de necessidades dentro do indivíduo. Nesse sentido, o fator *k* procura mantém a rigidez do ego confinando as necessidades dentro da personalidade, em vez de permitir que fluam e sejam investidas em objetos externos. A essa altura da nossa discussão torna-se óbvia a razão de podermos considerar os fatores *k* e *p* como opostos, no sentido dinâmico do termo, pois a direção da sua eficácia é oposta: o fator *p* procura romper as barreiras para que a libido possa fluir livremente a fim de encontrar objetos adequados à catexização; o fator *k* enrijece as fronteiras para confinar a libido. O fator *p* mostra a necessidade da pessoa de fundir-se com seu meio ambiente, ao passo que o fator *k* mostra a extensão e o processo pelos quais o indivíduo evita estabelecer vínculos afetivos com o mundo.

Esse processo de evitação de vínculos afetivos nos explica por que as fotos de pacientes catatônicos esquizofrênicos servem para "medir" o ego do sujeito nessa dimensão de rigidez e distanciamento emocional. No contexto deste teste, pensamos nos pacientes catatônicos como síntese da rigidez da personalidade, no sentido de ter um mínimo de contato afetivo fluido entre energia libidinal e o meio ambiente. Os sintomas catatônicos bem conhecidos, como apatia, mutismo, redução de todas as atividades, falta de reação a estímulos dolorosos, expressão verbal das emoções – até mesmo emoções violentas – sem apresentar os sentimentos correspondentes, e uma tendência geralmente exagerada à reclusão e falta de contato com pessoas do meio ambiente, poderiam ser formalmente (ou topologicamente) caracterizados como reflexos da rigidez exagerada da barreira funcional que circunda a personalidade e, também, da rigidez da estrutura interna da personalidade.

Certamente, a mesma tendência que busca manter a independência e a estrutura do ego faz parte da personalidade de qualquer pessoa. Não é possível imaginar o caráter humano em geral sem a existência dessa necessidade de diferenciação entre indivíduo e meio ambiente. Mais uma vez, devemos ter em mente que a ausência de escolhas em determinado fator não significa que haja uma correspondente total falta de tensão na respectiva necessidade. A tensão, ou a falta de tensão, é um conceito relativo na interpretação do teste, sempre adotando a distribuição de todas as possíveis escolhas nos oito fatores como modelo de referência. Consequentemente, não é possível imaginar que alguém possa não ter necessidade de manter-se, ao menos até certo ponto, separado do seu meio ambiente, mesmo sem escolhas no fator k. No entanto, a diferença em relação a essa necessidade entre o sujeito que não escolhe nenhum retrato k e a pessoa que escolhe cinco ou seis retratos k é considerável. Mas mesmo o fato de um sujeito escolher todos os seis retratos k – quando escolhidos como "simpáticos" e "antipáticos" – não é indicativo de que o ego do sujeito seja rígido a ponto de causar um comportamento psicótico, pois o fator k não é a única força determinante da rigidez do ego. Sempre há uma contratendência simultânea na direção da sociabilidade, representada por p.

A interpretação psicológica do fator k, aplicável a todos os casos – nos assim chamados "normais", bem como nos neuróticos ou psicóticos –, é narcisismo, no sentido freudiano do conceito, ou introversão no sentido estritamente psicanalítico, e não da maneira como é usada superficialmente, com uma conotação negativa. (A introversão é empregada no sentido superficial nos testes de personalidade usuais, no formato de lápis e papel.) Assim, narcisismo, ou introversão, com o significado empregado no fator k, é a tendência da pessoa de conservar dentro de si a maior quantidade possível da energia psíquica total. Em outras palavras, o objetivo "ideal" do narcisismo é livrar a pessoa de todas as necessidades com tendência a ligá-la a objetos externos. Esse desejo narcísico pode ser realizado de maneira primária por meio de dois mecanismos: (1) pela introjeção do objeto original da libido, por meio da qual o objeto originalmente externo é internalizado no próprio ego (de modo que, seguindo um processo bem-sucedido de identificação, a pessoa possa se amar, em vez de amar o objeto do meio ambiente); e (2) pela tentativa de conservar a integridade narcísica da pessoa por meio do recalque das necessidades que poderiam trazer à tona as conexões indesejáveis com o mundo exterior.[11] Não é por acaso, obviamente, que a pessoa recorre a um ou outro mecanismo narcisista. A escolha depende de uma série de fatores; principalmente da estrutura geral da personalidade da pessoa, e da natureza mais específica da necessidade que está tentando se manifestar em conexão com um objeto externo apropriado. É possível fazer a leitura no teste, a partir da posição do fator p, se essa intenção narcísica do fator k for ou não bem-sucedida no sujeito. Na discussão da constelação pO, dissemos que, nos casos em que k conseguiu consumir a tensão dirigida para fora do fator p, este aparece na posição "nula".

Estou ciente do fato de que há uma grande sobreposição entre o conceito freudiano de ego e o que foi dito sobre a função do fator k. Em algumas circunstâncias, o fator p pode ser considerado – embora não precisamente – originário do id, ao passo que o fator k pode ser considerado originário do ego. Por exemplo, a metáfora de Freud, apresentada em *O Ego e o Id*, em que ele compara o ego a um homem montado a cavalo, o cavaleiro controlando a força superior do cavalo, também pode ser aplicada à relação entre k e p. Naturalmente, se o cavaleiro não quiser ser separado do cavalo, deverá guiá-lo para onde ele quiser ir. Da mesma forma, Freud assinala, o ego deve executar continuamente os desejos do id como se fossem seus.

---

[11] A conexão entre narcisismo e recalque não costuma ser destacada dessa maneira na literatura psicanalítica.

Esse controle das tendências dinâmicas implícitas no fator *p* é realmente a função do fator *k*. No entanto, *p* não representa exatamente o id, mas – como dissemos na caracterização geral de *p* – os desejos derivados mais diretamente do id da maneira como aparecem no ego. Se associarmos a palavra *paixão* ao id e a palavra *razão* ao ego, então *p* é definitivamente o representante da paixão, ao passo que *k* representa a razão.

Sem dúvida, todas as nossas dificuldades em coordenar os conceitos psicanalíticos com fatores específicos e constelações fatoriais no teste de Szondi são inevitáveis, uma vez que, originalmente, esses conceitos não pretendiam ser estritamente definíveis, mesmo no enquadramento teórico psicanalítico. Freud descreve esses conceitos, em vez de defini-los, e jamais se esquece de mencionar sua sobreposição parcial no interior do seu próprio sistema. O quadro conceitual do Teste de Szondi foi acrescentado posteriormente, analisando e conceitualizando a experiência empírica, em vez de basear-se em um sistema preconcebido. Em consequência, um simples conceito teórico pode ser finalmente representado por mais de um fator ou de uma constelação, sendo que um fator pode referir-se a mais de um conceito teórico. Todavia, retomando nossa discussão do fator *k*, é útil associar sua interpretação às funções do conceito de ego de Freud. A discussão em separado das quatro posições possíveis de *k* certamente ajudará a esclarecer o significado geral do fator *k*.

k+ (k *positivo*)

Essa constelação no fator *k* reflete a mais clara reação narcísica, se pensarmos no narcisismo secundário – e não no primário. O narcisismo secundário está implícito na atitude consciente do sujeito de aceitação de necessidade de manter a integridade autossuficiente de seu ego. A função de *k*, como foi dito, é sempre reduzir a tensão direcionada para o exterior, implícita no fator *p*; entretanto, no caso de *k*+, a eliminação dessa tensão é buscada sobretudo pelo mecanismo egoico da introjeção. Introjeção, mais uma vez, não é exatamente um conceito livre de ambiguidade, exigindo mais algumas considerações.

A identificação, como descrita por Freud, permite que o ego enfrente situações nas quais deve renunciar a um objeto de amor.[12] Estudando situações como essa, é possível observar com frequência uma modificação no ego que pode ser descrita como restabelecimento do objeto amado e perdido no ego. Em outras palavras, o ego, para se reconciliar com a perda do objeto de amor, produz modificações em seu interior para que possa se assemelhar ao objeto. O ego pode, então, amar a imagem do objeto em si mesmo a despeito da perda do original.

Trata-se, então, de um mecanismo que conduz o ego à autossuficiência, e faz com que a satisfação libidinal se torne, até certo ponto, independente do mundo exterior. Antecipamos a discussão desse processo aqui, não como uma recapitulação dos mecanismos do ego freudianos, mas porque o processo corresponde, exatamente, à função de $k+$. Quanto mais carregado estiver $k+$, mais forte será a pulsão para a independência afetiva na pessoa. Um indivíduo que apresenta $k+$ não quer se deixar envolver por relações afetivas, provavelmente porque sente que não é seguro catexizar um objeto que poderá perder. Uma vez que o objeto esteja reconstruído no interior do *próprio* ego, ninguém poderá levá-lo embora: não há mais perigo de perdê-lo.

Tudo isso também coincide com a essência do narcisismo; a tendência de direcionar a libido de volta para o *self*, em vez de investir em objetos externos. Como o investimento da libido em objetos externos está implícito em p, podemos dizer que o objetivo de k é livrar o organismo da tensão causada por p, sendo que p representa o desejo de ter contato com o exterior. Szondi denominou a função do fator p *de ego-diástole* (emprestada da fisiologia, na qual diástole se refere à função dilatadora do coração), e a função do fator k, de *ego-sístole* (sístole na fisiologia se refere à função de contração do coração). Na verdade, essas expressões servem apenas para elaborar o significado das funções k e p. Do contrário, esses termos podem conduzir a um mal-entendido, pois pode-se questionar se a denominação desses mecanismos

---

[12] Sigmund Freud, *Mourning and Melancholia*. Collected Papers, v. III. [Publicado em português com o título *Luto e Melancolia*. (N. T.)]

introjetivos de ego-"contração" é justificável. A introjeção, enquanto tal, não contrai o ego; pelo contrário, ele é ampliado pelo processo de incorporar objetos externos no *self*. No outro sentido, evidentemente, a introjeção *realmente* empobrece o ego, exatamente porque livra o ego da tensão dinâmica direcionada para o exterior.

Num certo sentido, projeção (fator *p*) e introjeção (fator *k*) *não* são opostas, pois ambas visam ao rompimento do limite entre sujeito e objeto. A diferença está na maneira como o limite é rompido: na projeção, o limite é rompido quando o ego se funde no objeto externo; na introjeção, o limite deixa de existir quando o objeto externo é incorporado, permanecendo nos limites do próprio ego. Numa representação dos resultados mais extremos de cada uma dessas funções, a representação simbólica visual equivaleria a situações praticamente idênticas e sem solução. Nos dois casos, obviamente, começaríamos com duas entidades independentes: (1) a pessoa interior, e (2) o mundo exterior (Figura 8). Ao final de uma projeção hipoteticamente completa (que, naturalmente, não existe na realidade), o limite que cerca a pessoa desaparece, uma vez que a personalidade total se funde com o meio ambiente. A representação simbólica correspondente exigiria apenas um círculo, representando a fusão completa. Uma introjeção hipoteticamente completa significa que o meio ambiente foi "engolido" pela pessoa, de modo que tudo que estava no exterior foi internalizado. A representação simbólica correspondente seria novamente um único círculo, representando agora uma assimilação total, por meio da qual o indivíduo alcançaria um perfeito estado de autossuficiência. Ele conteria o universo: para ele mesmo, ele *é* o universo.

Se acompanharmos teoricamente a função da introjeção até esse grau irrealisticamente extremo, certos casos de esquizofrenia catatônica, que a princípio parecem contrariar nossa suposição original segundo a qual os pacientes catatônicos representam o extremo patológico da perda de contato com o meio ambiente, deixam de ser contraditórios. Por exemplo, um paciente catatônico que esteve por um tempo considerável na posição catatônica rígida característica foi mencionado como prova contrária à explicação teórica do fator *k*, segundo a qual o catatônico pode ser considerado o protótipo daqueles que constroem um muro defensivo ao redor de seu ego. Após a recuperação do que parecia ser um "estupor" catatônico, o paciente explicou que a razão para sua imobilidade era que as forças do "bem" e do "mal" estavam lutando no universo, e que seu menor movimento influenciaria o resultado dessa luta. Esse argumento deixou implícito que, muitas vezes, um catatônico que consideramos rígido devido à ausência de contato com o meio ambiente, na verdade, está profundamente preocupado com os acontecimentos universais. Esse caso, creio, não só fracassa ao contradizer as suposições que no Teste de Szondi se referem à natureza da esquizofrenia catatônica, como é uma bela ilustração do resultado de um processo introjetivo muito extremo. Eu interpretaria esse exemplo não como prova de que o paciente tinha contato com o universo, mas como mostra da distorção psicótica do ego depois da introjeção do universo, e, portanto, da perda de contato com os acontecimentos externos. Esse paciente não apresentava sequer a interpretação distorcida do seu meio ambiente, típica do paranoico, mas experienciava acontecimentos universais vagos nos limites do próprio *self* (ou ego), não como algo que estivesse acontecendo além desse limite. Seu receio de influenciar o equilíbrio de forças com o seu menor movimento indica, claramente, penso eu, a natureza completamente narcísica da sua experiência e ilustra o que entendemos por funcionamento extremo de $k+$, que suponho ser o caso desse paciente, embora, infelizmente, não tenhamos qualquer perfil do Teste de Szondi dele.

Outra característica de $k+$ é ilustrada de forma patológica no exemplo acima; isto é, o egocentrismo da pessoa, que tantas vezes está implícito nessa constelação *k*. O exemplo é fácil de ser entendido, já que egocentrismo é quase o mesmo que narcisismo, exceto que o termo é usado com uma conotação mais negativa, deixando implícitas as consequências associais do narcisismo no comportamento manifesto. No entanto, em determinadas configurações da estrutura total do teste, o narcisismo de $k+$ não implica egocentrismo no sentido acima descrito (por exemplo, *h-, s-, e+, hy-, k+*). Nos outros casos, quando o restante do perfil indica a possibilidade de psicose, o narcisismo de $k+$

pode até atingir o grau do autismo psicótico, como no exemplo acima, do paciente catatônico.

Traços de caráter correspondentes a *k*+ em indivíduos considerados normais podem ser os seguintes: esforço para ser autossuficiente; esforço para não ser emotivo por meio da intelectualização das emoções. Sujeitos com *k*+ costumam ter uma percepção adequada dos seus processos afetivos e estão dispostos a enfrentar as próprias emoções. Entretanto, durante o processo de enfrentamento intelectual das emoções, o indivíduo absorve a emotividade original, de modo que as emoções passam a ser um objeto da manipulação intelectual, em vez de uma força impulsionadora de ações realmente afetivas.

A configuração *k*+ oferece boas possibilidades para determinados tipos de sublimação, principalmente a sublimação que envolve aquisição de conhecimento, pensamento lógico, sistematização e reprodução do material aprendido. Em outras palavras, *k*+ está associado a forças de sublimação originalmente menos criativas e menos dinâmicas. A função sintética do ego, conforme descrita por Nunberg,[13] pode facilmente ser associada à função de *k*+, manifesta nos processos do pensamento. Nunberg destaca que há uma força específica no ego que funciona como mediadora entre o mundo interno e o externo, buscando harmonizar os elementos opostos no interior da personalidade. O funcionamento dessa força é indispensável quando determinado desejo não gratificado pelo meio ambiente surge no organismo. Nesses casos, Nunberg diz que "o ego assimila de forma idealizada os objetos do id; e isso é feito por meio da identificação. Mediante a identificação, determinados instintos e objetos não harmônicos com o ego não são simplesmente repelidos, porém unificados, modificados, fundidos e despidos de seu elemento específico de perigo". Esse processo de assimilação e neutralização de desejos originários do id é denominado por Nunberg de função sintética do ego, e poderia ser aplicado palavra por palavra à função do fator *k* em sua relação com o conteúdo do *p*. Nunberg vai inclusive mais longe, ao dizer que nossa

---

[13] H. Nunberg, "The Synthetic Function of the Ego". *Internat. J. Psychoa-Analysis*, XII, 1931.

"necessidade de causalidade", que é característica predominante do pensamento humano, é a manifestação intelectual da mesma função sintética do ego. As constatações no Teste de Szondi certamente apoiariam essa teoria, e também corroborariam a conexão dessa "função sintética do ego" com $k+$. Os sujeitos com $k+$ estão claramente inclinados para esse tipo de pensamento "sintético" causal, sendo as deduções lógicas e a sistematização de processos mentais partes importantes no pensamento desses sujeitos. Esses processos de pensamento sistemáticos são bem diferentes do pensamento mais intuitivo e "emocional" característico de indivíduos com um fator p muito mais forte do que o fator k.

Certos dados de um estudo sobre gosto musical e personalidade[14] podem ser interpretados no mesmo sentido, embora não façam referência a processos intelectuais de pensamento, mas ao julgamento de natureza estética. Os resultados desse estudo mostram claramente que a preferência por música estritamente clássica (Bach, Mozart) está associada a uma acentuação do fator $k+$, ao passo que a preferência por música romântica (Wagner, Schumann) é encontrada em sujeitos cujo fator p é significativamente mais carregado do que o fator k. A interpretação desses achados se refere à estrutura "lógica" rígida da música clássica *versus* o caráter menos claramente estruturado e mais "emocional" da música romântica. Outro achado experimental em relação a $k+$ precisa ser mencionado. Séries de perfis do teste revelam com clareza a tendência do fator k de se tornar positivo durante o processo analítico.

Isso pode ser interpretado como indicação de que o processo de cura promove a assimilação intelectual de material afetivo, que corresponde ao que de fato acontece na psicanálise. Outro significado da mesma constatação pode ser que esse $k+$ reflita o processo pelo qual o paciente introjeta a personalidade do analista. As duas interpretações não são, de maneira alguma, reciprocamente exclusivas. Inclino-me a acreditar que as duas interpretações são simultaneamente válidas e estão também dinamicamente relacionadas, uma

---

[14] Otto Deri, *Musical Taste and Personality*. Columbia University, 1947. (Tese não publicada.)

vez que é por sua identificação com o analista que o paciente ousa enfrentar seus problemas afetivos.

O corolário das constatações acima é que *k+* é raramente encontrado nas formas de neurose que envolvem um acentuado e "bem-sucedido" recalque das emoções. Pode ser encontrado nos neuróticos de caráter, que têm percepção intelectual dos próprios problemas, mas que, devido à rigidez do seu caráter, não conseguem ou não querem mudar. A reação *k+* é encontrada com relativa frequência na psicose depressiva. A conexão entre melancolia (depressão) e o mecanismo de introjeção é descrita em detalhe na obra de Freud *Mourning and Melancholia* (op. cit.). Com base em experimentos com pacientes depressivos antes e depois de tratamentos com eletrochoque, formulei uma hipótese segundo a qual os sintomas de depressão são considerados consequência de tentativas infrutíferas de recalcar certo material afetivo. Os dados no Teste de Szondi que deram sustentação a essa hipótese foram as mudanças significativas no fator *k*, que passou da posição positiva para a posição negativa após completar a eletroconvulsoterapia.[15]

A reação *k+* é muito rara na psicose maníaca.

A distribuição etária de *k+* revela que sua frequência é maior nas crianças pequenas, entre três e cinco anos de idade. A frequência de *k+* nessa faixa etária é mais que o dobro da frequência em adultos, provavelmente porque o autismo "fisiológico" é característico de crianças pequenas. Os trabalhos de Piaget ilustram esse autismo em relação ao comportamento, ao pensamento, ao raciocínio e ao uso da linguagem. Essa é a idade da teimosia e do sentimento de onipotência, quando as crianças sentem que entendem e são donas do mundo. A frequência de *k+* apresenta uma queda súbita por volta da idade escolar, o que pode ser interpretado de duas maneiras: ou como consequência de uma disciplina imposta ou como sinal de uma prontidão "fisiológica" para abandonar o autismo infantil. Não deve ser muito difícil explorar esse problema experimentalmente comparando os perfis de crianças escolares, de seis

---

[15] Susan Deri, "The Results of the Szondi Test on Depressive Patients Before and After Electric Shock Treatment". In: L. Bellak e L. Abt., *Handbook on Projective Techniques*. New York, Ronald Press Co., no prelo.

anos de idade, com perfis de crianças da mesma idade que, por alguma razão, não foram para a escola. Também poderíamos obter resultados comparando os perfis de testes de crianças de escolas "progressistas" com perfis de escolas tradicionais, disciplinadoras.

Na idade próxima da puberdade, a frequência de $k+$ aumenta novamente, permanecendo mais ou menos constante (cerca de 12%-16%) até a velhice. Depois dos setenta anos de idade, $k+$ é encontrado mais raramente, pois nessa idade o recalcamento é muito mais comum do que a introjeção como forma de eliminar a tensão emocional. Na realidade, o recalque é mais comum do que a introjeção em todas as faixas etárias (o que no Teste de Szondi significa que $k-$ é mais frequente do que $k+$), exceto o fato de a introjeção ($k+$) cair subitamente após os setenta anos de idade.

k- (k *negativo*)

A configuração $k-$ também reflete a tentativa de manter a integridade narcísica do ego. O objetivo, outra vez, é eliminar a tensão implícita no conteúdo do fator *p*. No entanto, $k-$ é um indício de que qualquer que tenha sido o conteúdo do fator *p*, ele não é aceito pela parte crítica do ego, e muito menos pelo superego. Devido à intolerância do ego e do superego relativa ao conteúdo emocional implícito na tensão do fator *p*, o ego não consegue enfrentar essa tensão usando o mecanismo da introjeção. O conteúdo afetivo, ou o objeto que a tensão da necessidade, expressa no fator *p*, está buscando, não pode ser conscientemente incorporada ao ego, nem mesmo após seu desinvestimento da emotividade original e sua transformação em um interesse intelectual emocionalmente neutro. A reação $k-$ indica que a demanda do id, representada por *p*, não é desejada nem aceita no ego; o ego não quer sintetizar seu conteúdo, de modo que, nessas circunstâncias, a única maneira de garantir pelo menos uma harmonia relativa no interior do ego é o recalque dos impulsos proibidos. A razão pela qual esses impulsos clamam pela aceitação no ego se deve ao fato de o ego controlar o sistema motor, governando, portanto, a forma como a excitação é descarregada.

O recalque, por sua vez, visa exatamente ao oposto, a saber, "encapsular" a necessidade proibida de modo que ela possivelmente não consiga se comunicar com as outras partes do ego, e, naturalmente, não tenha acesso ao sistema motor: a principal via de descarga deve ser bloqueada. Em outras palavras, o ego faz tudo que estiver a seu alcance para negar aquela parte específica da personalidade que corresponde às exigências proibidas do id. O objetivo verdadeiro seria, naturalmente, fazer com que a tensão causada pelas exigências do id se tornasse inexistente; entretanto, uma necessidade não pode ser simplesmente extinta sem algum tipo de gratificação. Na melhor das hipóteses, o superego exerce pressão sobre o ego para romper as conexões entre o impulso indesejado e o restante do ego. Esse é, na verdade, o sentido estrutural do dinamismo inconsciente do recalque. A descrição do recalque em termos da estrutura do *self* permite que reconheçamos a unidade estrutural da função do fator k, seja atuando por meio da introjeção ($k+$) ou do recalque ($k-$). Em ambos os casos, k atua como poder organizador, visando a estabelecer uma estrutura firme do ego, ao conservar os limites ao redor da personalidade, bem como os limites entre as regiões intrapessoais na própria pessoa. Como partimos do pressuposto de que o conteúdo de regiões intrapessoais corresponde a diferentes necessidades, é óbvio que conservar a estrutura significa, também, reduzir a tensão da necessidade. Do contrário, as tensões crescentes ameaçariam a firmeza da estrutura, devido à pulsão inerente a qualquer tensão de necessidade, que se volta para a realidade externa a fim de encontrar um objeto apropriado para obter gratificação (essa tendência está implícita no fator p). Assim, fica claro por que podemos afirmar que o "poder organizador" implícito no fator k visa à manutenção da estrutura do ego pela redução da tensão implícita em p. A introjeção e o recalque são funções semelhantes no sentido de que ambos visam a manter o ego "livre de tensão", e separado dos objetos externos; todavia, elas também são opostas porque a introjeção – por definição – opera por meio da inclusão no ego de um objeto que antes era um objeto externo, ao passo que o recalque opera excluindo algo da personalidade; isto é, excluindo, por meio do isolamento, uma necessidade que teve origem no interior do organismo.

Nesse sentido, se poderia refutar um argumento recém-levantado de que, embora na prática a validade do teste tenha sido comprovada, todas as tentativas de construir uma estrutura conceitual mais ou menos unificada para explicar a validade fracassaram. A seguinte questão foi suscitada: sobre que base teórica se poderia aceitar a conclusão de que o recalque é o oposto da esquizofrenia catatônica, que evidentemente segue a interpretação do fator *k*, uma vez que as próprias fotografias representam esquizofrenia catatônica? Eu poderia concordar que o recalque pode, em certo sentido, ser considerado o oposto de esquizofrenia catatônica, ou seja, de acordo com o sentido estrutural descrito. A esquizofrenia catatônica parece ser o estado psicológico que corresponde a esse grau de introjeção tão patologicamente exagerado, a tal ponto que grande parte do meio ambiente foi internalizada, de modo que o contato com o meio ambiente deixou de ser vivido como uma necessidade. O mundo é vivido dentro da pessoa. Todos os típicos delírios catatônicos, que poderiam ser denominados alucinações corporais, seriam interpretados como sintomas de uma introjeção patológica. Nessas alucinações corporais, os catatônicos geralmente se queixam de sentir coisas estranhas acontecendo no interior de seus corpos, coisas como a atrofia de determinados órgãos internos, a conexão de aparelhos elétricos a diferentes partes dos seus corpos, etc. Todos esses delírios diferem das alucinações paranoides clássicas, no sentido de que na catatonia as numerosas sensações não realistas são vividas como se estivessem acontecendo *dentro* do organismo, ao passo que as alucinações paranoides se referem à interpretação errada do meio ambiente. O caso do paciente catatônico que experienciou uma luta universal abstrata dentro de si mesmo é uma boa ilustração do que pode acontecer quando o Universo inteiro, com todas as suas forças boas e maléficas, foi incluído dentro do eu. No caso do recalque neurótico, porém, o paciente tenta *excluir* partes de si mesmo, e gostaria de considerar pelo menos algumas das suas necessidades como não pertencentes a ele. Esse processo poderia, então, ser considerado oposto ao que acontece em um esquizofrênico catatônico. Penso que isso refuta o argumento, pois nossa teoria de interpretação nesse ponto específico não revela nenhuma inconsistência interna.

Os traços de caráter correspondentes a *k*- são mais uma vez, evidentemente, opostos aos traços de caráter que acompanham *k*+ em muito aspectos, embora o aspecto básico da rigidez e o objetivo de manter a pessoa calma e distante sejam características de personalidade comuns a ambos os grupos. Os traços socialmente positivos que acompanham *k*- referem-se à disposição do indivíduo para aceitar as restrições impostas pelo meio ambiente; isto é, há uma quantidade ótima de capacidade e disposição para recalcar, o que facilita o ajuste satisfatório à realidade. O indivíduo com *k*- exerce muito menos controle sobre si mesmo do que o indivíduo com *k*+. Os sujeitos *k*- não ousam viver suas necessidades individuais abertamente e tampouco têm necessidade de encarar o que essas necessidades realmente são. Padrões e julgamentos de valor do exterior são prontamente aceitos, questionando pouco sua origem e validade. (É interessante que a idade típica dos intermináveis por quês nas crianças coincide com a preponderância de *k*+.) Vale a pena destacar aqui que os protocolos de Rorschach de sujeitos *k*- apresentam uma quantidade elevada de respostas populares, ao passo que indivíduos *k*+ apresentam um percentual relativamente alto de respostas *F* boas e originais. Em outras palavras, a pessoa tipicamente *k*- está disposta a negar-se o privilégio de narcisismo aberto, esforçando-se para ser normal, igual aos outros, ao passo que uma pessoa *k*+ se esforça para ser um indivíduo, sem se prender a padrões populares.

Constatei, embora não tenha feito um estudo sistemático, que diferentes escolas de psicoterapia tendem a atribuir diferentes constelações *k* aos pacientes, de acordo com a expressão explícita ou tácita de seus julgamentos de valor em relação ao comportamento social. Se o enfrentamento e a aceitação das próprias necessidades, a despeito dos "preconceitos", e, em muitos aspectos, das atitudes hipócritas da nossa atual cultura, estiverem implícitos de forma velada ou aberta nas interpretações, nesse caso o paciente poderá desenvolver uma reação *k*+. Por outro lado, nas escolas de psicoterapia que enfatizam a adaptação à nossa atual estrutura social e a necessidade de adaptação social da personalidade, em detrimento da especificidade do conflito emocional de cada indivíduo, parece que o resultado é estabilização do ego na direção *k*-.

Exceto na faixa etária dos muito jovens (três/cinco anos), *k-* é a constelação fatorial *k* que aparece com maior frequência na população não amostral.

Como é de esperar, o significado psicopatológico dessa constelação tem mais a ver com neuroses do que com psicoses. De forma mais característica, refere-se àquelas neuroses nas quais o mecanismo de defesa do recalque desempenha o papel mais importante na formação dos sintomas. São elas a neurose obsessivo-compulsiva, a histeria de conversão e a histeria de angústia. Entre as psicoses, *k-* é mais frequente na mania, que combina bem com as constatações de que *k+* apresenta elevada correlação com a depressão. Na patogênese da mania, a introjeção desempenha a mínima importância; os sintomas da psicose maníaca podem ser considerados indício de ausência de introjeção de – e ausência de identificação com – objetos do meio ambiente. O esclarecimento da aparente contradição entre os sintomas de fúria da mania e a repressão implícita em *k-* ficará para depois, na discussão das diferentes configurações *Sch*.

Como dissemos, *k-* costuma ser a posição mais frequente do fator *k*. Sua frequência apresenta um aumento mais ou menos constante, sendo a menos frequente entre as crianças mais jovens, e a mais frequente na faixa etária mais idosa. De acordo com nossa interpretação, isso significa que o aprendizado social favorece o aumento da intensidade do recalcamento; ou, caso prefiram outra denominação, do autocontrole.

k± (k *ambivalente*)

A constelação *k±* no fator *k* indica que os dois mecanismos "organizadores", introjeção e recalque, são empregados simultaneamente para manter a integridade do ego livre de tensão. No entanto, o fato de ambos os mecanismos serem empregados simultaneamente e com a mesma intensidade tem como resultado a acentuação da experiência subjetiva de tensão e de conflito em relação a essa "necessidade de independência", mais do que no caso de *k+* ou *k-* sozinhos. De fato, *k±* é a reação típica daqueles sujeitos para os quais o estabelecimento da independência emocional em relação ao meio ambiente constitui um problema central. Nesses casos, *k* certamente quer eliminar a tensão causada pelo fator p; mas, ao tentar atingir esse objetivo, por meio de dois – de certa forma – mecanismos opostos, em geral nenhum deles consegue ser bem-sucedido. Em outras palavras, os sujeitos nessa categoria estão conscientes de que querem eliminar as tensões indesejáveis da sua personalidade; quer dizer, o processo de eliminação não é – por assim dizer – automático, mas algo que realmente sentem que estão fazendo. Essa experiência provoca um sentimento de tensão desconfortável e muitas vezes de angústia, ainda que o comportamento manifesto desses sujeitos muitas vezes dê a impressão de força, confiança e objetividade. Isso, muito provavelmente, se deve ao fato de que nos indivíduos com $k\pm$ a necessidade de ser independente, racional e emocionalmente distante é vivida conscientemente. Eles conseguem, inclusive, verbalizar essa necessidade com certa facilidade.

Dependendo da configuração do restante do perfil do teste, essa pulsão de independência afetiva, vivida conscientemente, pode aparecer de forma sublimada e servir como força impulsora para o desempenho intelectual, ou resultar numa personalidade "fria" e racional, que se esforça em atingir a todo custo os objetivos estabelecidos e que não fica perturbado caso a meta seja atingida à custa de terceiros, pois a emotividade ou o "sentimentalismo" são praticamente desprezados ideologicamente. (Esta interpretação + é válida apenas nos casos em que $k\pm$ aparece com $p\bigcirc$). Todavia, o sentimento subjetivo de angústia parece estar presente nas duas manifestações comportamentais do mecanismo $k\pm$.

As implicações patológicas dessa constelação ficam evidentes com base na discussão. A configuração $k\pm$ é encontrada com mais frequência nos estados de angústia em conjunção com sintomas obsessivo-compulsivos e nos tipos de indivíduos antissociais cujos atos antissociais não envolvem força física, mas roubo, trapaça, e que geralmente se mostram desleais de maneira discreta. Uma combinação "proveitosa" de sublimação de $k\pm$ no trabalho, ao mesmo tempo que dá vazão à tendência antissocial, é o plágio científico, não incomum nessa constelação k.

Vale a pena mencionar que o $k\pm$ é incomum em qualquer forma de psicose. Essa constatação negativa reflete o fato de que $k\pm$, muito embora seja uma constelação conflituosa, também indica força do ego, o que, na maioria das vezes, é incompatível com psicoses. Nesse contexto, poder-se-ia dizer que a capacidade de suportar e manter a ambivalência em relação ao emprego de dois mecanismos de defesa opostos protetores do ego representa a antítese dinâmica da psicose, que, em todos os casos, pressupõe a falta de equilíbrio entre os diferentes mecanismos de defesa.

$k\pm$ é relativamente raro na faixa etária mais jovem que pode ser submetida ao teste (três a quatro anos de idade), mas aparece com aproximadamente o dobro da frequência na faixa etária seguinte, de cinco a seis anos de idade. Esta corresponde à idade em que as crianças começam a lutar, de maneira mais ou menos consciente, pela sua independência emocional. Essa tendência se torna ainda mais forte, e certamente mais consciente, por volta da puberdade, o que também se reflete no aumento adicional das reações $k\pm$ nessa idade. A partir da puberdade, a frequência de $k\pm$ diminui, embora na adolescência apresente a mesma frequência nas crianças entre cinco e doze anos de idade. Os pontos mais baixos da curva de distribuição são atingidos nos jovens adultos, em cuja idade a tensão emocional, enquanto tal, parece ser mais aceitável. Nos grupos com mais idade, entre cinquenta e setenta anos, $k\pm$ *se* torna novamente mais frequente; ou, em outras palavras, a intelectualização e o recalque das necessidades emocionais aumentam com a idade.

k0 (k *nulo*)

O *k*0 corresponde ao estado de narcisismo primário. O significado original, psicanalítico, desse conceito se refere ao estado psicológico dos bebês, quando a harmonia psíquica ainda é perfeita porque cada impulso do id encontra realização direta no ego, se é que o termo ego pode ser aplicado a esse primeiro período de vida. O narcisismo primário significa que o bebê, ou a criança pequena, não se interessa por mais nada a não ser por si mesmo, e não ama ninguém além de si mesmo. Esse amor de si mesmo narcísico primário é diferente do amor de si mesmo do narcisismo secundário, no sentido de que nenhum objeto externo jamais foi amado (catexizado), de modo que o amor de si mesmo não é um substituto para o objeto externo, que foi amado, do qual a libido foi retirada devido a frustrações, tendo o objeto incorporado no ego, tornando-se a partir desse momento um objeto de amor secundário. No amor de si mesmo narcísico primário não existem processos dinâmicos complicados como a catexização de objetos externos, para depois transformar o objeto da libido em libido narcísica (que ocorre em $k+$).

No período de narcisismo primário, o bebê ama a si próprio simplesmente porque os objetos do meio ambiente ainda não adquiriram nenhuma importância especial, pois a gratificação das necessidades ainda não foi frustrada. É muito interessante perceber o quanto a tomada de conhecimento do meio ambiente está intimamente relacionada com as dificuldades vividas na gratificação de nossas necessidades: em outras palavras, como o desenvolvimento do ego é determinado pela qualidade e pela quantidade de frustrações que o organismo encontra durante a vida. No caso hipotético de uma contínua e completa gratificação das necessidades, as necessidades jamais seriam reconhecidas enquanto tais, e tampouco o sujeito e o meio ambiente seriam percebidos como duas coisas diferentes. Em tais circunstâncias, não haveria, naturalmente, um ego no sentido de um sistema psicológico coerente que funciona como uma força organizadora e que decide o destino das diferentes aspirações do id. As aspirações do id e o ego não seriam diferenciados; não haveria nada que impedisse o fluxo livre das pulsões do id para o exterior, onde seriam gratificadas sem ao menos ter a necessidade de buscar um objeto externo. Em nosso caso hipotético, o objeto requerido para a gratificação estaria automaticamente no lugar necessário para facilitar a gratificação. Naturalmente, esse estado de coisas perfeitamente paradisíaco é difícil de ser concebido após o minuto do nascimento, e ninguém sabe realmente se ele existe antes do nascimento. Todavia, podemos supor que ele exista, e que todas as necessidades do embrião são automática e imediatamente satisfeitas, e nesse caso o embrião deveria dar a reação kO no teste de Szondi. Se concedermos, do mesmo modo, a absoluta falta de frustração para o bebê, suponhamos que o seio materno está disponível antes que ele sinta fome, de modo que o bebê não se dá conta de que seu corpo tem determinadas limitações realistas, então teríamos de supor que esse bebê também apresenta $k\bigcirc$, pois ele não teria necessidade – e nenhuma possibilidade – de introjetar um objeto que já está à sua disposição (não há necessidade de $k+$). Além disso, esse bebê não teria de recalcar qualquer necessidade enquanto a dor e a frustração não fossem sentidas (não há necessidade de $k-$). Em outras palavras, enquanto o processo de necessidade-gratificação não encontrar dificuldades na realidade, não se pode falar de um limite entre pessoa e meio ambiente, e tampouco sobre funções como tomar uma posição, ser crítico, tentar organizar as tensões de necessidade. Consequentemente, inexistem as funções $k+$, $-$ ou $\pm$.

Mencionamos esse exemplo do bebê hipotético sem funções do ego para facilitar a compreensão da constelação $k\bigcirc$. Embora os bebês não possam ser testados, o estado de ausência de ego no qual a teoria psicanalítica supõe que eles se encontrem corresponderia ao protótipo do estado psicológico no teste por $k\bigcirc$.

Sujeitos com $k\bigcirc$ são, efetivamente, infantis, no sentido de que dão livre curso a suas necessidades sem sentir a necessidade de neutralizá-las por meio da introjeção do objeto original da necessidade ou de recalcá-las. Aceitam suas pulsões p sem muita transformação e buscam vivê-las em conexão com toda espécie de objeto que suas necessidades desejem. No sentido acima, o ego desses sujeitos pode ser denominado fluido, pois a libido pode fluir livremente para o meio ambiente. Assim, o narcisismo nesses sujeitos não se refere à autossuficiência ou à rigidez narcísica, mas ao narcisismo primário no sentido de amor e aceitação de si mesmo, da maneira como são, com todas as suas necessidades e expectativas de objetos que possam facilitar sua gratificação. Os indivíduos $k\bigcirc$ não estão preparados para lidar com frustrações, pois não há um muro protetor em volta do seu ego. Estão prontos para sentir suas pulsões afetivas com toda a sua intensidade, na certeza de que ao dar vazão aos impulsos não encontrarão obstáculos. Em razão dessa atitude benevolente consigo mesmo e ao mesmo tempo exigente, os indivíduos $k\bigcirc$ também podem ser chamados de autistas e egocêntricos, embora seja preciso ter em mente o significado exato desses termos quando aplicados às constelações kO ou k+. Na k+, esses termos indicam uma atitude muito mais consciente e desafiadora, ao passo que na kO eles se referem a uma atitude absolutamente espontânea, "não premeditada", que nem mesmo é sentida como uma "atitude", mas como a única forma natural e possível de comportamento. Eles entendem que o mundo existe para satisfazer suas necessidades pessoais. Esperam satisfazer essas necessidades com quase a mesma facilidade do nosso embrião hipotético, e, se a realidade não corresponder a essa expectativa, será compreendido como ofensa pessoal, podendo resultar em reações violentas e vingativas, pois o ego não está preparado para qualquer outra defesa. Raciocinar ou argumentar com indivíduos kO é difícil, se não impossível, pois o próprio processo de raciocínio e a consideração das opiniões dos outros é uma função introjetiva. Para que o conteúdo verbal possa ser comunicado, o interlocutor deve ser capaz, pelo menos por pouco tempo, de assimilar em si mesmo o que foi dito, comparar isso com o próprio conteúdo e tirar conclusões com base nessa comparação. Se a pessoa não estiver disposta a ser receptiva (isto é, introjetiva) durante qualquer período de tempo, não haverá qualquer base possível para discussões intelectuais ou para uma explicação. Esse costuma ser o caso dos sujeitos kO. Eles não querem "absorver" nada que venha de fora, o que querem é *expressar* o que têm dentro. Isso faz com que o contato social com indivíduos kO seja frequentemente desagradável, a não ser que alguém esteja interessado em "absorver" o que *eles* querem expressar. A aplicação do termo *rigidez* a esse tipo de caráter inflexível depende da definição do significado da palavra "rígido" quando empregada para descrever uma característica de personalidade. Vou me comprometer de maneira bastante clara: na interpretação do Teste de Szondi, reservo o termo *rígido* para o fator *k* carregado; quer dizer, para o narcisismo secundário manifesto na ausência da capacidade para deixar que sua libido e emotividade fluam para o mundo exterior. De acordo com essa definição, uma pessoa paranoide é *fluida* e *inflexível*, mas não rígida, porque está apenas ávida demais por expressar suas necessidades e ligar sua emotividade a objetos externos. Sinto que é necessário explicitar essa diferença ao discutir a configuração $k0$, pois a falta de uma definição precisa da palavra "rígido" poderia dar origem a uma interpretação equivocada dos fatores k e p, em especial porque, no emprego psiquiátrico geral do termo, os paranoides são usualmente caracterizados como os indivíduos mais "rígidos".

O significado patológico de $k0$ refere-se sobretudo a estados psicóticos, e não às neuroses. Isso é natural, pois $k0$ indica que há praticamente nenhum mecanismo de defesa do ego. Se $k0$ aparece numa série, depois de um número de perfis do teste com o fator k carregado, ele tem um valor de diagnóstico muito especial, pois levanta a suspeita de uma ruptura das defesas do ego e o surgimento de sintomas pré-psicóticos ou psicóticos.

$k0$ pode aparecer em epilépticos imediatamente depois de uma crise, em esquizofrênicos catatônicos em estado de agitação, ou em geral depois de algum tipo de episódio paroxístico. Nesses estados estuporosos, ou semelhantes ao coma, o ego deixa de funcionar com sua real capacidade de organização. A configuração $k0$ é, também, encontrada com alguma frequência em pacientes paranoides, muito provavelmente devido à relação dinâmica descrita acima; o paciente paranoide não tem necessidade de manter uma barreira, tampouco de reprimir suas necessidades, mas deseja "supercatexizar" o meio ambiente e fundir-se com ele.

Quanto menor a faixa etária passível de aplicação do teste, maior será a probabilidade de obter reações $k0$, que nesse caso significa a forma realmente infantil de narcisismo primário, e indica que praticamente nenhum objeto de amor foi introjetado até esse momento. A partir dos quatro anos de idade, a frequência do $k0$ diminui até chegar à faixa etária dos jovens adultos, entre vinte e trinta anos de idade. Nesse grupo, a frequência de $k0$ é, novamente, em torno de 20%, e permanece mais ou menos igual até chegar aos sujeitos mais idosos, próximos aos oitenta anos ou mais. Esta parece ser a idade na qual a ausência da força do ego, no sentido da falta da força organizadora correspondente ao fator k carregado, é mais comum. Nesse grupo dos mais idosos, $k0$ reflete, mais provavelmente, a ausência da necessidade de se diferenciar do seu meio ambiente.

Constelações vetoriais *Sch*

As constelações vetoriais *Sch* serão discutidas da perspectiva do desenvolvimento do ego. Os achados experimentais mostraram que determinadas configurações *Sch* são encontradas com extraordinária frequência em certas faixas etárias. Mais uma vez, como em muitos outros casos, o conhecimento pragmático chegou primeiro, a compreensão teórica e a conceituação vieram depois. Como regra geral, descobri que há oito imagens *Sch* diferentes que, com base na distribuição de sua frequência, permitem chegar logicamente a essa sistematização genética. Essas oito imagens do ego compreendem os estágios de desenvolvimento do nascimento (obviamente construídos teoricamente por analogia) até jovens adultos (vigésimo ano de vida). A partir dessa idade, as imagens do ego se tornam muito individualizadas e não se prestam mais à sistematização por idade até a variabilidade das imagens do ego diminuir novamente, a partir dos sessenta anos em diante, de forma que podemos falar novamente sobre as configurações *Sch* mais características da idade avançada.

Na discussão dos estágios de desenvolvimento do ego, nos referiremos a cada configuração *Sch* simplesmente indicando as respectivas constelações dos fatores *k* e *p*, a fim de evitar o uso do elaborado sistema com códigos de letras, como Szondi faz em seu livro.[16] Szondi precisava de um sistema mais elaborado porque ele faz a diferenciação de mais estágios no desenvolvimento do ego, do que nós faremos aqui, e apresenta o material com base nas perspectivas que não serão contempladas neste livro. Ao empregar a codificação de Szondi sem a inclusão de todo o seu material ou apresentar o sistema à sua maneira não seria possível justificar a lógica da sucessão dos códigos de letras. Para conhecer essa sistematização mais detalhada do desenvolvimento dos estágios do ego e ter acesso aos dados quantitativos correspondentes, o leitor deve consultar o livro de Szondi, p. 129-297, e a *Psychodiagnostik Tabelle* [Tabela Psicodiagnóstica] IV, no apêndice deste livro.

---

[16] *Experimentelle Triebdiagnostik*, op. cit.

Primeiro estágio: kO p- (K *nulo com* p *negativo*)

A configuração *k*O com *p-* corresponde à imagem mais primitiva do ego, pois reflete o menor grau de estruturação (*k*O) com projeções totalmente inconscientes das necessidades no meio ambiente (*p-*). Partimos do pressuposto teórico de que essa configuração corresponde ao ego completamente fluido e indiferenciado do bebê mais novinho. Os dados experimentais correspondentes foram obtidos de crianças pequenas que, sabidamente, estavam psicologicamente fixadas em um nível de desenvolvimento muito precoce; de psicóticos profundamente regressivos, sobretudo esquizofrênicos, e também de casos graves de paresia generalizada (*dementia paralytica*). Os dados também foram obtidos de adultos com mais de setenta anos.

Segundo nosso construto teórico, essa configuração *Sch* reflete o primeiro estágio da infância, no qual não há diferenciação entre ego e id, porque não há diferenciação entre sujeito e objeto, ou entre *self* e meio ambiente. Sem a existência dessas polaridades conceituais, o ego não pode ser empregado como quadro de referência para organização psicológica, pois o conceito de ego, por definição, pressupõe a diferenciação entre o *self* e o meio ambiente, entre o interior e o exterior, supondo que o ego desempenha o papel de intermediário entre a realidade do mundo exterior e os desejos originários do id. É exatamente essa falta de diferenciação que está implícita na interpretação de *k*O *p-*, como primeiro estágio do desenvolvimento do ego. (Devemos, mais uma vez, assinalar que qualquer descrição do tipo "total indiferenciação" não deve ser entendida literalmente, pois nem mesmo um psicótico consegue fundir-se totalmente com o meio ambiente, e alguns vestígios do ego sempre podem ser encontrados em qualquer sujeito que puder ser submetido ao teste. Contudo, esse termo ajuda a esclarecer o significado das imagens isoladas do ego quando, para fins didáticos, nós as concebemos na sua forma mais exagerada.)

A componente *p-* corresponde ao "reservatório" de necessidades inconscientes, as quais são vividas por meio da projeção "imediata". Por "imediata" entendemos que as necessidades são satisfeitas tão prontamente que o sujeito nem chega a ter consciência do processo por meio do qual projetou, de alguma forma, suas necessidades presentes no meio ambiente. Ele não tem consciência de haver dado um sinal; o objeto necessário para satisfazer a necessidade e a necessidade parecem formar uma unidade totalmente contínua e harmoniosa. Para fins de exemplo hipotético, podemos remeter novamente ao bebê, que sente que é uma unidade com o seio da mãe, pois a tensão da necessidade (fome) nunca é vivenciada conscientemente em razão da satisfação imediata dessa necessidade. Consequentemente, não há necessidade de o ego (no sentido mais estrito da palavra) se desenvolver, pois não há nada que exija uma tomada de posição contanto que tudo esteja perfeitamente harmônico. Quando discutirmos os estágios posteriores do desenvolvimento do ego, mencionaremos em que ponto o grau de frustração se torna a força impulsionadora para o teste da realidade, e, portanto, para o desenvolvimento do ego. A constelação *Sch*, que agora discutimos, na realidade deveria ser denominada "estágio do pré-ego" e, com relação à sua posição no desenvolvimento do ego, logicamente deveria receber o número *0*, em vez *de I*. Contudo estamos acostumados a nos referir a essa constelação como o primeiro estágio e a designá-la como estágio "adualístico" do ego, o que, de fato, significa que não há ego no sentido psicanalítico usual do conceito.

O termo *adualístico,* ou ausência de dualismo entre sujeito e objeto, foi emprestado de Piaget,[17] que emprega o termo para caracterizar o estado primitivo de indiferenciação entre a criança e o resto do mundo. Esse é o estágio no qual a criança "pensa" que o mundo inteiro sente da maneira como ela sente. A dor é sentida não como algo pessoal, mas como algo sentido em toda parte: o resto do mundo "dói" também. Ela não conhece os limites realistas do seu corpo; por exemplo, não há diferença entre sua relação com o dedo do pé e sua relação com seu berço. Ainda que essa confusão primitiva e real desapareça bem cedo na vida – a diferenciação sendo desencadeada por frustrações –, muito desse pensamento primitivo animista pode ser observado mais tarde em crianças muito pequenas, do mesmo modo como pode ser

---

[17] Jean Piaget, *The Child's Conception of the World*, op. cit. [Publicado em português sob o título *A Representação do Mundo na Criança*. Rio de Janeiro, Record, 1975. (N. R.)]

observado nos povos primitivos da nossa era e em certos psicóticos também. Às vezes, vestígios desse pensamento animista podem, inclusive, ser encontrados nos processos da criatividade artística. No pensamento estritamente científico, essas características animistas do pensamento aparentemente não desempenham qualquer papel, embora haja alguns indícios, mais que possa ser admitido "oficialmente", de que elas façam parte do processo de chegar a uma nova compreensão do problema. Essa compreensão genuinamente nova refere-se às fases inconscientes do pensamento – compreensão repentina e sem dedução lógica. São momentos nos quais "sentimos" que algo é verdadeiro. Essas sensações "místicas" são tipicamente funções da constelação $k\bigcirc p$- e são provocadas pela projeção inconsciente. As explicações lógicas para essa compreensão intuitiva p- podem ocorrer mais tarde.

Indivíduos com $k\bigcirc p$- – quando não apresentam sintomas de patologia – reagem com extrema sensibilidade, mesmo aos sinais mais sutis do meio ambiente. No entanto, não dispõem de capacidade para verbalizar todo o processo. Trata-se de pessoas que são levadas pelas próprias emoções, emoções que vão sendo convertidas diretamente em ação, sem antes passar pelo sistema do *pré-consciente*, que facilitaria o seu reconhecimento consciente das próprias emoções e a ajudaria a compreender por que age da maneira como faz. Em outras palavras, $k\bigcirc p$- corresponde à forma mais pura de projeção, empregando novamente esse termo no sentido mais amplo, descrito na interpretação do fator p.

Com base na nossa discussão sobre o mecanismo do ego $k\bigcirc p$-, fica claro que esses sujeitos podem ser descritos como autistas, no sentido do "autismo" conforme discutido em conexão com a constelação $k\bigcirc$. Embora reajam com sensibilidade aos sinais exteriores sutis do inconsciente dos outros, devido à ausência de uma compreensão consciente e da relutância em conceitualizar verbalmente, não podem ser influenciados prontamente por meio do discurso. Agem com base em "sensações intuitivas", com pouco interesse pelo raciocínio racional.

Os protocolos de Rorschach de sujeitos com essa configuração *Sch* apresentam um número de respostas FM (movimento animal) extremamente elevado. Fiz um estudo comparativo do ponto de vista dos tipos de movimento observados nas pranchas de Rorschach de sujeitos feito por esta autora.[18] A elevada frequência de respostas FM em sujeitos com kO p- é compreensível com base no que foi dito sobre essa imagem do ego e no que Klopfer diz sobre o significado das respostas FM:

> ... elas [as respostas FM] representam a influência das camadas mais instintivas no interior da personalidade, uma hipótese que explicaria por que as crianças frequentemente veem animais em ação, embora raramente vejam humanos em ação em suas respostas às pranchas... Invariavelmente, onde, a partir de outras fontes, há motivo para supor que um sujeito é emocionalmente infantil e que vive em um nível de incitação instintiva inferior à sua idade cronológica e mental, o protocolo de Rorschach desse sujeito mostra uma predominância de FM sobre M.[19]

A descrição acima do significado de FM serviria, palavra por palavra, para interpretar kO p-. Entretanto, no Teste de Szondi – e também no Teste de Rorschach –, há certas configurações no conjunto total do teste que indicam que a influência da incitação instintiva inconsciente pode resultar em algumas formas de atividade altamente sublimada. Já se mencionou que essa configuração não é rara em artistas criativos e até mesmo em alguns compositores musicais extremamente talentosos. Praticamente nunca é encontrada em escritores, exceto naqueles que se dedicam à filosofia mística e à mitologia. No entanto, em geral, essa imagem do ego não envolve nenhuma forma de sublimação artística ou intelectual, mas cujas ocupações se restringem ao nível de atividade física.

O significado patológico dessa configuração *Sch* é grande, encontrada em casos de esquizofrenia degenerativa, na demência paralítica e na epilepsia degenerativa. A ruptura das funções do ego é característica de todos esses grupos.

---

[18] Trabalho não publicado apresentado no encontro da seção do Instituto Rorschach de Nova York, em abril de 1947.
[19] B. Klopfer e D. Kelley, *The Rorschach Technique*, op. cit., p. 278. (N. R.)

A configuração *k*O *p-* é mais frequente na faixa etária mais idosa, nas pessoas de aproximadamente oitenta anos de idade. Também pode ser encontrada com relativa frequência em crianças pequenas que são emocional e, às vezes, até mentalmente retardadas. Essa imagem primitiva do ego é menos frequente em adolescentes e jovens adultos, que parecem ser representativos das faixas etárias nas quais as pessoas estão mais conscientemente preocupadas com as suas próprias necessidades e com o fortalecimento do seu ego.

Segundo estágio: k+ p- (k *positivo com* p *negativo*)

A configuração *k+ p-* é a imagem *Sch* mais característica do grupo de crianças de aproximadamente três anos de idade, o mais jovem grupo de crianças que pode ser testado. Teoricamente, supomos que essa configuração surge muito mais cedo, nos últimos anos da primeira infância, quando, devido a frustrações inevitáveis, a criança é forçada a entender que ela e o mundo são duas coisas sem ligação contínua. Essa constatação deve ocorrer pela primeira vez quando um desejo do bebê não é atendido imediatamente pelo meio ambiente, fazendo com que a tensão da necessidade aumente e o bebê perceba que sua necessidade e o objeto que satisfaz a necessidade não são uma coisa só. Portanto, em consequência da frustração, a criança aprende a diferenciar entre si própria, donde se originam as necessidades, e o meio ambiente, que provê suas necessidades. O surgimento da personalidade da criança como unidade diferenciada é indicado pelo componente *k+* desta configuração, coincidindo com o emprego da palavra *eu* ao referir-se a si mesma. O *k+* simboliza o limite ao redor do *self*, porém, mais que isso, também mostra que a criança está usando o mecanismo de introjeção. (Ver a seção anterior, na interpretação de *k+*, p. 200). O significado principal dessa introjeção pode estar relacionado com a hipotética capacidade do bebê para a satisfação alucinatória, como descrita por Freud.[20] Segundo Freud, depois que o bebê percebe que o seio que alimenta não pertence a ele, ele é capaz – pelo menos

---

[20] Sigmund Freud, *Interpretation of Dreams*. London, Allen and Unwin, 1915. [Publicado em português com o título *A Interpretação de Sonhos*. (N. T.)]

por pouco tempo – de obter satisfação alucinatória caso esteja com fome, imaginando que o seio que o nutre está lá. Se for realmente assim – e duvido que possamos ter certeza disso –, então essa satisfação alucinatória pode ser considerada o primeiro caso de introjeção. Imaginar a existência do seio, então, seria uma forma de defesa do ego por meio da qual o ego tenta lidar com uma frustração do meio ambiente, primeiro projetando o objeto necessário para obter a gratificação (*p*-), depois introjetando a imagem projetada (*k*+) no ego, buscando, dessa forma, conservar a ilusão da autossuficiência perdida (a ilusão de que o sujeito e o objeto da libido são uma unidade). Para nossa discussão, não é de primordial importância saber se esse complicado processo de "dupla" defesa existe ou não realmente no bebê, depois de perceber que o seio pertence à mãe. O ponto importante é que esse exemplo hipotético nos ajuda a esclarecer o mecanismo do ego de *k*+ *p*-.

O objetivo desse mecanismo é tentar manter a onipotência do ego sobre o meio ambiente depois que a criança é forçada a aceitar o fato de que ela é uma entidade separada no mundo. Esse estágio é denominado estágio "dualístico" de desenvolvimento do ego, sendo o termo "dualístico" empregado para destacar a diferença entre este estágio e o estágio "adualista". Neste estágio "dualístico" a criança tem consciência de si como uma entidade separada, embora tente evitar as limitações que a aceitação de uma realidade externa naturalmente tende a lhe impor. Ela pode evitar submeter-se às limitações da realidade usando, simultaneamente, os mecanismos de projeção inconsciente (*p*-) e o de introjeção (*k*+). Em termos de nossa interpretação, isso significa que o ego se identifica com as necessidades inconscientemente projetadas expressas por *p*-. A criança estrutura o mundo segundo suas necessidades inconscientes e depois introjeta o resultado e realmente sente que ela é o mundo da maneira como o estruturou. Isso corresponde ao estágio em que as crianças sentem que podem fazer e ser qualquer coisa. Trata-se do mecanismo de fantasias lúdicas que continuam sendo plenamente gratificantes para a criança. A criança nesse estágio realmente sente que é o rei, a rainha, o elefante, o leão, ou qualquer outra coisa que queira imaginar. Essa satisfação fantástica pressupõe o conhecimento e a aceitação do fato de que existem elefantes, leões, etc. no mundo exterior. No entanto, a satisfação da criança não depende da presença concreta desses objetos externos: se ela deseja alguma coisa, simplesmente projeta seu desejo na forma de uma imagem (p-) para depois incorporar essa imagem (k+) e, assim, tornar-se o objeto externo. A diferença entre este mecanismo e o adualístico, em termos da relação da criança com o mundo, é a seguinte: no estágio "adualístico", a criança sente que "o mundo sou eu, todos os objetos estão de alguma maneira conectados comigo, eu estou *em* todos os objetos". A maneira de pensar animista implica que a criança, ou a pessoa primitiva, atribui suas próprias características aos objetos inanimados do meio ambiente, fazendo com que, consequentemente, o mundo inteiro viva e sinta da maneira que ela faz. (Evidentemente que neste exemplo estilizado o termo *eu* é estranho à pessoa.)

O lema da criança no estágio dualístico poderia ser parafraseado como: "*Eu sou* o mundo. *Eu* posso ter as características de qualquer pessoa ou animal ou objeto do mundo. Eu não preciso de tudo isso, pois eu posso ser tudo que eu quiser".

Os poemas infantis de A. A. Milne expressam com perfeição o estado psicológico do período k+ p- da infância, e certamente não é por acaso que as crianças nesse estágio adoram esses versos, pois os poemas são na realidade a aceitação "oficial" do autismo. Os seguintes versos do poema "Busy"[21] são provavelmente a melhor expressão:

> Perhaps I am a Postman. No, I think I am a Tram.
> I'm feeling rather funny and I don't know what I am...
>
> [Talvez eu seja um Carteiro. Não, acho que sou um vagão.
> Estou me sentindo engraçado e não sei quem sou não...]

Esse sentimento de onipotência se deve à disposição e à capacidade do ego de incorporar qualquer coisa que o id da criança diga para projetar.

---

[21] A. A. Milne, *Now We Are Six*. Nova York, E. P. Dutton & Co., Inc.; London, Methuen and Co., 1927.

Além desse autismo, há outras características de personalidade das crianças por volta dos três anos que podem ser explicadas na base do mecanismo $k+ p-$: é o bem conhecido negativismo e a teimosia de crianças entre três e cinco anos de idade. Essas características, que se manifestam em intermináveis "nãos", podem ser compreendidas como a reação da criança contra a aceitação dos limites da realidade e sua luta para manter o estado feliz do autismo infantil. É a reação de $k+$ contra a força parental ou qualquer força externa que vise a transformar $k+$ em $k-$. Do ponto de vista psicanalítico, também é interessante notar que a preponderância dessa configuração *Sch* coincide com o auge do período edipiano, que tem relação com a capacidade de identificação da criança com a figura parental do mesmo sexo. Esse é o período no qual meninos pequenos se identificam conscientemente com seus pais, desejando ser grandes e fortes como o "papai" e vestir roupas "masculinas", ao passo que as meninas pequenas adoram brincar de mamãe-filhinho e vestir as roupas da mãe. Essas brincadeiras também são o produto da capacidade das crianças de projetar seus desejos em si mesmas, cujo mecanismo corresponde à constelação $k+ p-$.

Caso esta imagem *Sch* ocorra em adultos, a interpretação detalhada descrita continua válida, embora, obviamente, com modificações pertinentes. Os adultos que apresentam essa configuração no vetor *Sch* são inconformistas, com tendência a estabelecer relações autistas e irrealistas com o mundo. São capazes de construir e seguir suas próprias normas de comportamento, o que pode resultar em comportamento antissocial, bem como comportamento de alto valor social – dependendo da estrutura da parte restante da sua personalidade. No entanto, mesmo no segundo caso, sujeitos com $k+ p-$ podem ser indivíduos atípicos, que se recusam a seguir a multidão. Podem, por exemplo, insistir rigidamente em agir de acordo com suas convicções e sua consciência, e não podem ser dissuadidos de seguir o curso da ação original, mesmo quando ele parece impraticável e talvez até mesmo indesejável. Essas são as pessoas que podem ser fanáticas, no bom ou no mau sentido da palavra, dependendo do restante do perfil do teste. O fanatismo desses sujeitos, contudo, é o fanatismo do introvertido silencioso, que se agarra rigidamente a suas convicções sem tentar convencer os outros a pensar e agir como eles. (Esse segundo tipo é associado à reação *p*+.)

Os indivíduos *k*+ *p*-s são autossuficientes, sendo encontrados com frequência nos chamados grupos "profissionais", cuja atividade intelectual constitui uma boa solução para as pessoas com essa estrutura do ego. Isso também é bastante compreensível, pois uma forma de dar continuidade ao sentimento de onipotência infantil está na manutenção da projeção da necessidade seguida da sua introjeção no plano intelectual. Essa continuidade de onipotência infantil pode resultar em trabalho produtivo, embora o indivíduo possa não ter consciência da fonte real das suas forças pulsionais emocionais. (Isso é indicado pela simples presença do fator *p*-.) Contudo, a autossuficiência almejada pode muito bem ser alcançada por meio da sublimação intelectual e da satisfação com o próprio trabalho.

Por outro lado, indivíduos gravemente antissociais, que são criminosos "profissionais", apresentam essa configuração *Sch* com aproximadamente o dobro da frequência da população não selecionada. O mecanismo subjacente é o mesmo: a pessoa se identifica com suas projeções inconscientes; exceto que nesse grupo o conteúdo de *p*-, isto é, o conteúdo da necessidade inconsciente que é liberado é bem diferente do conteúdo da necessidade latente do grupo anterior. A configuração *k*+ *p*- neste último grupo está associado a *s*+ e *m*-, ao passo que nos indivíduos que usam este mecanismo autista do ego para o trabalho intelectual os fatores *s* e *h* costumam ser negativos, e *m* é positivo.

Essa configuração *Sch* aparece com muito mais frequência nas psicoses do que nas neuroses. Isso se deve ao autismo irrealista e à ausência de disposição para se conformar, implícita nessa imagem do ego. Como as forças do exterior não são aceitas, mas apenas as necessidades inconscientes, a predisposição necessária para o recalque, que constitui a defesa usada com mais frequência nas neuroses, está ausente. k+ *p*- pode ser encontrada, todavia, nos psicopatas esquizoides não conformistas.

A configuração *k*+ *p*- também é encontrada frequentemente em esquizofrênicos e na depressão psicótica. Esta última confirma a teoria de Freud sobre a psicodinâmica da melancolia, no sentido de que essa imagem do ego corresponde ao trauma da perda da conexão com o objeto primário da libido (perda da unidade imperturbável como a mãe) e à tentativa de compensar essa perda introjetando a imagem do objeto perdido. O processo de luto, que segundo Freud é o protótipo daquilo que acontece na depressão em geral, consiste exatamente na mesma tentativa de introduzir o objeto perdido.[22]

A faixa etária na qual esta é a configuração *Sch* mais frequente, entre todas as dezesseis variações possíveis de combinações *k* e *p*, corresponde a crianças entre três e cinco anos de idade. As razões para isso já foram elaboradas anteriormente. Essa configuração é relativamente rara na puberdade, na adolescência e no início da idade adulta, tornando-se um pouco mais frequente na meia-idade.

Terceiro estágio: k± p- (*k ambivalente com p negativo*)

Contrastando com o ego *k+ p-*, no qual a criança, ou o adulto, se sente onipotente e indiferente às limitações da realidade externa, a presença da componente *k-* na imagem do ego *k± p-* indica que a felicidade imperturbável do período do autismo independente terminou. A parte negativa do fator *k* simbolizava a influência das forças do meio ambiente sobre a pessoa, ao passo que a presença da constelação *k+ p-*, que também faz parte desta configuração *Sch*, indica que a projeção autista da pessoa ainda está operando. Em termos de desenvolvimento, esta é a terceira imagem do ego, obtida em grande número em crianças entre quatro e sete anos de idade, mais centrada nos cinco anos de idade. Evidentemente, afirmar que essas configurações *Sch* correspondem às etapas de desenvolvimento é tão arbitrário quanto caracterizar as etapas de desenvolvimento de modo geral. A sobreposição, em termos teóricos, entre as características pertencentes a certa idade é tão grande quanto a sobreposição entre a ocorrência das imagens de *Sch* denominadas pelos números de ordem para indicar a sucessão aproximada do seu surgimento ao longo do desenvolvimento do ego.

---

[22] Sigmund Freud, *Mourning and Melancholia*, op. cit.

No entanto, com base em nossas constatações, podemos dizer que $k\pm p\text{-}$ vem depois do estágio autista de $k+ p\text{-}$, pois ela aparece pela primeira vez aos quatro anos de idade, como uma das quatro configurações *Sch* mais frequentes; e na faixa dos cinco anos de idade já verificamos que sua frequência é o dobro. O súbito aumento dessa imagem do ego nessa faixa etária corresponde ao aumento do teste de realidade da criança, ou na terminologia psicanalítica, indica a força crescente do princípio da realidade sobre o princípio do prazer. Isso significa que a criança já descobriu não apenas que ela e o meio ambiente são duas coisas diferentes (transição do estágio adualístico para o dualístico), mas também que o meio ambiente é algo ao qual ela deve se ajustar, pelo menos, até certo ponto, e em alguns momentos (transição do segundo para o terceiro estágio). No terceiro estágio, a criança ainda consegue se permitir os jogos imaginários; mas esses já não têm o mesmo valor como substituto da realidade, como era o caso do estágio anterior. O mecanismo de projetar de qualquer desejo fantástico em si mesmo ($k+ p\text{-}$) já não funciona mais, ou, caso aconteça, a criança está muito mais consciente do que antes de "é só faz de conta, que não é mesmo de verdade". Quem quer que tenha experiência em brincar com crianças por volta dos cinco anos, ou mesmo um pouco mais novas, sabe com que clareza elas conseguem verbalizar a diferença entre o que é fazer de conta e o que é realidade. É quase como se estivesse se autoeducando no teste da realidade. Não é possível determinar se essa transformação em relação a si mesmas e ao mundo aconteceu por terem sido submetidas ao "poder" dos pais ou de outros elementos do meio ambiente, ou se a transformação se deu em razão de algum tipo de "lei" natural do desenvolvimento; ao menos com base nos nossos dados com o teste. O fato é que o comportamento delas, bem como seus perfis do teste, mostra que nessa idade algo drástico está acontecendo na sua relação com a realidade. A ambivalência em relação a continuar tentando se libertar dos limites do mundo real, ou ceder e se adaptar aos inevitáveis limites, está refletida na posição ambivalente do fator *k*. Por outro lado, o fato de ainda estarem dando vazão às suas necessidades por meio de ações sem terem a consciência de quais seriam realmente essas necessidades aparece na posição negativa do fator *p*. O resultado dessa ambivalência entre projeção autista e adaptação realista se manifesta no comportamento como inquietude. As crianças nesse estágio "intermediário" do desenvolvimento do ego são extremamente ativas e agitadas fisicamente; estão constantemente "em movimento," subindo nas coisas, correndo, andando de bicicleta, etc. Supomos que a intensidade da força pulsional dessa agitação provém do desejo inconsciente da criança de se libertar das restrições da realidade mediante atividade, ao contrário da fantasia da criança mais nova. Seja qual for a faixa etária, $k\pm$ $p-$ é sempre a reação *Sch* mais característica de sujeitos que lutam conscientemente pela liberdade do seu ego, que, por um lado, se rebelam contra as leis do mundo exterior, mas, por outro, não ousam ignorar essas leis. Mesmo os adultos que estão fixados neste nível do desenvolvimento do ego apresentam sintomas de agitação, tanto no nível físico como no psicológico. Eles gostam de transformar seu meio ambiente, apreciam ocupações que envolvem viajar, variam os grupos de amigos e, às vezes, até o tipo de trabalho ou profissão. Pessoas com essa imagem do ego sentem que são movidas por forças indefiníveis e anseiam por mudanças em geral. Seu comportamento com frequência parece inconsistente não apenas para o observador, mas também para si próprios. Sentem-se insatisfeitos em qualquer situação que possa implicar estabilidade, mas são incapazes de justificar racionalmente sua insatisfação. Por outro lado, devido a seu desejo de adaptação, constantemente se colocam exatamente nesse tipo de situação, o que implica submissão a algum tipo de regra ou limitação, fugindo delas em seguida, apenas para recomeçar o mesmo círculo vicioso novamente.

As implicações patológicas dessa configuração *Sch* dizem respeito, primeiro, a diferentes formas de sintomas paroxísticos. Mesmo os sujeitos relativamente bem ajustados nessa categoria *Sch* podem ser mais bem descritos como indivíduos paroxísticos, em razão da sua agitação psicomotora, assim como física. As manifestações patológicas da paroxismalidade incluem grande variedade de possíveis sintomas, desde as verdadeiras crises epilépticas típicas do grande mal à gagueira paroxística.

Nas crianças, essa necessidade interna de agitação paroxística pode se manifestar em cabular aulas periodicamente, ou fugir de casa. Esses são os motivos habituais para esse tipo de reação *Sch* específica encontrada em tantas crianças encaminhadas para o Juizado de Menores. O *k*± *p*- é também frequente em determinados tipos de adultos antissociais, como no vagabundo instável, que também poderia se encaixar na classificação psiquiátrica de psicopatia epileptoide (epilepsia psicomotora).

Como dissemos anteriormente, essa imagem *Sch* é encontrada com mais frequência em crianças entre quatro e sete anos de idade. A frequência dessa imagem do ego em adultos é em torno de um terço da frequência em crianças (cerca de 4% *versus* 12%). Em sujeitos com mais de sessenta anos, ela aparece novamente com uma frequência cada vez maior, que Szondi acredita ser devido à frequente perturbação do sistema vasomotor nessa idade, causando espasmos paroxísticos nos vasos sanguíneos.

Quarto estágio: **k- p-** (**k** *negativo com* **p** *negativo*)

A configuração *k- p-* corresponde à imagem do ego da criança, cujo ego foi domado "com sucesso" pela força avassaladora do meio ambiente. O aparecimento dessa imagem como configuração *Sch* mais frequente ocorre perto da idade escolar e permanece como principal configuração entre as dezesseis variações possíveis do vetor *Sch* em todas as faixas etárias. Isso significa que o dinamismo do ego mais frequente durante todas as fases da vida, numa população não selecionada, corresponde à criança "domada" de seis anos de idade, que, pela experiência, descobriu que o meio ambiente é mais forte que ela, e que o caminho de menor resistência é conformar-se ao que o meio ambiente espera dela.

Vale a pena recapitular o modo pelo qual as mudanças no vetor *Sch* refletem esse processo gradual por meio do qual a criança aprende a aceitar a realidade como tal:

I. Primeiro havia a fase *adualista* (*k*O *p*-), que correspondia à completa indiferenciação entre pessoa e meio ambiente; isto é, ambos eram experienciados como uma unidade contínua.

II. Depois veio o estágio *dualístico* (*k*+ *p*-), no qual a componente *k*+ indicava o surgimento do ego, o sentimento de *eu* como uma entidade separada do meio ambiente. Nesse estágio, porém, o bebê ainda se sentia autossuficiente e onipotente porque, em vez de reconhecer a dependência dos objetos do meio ambiente como tais, ele sentia o próprio poder de ser capaz de reproduzir ele mesmo as características de qualquer um desses objetos.

III. Em seguida veio a fase da ruptura do autismo onipotente ($k\pm p$-), sendo a componente k- a primeira indicação de reconhecimento das limitações do próprio ego diante das forças realistas implícitas nos objetos e nas pessoas do meio ambiente. O resultado foi um comportamento de *agitação paroxística*, que se supõe corresponder ao desejo inconsciente da criança de escapar da limitação (agora reconhecidas) do seu próprio poder. Essa é a fase intermediária do semiautismo e da aceitação parcial da realidade.

IV. Aparece, então, a configuração k- p-, na qual a ausência de qualquer tendência k+ mostra que os mecanismos de defesa autísticos (introjetivos) de defesa foram completamente abandonados. Esse estágio poderia ser chamado de estágio do *ego disciplinado*. Resta saber se a disposição de se submeter à disciplina é fruto da educação (isto é, forças do meio ambiente) ou do processo mais "natural" de maturação, ou se é o resultado de ambos os fatores. Há, ainda, outra questão: qual é a proporção e qual o papel relativo desses dois conjuntos de fatores? Mais provavelmente ela varia muito de indivíduo para indivíduo, mas, certamente, este parece ser um campo valioso e promissor para novas pesquisas e parece estar dentro do campo de possibilidades para investigações experimentais por meio de estudos longitudinais com crianças provenientes de diferentes tipos de ambiente quanto ao tipo e à intensidade da disciplina imposta. Com a ajuda do teste de Szondi, seria possível acompanhar as mudanças nas imagens de ego nos respectivos grupos.

A idade na qual k- p- aparece primeiro como a constelação *Sch* mais frequente coincide com a idade na qual o comportamento das crianças se torna bem realista. Os jogos imaginários e o "faz de conta" são quase completamente abandonados, e há, também, uma perceptível redução da atividade física pelo puro prazer no movimento físico. Os jogos infantis nesse estágio se tornam mais organizados e dirigidos a objetivos e as conquistas mensuráveis objetivamente se tornam mais pronunciadas. Creio que essa característica dos jogos nessa idade também aponta para o fato de que os padrões de comportamento e de sucesso do meio ambiente assumem maior importância. Esse é o período em que as crianças participam de jogos com regras estabelecidas, quando muitas vezes parece que a coisa mais importante do jogo é obedecer às regras. É quase como se quisessem praticar e desfrutar sua habilidade recém-adquirida de se submeter à disciplina. Crianças entre seis e nove anos também se encontram numa idade na qual se tornam cada vez mais interessadas no conhecimento factual e em aprender a manipular os objetos reais. Pode-se dizer que essa faixa etária é positivamente orientada para o objeto e não para o ego. A presença de *p-* mostra que há uma contínua projeção inconsciente das necessidades por meio das ações sem, contudo, se dar conta desse processo; isto é, essas crianças (e os adultos que apresentam a mesma imagem *Sch*), ao agir de acordo com suas necessidades latentes, desconhecem as fontes subjacentes da motivação e estão convencidas de que suas ações são determinadas apenas pela característica objetiva do seu meio ambiente. Essa falta de compreensão da fonte motivacional subjacente à ação é, na verdade, característica da assim chamada pessoa comum, que corresponde muito bem às nossas constatações de que *p- k-* é a constelação vetorial *Sch* mais frequente em todas as faixas etárias, a partir dos seis anos de idade.

Deve-se notar aqui que o surgimento da elevada frequência dessa imagem do ego coincide com a fase do desenvolvimento na qual supomos que a criança tenha ultrapassado o período edipiano, entrando na latência. Isso nos daria uma explicação psicanalítica do motivo de crianças dessa idade dirigirem seu interesse principalmente para a manipulação de objetos concretos, em vez de enredarem-se em relacionamentos afetivos pessoais. Além disso, a conformidade à realidade e a aceitação da autoridade são características bem conhecidas do período de latência e estão implícitas na interpretação da constelação *k- p-*. Essa coincidência de nossos achados experimentais com os obtidos por meio de métodos completamente distintos justifica em grande medida os dois conjuntos de teoria. A coincidência dos achados experimentais em relação aos estágios do desenvolvimento do ego com base no Teste de Szondi, nas investigações psicanalíticas e nas pesquisas experimentais de Piaget e Charlotte Bühler fornece uma consistência intrínseca que, ainda que não valide cada teoria no sentido mais estrito da palavra, faz com que a validação seja muito provável.

Voltando à nossa caracterização da configuração *k- p-*: como foi demonstrado que essa é a reação *Sch* mais comum na população adulta não selecionada, devemos supor que o período de latência é um ponto de fixação amplamente compartilhado por um grande número de adultos. De acordo com isso, um grande número de adultos deve ter características semelhantes às de crianças de seis a nove anos de idade. Penso que o estereótipo geralmente aceito do "homem comum" apoia essa conclusão. A configuração *k- p-* é encontrada sobretudo em sujeitos extremamente realistas, "com os pés no chão". Essas são as pessoas que "dão nome aos bois";[23] isto é, pessoas para quem o mundo é percebido e aceito por seu valor nominal. Elas ficam de tal maneira sobrecarregadas com os objetos concretos e com a realidade que não sobra energia para a introspecção. Os processos do ego enquanto tais não são catexizados; a pessoa fica ocupada com a solução do que para ela parecem ser problemas "reais" e muitas vezes acha que se preocupar com as próprias necessidades e o próprio bem-estar psicológico é uma ridícula perda de tempo.

Embora não estejamos discutindo sistematicamente as correlações intervetoriais mais frequentes, temos de mencionar aqui que *k- p-* do vetor *Sch* aparece correlacionado mais frequentemente com *h+* e *s+* do vetor *S*, o que corrobora adicionalmente a atitude realista desses sujeitos diante do mundo. A interpretação dessa correlação entre o vetor *S* e o vetor *Sch* sugere, também, que a atitude sexual desses sujeitos é realisticamente dirigida a um objetivo, no sentido de que seu primeiro desejo é o de dar vazão às suas tensões de necessidade da maneira menos complicada possível. Para esses indivíduos, o ato sexual é mais importante do que a especificidade do objeto de amor. Em outras palavras, não estão dispostos a adiar a satisfação sexual esperando por um objeto de amor específico, mas podem ligar seu "amor" com relativa facilidade às pessoas que estiverem mais acessíveis no seu meio ambiente.

---

[23] Correspondente à expressão idiomática do original em inglês "to call a spade a spade", que significa dizer como as coisas realmente são. (N. T.)

Entre os diferentes grupos ocupacionais, essa configuração *Sch* é encontrada mais frequentemente entre as ocupações não intelectuais. Ela é mais frequente (cerca de 50%) no grupo dos trabalhadores braçais, menos frequente na área de negócios e bastante rara nas profissões que envolvem sublimação intelectual. De todos os grupos profissionais, aparece com uma frequência relativamente menor em psicólogos e psiquiatras. A baixa frequência dessa configuração neste grupo não surpreende, pois este envolve profissões especializadas exatamente nos tipos de problema que a maioria dos sujeitos com *k- p-* considera que não constituem problema algum.

Curiosamente, constatou-se que pintores e escultores apresentam essa reação no vetor *Sch* com certa frequência, mas os músicos praticamente nunca. Fiquei surpresa quando obtive esses resultados no meu estudo com vários grupos de artistas e músicos, que já mencionei anteriormente, embora esses resultados possam ser compreendidos quando consideramos que pintores e escultores estão interessados na representação da realidade por meio de material concreto e tangível, e que a projeção de sua própria personalidade no produto de seu trabalho ocorre, na maior parte, no nível inconsciente. As conversas com esses sujeitos me ajudaram a entender esse processo. O artista (com exceção dos representantes da arte abstrata, que não estavam incluídos na minha amostra), quando está trabalhando, foca conscientemente sua atenção no meio ambiente e não está de fato fazendo introspecção ou analisando as próprias motivações para pintar ou representar um objeto de uma determinada maneira. O compositor musical, por outro lado, foca sua atenção na percepção interna e procura, inclusive conscientemente, excluir a percepção do estímulo do meio ambiente. Nos poucos casos nos quais *k- p-* apareceu no perfil de cientistas, o interesse do sujeito foi também com certeza focalizado no meio ambiente objetivo, e o tipo de trabalho consistiu principalmente na observação detalhada de objetos concretos (interesse em morfologia), com um mínimo de teorização.

O significado patológico dessa configuração é grande caso tanto *k-* quanto *p-* estejam carregados e não tenham aqueles quadrículos "equilibradores" na direção positiva. Mais do que em qualquer outro grupo patológico, é encontrada nas psicoses maníacas, na fase da raiva maníaca. Com segunda maior frequência é encontrada nas psicoses orgânicas (paralisia generalizada). A configuração k- p- também é frequente em criminosos, particularmente nas formas mais violentas; em primeiro lugar, nos assassinos. Nesse grupo, p- costuma estar mais carregado do que o fator k-.

Vale a pena mencionar uma aparente contradição nas constatações de que, por um lado, k- p- é o protótipo do ego disciplinado e em conformidade, enquanto seu significado patológico está relacionado às formas mais antissociais de patologia, nas psicoses bem como nas diferentes formas de criminalidade. A interpretação desse dado implicaria que o ego conformista se tornou disciplinado por meio do recalque (k-) das pulsões agressivas, sem se dar conta do impulso e da repressão. Sendo assim, a força dinâmica dessas pulsões está originalmente impedida de qualquer forma de descarga manifesta ou sublimada (elevada correlação com h+ e s+), permanecendo dessa maneira latente o que – como sabemos – tende a aumentar e não diminuir a urgência dinâmica da necessidade específica, que fica presa na posição latente. No momento em que a urgência dinâmica da necessidade recalcada atinge uma determinada intensidade, ocorre um rompante súbito e descontrolado das pulsões que estavam reprimidas até aquele momento. Por essa razão, quanto mais claramente negativos forem os fatores k- e p-, maior será a probabilidade de um rompante antissocial descontrolado em um futuro próximo. A razão de os rompantes antissociais – nos psicóticos e nos demais – nos sujeitos com k- e p- aparecerem de forma abrupta e serem gravemente violentos reside na completa falta de compreensão das camadas mais profundas do *self* desses sujeitos (ausência de k+ e de p+). Não há, portanto, como mitigar as necessidades não aceitas por meio de um processo prévio de intelectualização e transformação (ausência da função k+). Essa constelação revela que o sujeito não atingiu um nível de consciência das suas necessidades socialmente perigosas, que seria necessário para mobilizar formas mais eficientes de recalque. O teste poderia indicar a presença de uma percepção maior na configuração k- pO, que corresponde à imagem do ego tipicamente compulsivo (o próximo estágio de desenvolvimento), indicando que a pessoa procura ativamente reprimir certas necessidades com a ajuda de uma atividade compulsiva "substituta" que, embora de maneira distorcida, consegue satisfazer, até certo ponto, as pulsões originalmente reprimidas, atendendo, simultaneamente, as instâncias críticas do ego e do superego. Existem, naturalmente, muitos casos que mostram que, em certas circunstâncias, tais defesas estritamente compulsivas também podem se romper, e na sequência pode haver a irrupção de comportamento psicótico antissocial ou criminoso; entretanto, devido à leve descarga contínua das necessidades recalcadas por meio do próprio sintoma neurótico, o súbito aparecimento do comportamento antissocial é menos frequente no caso de *k- p*O do que acontece em *k- p-*, que é a imagem do ego que discutimos aqui. A presença do *p-* nessa configuração lembra que a intensidade das necessidades não foi de fato reduzida; ela só não foi reconhecida conscientemente. Esse é o motivo de a carga de *p-*, em especial, determinar a gravidade do possível rompante antissocial. Os criminosos que apresentam essa configuração *Sch* são indivíduos que durante muitos anos viveram uma vida de cidadão comum e aparentemente normal, e que num certo dia – para grande surpresa da sua comunidade – cometeram um crime grave. Para obter exemplos desse tipo basta ler as manchetes dos tabloides diários, sem a necessidade de consultar os manuais de psiquiatria.

De modo semelhante, a explosão de raiva maníaca ocorre geralmente sem aviso prévio e visa à destruição de objetos do meio ambiente. Antes dessa fase, o próprio paciente maníaco não tem, como lhe é característico, consciência da sua agressividade latente. É mais provável que tenha impressionado as pessoas do seu convívio como alguém hiperativo, porém amigável. Em outras palavras, o processo maníaco enquanto tal se dá entre a pessoa e o seu meio ambiente, deixando o ego do paciente relativamente intacto, ao passo que nos esquizofrênicos (sobretudo nos catatônicos e nos simples) o processo psicótico se dá principalmente no interior do ego do paciente, destruindo a estrutura do ego, ao invés de dirigir-se contra o meio ambiente. De acordo com isso, *k- p-* é encontrado muito raramente em esquizofrênicos, ao passo que é a constelação do ego mais característica dos maníacos.

Em casos de psicoses orgânicas, refere-se, muito provavelmente, ao funcionamento no nível concreto (Goldstein) desses pacientes e de sua aparente incapacidade para o comportamento abstrato, fato bastante conhecido de qualquer psicólogo clínico que tenha testado pacientes orgânicos.

A distribuição etária dessa imagem do ego já foi discutida em detalhe nesta seção. Recapitulando: de modo geral, ela é a configuração *Sch* mais frequente em todas as faixas etárias a partir dos seis anos. Sua frequência é relativamente menor na pré-puberdade, na puberdade, na adolescência e no início da idade adulta. A partir dessa idade há um aumento constante da frequência, que atinge o auge na faixa etária mais avançada, representada pelos octogenários. O fato de esse dinamismo do ego ser mais frequente na população comum, bem como a constatação aparentemente paradoxal de que essa mesma imagem também é a mais característica do comportamento antissocial violento, exigiu uma discussão mais extensa sobre essa fase do desenvolvimento do ego do que as seções anteriores e seguintes.

Quinto estágio: k- pO (k *negativo com* p *nulo*)

A constelação *k- p*O no vetor *Sch* é, com *k- p-*, a constelação mais frequente em crianças entre nove e doze anos de idade, continuando com bastante frequência durante a puberdade. A diferença mais visível desta configuração com a *k- p-* é a ausência de *p-*. Essa ausência indica que as forças repressivas correspondentes a *k-* são mais efetivas na presente imagem *Sch*, como revelado pela descarga de tensão no fator *p*. A configuração *p*O aberto mostra que essa é uma das constelações do ego nas quais o fator *k* "cumpriu" sua função ao eliminar a sensação subjetiva de tensão no interior do ego. A projeção inconsciente das pulsões não aceitas foi abandonada pelos sujeitos com essa reação específica no vetor *Sch*. Em vez disso, a posição nula no *p* indica que algum tipo de descarga em conexão com os objetos do meio ambiente está ocorrendo continuamente, embora a posição negativa do fator *k* indique, ao mesmo tempo, que essa descarga deve ocorrer necessariamente por meio de alguns canais "substitutos", pois a aceitação da necessidade é definitivamente rejeitada pelo ego e pelo superego (ausência de reação $k\bigcirc$ ou +). Essa imagem *Sch* indica que o processo de contrainvestimento foi bem-sucedido, e, portanto, o curso original das pulsões do id poderia ser desviado e redirecionado com sucesso para objetos mais "aceitáveis" pelo meio ambiente, com a ocorrência de mudanças concomitantes e apropriadas em relação à maneira como a necessidade é descarregada.

Ao iniciar a discussão desta configuração, seria correto empregar a breve expressão *mecanismo compulsivo*. Contudo, o emprego imediato de rótulos conotativos muitas vezes impede a compreensão plena ou "repensar" o processo dinâmico subjacente a um mecanismo. Além disso, o rótulo com frequência restringe o significado a processos estritamente patológicos, ignorando o fato de que mecanismos semelhantes podem ser observados com frequência em indivíduos que, clinicamente, não são neuróticos compulsivos. Isso fica mais evidente quando consideramos o significado da constelação $k\text{-}p\text{-}$ que, embora seja uma imagem do ego tipicamente "compulsivo", costuma ser a reação característica de crianças entre nove e doze anos de idade, e não, particularmente, de crianças neuróticas. Naturalmente, dependendo da definição, provavelmente poderíamos justificar a denominação de era da compulsão "fisiológica" apenas porque o mecanismo descrito acima é tão característico dessa faixa etária. O comportamento das crianças na pré-puberdade apresenta muitos traços compulsivos. As crianças dessa idade podem ser precisas e pedantes em relação a detalhes; frequentemente existe uma preocupação com problemas morais e religiosos que indica o funcionamento excessivo do superego e mostra que a criança está combatendo inconscientemente algumas forças "malignas" dentro dela. Muitas crianças nessa idade estão ávidas por conhecimento factual e querem aprender sobre o mundo em geral, que, por sua persistência, traz as características de compulsão. Uma manifestação bem conhecida dessa "compulsão do conhecimento" é a quantidade excessiva de leitura durante a pré-puberdade; leitura sobre praticamente tudo: histórias de amor bem como livros sobre ciência, ou descrições de países distantes e sobre viagens. Acreditamos qua a força pulsional primária seja o desejo da criança de "saber" e de manter sua mente ocupada, de modo que nenhum pensamento e desejo perturbador possa penetrar na sua consciência. O conteúdo emocional que, nessa idade, está praticamente pronto para dominar a consciência, a menos que a criança recorra a um contrainvestimento da libido particularmente forte, está muito provavelmente associado ao súbito fortalecimento das pulsões sexuais nessa idade. O conflito se deve à discrepância existente entre a recém-adquirida força das pulsões sexuais e o fato de o ego ainda estar fraco demais para assimilar essas necessidades em um nível mais realista. Essa discrepância resulta em um mecanismo de defesa do tipo compulsivo, por meio do qual a criança tenta desviar sua curiosidade sexual para uma curiosidade generalizada sobre o mundo. (Esse mecanismo pode conduzir a passatempos como colecionar selos ou moedas.) No entanto, ainda que esse mecanismo de defesa compulsivo possa estar baseado nos mesmos processos dinâmicos dos sintomas dos neuróticos obsessivo-compulsivos, ele não pode ser considerado neurótico no sentido clínico do termo, pois há boas razões realistas pelas quais uma criança dessa idade não pode realmente ceder às suas aspirações sexuais emergentes. Portanto, recorrer ao mecanismo de defesa compulsivo, nessas circunstâncias, pode ser considerado uma *autodefesa* aceitável e realista que não indica qualquer tendência específica para a neurose nas idades seguintes.

Comparamos brevemente a dinâmica envolvida nesse estágio de desenvolvimento do ego com o estágio anterior (*k- p-*), quando o discutimos. Destacamos que *k- p-* implica muito menos a consciência que o indivíduo tem das próprias necessidades que, de outra maneira, podem ser socialmente perigosas. Seu menor nível de consciência é indicado por um recalcamento menos vigoroso, ou pelo fato de as pulsões do *id* não terem sido realmente eliminadas *do* ego (pois *p-* está presente); elas simplesmente não foram incorporadas *no* ego. No estágio de desenvolvimento do ego que estamos discutindo, porém, é precisamente o surgimento de *p*O, ou seja, a eliminação forçada da necessidade perturbadora do ego, que demonstra o cuidado específico com que partes críticas do ego tentam bloquear o acesso de necessidades ameaçadoras ao sistema motor. Isso indica que nos indivíduos com *k- p*O o superego, e o que quer que corresponda a esse aspecto crítico do ego, se torna mais consciente dos perigos implícitos nas pulsões do id. Se essa percepção é imposta ao ego ou ao superego pela crescente força das próprias pulsões do id, ou se ela surge com uma sensibilidade crescente a essas necessidades, não dá para saber com certeza com base no nosso teste, embora existam indícios nos outros fatores apontando para a probabilidade de que um ou outro dinamismo esteja subjacente em diferentes casos. A acentuação do fator *s+*, por exemplo, indicaria que a defesa compulsiva se deve à força das pulsões sádicas, enquanto a constelação do ego *s±* ou *s-*, *hy-* com *k- p*O aponta mais fortemente para a rigidez inerente ao superego, evitando a ameaça iminente de uma crise antissocial, embora o mecanismo compulsivo de defesa tenha sido suprimido. No segundo exemplo, além da defesa obsessiva-compulsiva, as experiências individuais agudizam os sentimentos de culpa (*hy- h-*). Essa constelação não aparece no conjunto total do teste do grupo de crianças para o qual essa mesma constelação *Sch* é muito característica. Essas crianças afastam ameaças mais realistas, ao passo que nos adultos compulsivos a ameaça se refere mais à agressividade no nível da fantasia.

Os adultos que apresentam a configuração *k- p*O no vetor *Sch* apresentam claramente características compulsivas, embora nem todos possam ser classificados como neuróticos, no sentido clínico do termo. É possível alcançar uma aparente adaptação psicológica visível apesar da defesa compulsiva por meio de um trabalho que permita dar vazão adequada às necessidades compulsivas (se pudermos nos referir a um mecanismo de defesa como "necessidade"). Muitas ocupações atendem a esse propósito, pois a compulsão se refere mais à maneira como o trabalho é feito do que ao tipo de trabalho em si. Assim, um indivíduo com *k- p*O pode encontrar satisfação no trabalho monótono da linha de produção que exige precisão ou no interesse por uma questão de detalhe numa ciência, deixando de lado o contexto do qual o detalhe faz parte. Esses indivíduos podem tornar-se experimentadores em pequena escala, sendo capazes, graças à precisão do seu trabalho, de atingir as metas limitadas que estabeleceram. Costumam ser críticos em relação ao próprio trabalho, bem como em relação ao trabalho dos outros. Podem ser lentos ou ter pouca imaginação. Cientistas capazes de chegar a abordagens originais para problemas complexos não apresentam essa constelação *Sch*.

Ciências ou profissões que lidam com seres humanos, e com problemas emocionais, raramente despertam o interesse de indivíduos com $k\text{-}p\text{O}$. Além disso, essa constelação é raramente encontrada no trabalho artístico criativo, embora possa ser encontrada em indivíduos que se interessam por produções artísticas a partir de uma visão crítica.

Com ou sem sucesso no trabalho, eles se mostram inibidos na sua vida afetiva "particular". Geralmente são incapazes de amar de verdade devido à sua inibição básica, pois não se permitem sentir qualquer emoção. Como k- sinaliza a capacidade para agir em conformidade com os padrões esperados, esses sujeitos costumam dar a impressão de levar uma vida "regular", exibindo todos os requisitos de "normalidade," como ter uma família, um lar, um emprego, etc. Entretanto, o indivíduo que apresenta essa configuração do ego não consegue participar plenamente de todas essas situações "normais". Em vez disso, ele assume seu papel como uma obrigação e com distanciamento emocional de tudo que faz. Em determinados casos, esse sentimento de distanciamento emocional se aproxima ou se torna sentimento de despersonalização, cujo fundamento é falta de identificação com as próprias necessidades latentes.

A aparência superficial de normalidade é responsável pela enorme dificuldade inerente à questão dos estudos de validade com base no comportamento observável ou em questionários verbais ou em lápis e papel. Muitos indivíduos basicamente infelizes, incapazes de estabelecer uma ligação emocional com uma pessoa ou um objeto, apresentariam escores muito elevados em inventário de ajustamento emocional ou com base em dados de observação.

A implicação clínica mais importante dessa constelação no vetor *Sch* constituiu, praticamente, o tema da descrição geral desta imagem do ego. Essa imagem aparece com mais frequência na neurose obsessiva-compulsiva, na histeria de conversão, na angústia hipocondríaca (juntamente com hy-s) e na imaturidade sexual em adultos (que costuma ser causa subjacente dos primeiros sintomas mencionados). A explicação da psicodinâmica subjacente do motivo de essas formas de patologia aparecerem com uma frequência específica nessa imagem do ego também é óbvia à luz da discussão precedente.

As faixas etárias nas quais essa constelação é frequente incluem, em primeiro lugar, a pré-puberdade, mas, também, a puberdade e o começo da adolescência. A partir da adolescência, a frequência de k- p○ diminui gradualmente, ocorrendo com menor frequência na idade avançada. Com base em nossos achados, parece que esse mecanismo de recalque ativo demanda energia demais dos idosos, para os quais o emprego do mecanismo do ego "oposto", no caso k○ p-, se mostra mais frequente, é um mecanismo muito mais "natural", não requerendo qualquer esforço por parte do ego para inibir a projeção das próprias necessidades no meio ambiente.

Sexto estágio: k- p+ (k *negativo com* p *positivo*)

De modo geral, a configuração *Sch* k- p+ vem depois de k- p○, embora essas duas imagens do ego possam ter muitas sobreposições. A interpretação que corresponde a essas duas constelações é também semelhante em muitos aspectos. Ambas refletem uma situação no interior do ego na qual o aspecto crítico e organizador do ego, o fator *k*, luta contra a aceitação das necessidades representadas pelo fator *p*. As duas configurações mostram que a pessoa aceitou o poder avassalador e as limitações do meio ambiente e não acredita mais na própria onipotência (*k*-). Consequentemente, certas características de personalidade dos indivíduos que apresentam k- p○ são idênticas a k- p+; características como a disposição de se conformar às normas sociais esperadas e o acentuado autocontrole. A diferença, porém, está no grau do recalque do conteúdo afetivo perturbador: a imagem anterior indica que o recalque foi bem-sucedido, ao passo que o *p*+ na configuração k- p+ indica que a tensão das necessidades afetivas ficou tão acentuada que, apesar do recalque, as necessidades irrompem na consciência ou perto da consciência. Essa situação de conflito no ego é encontrada com maior frequência no fim da puberdade e na adolescência. Ela reflete o fortalecimento adicional da pulsão do id (principalmente sexual) nessa idade, enquanto o ego ainda é fraco demais para lidar conscientemente com essas necessidades. Ela corresponde, até certo ponto, ao caráter "marginal" dos jovens dessa idade, que sentem a intensidade de suas necessidades de expansão crescentes, com simultânea inibição da autoafirmação. Essa é a idade na qual o indivíduo ainda não ousa "viver a própria vida", porque não está seguro da própria força para concretizar planos, embora o desejo esteja presente e seja sentido enquanto tal. A tensão entre a inibição interna e o desejo de expandir-se é maior nessa idade na população dita clinicamente "normal". O comportamento dos sujeitos dessa faixa etária exibe certos traços que podem ser considerados compulsivos, embora sejam diferentes do tipo de comportamento "psicologicamente" compulsivo, descrito em conexão com a constelação *Sch k- p*O, com a faixa etária da pré-puberdade e do início da puberdade. Mesmo a compulsão dos adolescentes é mais expansiva do que a da faixa etária mais jovem. Eles são menos "professorais", com um grau menor de deslocamento da libido do seu objeto original. O conceito de sexualidade rompeu as barreiras da consciência, e as crianças no fim da puberdade e o jovem adolescente gostam de falar sobre isso. Suas conversas apresentam, porém, uma afetação que às vezes beira a compulsão. É como se tentassem dissipar suas profundas angústias pela "magia" das palavras. A discrepância entre a "concretude" da sua linguagem verbal e o seu real desconforto ao lidar com muitas situações da vida real é considerável. Essa discrepância refere-se não apenas à esfera sexual; ela pode ser observada também na atitude do adolescente diante do mundo e da vida em geral. A puberdade e a adolescência representam as idades nas quais o ego está inflado com grandes ideias e planos, combinado com o sentimento de inabilidade para realizá-los. Nesse sentido, é a fase oposta ao autismo infantil, configuração *k+ p-* (a própria configuração visual é oposta), quando a criança não está interessada no conteúdo exato das suas necessidades, mas se sente capaz de fazer qualquer coisa que possa imaginar. Em outras palavras, no lapso de tempo entre o segundo e o sexto estágio do desenvolvimento do ego a criança faz uma inversão completa em relação à sua atitude para consigo mesma. Imediatamente após seu ego ter emergido como uma entidade separada do resto do mundo (após o estágio aqualístico), a criança sente seu novo ego adquirido como algo onipotente e não percebe as limitações impostas pelo meio ambiente. Pouco mais de uma década depois, a situação é exatamente oposta, no sentido de que agora (no período *k- p+*) ela está conscientemente interessada nas próprias necessidades, mas se sente sobrecarregada e inibida pela realidade ao passar suas necessidades para a ação. O período representado por *k+ p-* denota a "ausência de conflito em relação às próprias potencialidades", ao passo que o período *k- p+* representa o "conflito em relação às próprias potencialidades".

Quando obtida por adultos, essa imagem do ego ainda se refere às mesmas características de personalidade próprias do adolescente. Aparece nos adultos que sentem que não viveram de acordo com as próprias expectativas. Seu nível de aspiração é sempre mais alto do que seu nível de realização. O sentimento de fracasso correspondente independe do valor realista de suas realizações ou de seu sucesso, de acordo com o julgamento do seu meio ambiente. Para indivíduos com *k- p+* o traço característico é exatamente esse sentimento de que não importa o que tenham alcançado, nunca será suficiente. De acordo com isso, muitas vezes se sentem compelidos ao máximo desempenho, para que possam realizar o ideal de ego que estabeleceram para si mesmos, mas que não conseguem alcançar. O caráter compulsivo de tal comportamento é óbvio. O sentimento subjacente de insuficiência é devido ao fato de que esses sujeitos sentem o processo de recalque como uma força estranha agindo dentro de si mesmos, apesar de não conseguirem verbalizar o que quer que estejam recalcando. No entanto, a presença de *p+* indica que esses sujeitos são sensíveis em relação aos próprios processos psicológicos. Sendo assim, entre outras coisas, eles "sentem" que estão recalcando alguma coisa e experimentam uma falta de equilíbrio na estrutura egoica. Esse sentimento de desconforto faz com que, muitas vezes, procurem espontaneamente a ajuda de alguma forma de psicoterapia. Esta é, muitas vezes, a imagem dos pacientes que estão começando o processo de psicanálise. É a representação "típica" da luta entre o superego e os representantes das pulsões do id. Em consequência, o comportamento desses sujeitos em geral é altamente social e eles conscientemente procuram agir em conformidade. Contudo, esse comportamento de conformidade desses indivíduos é dinamicamente muito distinto do comportamento dos sujeitos com ego "disciplinado" (*k- p-*). Os sujeitos com ego "disciplinado" não querem experienciar o processo de conformar-se a um peso. Eles consideram isso o desenrolar mais natural dos fatos e não sentem as próprias tendências contraditórias até que – ocasionalmente – essas tendências irrompem em estado bruto. Sujeitos com k- p+ percebem a luta contínua entre as pulsões que foram repelidas e o agente interno responsável por esse processo. Nesse caso, a experiência subjetiva de conflito é aguda, mas raramente as tendências negadas irrompem de maneira antissocial. Isso pode deve-se a diferentes razões: pode ser devido ao fato de a consciência contínua do conflito existente atuar ela mesma como prevenção contra uma crise em estado bruto, mas também pode ser devida à diferença do conteúdo da necessidade nas posições p- e p+, respectivamente. O fato de o fator p ser capaz de ocupar a posição positiva pode indicar que as necessidades correspondentes são – até certo ponto – mais aceitáveis socialmente do que as necessidades dos adultos cujo p é mantido continuamente na posição de latência; entretanto, mesmo nessa forma latente, o ego precisa lutar contra elas (k-).

Essa teoria é parcialmente corroborada pelas nossas constatações clínicas de que a necessidade latente no ego "disciplinado" se refere, acima de tudo, a necessidades sádicas (a necessidades s+), ao passo que nos adultos que apresentam k- p+ o conteúdo do p se refere primordialmente a necessidades do fator h. Os desejos homossexuais latentes e os desejos incestuosos latentes constituem, muitas vezes, o conflito básico inerente a esta configuração *Sch*.

A distribuição da imagem do ego k- p+ é bastante uniforme nos diferentes grupos ocupacionais. Entre os diversos grupos patológicos, essa configuração *Sch* é encontrada com mais frequência nos neuróticos obsessivo-compulsivos. Também é encontrada frequentemente nos sintomas psicossomáticos, nos transtornos de natureza sexual primária, baseada sobretudo no recalque de tendências homossexuais intensas, porém ainda latentes. Também é encontrada em diversos tipos de sintomas de angústia e em gagos. Embora seja uma imagem neurótica característica, pode ser encontrada em esquizofrênicos; mas não como uma constelação constante numa série de dez perfis, mas como uma das variantes das configurações *Sch*. Isso é especialmente verdadeiro nas séries em que a constelação k- p+ aparece imediatamente depois ou antes da sua configuração oposta, k+ p-.

Como já destacamos, a idade mais característica para essa imagem *Sch* é o fim da puberdade e a adolescência. Depois dessa idade, sua frequência diminui gradualmente até se tornar uma das reações *Sch* mais raras no grupo mais idoso. A explicação para isso, muito provavelmente, reside no fato de que essa imagem do ego, por causa da situação inerente de conflito agudo, consome energia demais para que possa ser tolerada depois de uma determinada idade.

k± p+ (k *ambivalente com* p *positivo*)

Quando discutimos a constelação *Sch* anterior, *k- p+*, característica de adolescentes, apresentamos de maneira mais ou menos completa os estágios típicos de desenvolvimento do ego, refletidos na sucessão das configurações *Sch* nas diferentes faixas etárias. Dizemos mais ou menos porque na Psicologia qualquer padrão de desenvolvimento expresso em termos de estágios sucessivos é, naturalmente, de um conceito um tanto arbitrário. Entretanto, até a faixa etária adolescente, podíamos designar, com segurança, a configuração *Sch* descrita acima por meio de números consecutivos, pois os dados quantitativos de distribuições de frequência mostraram não apenas que os pontos de maior densidade daquelas constelações *Sch* encontram-se nas respectivas faixas etárias, mas também que essas configurações correspondem às primeiras ou às segundas imagens do ego mais frequentes nas respectivas faixas etárias. Isso pode ser devido ao fato de que até a adolescência a variabilidade das imagens do ego em um mesmo grupo etário era relativamente limitada. Em outras palavras, o padrão etário era mais acentuado do que o padrão individual. A partir dos dezoito anos de idade, contudo, a situação muda e o desenvolvimento do ego – refletido nas mudanças no vetor *Sch* – se torna uma questão de desenvolvimento individual de alta complexidade. O resultado é que – à exceção da constelação *k- p-*, que se destaca pela sua elevada frequência nas faixas etárias de seis a oitenta anos de idade – não existem configurações *Sch* específicas com uma correlação particularmente próxima de qualquer grupo etário. Por outro lado, quando começamos com diferentes constelações do ego e observamos as faixas etárias nas quais a configuração *Sch* aparece com mais frequência, justifica-se a justaposição da constelação com seu grupo representativo. Com base nisso, discutiremos como a constelação $k\pm p+$ sucede o sexto estágio de desenvolvimento do ego ($k-p+$).

A configuração $k\pm p+$ reflete um ego complexo e altamente estruturado, encontrado muito raramente na população não selecionada (em cerca de 3%), mas aparece com mais que o dobro da sua frequência média na faixa etária de 18 a 22 anos de idade. Nessa faixa etária, ela corresponde, aproximadamente, à quarta configuração mais frequente do ego.

Quando comparamos este estágio com o sexto estágio, observamos que a constelação $k\pm p+$ mostra que o indivíduo não se sente mais compelido a recalcar todas as suas necessidades; o ressurgimento da componente $k+$ indica que ele é capaz de se identificar – ao menos em parte – com as próprias necessidades. Deve-se lembrar, também, que, embora as idades características dessa constelação situem-se entre 18 e 22 anos, essa constelação não é característica de indivíduos "comuns" de 18 a 22 anos. Isso supõe uma organização do ego muito mais complexa, que possa refletir uma reação habitual de qualquer faixa etária.

A manutenção a longo prazo dessa atitude dividida e seletiva em relação às próprias necessidades, especialmente se essas necessidades já tiverem inflado o ego, requer uma personalidade bem desenvolvida e diferente. Esta é uma das poucas constelações no perfil do teste que apresenta elevada correlação com uma inteligência acima da média. O fato de o fim da adolescência e o início da idade adulta corresponderem às idades características desse complexo mecanismo do ego provavelmente se deve ao poder organizador relativamente forte do ego nessa idade. Os sujeitos que apresentam essa reação particular no vetor *Sch* se sentem fortes o suficiente para aceitarem pelo menos uma parcela das próprias necessidades sem se tornarem autistas (disposição para a conformidade indicada pela componente $k-$). Eles apresentam uma necessidade extremamente forte de organizar seu ego, sendo que a posição ambivalente do fator k mostra que têm consciência dessa necessidade em si mesmos. Esse processo organizador se dá, em parte, por meio da introjeção (ver seção sobre o mecanismo $k+$) e, em parte, por meio do recalque (*k*-). No entanto, nenhum desses mecanismos de organização do ego do fator *k*, e tampouco a combinação dos dois, consegue eliminar a tensão efetiva correspondente à componente *p*+ dessa constelação. A presença de *p*+ indica que a pessoa sente a necessidade de catexizar objetos, o que significa que sente a necessidade de investir sua libido nos objetos do meio ambiente, ao passo que a posição ambivalente do fator *k* indica que, simultaneamente, ela está lutando pela sua independência narcísica, o que significa dizer que está lutando para distanciar-se afetivamente do meio ambiente. Em outras palavras, há dois tipos diferentes de ambivalência refletidos nesta configuração: primeiro, ambivalência em relação a catexizar objetos externos ou retirar a libido do seu meio ambiente (conflito entre os fatores *p*+ e *k*); segundo, ambivalência entre os dois tipos opostos de mecanismo do ego a fim de eliminar a tensão emocional implícita em *p*+ (conflito entre mecanismos *k*+ e *k*-). Qualquer indivíduo capaz de empregar um conjunto de mecanismos do ego tão complexo e aparentemente contraditório é – por definição – uma pessoa altamente diferenciada, senão seria incapaz de funcionar sob a tensão emocional dessas ambivalências. Mais uma vez, devemos ter em mente a estreita relação dinâmica entre os conceitos de "conflito" e "síntese", ou "integração". Uma definição de personalidade madura poderia ser a capacidade de suportar a coexistência de tendências contraditórias, sem sucumbir à tensão. No contexto do Teste de Szondi, essa definição é válida em relação ao vetor *Sch*, que reflete as atitudes mais integradas da pessoa em relação às suas necessidades parciais, mas não no que concerne aos outros fatores, o que reflete o estado de tensão resultante das próprias necessidades parciais. Uma organização complexa do ego reflete flexibilidade em relação às necessidades parciais, seja qual for o estado de tensão ou a posição dessas necessidades, como indicado pelos outros seis fatores.

Assim sendo, a configuração *k*± *p*+ corresponde a esse manejo flexível e consciente das necessidades parciais, o que mostra que a pessoa é capaz de – quase conscientemente – decidir quais necessidades pode "deixar passar" na sua forma original, quais necessidades deverão ser introjetadas e quais devem ser recalcadas. A presença de *k*- mostra que, apesar do seu forte narcisismo, esses sujeitos estão dispostos a se conformar às normas e expectativas do meio ambiente. O objetivo estabelecido por esses sujeitos em relação ao ego é tão elevado e complicado que ele necessariamente resulta na vivência subjetiva de tensão e angústia. A fonte da angústia é, muito provavelmente, a sensação de que algo pode dar errado nesse mecanismo complexo: algo que pretendiam recalcar pode passar pelo sistema motor e, portanto, tornar-se aparente no comportamento visível; ou a libido do fator *p,* que está direcionada para o exterior, poderia levar vantagem e, assim, destruir a integridade narcísica da personalidade. A pessoa com *k± p+* está consciente, ou razoavelmente consciente, de todas essas possíveis ameaças graças ao funcionamento de *k+ p+,* que indica que ela está muito consciente das próprias necessidades e apresenta forte tendência à introspecção. Nesses sujeitos, os processos egoicos enquanto tal são fortemente catexizados.

A eclosão das pulsões reprimidas é, na verdade, muito provável nesses sujeitos, pois *p+* indica que o isolamento das necessidades indesejáveis não está completo, no sentido de que o fator *p+* atua na direção do rompimento das barreiras que cercam as regiões interpessoais (correspondente às necessidades) e, assim, facilitam o acesso ao sistema motor. Todavia, mesmo no caso de um recalque malsucedido, esses sujeitos não apresentam comportamento antissocial. Isso é ainda mais verdadeiro nos sujeitos que apresentam esta configuração *Sch* do que era no caso de *k- p+*. Novamente, como na configuração *Sch* anterior, podemos levantar a hipótese de duas razões para a ausência de comportamento antissocial nesse grupo de sujeitos. Um súbito rompante antissocial pode ser evitado pelo funcionamento contínuo de *p+* e *k+,* o que significa que a intensidade original das pulsões do id pode ser reduzida pela percepção contínua do indivíduo dessas necessidades (*p+*) e pelo processo integrativo do ego (*k+*), ou essas necessidades poderiam não ser essencialmente antissociais. O fato de essa configuração *Sch* estar usualmente associada a *h-* ou *s-,* ou a *h- s-* no vetor *S,* e com *m+* no vetor *C* confirmaria a segunda hipótese.

Os indivíduos que apresentam essa reação no vetor *Sch* costumam ser muito sociáveis e conseguem sublimar bem suas necessidades. É encontrada mais raramente nos níveis ocupacionais inferiores. Na maioria das vezes, é encontrada em "intelectuais" produtivos, mas que são "levados" a trabalhar pela tensão da angústia sentida subjetivamente. Tentam superar seu pânico interno trabalhando, e, graças à sua elevada capacidade organizadora, são capazes de dissimular sua angústia diante de um observador externo. Entretanto, devido à sua habilidade introspectiva, são muito conscientes dos próprios problemas, e por isso muitas vezes procuram voluntariamente a ajuda psicanalítica. A mesma capacidade para dissecar as emoções intelectualmente com frequência os conduz para profissões que lidam com questões relativas ao desenvolvimento emocional e psicológico dos outros. De acordo com isso, essa imagem do ego é encontrada com frequência em psiquiatras, psicólogos, assistentes sociais na área da psiquiatria, professores e educadores em diferentes áreas.

Em geral, se essa reação *Sch* é estável numa série de perfis, não há sintomas evidentes que sejam especialmente característicos desses sujeitos. Todavia, é uma imagem típica da experiência subjetiva de estados de angústia, sem sintomas aparentes. Devido à barreira narcísica superficial ("armadura de caráter", de acordo com Reich)[24] que esses sujeitos conseguem usar para camuflar a angústia subjacente, poderiam ser diagnosticados como neurose de caráter. A despeito disso, ou talvez por causa disso, seu entendimento intelectual correto dos próprios problemas, e sua análise, costuma ser duradouro.

O trabalho de reestruturar o ego de indivíduos tão fortemente organizados e que funcionam muito bem e realisticamente é muito árduo, pois para eles a análise fornece relativamente poucos *insights* heurísticos, e durante muito tempo desenvolveram mecanismos sutis que estão à sua disposição para evitar o envolvimento afetivo forte demais em qualquer relacionamento humano. No entanto, a presença do fator *p+* representa um sinal positivo de que uma relação de transferência pode ser estabelecida a longo prazo.

No começo deste capítulo, mencionamos que o período no qual esta complexa imagem do ego ocorre com maior frequência é o fim da adolescência e o início da idade adulta. Essas idades parecem representar o período em que

---

[24] Wilhelm Reich, *Character Analysis*. New York, Orgone Institute Press, 1945. [Publicada no Brasil com o título *Análise do Caráter*. (N. R.)]

esses indivíduos mais se interessam, em geral, pelas próprias funções do ego. É raro encontrarmos essa configuração *Sch* em sujeitos de meia-idade, sendo praticamente inexistente depois dos sessenta anos de idade.

k+ p+ (k *positivo com* p *positivo*)

A configuração *k+ p+* é outra imagem do ego complexa e altamente diferenciada que raramente ocorre na população em geral (de 3%), mas é encontrada com uma frequência três vezes superior à média na faixa etária entre vinte e trinta anos. Podemos, portanto, considerá-la a configuração *Sch* seguinte à anteriormente discutida, *k±* com *p+*, com a qual a presente configuração tem muitas características em comum.

O desaparecimento da componente *k-* do fator *k* mostra que esses sujeitos estão identificados de forma mais completa – se não totalmente – com as próprias necessidades afetivas[25] e não sentem a necessidade de se conformar às normas impostas pela realidade externa (ausência da componente *k*).

Essa imagem reflete uma situação extremamente tensa no interior do ego, porque a intensidade do objeto da libido voltado para o exterior é tão forte como a necessidade narcísica da pessoa de introjetar os objetos da "libido" do fator *p*, a ponto de alcançar com isso a autossuficiência autista da personalidade. A posição positiva do fator *p* mostra que a pessoa tem consciência da tensão da necessidade, ao passo que a posição positiva do fator *k* mostra que o aspecto organizador do ego está completamente identificado (consciente ou inconscientemente) com essas necessidades. A identificação – conforme indicado por *k+* – significa que a pessoa procura continuamente enfrentar e compreender intelectualmente, esperando absorver assim o caráter de urgência afetiva dessas necessidades. Em outras palavras, há uma tentativa contínua de transformar o objeto da libido em libido narcísica; no entanto, a presença de *p+* indica que esse objetivo nunca foi alcançado.

---

[25] A expressão "necessidade afetiva" é empregada porque também nos referimos ao fator *k* com tendência à independência não afetiva narcísica, como correspondente a uma "necessidade".

10. O VETOR SCH E OS ESTÁGIOS DE DESENVOLVIMENTO DO EGO

Podemos denominar esse ego de "sobrecarregado" em razão da sua atitude incondicional de querer resolver todos os seus problemas psicológicos no nível consciente. Os problemas emocionais desses sujeitos não estão apenas catexizados, mas se poderia dizer que estão "supercatexizados", tanta é a energia psíquica consumida na introspecção e nas tentativas de compreender a si mesmo. Com certeza, essa "tentativa de compreender" geralmente é bem-sucedida nos indivíduos que apresentam $k+$ $p+$. Esta é, novamente, uma configuração *Sch* que costuma indicar uma inteligência acima da média e acentuada tendência para conquistas intelectuais. O fluxo contínuo e sem inibição das necessidades afetivas para o *pré-consciente* e *consciente*, com esforço simultâneo para intelectualizar essas necessidades, permite que esses sujeitos vivenciem intensamente as próprias potencialidades intelectuais e produtivas, embora sintam dificuldade para traduzir esse sentimento vago de "ser capaz de fazer qualquer coisa" em ações realistas, pois "pensar sobre" os problemas envolvidos consome energia psíquica demais. Para os sujeitos que apresentam essa constelação *Sch*, os problemas difíceis estão centrados num paradoxo: por um lado, a ausência de recalque permite que praticamente qualquer conteúdo afetivo alcance a consciência, procurando, dessa forma, expandir o ego, fundindo-o nos objetos apropriados; por outro, o fator $k+$ tende a digerir intelectualmente todas as pulsões afetivas, conceitualizando-os e sistematizando-os, usando a energia psíquica no interior do ego, em vez de investi-la no meio ambiente. No entanto, o fator k com sua função sistematizadora e intelectualizadora está – no sentido figurado – sempre "por trás" dos novos conteúdos afetivos provenientes de $p+$. Dinamicamente, o efeito psicológico, sentido subjetivamente, desse "embate" sem vencedores entre duas tendências igualmente conscientes, porém opostas, é um sentimento de "desordem" ou "caos" no interior do ego, com o concomitante sentimento de que, na verdade, seria possível colocar em ordem e se organizar, caso o processo de sistematização não fosse sempre interrompido por novos conteúdos e ideias. No entanto, o fato é que, enquanto a pessoa apresentar essa reação específica no vetor *Sch*, os novos conteúdos afetivos e as ideias recém-adquiridas – a denominação adequada seria "ideias afetivas" – realmente interrompem o processo de sistematização e organização do fator *k*. Ainda assim, o fator *k* não abandona sua tentativa de intelectualizar o conteúdo de *p* e dessa maneira "livrar" a pessoa do envolvimento afetivo com objetos externos. Enquanto a pessoa apresentar essa reação no vetor *Sch*, viverá sob um constante estado de tensão e conflito entre o "intelecto" e as "emoções", entre fundir-se com um objeto externo ou separar-se do seu meio ambiente. Característico desses sujeitos é o fato de estarem bem conscientes da natureza exata desse conflito e de não apenas serem capazes, mas efetivamente gostarem de conceitualizar esse conflito com todos os seus elementos constitutivos. Eles se sentem extremamente "potentes" e produtivos, e inibidos, ao mesmo tempo. Muitas vezes, sentem algo parecido com angústia, embora não consigam defini-la assim, pois ela alcançou tamanho grau de intelectualização e aceitação consciente a ponto de ter se tornado praticamente um traço do caráter integrado à personalidade, em vez de ser uma angústia premente. O conceito de angústia verdadeira pressupõe mais recalque, mais defesa no nível inconsciente, do que pode ser encontrado na atual configuração *Sch*, na qual é praticamente inexistente. O que esses sujeitos realmente experimentam é um sentimento consciente de tensão e uma "angústia" de desintegração; a ideia de uma potencial psicose não é estranha a muitos deles. Minha hesitação em chamar esse sentimento de "angústia" resulta da observação clínica de que esses sujeitos estão em termos tão "amigáveis" com todas as suas potencialidades patológicas que podem beirar os sintomas de despersonalização. Intelectualmente, aceitam suas angústias e as conceitualizam até esvaziarem seu conteúdo afetivo original. A semelhança com os sintomas de despersonalização está na sua capacidade de enxergarem os próprios processos psicológicos como um observador externo. Isso se deve, novamente, ao fato de todos os processos e conflitos psicológicos acontecerem no plano da consciência. Os sujeitos são "afetivos", mas, ao mesmo tempo, são capazes de se alienar das próprias emoções, mesmo tendo consciência desse processo de alienação. Essa consciência contrasta com o sintoma associado à constelação *k-* *p*O, na qual a despersonalização e a alienação do conteúdo afetivo também ocorrem sem que o sujeito tenha consciência do processo de recalque em andamento. Os sujeitos *k+ p+* frequentemente sentem de forma dolorosa sua real incapacidade de se "entregar" a uma situação afetiva, apesar da sua necessidade de ligação emocional. Parece que é a função do fator $k+$ que faz com que esses sujeitos estejam sempre conscientes do que está se passando, de modo que conceitualizam seus papéis em qualquer relacionamento interpessoal, bem como a própria estrutura da situação em si. Dessa forma, as necessidades do fator $p+$, bem como as necessidades do fator $k+$, são satisfeitas (a menos que, com uma definição diferente de satisfação, fosse possível dizer que nenhuma delas está sendo realmente satisfeita). Em outras palavras, esses sujeitos conseguem estabelecer relacionamentos afetivos com pessoas e objetos (muitas vezes, com objetos de arte), ao mesmo tempo que evitam fundir-se completamente com o objeto através do seu constante "registro" mental e intelectual daquilo que está acontecendo. Essa maquiagem psicológica favorece vários tipos de sublimação intelectual e artística. A configuração $k+$ $p+$ praticamente nunca é encontrada em ocupações de natureza não intelectual. Trata-se de uma imagem do ego tipicamente "intelectual" ou "artística" (em geral, ambos), embora os sujeitos desse grupo não sejam exatamente os representantes mais produtivos dessas profissões. Parece que a ausência de recalque na intensidade discutida anteriormente se contrapõe à produtividade verdadeira, pois a produtividade parece exigir a capacidade de desprezar determinados conteúdos para buscar aqueles que são mais importantes e proveitosos em um dado contexto. O interesse intelectual de sujeitos com $k+$ $p+$ é em geral muito amplo e abrangente demais para que a elaboração sistemática de um dado problema seja possível. Costumam ter muitas "boas ideias" com frequência, e intuições repentinas, sem dar-lhe seguimento ou elaborá-las em detalhes: a intromissão de uma ideia nova bloqueia o desenvolvimento da ideia original. Esse processo é devido à contínua identificação do ego ($k+$) com qualquer conteúdo proveniente do fator $p+$.

Há muito do conflito "faustiano" e da busca faustiana por soluções racionais nesses sujeitos: "faustiano" porque, seja qual for seu campo de trabalho, sentem-se divididos entre o desejo de abordar o problema afetivamente por meio das suas sensações "intuitivas" e o desejo de se obrigarem a agir e a raciocinar no nível altamente racional e intelectual. O produto do seu trabalho, bem como sua maneira de trabalhar, reflete essa atitude dualista. O concomitante sentimento subjetivo é a insatisfação com qualquer uma das duas abordagens, levando a tentativas de integração de ambas, nas quais podem ser mais ou menos bem-sucedidos em curtos períodos de tempo. Muitas vezes, porém, sua produtividade realista fica estagnada em razão desse conflito.

Geralmente, nos perfis dos testes de sujeitos com $k+$ $p+$ há outro sinal indicativo da tendência à intelectualização das emoções: h- s- no vetor S, com a qual esta constelação *Sch* aparece correlacionada com maior frequência. Em relação à sua sexualidade, essa correlação significa que, para esses sujeitos, a especificidade do objeto de amor é muito mais importante do que o ato sexual em si. São capazes de suportar frustrações (na verdade, podem até "buscar" a frustração), em vez de fazer em concessões na escolha do objeto de amor. Para esses sujeitos, o "amor" é mais importante que a sexualidade. Pode-se dizer que suas necessidades sexuais primárias foram recolhidas para o interior do ego, sendo vividas em um nível de "amor" conceitualmente mais elevado. A grande sensibilidade e o gosto desses sujeitos por produções artísticas, pela literatura e pela música podem ser interpretados como outro sinal do mesmo fenômeno.

Deve-se observar que as características de indivíduos que apresentam $k+$ $p+$ são diametralmente opostas às características de sujeitos que apresentam o ego disciplinado, $k-$ $p-$. Uma breve recapitulação da oposição desses dois grupos de sujeitos seria que aqueles que apresentam $k-$ $p-$ são realistas na sua vida cotidiana, mas irracionais em relação a seus processos psicológicos e à conceitualização dos fenômenos à sua volta; ao passo que aqueles que apresentam $k+$ $p+$ tendem a ser irrealistas na sua vida cotidiana, mas altamente racionais em relação a suas tentativas de conceitualizar tanto os próprios fenômenos internos quanto os fenômenos externos. Sujeitos com $k-$ $p-$ vivem no nível concreto, ao passo que aqueles com $k+$ $p+$ são "normais" e estão em conformidade com os padrões de comportamento "dentro da média", mas, no caso de uma crise, tornam-se violentamente antissociais. Sujeitos com $k+$ $p+$ podem levar uma vida "atípica", pois estão mais preocupados com a integração do seu ego do que em conformar-se às regras sociais. São altamente narcisistas e, nesse sentido, associais, pois grande parte da sua atenção está centrada no próprio *self*. Entretanto, praticamente nunca se voltarão contra a sociedade ou se entregarão a qualquer atividade violenta. O percentual de criminosos que apresenta essa configuração *Sch* é zero. Sujeitos associados a essa configuração têm acentuada necessidade de se afirmar, mas apenas no nível intelectual ou "simbólico".

Por estranho que pareça, as graves crises psicopatológicas dos sujeitos com $k+$ $p+$ também são raras. A constelação $k+$ $p+$ (que em geral é associada a uma barreira negativa, h- e s- no vetor S) é um indício negativo de qualquer forma grave de patologia. Parece que, apesar do conflito sentido de forma aguda provocado pela aceitação simultânea de duas tendências contraditórias, os dois fatores opostos têm um efeito de equilibração recíproca em suas manifestações respectivas, evitando, assim, a irrupção de qualquer forma de manifestação extrema. Outra explicação possível para a aparente ausência de sintomas graves nessa imagem *Sch* é que esses sujeitos, ao se confrontarem e intelectualizarem continuamente suas potencialidades patológicas, conseguem efetivamente reduzir a força dinâmica das suas necessidades mais perigosas. Eles praticamente vivem um processo constante de autoanálise.

Os sintomas patológicos que podem ser encontrados nessa imagem do ego referem-se a casos de sintomas pré-mórbidos de esquizofrenia, ou a "pseudogênios" que falam sempre das coisas grandiosas que irão realizar e que se deixam levar pelas próprias excentricidades. Adoram ser "atípicos" e fazem de tudo para exibir o quanto diferem do resto da humanidade. Costumam apresentar um tipo de "sectarismo", por meio do qual voluntariamente se afastam da sociedade, olhando com desprezo as "pessoas comuns e medíocres". Podem ser identificados visualmente pelo seu corte de cabelo extravagante e pela escolha ostensivamente original de suas roupas. Não raramente levam uma vida parasita, pois cuidar do próprio ego e exibi-lo consome todo o seu tempo e a sua energia, e o que sobra é gasto falando sobre "coisas grandiosas". Ideologicamente, desprezam a maneira simples de viver a vida. Qualquer um que tenha estado nos cafés em Greenwich Village, em Nova York, está familiarizado com esse tipo. São caricaturas grotescas de pessoas que vivem num nível "abstrato": grotescas porque a satisfação que obtêm com o exibicionismo, mais do que a experiência verdadeira de um conflito, perpetua esse modo de comportamento. É comum haver uma profunda frustração sexual subjacente e uma forte homossexualidade latente ou manifesta. Entretanto, esses sujeitos não se tornam antissociais no sentido ativo da palavra ou sucumbem a alguma forma manifesta de psicose (ou, ao menos, muito raramente). Frequentemente, há uma espécie de "recuperação espontânea" por volta dos trinta anos.

De qualquer maneira, essa imagem do ego diminui continuamente depois dos trinta anos e nunca é encontrada na velhice. A energia psíquica necessária para sustentar essa constelação complexa e a capacidade de suportar a tensão emocional requerida para viver em um estado de conflito agudo no âmbito afetivo e intelectual são demasiadas para que possam ser mantidas pela maioria dos sujeitos como um mecanismo do ego durante pouco mais de alguns anos, entre os vinte e trinta anos, maior período de formação consciente para o desenvolvimento do ego.

k+ pO (k *positivo com* p *nulo*)

A configuração *k+ p*O também não é frequente na população geral (ocorre em cerca de 4%), mas, considerando a sequência do desenvolvimento, sua discussão cabe aqui, depois de termos discutido a estrutura *k+ p+*, pois ela é uma das duas decorrências mais comuns da constelação *Sch* anterior (a outra é *k*O *p+*). No início da idade adulta *k+ p*O alcança sua frequência mais alta e, em geral, aparece nos mesmos sujeitos que, antes desse estágio, apresentaram a reação *k*O *p+*. Esta, como descrita na seção anterior, corresponde a uma imagem do ego extremamente tensa, com muitos elementos contraditórios, que lutam simultaneamente e com a mesma força por manifestar-se, uma vez que as duas tendências alcançaram o mesmo nível de consciência. Trata-se de uma situação crítica para o ego, devido à tensão que lhe é imposta pela coexistência de *p+* (libido dirigida para o objeto) e de *k+* (tendência de recolher o objeto da libido para dentro do ego). Embora seja um estado psicológico crítico e, em certo sentido, contraditório, em circunstâncias favoráveis e por um período de tempo limitado, essa estrutura do ego altamente complexa poderia ter um efeito construtivo sobre o desenvolvimento futuro da personalidade em razão da contínua construção do ego que lhe é inerente, um processo de construção do ego sem o recolhimento total da libido do mundo exterior. No estágio $k+\ p+$ isso significa que processos afetivos e intelectuais primários são experienciados simultaneamente.

Essa situação crítica, contudo, mesmo quando a pessoa faz uso dela de forma construtiva, não costuma durar por um longo período de tempo na vida de alguém. Após um período de "embate" sem uma definição entre os fatores $k+$ e $p+$, geralmente vem um período em que a introjeção de k supera a tensão dirigida para o exterior do fator p, ou a força dinâmica de p consegue romper a rigidez de k.

A constelação $k+\ p\mathrm{O}$ corresponde ao processo por meio do qual o fator k consegue eliminar a tensão afetiva provocada por p a ponto de drenar completamente o fator p. Em geral, o período em que a pessoa apresenta a reação $k+\ p+$ é possível ser previsto com base no perfil, bem como pelo comportamento do sujeito, se o "dilema instintivo" for superado de acordo com as forças correspondentes ao fatores k ou p. No perfil do teste é possível ver, antes mesmo da clara definição de $k\mathrm{O}\ p+$ ou $k+\ p\mathrm{O}$, se é o fator k ou o p que apresenta tendência a ficar tensionado; sendo que no comportamento dos sujeitos que apresentam a estrutura $k+\ p+$ é possível distinguir aqueles cujo comportamento observável apresenta predomínio das características correspondentes ao fator k daqueles reconhecidos como com predominância do fator p, embora estes tenham consciência do quanto têm de lutar contra os efeitos "enrijecedores" de $k+$. Por outro lado, há sujeitos nesse estágio particular do desenvolvimento do ego que querem se impor – e muitas vezes conseguem satisfazer a esse desejo – como indivíduos frios e sem emoção, ainda que sob essa aparente calma sintam as emoções intensamente. Dão a impressão de serem indivíduos desapegados e autossuficientes, quando, na realidade, sentem uma forte ligação afetiva com um objeto particular do meio ambiente, ou até com vários objetos (nesse caso, os "objetos" significam quase sempre pessoas). É esse tipo de indivíduo $k+\ p+$ que é suscetível de mudar sua reação *Sch* para $k+\ p\mathrm{O}$, indicando dessa maneira que o seu desejo de parecer autossuficiente e calmo foi alcançado, não apenas no âmbito do comportamento, mas também nas camadas mais profundas da sua personalidade. Outra questão é saber se essa autossuficiência é realmente tão genuína e profunda como a do sujeito k+ pO gostaria de acreditar.

Apesar disso, essa constelação *Sch* indica que o objeto da libido foi transformado "com sucesso" em libido narcísica, por meio do uso extremo dos mecanismos da introjeção. Isso significa que o objeto original da libido foi incorporado no ego (ver seção sobre k+), tornando possível dessa maneira abandonar o objeto original do meio ambiente e amar o próprio *self*, o que a essa altura significa amar a imagem incorporada do objeto de amor, do qual necessitava realmente. Graças a essa "identidade" do objeto de amor e do próprio sujeito, a necessidade inerente ao fator *p* de estabelecer a fusão entre sujeito e objeto pode ser vivida continuadamente, conforme indicado pela posição nula, pois o objetivo da fusão foi alcançado apenas na direção oposta à intenção original da necessidade do fator *p*. Em vez de a pessoa se fundir no objeto, o objeto é incorporado pela pessoa, único lugar em que o objeto pode ser "amado" continuadamente – no sentido literal –, pois é a única maneira de "carregar" o objeto de amor por onde quer que vá. Dessa forma, nessa configuração, *p*O significa que a necessidade de um objeto de amor foi vivida continuamente, pois o próprio ego tornou-se o objeto de amor.

Nos sujeitos com essa configuração *Sch*, o processo de introjeção geralmente ocorre por meio do processo cognitivo do pensamento. A pessoa enfrenta conscientemente suas necessidades afetivas, reflete sobre essas e as conceitualiza até que muito pouco – ou mesmo nada – do sentimento emocional original remanesça. Ao mesmo tempo o objeto original da libido é examinado completamente do ponto de vista intelectual. O propósito desses sujeitos é ser objetivo em quaisquer circunstâncias, o que, em termos psicodinâmicos, equivale a dizer que esses sujeitos querem aumentar a distância entre eles e o objeto real. A objetividade só é possível quando se considera o objeto algo separado do observador; isso é o que a palavra "objetivo" (contrário de "subjetivo") quer dizer. Assim, ao serem objetivos, distanciam-se do objeto externo real enquanto, ao mesmo tempo, pelo mesmo processo de pensar *sobre* o objeto, o incorporam no nível intelectual e conceitual. (Senso de humor e tentativa de ver as coisas de uma perspectiva grotesca são manifestações frequentes dessa necessidade básica de manter uma distância entre si mesmo e o meio ambiente.) Uma vez que eles têm a imagem conceitual do objeto, podem pensar sobre ele e praticamente "sentir" sua existência dentro de si mesmos, sem necessitar do contato real com o objeto real. Esse processo de introjeção intelectual muitas vezes conduz à sublimação de uma necessidade originária do id por meio de tipos de profissões apropriadas. As profissões se prestam muito bem à canalização de necessidades "instintivas" na forma de interesses intelectuais e "objetivos", as quais – na sua forma original, por uma ou outra razão – não puderam ser aceitas pelas partes críticas do ego (superego). Na verdade, este não é um caminho, mas *o* caminho da sublimação mediante a atividade profissional. Esse é o processo para o qual Freud emprega a metáfora do cavalo e do cavaleiro, sendo que, em nosso contexto, corresponde a p (equivalente ao cavalo, equivalente ao id) e k (equivalente ao cavaleiro, equivalente à função organizadora e crítica do ego), que demonstra que, se o cavaleiro não puder ser separado do seu cavalo, será forçado a conduzir o cavalo para onde o cavalo quiser ir. Em termos da presente configuração, isso significa que o fator k tem de conduzir a pessoa para um tipo de trabalho aceitável para o qual a pulsão "instintiva" do fator p está levando, um trabalho que atenda, simultaneamente, aos padrões socialmente elevados do superego, à exigência narcísica de autossuficiência do ego e às demandas instintivas do id. Como se pode constatar, o caráter de compromisso da sublimação é muito semelhante ao da formação de um sintoma compulsivo (indicado no teste pela imagem espelhada da presente constelação: k- $p\bigcirc$), embora haja uma grande diferença em termos da economia da libido. O sintoma compulsivo é neurótico, porque sua função primária é a de bloquear a demanda não aceita do id, ao mesmo tempo que não permite que a pessoa como um todo obtenha uma satisfação real, acumulando dessa forma frustração após frustração, necessitando mobilizar forças repressivas cada vez mais intensas caso a necessidade realmente não deva irromper. Essa é uma maneira "nada econômica" de empregar a energia psíquica, que, após certo tempo, resulta necessariamente numa série de sintomas adicionais e numa crescente incapacidade da pessoa de usar sua energia para a adaptação produtiva e para o trabalho útil, pois, gradualmente, toda a sua energia é consumida para fins de recalque. Em outras palavras, o bloqueio de uma pulsão do id por meio do mecanismo $k-$ produz sintomas neuróticos devido à ausência de gratificação para a totalidade da personalidade, que é inerente a esse processo. A sublimação, por outro lado – indicada pela eliminação da tensão de p por $k+ -$, bloqueia a pulsão inaceitável do id substituindo-a por uma atividade verdadeiramente gratificante. O recalque se dá pelo estabelecimento de barreiras em volta da necessidade a ser bloqueada, ao passo que a sublimação estabelece canais de descarga em um nível altamente socializado. Não conseguimos saber se essa atividade sublimada é "realmente" gratificante a não ser de maneira pragmática: pelo fato observável de que a pessoa funciona bem, é capaz de se adaptar à realidade e parece obter satisfação afetiva do seu trabalho. Existem, sem dúvida, casos "limítrofes" e casos "mistos", nos quais, embora a pessoa aparente estar engajada numa atividade sublimada, apresenta sintomas de contínua frustração no seu comportamento, indicando que nesse caso o indivíduo está compelido compulsivamente a sublimar, quando a constelação k correspondente costuma ser *ambivalente.*

Um dos aspectos mais interessantes do Teste de Szondi é a maneira como torna perceptível e "tangível" a relação dinâmica entre dinamismos aparentemente opostos, tal como neste caso, em que ambas as polaridades, bem como a estreita relação entre recalque e sublimação, são reveladas pelo achado experimental de que a diferença correspondente no vetor *Sch* é a transformação do $k-$ em $k+$, ao passo que a semelhança entre os dois dinamismos é indicada pela constelação $p0$ em ambos os casos, relembrando que a função de qualquer um dos dois mecanismos é diminuir a intrusão da tensão do id no interior do ego. Não acredito que qualquer outra técnica projetiva cumpra essa importante função de tornar visível o dinamismo psicológico, conhecido a partir da teoria psicanalítica, e de demonstrar empírica e experimentalmente como ele opera, em vez de fazer uma descrição verbal baseada em estudos de caso.

A frequência da constelação $k+ p\bigcirc$ corresponde a aproximadamente um terço da frequência de $k- p\bigcirc$ (e é inferior a um sexto da imagem do ego mais comum, $k- p-$), apoiando a tese de Freud de que apenas relativamente poucas pessoas teriam a "capacidade de sublimar" com êxito. Essa "capacidade de sublimar" significa estar pronto para trocar um modo de obter gratificação por outro (e não a renúncia à gratificação), para aceitar um objeto como substituto satisfatório de outro. Nesse sentido, podemos dizer que a sublimação bem-sucedida pressupõe um poder relativamente grande de simbolização, empregando esse termo no seu sentido mais genérico para denotar o processo pelo qual um objeto adquire o significado de outro a tal ponto de, para a pessoa (a terceira entidade no processo), os dois objetos – o objeto original e o símbolo que representa esse objeto – terem o mesmo significado psicológico.[26]

Os sujeitos $k+ p\bigcirc$ têm maior capacidade de obter gratificação a partir de atividades simbólicas do que os sujeitos que apresentam qualquer outra reação no vetor *Sch*. De acordo com essa definição, a satisfação afetiva obtida com a atividade profissional ou artística é "simbólica", na medida em que se presta bem para substituir atividades mais "instintivas" e menos socializadas. Esses sujeitos "amam" sua atividade intelectual ou artística, ou produções de outras pessoas dessa natureza, com praticamente a mesma intensidade com que outros indivíduos amam uma pessoa. Essa atitude em relação ao próprio trabalho é muito característica de sujeitos com reação $k+ p\bigcirc$. Não se pode descartar a possibilidade de que certa frustração "residual" esteja sempre implícita na busca tão intensa de satisfação "simbólica" ou sublimada. Mas, se essa frustração não ultrapassar um determinado ponto "ótimo", poderá manifestar-se como uma força pulsional construtiva para realizar outras atividades sublimadas – em vez de provocar sintomas neuróticos. A questão da quantidade de frustração que seria desejável para o funcionamento produtivo da pessoa, e a

---

[26] Para uma descrição detalhada do significado de simbolização, ver Susanne K. Langer, *Philosophy in a New Key: A study in the Simbolism of Reason, Rite and Art*. New York, Penguin Books, Inc. [Publicado no Brasil na seguinte edição: S. Langer, *Filosofia em Nova Chave*. São Paulo, Perspectiva, 2004. (N. T.)]

partir de quando ela se torna uma fonte de motivação neurótica, é uma das mais delicadas no campo da psicodinâmica, pois tem algo a ver com pequenas diferenças de energia psíquica, bem como nuances sutis nas diferenças qualitativas. No caso da configuração *Sch* em discussão, as constatações experimentais que mostram que *k*+ *p*O na maior parte do tempo se correlaciona com *h*- *s*- no vetor sexual permitem que tenhamos uma ideia mais precisa das psicodinâmicas desses sujeitos. Elas mostram que a transformação da energia sexual primária teve origem em um nível muito básico da organização da energia, de modo que a tarefa de sublimar a libido sexual não fica apenas por conta dos processos do ego referentes ao fator *k*.

A esta altura, torna-se muito difícil fazer qualquer referência aos conceitos psicodinâmicos fora do contexto do teste de Szondi, pois não é possível encontrar uma correspondência de 100% entre qualquer conceito psicanalítico e constelações fatoriais específicas no teste. Dessa forma, temos de recorrer a explicações dinâmicas em termos de correlações fatoriais e vetoriais. A correlação dinâmica que quero destacar aqui é que todas as três constelações exclusivamente "positivas" no vetor *Sch* (*k*+ *p*+, *k*+ *p*O e *k*O *p*+) ocorrem mais frequentemente em conjunção com reações negativas completas no vetor sexual (*h*- e *s*-); ao passo que as três reações exclusivamente negativas no vetor *Sch* (*k*- *p*-, *k*- *p*O e *k*O *p*-) estão com frequência correlacionadas à reação positiva completa (*h*+ *s*+) no vetor sexual. Essa correlação negativa bem definida na direção geral das reações nos vetores *S* e *Sch* mostra que a sublimação da maneira como é indicada pelo vetor do ego ocorre tipicamente quando existem sinais da componente sexual primária – cujas necessidades foram "dessexualizadas", como indicado imediatamente no vetor sexual. Por outro lado, o vetor do ego indica que a pessoa emprega o mecanismo de defesa do recalque e da projeção inconsciente caso a pulsão sexual primária apareça de uma forma não modificada no vetor sexual. Uma questão permanece em aberto: até que ponto a modificação das pulsões sexuais – da forma como é indicada pela constelação *h*- *s*- – é um processo primário, e até que ponto ela pode ser considerada resultante dos processos de sublimação no interior do ego. No entanto parece – pelo menos para mim – que essas duas indicações principais de sublimação no perfil do teste não estão simplesmente refletindo dois aspectos de um mesmo processo, mas correspondem a processos de sublimação (ou da dessexualização, ou simbolização) que acontecem em diferentes camadas da personalidade. Também se poderia dizer que, nos diferentes níveis de organização da energia, os processos indicados pelas reações negativas no vetor sexual, que correspondem à função primordial por excelência, estariam mais diretamente relacionados com o controle da energia sexual *per se*. Os fatores *k*+ e *p*+ refletem um tipo mais inclusivo de sublimação, em um nível "mais elevado" de organização da energia, referindo-se à transformação socializada de todas as necessidades que compõem a personalidade, que fazem parte dos seis fatores restantes do perfil, e não exclusivamente à sublimação das necessidades primordialmente sexuais. Contudo, as vicissitudes das necessidades *h* e *s* parecem exercer uma forte influência específica sobre essa sublimação mais generalizada no interior do vetor do ego, definindo, em grande parte, se o ego será capaz de recorrer aos dinamismos mais conscientes e construtivos, implicando que a pessoa terá de enfrentar suas necessidades, ou se o ego será forçado a recorrer a defesas do ego mais inconscientes.

Entre as imagens do ego, a configuração *k*+ com *p*O (junto com a imagem anterior, *k*+ *p*+) é o protótipo dos mecanismos "introspectivos" e não repressores do ego – ou "defesas", para usar o termo no seu sentido mais genérico. A correlação deles com a estrutura *h*- *s*- parece indicar que esses sujeitos são capazes de enfrentar e aceitar suas necessidades "instintivas". Sua sexualidade, para começar, é relativamente "dessexualizada", podendo ser mais facilmente canalizada para objetivos assexuados e idealistas. Ainda não é possível dizer exatamente quais são as características básicas desse tipo de sexualidade, mas parece haver algo essencialmente inerente à qualidade da energia sexual desses sujeitos, que permite que eles prontamente desviem os objetivos primários e fisicamente sexuais para atividades sublimadas sem formação de sintoma neurótico. (A intensidade das pulsões pré-genitais e componentes homossexuais latentes é, muito provavelmente, um fator decisivo no processo de direcionar a energia sexual para objetivos idealistas.) Embora não possamos definir com mais precisão essas peculiaridades qualitativas inerentes à energia sexual primária, deve-se ter em mente que esse tipo de sexualidade flexível e "direcionável" é muito característico de sujeitos com a reação $k+\ p\text{O}$ no vetor *Sch*.

Sujeitos com essa imagem do ego parecem capazes de viver tranquilamente sem muita gratificação sexual primária. Nos relacionamentos interpessoais em geral, parecem frios e impassíveis. A ambivalência entre ser "emocional" ou "racional", que era característica dos sujeitos com a configuração $k+\ p+$, parece ter desaparecido nesta configuração, e os sujeitos desse grupo impressionam seu meio ambiente por serem puramente racionais. Nos relacionamentos interpessoais, esses sujeitos são incapazes de se doar realmente; estão sempre alertas para não se envolverem emocionalmente. Uma análise mais profunda desses sujeitos geralmente revela o caráter defensivo dessa aparente frieza e autossuficiência. Em muitos aspectos, essa reação pode ser comparada à reação da "criança queimada", que não ousa investir suas emoções nas pessoas porque certa vez ela foi forçada a renunciar a um objeto de amor que era muito importante para ela. O período de ocorrência desse trauma "básico" parece variar de pessoa para pessoa em um grupo que apresenta essa reação *Sch*. Em alguns casos, ele parece remontar a algo tão distante quanto a necessária renúncia à intensa ligação com uma das figuras parentais, ao passo que em outros casos a perda traumática de um objeto pode ter ocorrido numa fase posterior da vida. Em todos os casos, contudo, o que caracteriza esses indivíduos é a *maneira* como reagem a esse trauma: distanciando-se passivamente, em vez de empregar qualquer forma de revolta dinâmica ou fazer qualquer tentativa de recuperar o objeto. Pelo contrário, a pessoa faz grandes esforços para livrar-se da necessidade de objetos de forma geral – por meio do mecanismo de introjeção do objeto perdido, acima descrito –, buscando restaurar a integridade narcísica do próprio ego e estabelecer uma calma afetiva dentro de si. A tolerância à frustração em relação à perda real dos objetos é elevada nesses indivíduos, devido ao rápido – ao menos na aparência – efeito regenerativo da introjeção. No entanto, a tolerância à frustração em relação à capacidade de suportar a experiência subjetiva de sofrimento e tensão emocional é extremamente baixa nesses sujeitos. Na sua vida cotidiana, esses indivíduos com frequência são descritos como "orgulhosos demais para sofrer" – o que é bem verdade até certo ponto. De algum modo, lembram o estado das crianças autistas que apresentaram a configuração *k+ p-* e se sentiam capazes de projetar todos os seus desejos diretamente no próprio ego, estabelecendo, dessa maneira, sua independência afetiva do seu meio ambiente. Na verdade, a constelação *k+ p*○ expressa a mesma necessidade, mas num nível de consciência mais elevado, num nível mais alto de desenvolvimento da personalidade, com um nível mais alto de ajustamento social correspondente e com uma percepção maior de todo o processo e do fato de que o que estão fazendo é uma formação reativa contra os perigos que podem surgir, caso ousem dar livre curso às próprias emoções.

A ocorrência constante desta imagem *Sch* é uma indicação negativa de formas graves de patologia. Aparece com frequência em neuróticos de caráter rígido, capazes de funcionar muito bem no âmbito do comportamento, porém incapazes de estabelecer relacionamentos afetivos satisfatórios. Os mesmos tipos de sujeito costumam ser chamados de indivíduos "esquizoides", embora, na verdade, eles não sejam psicóticos. Também pode ser encontrada nos estágios iniciais da depressão (indicando o efeito imediato da perda de um objeto), em particular nos casos nos quais ficamos em dúvida entre os diagnósticos de esquizofrenia incipiente e depressão incipiente.

Já mencionamos que a idade característica dessa constelação *Sch* é o início da idade adulta. É raramente encontrada em crianças, e ainda mais raramente na idade avançada.

k○ p+ (k *nulo com* p *positivo*)

A frequência da imagem do ego *k*○ *p+* na população geral, assim como a idade na qual aparece com uma frequência especialmente elevada, é a mesma da configuração *Sch* discutida previamente, *k+ p*○. Como mencionado, essas duas configurações podem ser consideradas derivadas da estrutura *k+ p+*; o dilema crítico dessa constelação do ego pode ser descrito em termos do narcisismo secundário de *k+*, ao passo que nos outros casos é o poder dinâmico de *p*+ que supera a rigidez do fator *k*. A configuração *k*O *p*+ corresponde ao segundo caso.

A reação *p*+ nesta configuração indica a força dinâmica das necessidades, conduzindo-as para a "abertura", para formas conscientes de manifestação do desejo e para o investimento de objetos externos com libido, de modo que, finalmente, a tensão da necessidade possa ser liberada em conexão com objetos do meio ambiente (ver seção sobre *p*+).

A reação *k*O nesta configuração mostra o narcisismo primário da pessoa, isto é, a atitude de aceitação e tolerância do ego em relação à urgência dinâmica das necessidades inerentes a *p*+. Nesta constelação, *k*O indica que não há uma barreira interna que possa incapacitar ou modificar as necessidades implícitas em *p*+. De maneira contrária à situação das duas configurações *Sch* anteriores, nas quais a presença de *k*+ indicava a intenção do ego de modificar e intelectualizar o conteúdo afetivo de *p*+, procurando, dessa forma, livrar o ego da necessidade de fusão com o verdadeiro objeto de amor, a ausência de qualquer tensão mensurável no fator *k* na presente configuração indica a disposição da pessoa de se submeter livremente à afetividade do fator *p*, sem a neutralização intelectual das respectivas necessidades. Isso significa que esses sujeitos experimentam acentuada necessidade de encontrar objetos do meio ambiente adequados para serem catexizados, que finalmente cumprirão sua função de facilitar a redução da tensão da necessidade. Sujeitos com as constelações *k*O e *p*+ têm de estar apaixonados por alguém ou alguma coisa; muitas vezes, estão "apaixonados" pelos próprios conceitos idealistas. Seja qual for o objeto da sua necessidade, quer uma pessoa, quer um ideal humanitário de forma geral, sua atitude diante desse objeto será a mesma. É a atitude diametralmente oposta à dos sujeitos *k*+ *p*O, que procuram sempre aumentar a distância entre si mesmos e o objeto real, pois os sujeitos *k*O *p*+ fazem de tudo para reduzir a distância entre si mesmos e o objeto do meio ambiente que atrai sua libido (ou sua energia psíquica em geral). Eles querem alcançar a fusão completa com o objeto, tanto quanto possível. Como – por definição – é impossível alcançar uma fusão de 100% com qualquer coisa do meio ambiente, esses sujeitos são suscetíveis a sentirem-se frustrados, não importa quão bem-sucedidos no estabelecimento de relações objetais possam parecer aos olhos de um observador. O que querem é a ausência total de resistência por parte do objeto, de forma que nada se oponha à sua "necessidade de fusão".

A criança com reação $k\bigcirc p$- liberou essa "necessidade de fusão" sem estar consciente da existência da necessidade. Nesse estágio precoce do desenvolvimento do ego, o conteúdo afetivo da necessidade ainda era inconsciente, embora nessa posição latente – ou melhor, por causa dela – a eficácia dinâmica das necessidades fosse mais forte. As necessidades enquanto tais não eram percebidas e conceitualizadas, pois ainda não haviam passado pelo sistema do pré-consciente; no entanto, elas ainda tinham todo o seu poder mágico, que impedia o reconhecimento de qualquer resistência realista por parte dos objetos do meio ambiente. Em razão da onipotência dessas necessidades inconscientes, esse estágio poderia ser designado de "adualismo", no sentido de experiência de continuidade ininterrupta entre sujeito e objeto.

O sujeito com $k\bigcirc p$+ é a pessoa que sente conscientemente a necessidade acima descrita; ele gostaria de ter um poder mágico por meio do qual pudesse restabelecer a continuidade, então interrompida, entre si mesmo e o objeto catexizado. (O interesse por fenômenos como hipnose, ou o interesse científico por questões relativas à percepção extrassensorial, frequentemente encontrado nessa estrutura *Sch*, poderia ser a expressão da mesma necessidade de estabelecer uma continuidade entre sujeito e meio ambiente.) O fato de p estar na posição positiva indica que as necessidades são percebidas e conceitualizadas (ao menos algumas necessidades) depois de terem passado pelo *pré-consciente*. Todo esse processo pressupõe, obviamente, uma estrutura de personalidade muito desenvolvida, em cujo estágio a diferenciação entre sujeito e objeto – naturalmente – ocorreu muito tempo antes. Contudo, o indivíduo $k\bigcirc p$+ faz esforços conscientes para restabelecer esse adualismo pré-histórico, um esforço que nesse estágio do desenvolvimento do ego forçosamente conduz à frustração. Entretanto, ao se deparar com obstáculos da realidade (os quais podem parecer barreiras apenas para os indivíduos extremamente exigentes), o indivíduo $k\bigcirc p$+ não recua da mesma maneira como sua polaridade dinâmica, o sujeito k+ $p\bigcirc$. Ao contrário, ele se revolta contra a irredutibilidade do meio ambiente. A prontidão para a projeção, no sentido de culpar outras pessoas pelo fracasso experienciado subjetivamente, é característica desses sujeitos (a tensão no fator *p* indica a prontidão para a projeção, não importa a sua posição). Os indivíduos *k*O *p*+ estão propensos a apaixonar-se intensa e perdidamente, sem tentar escapar dessa situação tão ingrata. É como se quisessem vivenciar ao extremo todas as possibilidades afetivas de qualquer situação, seja de prazer, seja de sofrimento. Diferentemente dos sujeitos *k*+ *p*O, eles não querem ser privados de qualquer tipo de experiência afetiva. Ao contrário, parecem obter um prazer masoquista até mesmo de experiências frustrantes e tampouco se incomodam de "exibir suas feridas" para os outros.

Em termos rankianos,[27] poderíamos dizer que esses sujeitos nunca aceitaram, afetivamente, a realidade do trauma do nascimento; insistem em considerar o mundo em geral como um enorme útero, cuja função é satisfazer as suas necessidades. Qualquer coisa que contrarie essa função é recebida como ofensa pessoal. Até certo ponto, essa caracterização também é válida para os sujeitos *k*+ *p*O, pois eles também podem ser descritos como pessoas que, durante a vida toda, sofrem o trauma do nascimento, ou por terem sido desmamadas; no entanto, tentam evitar o sofrimento real fingindo serem capazes, elas próprias, de serem o próprio "útero" benevolente e que o resto do mundo não importa afetivamente. Os indivíduos *k*O *p*+, por outro lado, não fingem ser autossuficientes afetivamente, mas enfrentam ativamente – o que lhes parece ser – a resistência rígida do meio ambiente. O caráter ambivalente desse tipo de sujeito fica evidente na descrição acima, pois o amor e a agressividade estão estreitamente associados. Eles amam intensa e agressivamente e têm a sensação de que o seu amor não é correspondido o bastante. Não sentem os conflitos no próprio âmago conscientemente, mas entre si mesmos e o meio ambiente. Sua capacidade de introspecção é limitada, apesar de estarem conscientes de muitas das suas necessidades. Eles – quase ideologicamente

---

[27] Otto Rank foi um dos colaboradores mais próximos de Freud e ativo promotor da Psicanálise. Sua principal obra, *O Trauma do Nascimento e Seu Significado para a Psicanálise*, de 1924, fez com que ele se distanciasse de Freud. (N. R.)

– aceitam as emoções como uma "razão de ser" dos seres humanos e rejeitam fazer uma análise intelectual detalhada das emoções. Salvo experiência em contrário, acreditam na onipotência das próprias emoções (não de si mesmos, como é o caso dos sujeitos *k+ p-*, que sentem uma onipotência "autoplástica" completa), no sentido de que se esforçarem o suficiente, conseguirão superar qualquer resistência imposta a eles pelo meio ambiente. Essa tenacidade ao perseguir seus objetivos faz com que muitas vezes sejam produtivos no seu trabalho, bem como verdadeiramente criativos.

Na seção anterior, foi mencionado que *k*O *p+* também é uma das três configurações *Sch* que mais se correlacionam com a reação *h- s-* no vetor sexual. Esse fato faz com que nos lembremos de que a energia de base sexual desses sujeitos é com frequência direcionada para objetivos altamente idealistas e, aparentemente, impessoais, como ideias sociais, políticas ou religiosas, pelas quais lutam por meio de ações, bem como por meio de textos. Escritores preocupados com problemas sociais com frequência apresentam essa reação no vetor *Sch*. Nas ocupações sem qualificação, essa imagem do ego é praticamente inexistente. Contudo, mesmo as atividades sublimadas desses sujeitos apresentam, em geral, um forte colorido afetivo que é muito mais aparente no seu comportamento exterior do que é o caso de indivíduos Sch *k+ p*O. Nos sujeitos da categoria Sch *k*O *p+* a origem sexual básica da sua energia pode ser detectada até por um observador sem experiência clínica. Esses são os indivíduos que muitas vezes são descritos, popularmente, como aqueles que fazem tudo "como se disso dependesse sua vida", o que de fato corresponde ao que sentem. Deve-se mencionar que essa imagem do ego, além de ser uma das três configurações que mais frequentemente se correlacionam com a reação *h- s-*, também é a configuração *Sch* que aparece com mais frequência em conjunção com *h- s+*, que, por sua vez, é o grupo que menos se correlaciona com a configuração *k+ p*O. A configuração *k*O *p+* também aparece com relativa frequência em conjunção com configurações no vetor sexual nas quais os fatores *h* ou *s* estão nulos. Isso significa que a configuração *k*O *p+* não está tipicamente correlacionada com a sublimação e a simbolização da libido sexual, conforme indicado diretamente no vetor sexual, como foi o caso da reação *k+ p*O. Portanto, é compreensível por que, nos sujeitos que apresentam a presente imagem *Sch*, a necessidade expressa por *p+* está mais estreitamente relacionada a objetivos sexuais primários, bem como aos comportamentos agressivos (elevada correlação com *s+*), ainda que mais na forma de autoafirmação agressiva do que de comportamento realmente antissocial. Essa constelação no vetor *Sch* é uma indicação negativa de comportamento criminoso. O que ela realmente indica com frequência é o tipo agressivo de reformador social que não tem dúvidas em relação à correção de suas convicções. Este corresponde ao tipo de indivíduo descrito na constelação *p+* como fanático ativo; isto é, que quer impor suas ideias sem se dispor a ouvir a opinião dos outros. Tem enorme necessidade de se expressar e não de assimilar as ideias das outras pessoas. Nos relacionamentos interpessoais, essa necessidade exagerada de autoexpressão e autoafirmação pode causar ressentimentos nos outros (em particular, nos indivíduos com as constelações *Sch k- p+*, que sentem a mesma necessidade de autoexpressão, mas que são inibidos no seu comportamento); no entanto, se for canalizada para uma atividade profissional, poderá se manifestar por meio de uma produtividade real. Cientistas que apresentam essa reação *Sch* não têm dificuldade para serem produtivos; nenhum expressam-se com facilidade e escrevem sem esforço, por estarem plenamente convictos da correção e da originalidade de suas ideias. Se suas ideias são ou não de fato originais, não tem qualquer importância para uma personalidade tipicamente *k*O *p+*. Devido à ausência da função introjetiva de *k+*, têm muito menos interesse em ler o trabalho de terceiros do que em expressar o que acham das próprias ideias, cuja atitude, dependendo dos fatores fora do domínio do teste de Szondi, pode conduzir a novas e profícuas ideias, assim como a redescobertas entusiásticas de fatos ou pontos de vista bem conhecidos. Seja qual for o caso, o indivíduo *k*O *p+* se sente criativo e confiante no seu trabalho.

Esta é, novamente, uma imagem *Sch* que, se for estável numa série de perfis, raramente está associada a sintomas clínicos graves. É encontrada muito raramente em qualquer tipo de neurose, uma constatação que poderia ser esperada com base na completa ausência de recalque e aceitação das emoções.

É encontrada nos indivíduos ditos paranoides, que, apesar do dinamismo das suas atividades e do real sucesso na vida, se sentem prejudicados pelo meio ambiente. (Isso é muito diferente do sentimento de insuficiência dos indivíduos *k- p+*, que se sentem realmente incapazes de viver à altura das suas potencialidades em razão das suas inibições internas.) Eles sentem que não são devidamente reconhecidos pelo seu trabalho intelectual, e tampouco são satisfatoriamente correspondidos nos seus relacionamentos amorosos. Por vezes, essa tendência paranoide chega ao ponto de dar a impressão de que realmente conseguiram fracassar em sua vida, que de fato não recebem amor suficiente e se envolvem, repetidamente, em relacionamentos afetivos impossíveis.

Às vezes, essa imagem *Sch* é apresentada por verdadeiros psicóticos paranoides, com delírios idealistas e religiosos. Mas, nesse caso, a posição do fator *p* muda ao longo da série de perfis.

Essa configuração aparece com o dobro da frequência média em jovens adultos, diminuindo gradualmente daí em diante. Praticamente nunca é encontrada em crianças, muito menos em adultos depois dos sessenta anos de idade.

k± p± (k *ambivalente com* p *ambivalente*)

A configuração *k± p±* é uma das imagens do ego que ocorrem mais raramente na população em geral. Sua frequência média está em torno de 2% a 3%. No entanto, é digna de nota, pois representa a coexistência de todos os mecanismos do ego descritos anteriormente com aqueles que foram omitidos (pela limitação de espaço) na discussão isolada de cada configuração *Sch*.

Para destacar os pares de mecanismos contraditórios do ego inerentes a esta configuração, que é a mais complexa de todas, será praticamente suficiente evidenciar a imensa quantidade de energia psíquica necessária para sustentar essa imagem do ego com múltiplas ambivalências.

O sujeito que apresenta essa imagem do ego é simultaneamente autista (*k+ p-*) e autocontrolado (*k- p+*). Ele concentra conscientemente sua libido na integração dos seus processos egoicos (*k+ p+*) e se sujeita simultaneamente às normas sociais em geral aceitas e à disciplina imposta pelo meio ambiente

(k- p-). Apresenta as características do tipo de personalidade que sente de forma aguda a necessidade de fundir-se com o objeto da sua libido ($p\pm$), ao mesmo tempo que apresenta a reação de uma pessoa que quer se livrar conscientemente de qualquer laço afetivo que possa representar uma ligação com as pessoas do seu meio ambiente ($k\pm$).

A coexistência de tantas tendências contraditórias, em especial no interior do vetor do ego, que deveria representar um "quadro de referência" mais organizado para que o indivíduo possa lidar com as pulsões correspondentes aos outros seis fatores, resulta necessariamente na experiência subjetiva de uma tensão extremamente forte, a tal ponto que os sujeitos que apresentam essa imagem do ego como característica sentem que "podem explodir" a qualquer momento. Seu ego está de fato estressado, e eles sabem disso. Eles esperam façanhas praticamente impensáveis do próprio ego (ou de seu "*self*"), fazendo com que, mesmo nos casos em que a série de perfis do teste mostra que foram bem-sucedidos nos seus esforços (indicado pela estabilidade da configuração $k\pm$ $p\pm$), toda a energia psíquica disponível seja consumida. Nesses sujeitos, quase toda a energia das pulsões correspondentes aos demais fatores é "drenada" e fica concentrada no ego. São de personalidades muito diferenciadas, conscientes dos seus processos internos, bem como dos processos e das exigências da realidade externa, embora sejam um tanto indiferentes nas suas relações interpessoais apesar da sua necessidade de estabelecer esse tipo de relacionamento. Estão conscientes do fato de que objetos e pessoas do meio ambiente são necessários como "suporte", permitindo-lhes dar vazão às próprias necessidades do ego, de modo que a maior parte do "calor" espontâneo das relações interpessoais é absorvida por esse processo. A situação difere do indivíduo $k+$ pO, que também tende a se mostrar frio nas relações humanas em razão da sua constante análise intelectual do que está acontecendo. No entanto, a pessoa $k+$ pO, na realidade, tende a se manter distante dos relacionamentos que podem requerer a mobilização da sua afetividade, conseguindo, até certo ponto, eliminar a necessidade desse tipo de relacionamento de dentro de si. O indivíduo $k\pm$ $p\pm$, por outro lado, não emprega mecanismos que visam a eliminar qualquer necessidade (ele prefere conservar a existência das suas necessidades), empregando, em vez disso, o mecanismo de mobilizar simultaneamente as forças antagônicas de mesma intensidade e, assim, confiando de maneira absoluta nos *processos controladores autorreguladores* do seu ego. Esta é a configuração *Sch* que indica que a pessoa está fazendo o máximo uso do controle consciente e inconsciente no interior do seu ego, resultando não na eliminação, mas na neutralização do efeito de qualquer necessidade sobre o comportamento manifesto, enquanto o sujeito mesmo sente a presença de todas as suas tendências contraditórias.

A tarefa da autointegração contínua também foi característica da configuração *k+ p+*, cuja autointegração era mais simples de ser alcançada do que na configuração *k- p±*. O indivíduo *k+ p+* pode se permitir desprezar as exigências realistas do seu meio ambiente, as quais não podem ser ignoradas pelos sujeitos cuja configuração *Sch* compreende a estrutura *k- p-*.

Se a constelação *k+ p+* pode ser denominada estágio da autointegração consciente, então a constelação *k± p±* deve ser denominada estágio da integração consciente do *self* no contexto realista do meio ambiente.

O comportamento desses sujeitos é mais difícil de ser caracterizado do que o comportamento associado a qualquer uma das configurações *Sch* já discutidas, devido ao efeito neutralizador das tendências contraditórias coexistentes. A palavra "neutro" seria realmente bastante apropriada para descrever muitos aspectos do seu comportamento. "Oscilante" seria outro termo adequado para caracterizar o comportamento desses sujeitos nos relacionamentos interpessoais, sendo que a oscilação entre os extremos acontece tão rapidamente que o efeito final se aproxima da neutralidade. Durante pouco tempo, podem dar a impressão de uma pessoa que está profundamente envolvida emocionalmente numa situação, enquanto logo depois, sem qualquer motivo exterior, agem da maneira narcísica mais rígida, assumindo o papel de alguém que luta pela própria independência e quer se livrar de qualquer obrigação afetiva. Às vezes, esse duplo papel é vivenciado com duas pessoas diferentes, e, às vezes, com a mesma pessoa. A mesma dualidade comportamental pode ser observada na dimensão de conformidade social. Em alguns aspectos de sua vida, esses sujeitos são os indivíduos mais autistas, interessando-se apenas pelo próprio bem-estar psicológico ($k+\ p+$), enquanto, em outros aspectos, se sujeitam voluntária (ou involuntariamente) às regras e normas prescritas pelo seu grupo social ($k+\ p-$). Devido às suas múltiplas potencialidades psicológicas, são capazes de atrair, até certo ponto, uma grande variedade de personalidades e conviver com elas sem, contudo, sentirem-se realmente satisfeitos em qualquer relacionamento pessoal. Esse sentimento de insatisfação faz com que estabeleçam numerosos relacionamentos desse tipo, de modo que a sucessão deles, e em conexão com vários indivíduos, consegue dar vazão, ao menos em parte, às suas necessidades intrinsecamente contraditórias. Costumam ser descritos como personalidades "exuberantes" e "dinâmicas", que atraem o interesse do meio ambiente. Também se interessam facilmente pelas outras pessoas, não obstante toda a limitação das suas reais emoções descrita acima. Apesar disso, devemos reiterar que nos casos dessa configuração *Sch*, essa limitação afetiva não fica evidente em pequenas parcelas do comportamento, mas apenas em períodos de tempo mais longos da vida do sujeito. O processo de intelectualização das experiências afetivas não acontece imediatamente durante a experiência (como no caso dos sujeitos $k+\ p$○), mas após a experiência.

Essa imagem do ego excepcionalmente controlado e integrativo está fortemente correlacionada com uma inteligência acima da média, sendo raramente encontrada em ocupações não intelectuais. Sujeitos com essa imagem do ego costumam ser não apenas intelectuais, mas claramente criativos de uma forma original, mais do que os sujeitos com as constelações $k+\ p$○, $k+\ p+$ ou k○ ou $p+$, para os quais a sublimação intelectual também é característica. Na verdade, nada além da criatividade intelectual constitui uma real descarga afetiva para esses sujeitos, cujas necessidades do ego são variadas e contraditórias demais para que possam ser atendidas por qualquer experiência mais realista. Em virtude da sua capacidade de recorrer aos recursos do seu inconsciente (existência de $p-$ na configuração), são mais produtivos criativamente do que os sujeitos com essas constelações *Sch* (as três mencionadas acima), que indicam que os processos pré-conscientes e conscientes de intelectualização das necessidades chegaram a tal ponto que o indivíduo não é mais capaz de recorrer ao reservatório afetivo do próprio inconsciente (ausência da componente negativa de p), para poder desenvolver um trabalho criativo. Essa conexão íntima entre os processos inconscientes e conscientes (indicados pela reação ambivalente de p) parece ser a mais profícua constelação do fator p do ponto de vista da criatividade original. Em outras palavras, isso significa que a tendência muito acentuada para o pensamento estritamente consciente e lógico se contrapõe à criatividade verdadeira, aquela que parece conservar algo da maneira de pensar geneticamente mais "primitivo" e intuitivo. A pessoa que apresenta a reação puramente $p+$ sente a necessidade desse pensamento, mas anula a sua efetividade real pelo próprio processo de conceituá-la e abordar o problema da "intuição" por meio lógico, o que em si é uma contradição. Não raramente, indivíduos $k\bigcirc\ p+$ são os adversários afetivamente mais violentos de qualquer coisa que lembre a "intuição" no trabalho científico, insistindo na dicotomia pensamento "científico" *versus* pensamento "intuitivo" – a intensidade afetiva das suas opiniões deriva do seu desejo de serem capazes, de vez em quando, de usar sua "intuição". O indivíduo $k\pm\ p\pm$ não receia usar qualquer poder que sinta existir dentro de si, mas procura integrar sua compreensão "intuitiva" num sistema cientificamente aceitável (o último é a função de $k+\ p+$ nessa configuração). Outro traço característico da sublimação intelectual dos sujeitos $k\pm\ p\pm$ é que nenhuma abordagem teórica ou prática isolada os satisfaz, mas, novamente, só a integração e a coexistência dessas duas abordagens. O sentimento subjetivo que acompanha o seu trabalho é muito menos inequívoco do que era nos sujeitos com $k\bigcirc\ p+$, que estão convencidos de que suas posições são corretas. Os indivíduos com a imagem *Sch* em discussão vivem em constante dúvida sobre tudo que fazem, pois, devido à complexidade das suas potencialidades, conseguem sempre pensar em outra maneira (ou muitas outras maneiras) de realizar qualquer tarefa. É difícil para eles afastar-se da sua produção, e têm a tendência de fazer muitas vezes o mesmo trabalho, sempre mudando seu método de abordagem.

O significado patológico dessa configuração *Sch* se refere à mesma incerteza subjetiva que, por sua vez, deriva do estresse incomum imposto ao ego pela existência simultânea de várias tendências ambivalentes. As manifestações patológicas desse sentimento sob estresse são diversos sintomas de angústia, principalmente de angústia hipocondríaca. A tensão psicológica é percebida em termos físicos, sendo muitas vezes efetivamente a causa de sintomas físicos cardíacos (taquicardia paroxística). Em outros casos, a experiência do sujeito de empregar excessivamente mecanismos de controle do ego resulta em uma angústia quase fóbica de um colapso psicológico. Eles pressentem a iminência de uma psicose. A ocorrência de surtos psicóticos é, na verdade, mais frequente nos casos de $k\pm\ p\pm$ do que nos casos de $k+\ p+$, nos quais o medo da psicose também aparece com frequência. Nesses casos, porém, o estresse sobre o ego era na verdade menor, pois a ambivalência nos fatores k e p estava ausente. A ambivalência em relação a se as necessidades deveriam ser enfrentadas, se a angústia em si deveria ser enfrentada e integrada conscientemente como um traço da personalidade (que era o caso no sujeito $k+\ p+$), ou se ela deveria ser afastada do consciente parece estar mais conectada dinamicamente com uma real predisposição para um surto psicótico; ao passo que, quanto mais manifesto, porém subjetivamente aceito, for o comportamento "pré-psicótico" de alguns sujeitos $k+\ p+$, menor será a correlação com um verdadeiro surto psicótico.

A configuração $k\pm\ p\pm$ é encontrada com certa frequência em indivíduos com pulsão sexual relativamente fraca, pois esses indivíduos tentam canalizar até mesmo seus impulsos sexuais por intermédio do seu ego. Eles obtêm uma espécie de satisfação sexual de relações platônicas, mas têm dificuldade em estabelecer relações sexuais plenamente satisfatórias. A partir da acentuada correlação desta configuração *Sch* com *d- m-*, no vetor do Contato, podemos inferir uma fixação básica em um objeto de amor que na realidade é inacessível, sem qualquer tentativa real de assegurar esse objeto. A análise desses sujeitos tem revelado que seu conflito edipiano, simultaneamente positivo e negativo, em geral não está resolvido. A ambivalência geral do seu ego poderia ser uma elaboração tardia dessa ambivalência não resolvida, com todas as atitudes "duplas" simultâneas nos seus relacionamentos interpessoais e também da sua identificação simultaneamente masculina e feminina, que costuma ser um uma fonte consciente de conflito. Esse conflito não pode ser adequadamente caracterizado como conflito homossexual latente, devido ao caráter essencialmente assexual desses sujeitos.

Essa configuração *Sch* não é encontrada em nenhuma faixa etária específica entre as quatro imagens do ego mais frequentes. Ocorre com mais frequência na puberdade e na adolescência. Também pode ser encontrada em adultos, mas praticamente nunca em sujeitos muito idosos.

k0 p0 (k *nulo com* p *nulo*)

A proximidade entre esta imagem do ego e a anterior, $k\pm\ p\pm$, é maior do que se poderia supor após as diferenças exteriores evidentes entre essas duas configurações *Sch*. A semelhança se refere à ênfase excessiva dos processos do ego na constelação $k\pm\ p\pm$, bem como na constelação $k0\ p0$. Em ambos os casos o sujeito pretende resolver todas as suas tensões e os conflitos "instintivos" pelo uso extremo das funções do ego. De fato, o objetivo desses dois dinamismos do ego é negar a importância de qualquer uma das pulsões correspondentes aos demais fatores e procurar viver por meio de nada além do ego. Em termos dinâmicos, isso significa que os sujeitos com qualquer uma dessas imagens *Sch* buscam manipular conscientemente suas pulsões parciais, atribuindo-lhes a canalização por meio do ego como a via de descarga mais desejável. O resultado em ambos os casos é que grande parte do caráter "instintivo" (ou espontâneo) das pulsões é absorvida no momento que estas aparecem no comportamento manifesto. De qualquer maneira, e não importa o nível em que esses sujeitos atuem, eles se comportam conscientemente; conscientemente dirigem as próprias ações, sendo que o ego cumpre quase consciente e simultaneamente os papéis de "diretor de cena" e de ator. Este corresponde, provavelmente, mais ou menos ao papel do ego em todo caso; no entanto, nessas duas configurações *Sch*, a experiência sensível dessa função do ego confere um caráter fortemente esquizoide à imagem; isto é, à experiência subjetiva de estar cindido entre o sistema "pulsional" e o "executivo". Esse profundo caráter esquizoide arraigado dos sujeitos com qualquer uma dessas duas configurações *Sch* pode ser detectado pela análise minuciosa da sua personalidade, mesmo quando o aspecto exterior do comportamento parece ser tranquilo e normal. O que quer que tenha sido dito, até agora, sobre as características dos sujeitos que apresentam *k*O *p*O refere-se apenas aos casos nos quais esta é uma reação *Sch* constante em uma série de dez perfis. Além das semelhanças descritas acima, entre a dinâmica da configuração *k*O *p*O e a configuração *k*± *p*±, existem diferenças consideráveis que resultam em padrões de comportamento que se diferenciam o bastante a ponto de serem facilmente discerníveis por um observador externo. A diferença dinâmica evidente reside no fato de, enquanto o indivíduo *k*± *p*± opera recorrendo conscientemente às forças controladoras autorreguladoras no interior do ego (posição ambivalente nos dois fatores do ego), sem tentar eliminar a extrema tensão resultante, o indivíduo *k*O *p*O dá vazão à sua pulsão através do ego a ponto de a tensão dentro dele ser completamente (na medida em que o teste consegue indicar) eliminada. Esses sujeitos são incapazes de suportar o sentimento subjetivo desses mecanismos controladores, o que implica um estado de tensão equilibrada no interior do seu ego. Pode ser que sintam que seus mecanismos de controle estão fracos demais para funcionar eficazmente, ou sintam que a tensão nas suas pulsões parciais representam uma ameaça grande demais para que possam ser descarregadas diretamente, embora tenham de descarregá-las de alguma maneira, sendo que o modo relativamente menos nocivo é permitir que sejam descarregadas após terem passado pelos canais modificadores do ego.

A elevada correlação entre esta configuração *Sch* e a reação completamente ambivalente e bissexual no vetor sexual (*h*± *s*±) aponta para a probabilidade da segunda hipótese. De qualquer maneira, o ego desses sujeitos recorre continuamente ao *acting out*, com frequência no nível verbal. Seu comportamento é tipicamente ativo (ainda com referência aos casos nos quais *k*O *p*O é uma reação *Sch* constante), chegando muitas vezes à atividade compulsiva, mas nunca no sentido de uma clara formação de sintomas neuróticos obsessivo-compulsivos. Esses indivíduos simplesmente sentem o desejo de fazer alguma coisa o tempo todo; precisam preencher o tempo com alguma atividade; e se não houver o que possam fazer, passam a falar. A explicação dinâmica desse comportamento está na conexão (ou talvez na identidade parcial) do ego com o sistema motor; dessa forma, para aliviar o organismo de tensões insuportáveis, o ego recorre ao uso excessivo do sistema motor. Essa forte compulsão por atividade nos sujeitos com $k\bigcirc\ p\bigcirc$ muitas vezes se manifesta de maneira positiva socialmente, pois o fato de as pulsões primárias não serem liberadas diretamente, mas através do ego, implica, na maior parte do tempo, formas socializadas ou sublimadas de descarga. Não é o tipo de atividade, mas a maneira pela qual esses sujeitos são levados a ser ativos o tempo todo, que transmite a impressão de compulsividade. Em geral são pessoas que, acredita-se, querem se perder no que quer que façam: de fato, a atividade exagerada é frequentemente motivada pelo desejo inconsciente e, às vezes, até consciente, de perder a própria identidade. Dependendo da constelação que estiver acompanhando o fator *s*, essa atividade é caracterizada como de natureza ativa ou passiva. Entendo como *atividade passiva* manifestações como excesso de leitura excessiva e ir com demasiada frequência ao cinema ou ao teatro, de modo que possa viver a atividade dos outros pela identificação. Nos sujeitos $k\bigcirc\ p\bigcirc$ essas atividades são bastante frequentes. São pessoas que retiram um livro após o outro da biblioteca para que possam ter o que ler, sem se preocupar com a escolha de obras específicas que possam querer ler. Suas idas ao cinema têm o mesmo caráter; vão para preencher o tempo livre e ocupar sua mente com qualquer coisa, sem buscar um prazer específico. A função dessas atividades é, novamente, permitir que possam se deixar levar pela identificação com um grande número de personagens diferentes. O que realmente não querem é ter tempo para se conhecer melhor. Contudo, essa "fuga" de si mesmo, no caso dos sujeitos $k\bigcirc\ p\bigcirc$, não implica recalque no sentido da configuração $k\text{-}\ p\bigcirc$. Neste caso, os sujeitos efetivamente recalcam, o que significa que não têm consciência do processo ou do conteúdo daquilo que tendem a recalcar. Nesta configuração *Sch*, porém, os sujeitos costumam ter uma boa ideia da própria personalidade (ausência de sinal de recalque ativo) e, exatamente por saberem o que não querem em si mesmos, procuram preencher o seu tempo com atividades que "afastam o pensamento" de si próprios. Muito provavelmente, é exatamente essa ausência do recalque verdadeiro que permite que consigam evitar a formação de sintomas neuróticos reais. Esses sujeitos estão continuamente em atividade, tanto na vida profissional quanto na vida cotidiana. Eles são exibicionistas do próprio ego, o que ocorre em um nível mais consciente do que o exibicionismo descrito em relação ao fator "*hy*". Muitas vezes, trata-se de um exibicionismo intelectual ou um exibicionismo conscientemente artístico, pois não ignoram o próprio desejo de impressionar as pessoas com uma personalidade "interessante". Em outros momentos, há determinados tipos de personalidade que gostariam de personificar ao longo da vida, em todas as suas ações. Por exemplo, podem ser conscientemente "encantadores" nos relacionamentos interpessoais, quando um observador psicologicamente treinado pode claramente perceber a artificialidade do seu "charme" quase exagerado. Esse "papel" particular em geral é assumido por sujeitos que sentem fortes tendências agressivas de base e decidem conscientemente não ser agressivos. Novamente, o processo difere do simples recalque, e não é incomum ser encontrado em indivíduos que, ao menos por um tempo, passaram por um tratamento psicanalítico, por meio do qual entraram em contato com as próprias pulsões e tiveram a possibilidade de escolher conscientemente aquelas que desejavam aceitar ou rejeitar.

Com base em mecanismo semelhante, esta configuração *Sch* aparece com frequência em mulheres do tipo fundamentalmente masculino, que decidiram assumir um "papel claramente feminino". Costumam ser mulheres com acentuada aspiração intelectual, assim como com características físicas masculinas, mas cuja vida real é completamente "feminina", no sentido de que se atiram compulsivamente ao papel de uma dona de casa eficiente e de esposa ou mãe abnegada. O resultado pode ser bastante positivo, pois recebem múltiplas "recompensas" emocionais caso desempenhem bem o papel que escolheram. Podem receber a admiração do seu meio ambiente, assim como de si mesmas, em razão do sentimento de terem sido capazes de viver à altura do próprio ideal do ego, embora, bem no fundo da sua consciência, se deem conta da irrealidade de sua vida. Apesar da impressão de se esquecerem completamente de si mesmas ao desempenharem suas atividades ou seus papéis, há uma parte essencial da sua personalidade que está encapsulada e permanece como "propriedade particular", não importa quão sociáveis e capazes de "fundir-se" possam parecer. (Nesse aspecto, se assemelham aos indivíduos $k\pm$ $p\pm$). Para usar uma metáfora quantitativa, podemos dizer que 90% de seu ego é extremamente flexível e adaptável às exigências do meio ambiente, mas os 10% remanescentes são completamente rígidos e narcísicos, resistindo a mudar por qualquer influência ambiental. Mais uma vez, chegamos à conclusão de que esses sujeitos são essencialmente esquizoides, pois conseguem viver e funcionar como personalidades "cindidas". Em termos junguianos, poderiam ser caracterizados como possuidores de uma "persona" fortemente desenvolvida, no interior da qual há uma parcela do *self* basicamente autista e não adaptável. Segundo Hinsie e Shatzky[28] (citando Jung), o termo *persona* é definido como "Máscara de atores; personificação de caráter...". Com esse termo, Jung indica a atitude disfarçada ou mascarada assumida por um indivíduo, em contraste com as componentes da personalidade mais profundamente enraizadas.

> Através da sua identificação mais ou menos completa com a atitude do momento, finalmente consegue iludir os outros, e frequentemente também a si, em relação ao seu verdadeiro caráter. Ele usa uma *máscara* que sabe corresponder às suas intenções conscientes, e que também atende às exigências e expectativas do seu meio ambiente, de modo que tanto um como o outro motivo prevaleçam...

Essa definição da "persona" coincide tão perfeitamente com a interpretação da configuração $k\bigcirc$ $p\bigcirc$ que é suficiente para caracterizá-la, exceto no caso de essa configuração aparecer subitamente numa série de perfis, após configurações *Sch* mais carregadas e mutantes, que com frequência são um indício de um súbito colapso do mecanismo de defesa mais repressivo, que pode significar o início de um processo psicótico. Nos casos não patológicos, o súbito esvaziamento completo do vetor *Sch p* ode ser encontrado em artistas imediatamente depois da "descarga" do ego por meio do processo criativo.

O significado patológico desta configuração *Sch*, nos casos em que constitui um traço estável da personalidade, refere-se principalmente a sintomas de despersonalização que podem aparecer em personalidades gravemente

---

[28] L. E. Hinsie e J. Shatzky, *Psychiatric Dictionary*. Oxford University Press, 1945. (N. R.)

compulsivas, sem sintomas específicos. As queixas correspondentes em geral são no sentido de que "agem sem sentir"; isto é, tocam a rotina de sua vida de maneira superficial, sem que um sentimento de "significado afetivo" esteja presente no que estão fazendo. Eles não sofrem particularmente, mas tampouco sentem prazer, podendo buscar voluntariamente a ajuda terapêutica devido à repentina sensação de falta de sentido. O trabalho analítico com esse tipo de paciente é extremamente difícil, justamente por causa da ausência de sintomas específicos, da calma aparente e da eficiência do seu comportamento, e, sobretudo, de sua resistência obstinada contra a transferência, embora sejam pacientes muito educados e "bem comportados".

A distribuição etária desta configuração *Sch* é semelhante àquela de $k\pm p\pm$.

11. Síndromes e ilustrações de caso

Com a discussão da configuração $k\text{O}\ p\text{O}$ concluímos a maior parte da apresentação da teoria de interpretação que pretendíamos incluir nesta obra introdutória. Embora tenha procurado indicar os diferentes significados de cada configuração fatorial e vetorial, destacando como cada uma depende da estrutura geral dos oito fatores e do conjunto da série completa, nesse método de estudo, no qual examinamos sucessivamente cada constelação isoladamente, não foi possível apresentar uma imagem integrada da interpretação da personalidade com base nos resultados do teste. No entanto, esse método é a única abordagem introdutória possível para um teste que implica uma série de pressupostos e raciocínios muito amplos e complexos para cada um dos oito fatores básicos. Pode ser que uma introdução mais pragmática, articulando a apresentação imediata de um grande número de exemplos concretos e derivados do estudo de casos reais com as síndromes correspondentes nos perfis do teste, fosse mais prática e satisfatória para muitos clínicos. Atendo-se menos às implicações dinâmicas da interpretação, e listando mais "sinais" e síndromes acompanhadas de interpretações de uma só frase, este livro teria adquirido um caráter mais de manual, que pudesse ser usado como um "dicionário" para buscar o "significado" de determinados perfis do teste. Entretanto, este é exatamente o uso que quis evitar, embora tenha consciência de que o livro pudesse se tornar mais "popular" dessa maneira. Como já foi dito, o objetivo desta introdução é reproduzir verbalmente, o mais fielmente possível, os processos dinâmicos que se supõe serem subjacentes às reações de escolhas específicas observadas no teste. Em outras palavras, seu objetivo é tirar o caráter "místico" do teste e explicar os diferentes significados das diversas reações em termos da psicologia dinâmica, o que, neste caso, geralmente significa fazer referência à teoria psicanalítica.

Sei que minha esperança e meu objetivo são convencer pelo menos alguns psicólogos e da psiquiatras céticos que prontamente pensam em termos da psicologia e da psicanálise dinâmica, mas para os quais interpretar as características psicológicas "profundas" com base no padrão peculiar de quadrículos vermelhos e azuis parece absolutamente inacreditável, se não completamente ridículo. Se este livro conseguirá ou não atingir esse objetivo, ao menos minimamente, não posso julgar por mim mesma. Sei apenas que, para mim, o mais importante é transmitir, ao menos em certa medida, o pensamento implícito nas interpretações para alguns poucos clínicos interessados "no que consiste", essencialmente, essa nova técnica projetiva, do que compilar um manual prático e fácil de usar, para facilitar a realização de um grande número de interpretações razoavelmente precisas por psicólogos menos céticos, mas cuja preocupação principal seria acrescentar um novo teste à sua bateria de testes, e que estariam prontos para usar o teste, apoiando-se nas várias reações positivas e negativas, nos "sinais" e nas síndromes, sem buscar entender o que está por trás dessas interpretações, desde que lhe pareçam clinicamente válidas.

Agora que já revisamos os "processos básicos" de interpretação, faz-se necessário discutir mais detalhadamente as correlações fatoriais envolvidas, a personalidade normal e as "síndromes" clínicas, com amplo material de casos ilustrativo. Este será o conteúdo do segundo volume, a ser publicado em breve. No contexto desta introdução, teremos de nos limitar à breve apresentação e discussão de alguns casos, selecionados como representativos de constelações e "síndromes" características. Para que possamos englobar, ainda que brevemente, um material mais variado e extenso, alguns casos serão ilustrados com apenas um ou dois perfis, que representam corretamente a estrutura básica da personalidade do sujeito; em outras palavras, casos em que as reações são bastante estáveis no decorrer de uma série mais longa. Todavia, deve-se ter em mente que essa apresentação e interpretação com base em um ou dois perfis pode ser feita tão somente para fins didáticos, apoiada em evidências externas de que esses perfis *de fato* representam os padrões básicos da personalidade do sujeito, e que não ilustram a prática clínica habitual, na qual não é possível prever a potencial amplitude da variabilidade de reações numa série de dez perfis, e podem ser cometidos erros grosseiros de interpretação ao considerar só os primeiros poucos perfis como refletindo a estrutura básica da personalidade do sujeito. (Ver Capítulo 4, sobre o significado de mudanças.)

Caso 1

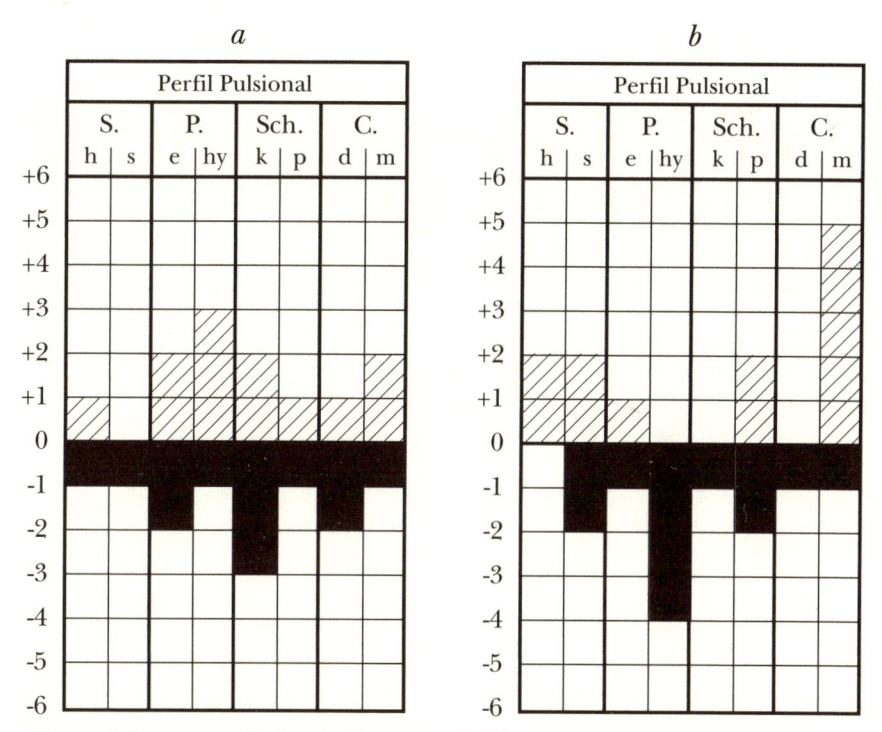

Figura 9. Interpretação 1. *a*. T. T., esposo de 23 anos; *b*. N. T., esposa de 23 anos.

Os perfis na Figura 9*a*, *b* foram escolhidos, primeiro, por causa das constelações específicas das reações no vetor *Sch*. Não discutimos as configurações $k\pm\ p$O e kO $p\pm$ separadamente, pois a interpretação de qualquer uma dessas configurações está muito relacionada com o significado da outra, indivíduos que apresentam essas duas reações costumam formar um tipo particular de casal infeliz. Consequentemente, pareceu-me ser mais adequado discutir essas duas imagens do ego na sua relação recíproca em conexão com um exemplo concreto.

Perfil (a)

As características evidentes no perfil (a), marido, são:

O fator mais carregado é k, na posição ambivalente.

Interpretação: Dinamicamente, a necessidade mais acentuada é a de manter a integridade narcísica da personalidade. Para isso, são usados os dois mecanismos, introjeção ($k+$) e recalque (k-). A pessoa tem consciência dessa necessidade narcísica de manter-se "livre" e sem ligações afetivas com outras pessoas (posição ambivalente).

As reações nulas são encontradas nos fatores h, s e p. Estas são as áreas "sem tensão" da sua personalidade.

Interpretação: hO com sO, caso seja um padrão recorrente, indica imaturidade sexual em se tratando de adulto; ausência de necessidade sexual vivida subjetivamente; fixação em um nível infantil.

A configuração $p0$ (com o $k±$) significa que a tensão correspondente ao fator p da libido direcionada para o objeto foi absorvida pela função do fator k. Em outras palavras, a transformação do objeto da libido em libido narcísica foi "bem-sucedida". A pessoa já não sente mais a necessidade de catexizar (amar) os objetos do meio ambiente porque, nesse caso, no qual pO aparece com $k±$, a pulsão original do id foi parcialmente dessexualizada pela intelectualização (processo introjetivo indicado por $k+$) e parcialmente recalcada (k-). Essa imagem do ego indica a mais consciente luta contra qualquer tipo de ligação afetiva "não modificada" com pessoas do meio ambiente. Mais importante que qualquer outra coisa para pessoas com $k±$ pO é a necessidade de manter a "organização" do próprio ego. A independência afetiva do meio ambiente constitui seu problema central. O fato de empregarem dois mecanismos, de alguma forma opostos, resulta em angústia vivida subjetivamente, sendo que essa constelação representa, até certo ponto, o fracasso dos mecanismos introjetivo e de recalque. No entanto, o comportamento parece calmo, "organizado" e capaz de perseguir seus próprios objetivos sem que sejam perturbados pelos possíveis efeitos do seu comportamento sobre as outras pessoas (a ausência de tensão no fator *p* sempre indica ausência de manifestações projetivas, como "simpatia" ou "empatia" sinceras, e que os processos psicológicos subjacentes a esses fenômenos pressupõem a existência de libido não modificada dirigida para um objeto). Indivíduos com essa configuração *Sch* reúnem as características dos sujeitos com *k*+ *p*O com as características dos sujeitos com *k*- *p*O. Em outras palavras, são sujeitos compelidos a sublimar compulsivamente. Seu comportamento é de fato semelhante àquele dos neuróticos obsessivo-compulsivos, exceto pelo fato de que o tipo de atividade que sentem como compulsiva em geral é de natureza sublimada, implicando dinamicamente que, apesar dos sentimentos de angústia, são capazes de obter uma satisfação afetiva "real" (ou seja, neste caso, narcisicamente afetiva) a partir do seu trabalho. Uma vez que a reação *k*± é relativamente pouco frequente na faixa etária de jovens adultos (ver seção sobre *k*±), deverá ser considerada reação "não usual" nos casos em que aparece na faixa etária entre vinte a trinta anos de idade. As reações atípicas para a idade cronológica do sujeito, assim como as correlações fatoriais "atípicas", são sempre úteis como pontos de partida para interpretar o padrão de personalidade particularmente única do sujeito em questão.

O vetor mais carregado na totalidade perfil (a) é o vetor paroxístico, com e± hy+.

Interpretação: O controle afetivo é uma área de "tensão" nesse homem. Ele vive um conflito consciente relacionado à maneira como lida com sua agressividade (*e*±), enquanto suas necessidades exibicionistas são aceitas subjetivamente sem causar qualquer conflito (*hy*+). O fato de o padrão *e*+ *hy*+ estar implícito na presente configuração vetorial demonstra que o exibicionismo afetivo de *hy*+ é impedido pelo superego (*e*+) de apresentar manifestações verdadeiramente antissociais, sendo que o fato de esta configuração também corresponder à constelação *e*- *h*- aponta para a existência de pulsões exibicionistas mais implacáveis. Correlacionando essas constatações no vetor *P* com *s*O, podemos supor que a pessoa está descarregando sua agressividade por meio de uma atividade constante, que permanece mais ou menos dentro dos limites socialmente aceitos; no entanto, manifestações de natureza essencialmente associal e antissocial podem ser identificadas na pessoa.

Ao interpretar a carga do vetor *P* à luz do que foi afirmado sobre a imagem do ego desse homem de 23 anos, pode-se dizer que ele procura direcionar a inflação afetiva por canais estritamente narcísicos (no que é bem-sucedido). A coexistência da reação *hy*+ com a reação *k*+ (pelo menos uma parte do fator *k* é positiva neste caso) é sempre um "sinal" de pulsões acentuadamente narcísico-exibicionistas. Dito de outra forma, as emoções não são dirigidas para os objetos, mas sim para o ego, e as pessoas do meio ambiente são necessárias apenas como "plateia" para suas manifestações exibicionistas (*hy*+). O sucesso relativo, ou melhor, a força dessas pulsões narcísico-exibicionistas, se manifesta no fato de que o fator *p* está esvaziado, o que significa que a pessoa não sente mais a necessidade de se fundir nos objetos de seu meio ambiente.

O vetor do contato (C) é a área mais equilibrada no perfil inteiro, como indicado pelo fato de que nenhum dos dois fatores está fortemente carregado ou completamente nulo. Os dois fatores do vetor C recebem o mesmo tratamento neste caso, ambos apresentando uma reação moderada de três escolhas, distribuídas de forma mais equilibrada; dois numa direção, com uma escolha compensando na outra direção. Da mesma forma, a associação de uma reação *d*- moderada (rejeição da necessidade de acumulação e dominação "anal" dos objetos materiais) é mais harmoniosa com a reação moderada *m*+ (aceitação da necessidade de desfrutar os objetos do meio ambiente).

Interpretação: A despeito de todos os conflitos e da imaturidade de personalidade, previamente mencionados, esse homem é capaz de estabelecer e manter um relacionamento satisfatório com o meio ambiente. É capaz de ter prazer em qualquer relacionamento que estabelece (o tipo de relacionamento que ele de fato estabelece é indicado pelas constelações dos outros fatores, tendo sido interpretado acima como do tipo narcísico-exibicionista, com características de agressividade e de natureza assexual).

A configuração *d- m+* indica uma atitude basicamente otimista em relação ao mundo, considerando o meio ambiente fonte de satisfação do tipo "oral". Pessoas *d- m+* costumam ser fiéis a um objeto específico de libido, sendo que o objeto para os sujeitos nessa categoria vetorial *C* geralmente é uma ideia, à qual se agarram com a mesma intensidade com que uma criança se agarra à mãe. A configuração *m+* indica que de fato existe algo (uma pessoa ou uma ideia) a que se agarrar, e o fato de *m+* não estar carregado (apenas ligeiramente positivo) indica que a pessoa se sente bastante segura quanto à sua relação com esse objeto "ideal". A configuração *d-* indica que nenhum esforço físico é requerido para produzir essa relação satisfatória. Também mostra que a pessoa está "grudada" a esse objeto particular. Essa constelação é encontrada, principalmente, em grupos profissionais (ver seção sobre configuração *d- m+*) para quem o tipo de trabalho feito representa o objeto "ideal", o trabalho que lhes dá prazer e ao qual aderem fielmente. Trata-se de uma imagem idealista, apresentada por pessoas para quem o tipo de trabalho desempenhado é mais importante do que a recompensa financeira obtida, mas que, por outro lado, não gostam de gastar o dinheiro recebido. A relação objetal agradavelmente constante desses sujeitos deve-se, geralmente, à sua habilidade de relações objetais por meio do pensamento; em outras palavras, sua capacidade de simbolização costuma ser elevada. Para eles, as ideias podem ter o mesmo valor afetivo que os objetos da realidade têm para outros tipos de sujeito. Essa imagem tipicamente "adulta" é obtida em indivíduos basicamente fixados na mãe, mas que não sofrem a frustração de ter de renunciar à ligação com a mãe. Na realidade, foram capazes de transferir a mesma intensidade do sentimento "de estar vinculado" para formas mais simbólicas de vinculação (ciência, arte, ideais políticos).

Integração de interpretações parciais: T. T. é um indivíduo sexualmente infantil e acentuadamente narcisístico. Seu objetivo é não estar emocionalmente ligado a seu meio ambiente, embora precise das pessoas como "plateia" para suas pulsões exibicionistas. Seu superego está desenvolvido, mas não funciona de forma muito confiável. Devido ao vigor e à eficiência do seu ego, consegue manter as pulsões do id sob controle, que nunca podem se tornar visíveis no seu comportamento, a não ser quando são modificadas e neutralizadas pelas funções do ego. Isso é alcançado por meio do uso simultâneo do recalque e da introjeção. Apesar de algumas características compulsivas, essa pessoa consegue derivar satisfação considerável a partir da sua habilidade de sublimar, como indicado pela sua atitude otimista e amistosa diante do mundo. Parece que é capaz de encontrar formas de dar vazão às suas necessidades narcísico-exibicionistas na realidade, de maneira bastante sublimada, embora ainda exista uma ambição suficientemente forte de obter mais satisfação dessa natureza. Apesar de sentir angústia, muito provavelmente em relação à sua necessidade de obter indicadores visíveis de sucesso, parece funcionar bem, ao menos no que concerne à organização da própria vida. Nos relacionamentos interpessoais, porém, deve ser frio e indiferente com o sentimento dos outros, exatamente como deve ser uma criança pequena e egoísta. Sua personalidade basicamente assexual também o ajuda a manter-se organizado e concentrar todos os seus esforços nas necessidades do seu ego. É provável que busque algum tipo de sucesso profissional com conquistas verdadeiras. Sem considerar agora a história deste caso, podemos acrescentar que muito provavelmente ele cumpre seu papel de marido de forma muito insatisfatória, uma vez que toda a sua libido é consumida para propósitos narcisísticos, eliminando uma necessidade sincera de relação heterossexual. Até onde é possível julgar com base em seu perfil, a única função da sua esposa, da qual realmente necessita, é a de servir de plateia para admirar suas realizações intelectuais.

Perfil (b)

A reação mais carregada está no fator *m*, em que o sujeito escolheu todos os seis retratos *m*, cinco como simpáticos e um como antipático.

Interpretação: Dinamicamente, a necessidade mais acentuada nessa moça é a de *agarrar-se* a objetos do meio ambiente para obter o seu amor e apoio. A carga extrema desse fator indica a qualidade de *angústia* desse apego. Mostra que a pessoa se sente desamparada e insegura a menos que haja algo ou alguém a que possa se agarrar, embora sinta a ameaça de uma possível perda do objeto de amor. Ela tem um caráter fortemente "oral" e, possivelmente, exibe grande variedade de características orais, como falar, comer, fumar, beber ou, em um nível mais sublimado, uma tendência para agarrar-se a objetos pelo prazer intelectual ou artístico. No caso dessa carga extrema, devem-se considerar algumas manifestações neuróticas oriundas dessa necessidade oral de dependência, embora isso não exclua a possibilidade de características orais de natureza mais sublimada também estarem presentes na mesma pessoa. No entanto, indica que as atividades sublimadas não satisfazem suficientemente a necessidade oral básica, ou não teríamos essa reação de escolha de *todos* os retratos *m*, a qual, em um sentido ou em outro, indica frustração nessa área. O fato de as escolhas serem na maioria das vezes positivas revela sua atitude ainda otimista em relação à possibilidade de satisfazer a essa necessidade de maneira positiva e socialmente aceitável. Ainda espera que o meio ambiente lhe proporcione "ajuda" e amor, e não se volta contra os objetos que causam sua frustração. Também indica sua própria disposição de dar afeto.

As reações nulas, sem tensão, aparecem nos fatores *e*, *k* e *d*.

Interpretação: A configuração *e*O significa que as emoções são descarregadas prontamente; caso seja uma constelação recorrente, mostra que é uma pessoa irritadiça, que facilmente dá vazão a pequenos ataques de agressividade, em vez de acumulá-la e descarregá-la de forma antissocial. Sintomas psicossomáticos também podem ser indicados por *e*O; mas, neste caso, isso não é provável em razão do fator *k*O (os sintomas psicossomáticos geralmente acompanham *e*O e *k*-). Além disso, o fato de *e*O nesse perfil consistir em uma escolha positiva e uma negativa é uma indicação negativa de graves sintomas relativos ao fator *e* (epileptoide).

A reação *k*O indica que o poder de organização do ego é fraco, que a pessoa está pouco diferenciada, como unidade separada e integrada, do meio ambiente. Ela não emprega o mecanismo de narcisismo secundário, o que significa que, no caso de frustração, não retira sua libido do objeto de amor. Não dispõe de fortes barreiras ao redor do seu *self*, podendo ser ferida em caso de frustração. Não se percebe como um indivíduo capaz de viver por conta própria, mas só em conexão com outra pessoa. Neste ponto, temos de explicar essa constelação específica de *k*O *p*± na sua relação com *k*± *p*O. A configuração *k*O *p*± é a reação *par excellence* de indivíduos que, numa relação pessoal específica, se sentem – e efetivamente são – rejeitados; a saber, no relacionamento mais importante para eles, e ao qual não estão dispostos a renunciar, mesmo diante de sinais evidentes de rejeição por parte do "parceiro". Tampouco negam para si mesmos o fato de que *são* rejeitados (ausência de *k*-). Mesmo assim, insistem na tentativa de fundir-se ao "objeto de amor", apesar de todas as dificuldades percebidas objetivamente. A constelação ambivalente do fator *p* reflete o caráter conflitante consciente da necessidade de fundir-se num objeto. Esta pessoa está consciente do seu conflito, mas não da natureza real da necessidade que a empurra para essa pessoa em particular, e não para outra (*p*-). A análise de sujeitos que apresentam essa reação *Sch* específica tem demonstrado que são indivíduos que nunca superaram o trauma de terem sido desmamados da mãe. Permaneceram fixados nesse estágio particular do desenvolvimento do ego que corresponde ao trauma do desmame e não foram capazes ou não estavam dispostos a dar o passo seguinte que os levaria para o desenvolvimento de uma reação *k*+, ou seja, a uma retirada narcísica da libido do objeto frustrador, que teria sido uma etapa necessária para o desenvolvimento da integridade do seu próprio ego. Em vez disso, insistiram em permanecer na situação frustradora, que dificilmente seria concebível a menos que obtivessem algum tipo de satisfação masoquista da experiência de sofrimento. Na verdade, os adultos que apresentam essa imagem particular de ego costumam ter traços concomitantes de personalidade masoquista. Parecem envolver-se em situações nas quais o trauma "primário", de ter sido rejeitado pela mãe, possa ser revivido. E aqui chegamos a uma possível explicação dinâmica da razão pela qual os sujeitos com a reação $k\bigcirc\ p\pm$ investem muitas vezes sua libido em indivíduos com $k\pm\ p\bigcirc$. Apegam-se a pessoas que não lhes dão a menor esperança de serem realmente aceitos e amados. Nosso sujeito $k\bigcirc\ p\pm$ se agarra com todas as suas forças a seu marido $k\pm\ p\bigcirc$, cujo objetivo principal na vida é livrar-se de qualquer vínculo pessoal e redirecionar toda a sua libido para si próprio.

Levantamos a hipótese de que o "trauma do desmame" tenha sido muito doloroso para os sujeitos com qualquer uma dessas duas imagens do ego, embora suas reações em relação a elas sejam diametralmente opostas. Enquanto o indivíduo com reação $k\pm\ p\bigcirc$ "estabeleceu" que jamais se envolverá emocionalmente outra vez numa situação em que poderá ser a pessoa que será abandonada, a reação $k\bigcirc\ p\pm$ reproduz o trauma primário de novo e de novo em todos os seus relacionamentos posteriores. A questão referente a quais poderiam ser os fatores decisivos na determinação do tipo de reação que a pessoa desenvolverá não pode ser analisada mais profundamente neste contexto. Entretanto, a discussão até aqui nos dá *insight* suficiente sobre constatações que, de outra forma, seriam paradoxais, de que dois indivíduos com estruturas do ego tão incompatíveis poderiam ser frequentemente encontrados formando qualquer tipo de par – marido e mulher, amizades infelizes, porém próximas, ou pais e filhos que parecem incapazes de viver com ou sem o outro. Nesses relacionamentos infelizes, o fator de perpetuação mais provável é a satisfação narcísica e sádica por parte do parceiro $k\pm$, que se contenta em constantemente provar a si próprio que é capaz de manter intacto seu distanciamento de qualquer emoção, apesar dos esforços da outra pessoa para fundir-se com ele. Ele é, sem dúvida, a pessoa mais "forte" na medida em que é mais autossuficiente. Por parte do parceiro $p\pm$, a força de perpetuação que faz com que a pessoa permaneça num relacionamento aparentemente ingrato é algum tipo de satisfação masoquista complexa oriunda da associação primária entre sentimento de amor e rejeição, condicionado, sem qualquer dúvida, pela primeira experiência desse tipo com a mãe. Há algumas evidências clínicas de que essa reação masoquista pode se desenvolver na pessoa cuja mãe tenha sido de fato uma personalidade sadicamente enérgica e cujo sentimento de rejeição tenha sido baseado numa experiência real na sua infância.

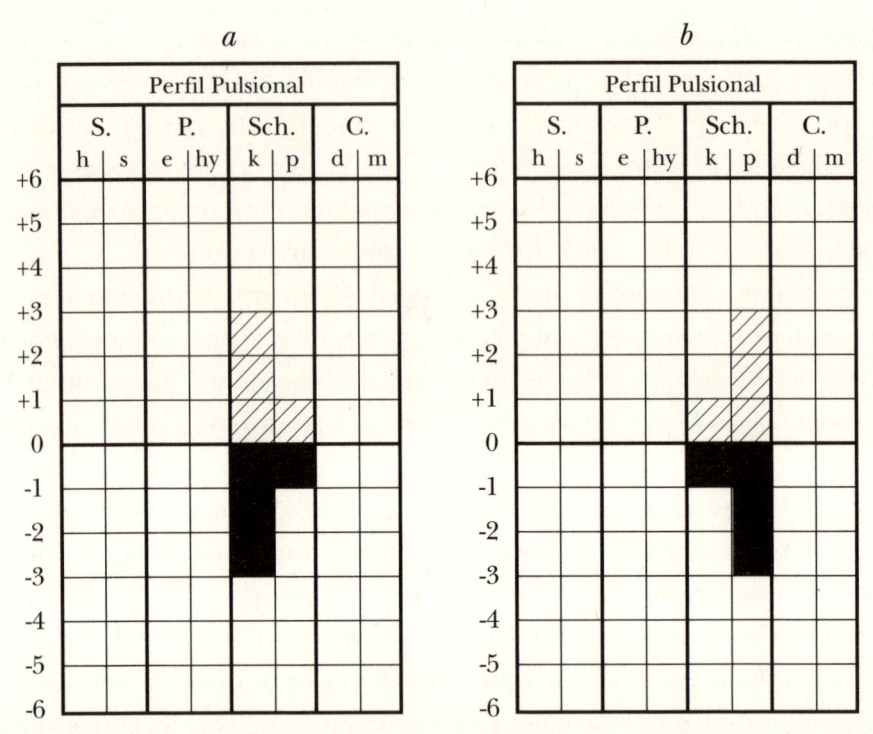

Figura 10. Relacionamento próximo e frequente, mas tipicamente infeliz, entre duas pessoas. *a*. Parceiro rígido, narcisista, que não está disposto a "fundir-se". Autossuficiente. Também é a imagem de uma pessoa que sublima compulsivamente, com sucesso exterior. Mais reprodutivo do que criativo. *b*. O parceiro passivo, infeliz, que quer "fundir-se". Não é autossuficiente.

Voltando ao perfil de N. T., correlacionando esses dois aspectos do seu perfil interpretados com mais profundidade, podemos ver que a dinâmica da imagem do ego kO p± parece ser corroborada nesse caso específico, como indicado pela extrema tensão da necessidade de dependência e de agarrar-se (fator *m*). Na seção referente ao fator *p*, dissemos que o conteúdo específico da necessidade expressa através de *p* deve ser decifrado no resto do perfil do teste, a saber, no fator mais carregado, ou seja, no fator mais dinâmico e tensionado. No caso de N. T., significa que a necessidade de dependência oral está mais frustrada e inflou o ego de modo a causar um conflito vivido conscientemente (*p±*) na sua necessidade de fundir-se ao objeto. A configuração *m+* carregada define para nós o caráter específico do relacionamento que ela busca sem sucesso. Ela gostaria de estabelecer um relacionamento no qual possa ser a pessoa que se agarra passivamente e necessita de uma dose excessiva de amor e de apoio maternal por parte do seu objeto de amor. Ela ainda precisa ser "mimada".

A reação dO neste caso pode significar que ela está cansada de procurar um objeto adequado, embora saiba que não vale a pena agarrar-se ao objeto antigo. Isso significa que ela não está interessada no tipo "anal" de relação objetal do gênero possessivo e dominador; não há qualquer tenacidade "anal" na sua busca ativa de um objeto. Ela simplesmente tenta se agarrar ao objeto mais próximo dela, sem forças para mudar o *status quo* realisticamente. Demonstra uma atitude despreocupada em relação aos objetos materiais, buscando desfrutar deles, em vez de acumulá-los ou dominá-los (dO m+). Mas, diante de uma tensão dessa magnitude no fator m, não podemos imaginar que esteja realmente contente e despreocupada, a não ser que seja uma pessoa "despreocupada" de uma forma apática.

Mencionou-se na seção referente à constelação dO que, em determinada configuração, ela pode significar um humor realmente depressivo, como sintoma aparente. Essa *constelação*, que traz o apego ansioso na configuração m+ carregada *e k*O *p*± no vetor *Sch*, é uma estrutura típica na qual dO deve ser interpretado como um sintoma manifesto de humor depressivo. Também já foi mencionado que esse é sempre um tipo de depressão apática – e não ansiosa (esta última é indicada por d+). Sujeitos com dO e m+ têm sido descritos como tipicamente passivos na sua relação com os objetos, sem nenhuma vontade de manipular ativamente os objetos e as situações. Nos contatos sociais são agradáveis, nada agressivos, e desejosos de agradar (tudo na esperança de serem retribuídos com um pouco de amor). A configuração dO indica que, embora nosso sujeito seja incapaz de tomar a iniciativa para sua mudança, caso uma mudança lhe fosse imposta em razão das circunstâncias externas ele seria capaz de se adaptar a ela com relativa facilidade. Contudo, no caso em questão, desde que a reação do seu ego permanecesse a mesma, ele muito provavelmente estabeleceria outra relação objetal tão frustrante quanto a anterior. A configuração dO m+ também expressa sua tendência à sublimação da oralidade, mas o malogro dos seus esforços é indicado pela existência de uma tensão extrema no fator *m*.

Depois do vetor Contato, o segundo vetor com tratamento desproporcional é o paroxístico. Além de *e*O, aparecem quatro escolhas negativas em *hy*.

Interpretação: Embora esta configuração não tenha sido discutida isoladamente ao abordarmos as configurações vetoriais *P*, o *e*O *hy*- representa realmente uma reação afetiva característica; a saber, o sentimento de angústia aguda, não do tipo difuso que seria indicado por *e- hy-*, mas uma angústia mais sistematizada e objetivada. A configuração *hy*- mostra que essa pessoa é bastante relutante em manifestar suas emoções abertamente – não qualquer tipo de emoção, mas especificamente seus sentimentos de ternura dirigidos a um objeto. Ela esconde seus sentimentos verdadeiros e exerce controle sobre suas necessidades exibicionistas, embora a carga do fator *hy* indique que não sente essas necessidades. Essa reação geralmente é sinal de um superego ativo, que impede que a pessoa dê vazão à sua necessidade infantil de satisfação narcísico-exibicionista. (Devemos lembrar que seu marido apresentou a reação exatamente oposta; ou seja, aceitação completa dessa necessidade narcísico-exibicionista.) A ausência de *e*+ no caso de N. T. demonstra que seu controle emocional não é tão rígido a ponto de impedi-la de sentir realmente a própria incapacidade de dar vazão às suas necessidades exibicionistas, de modo que a frustração correspondente deve ser vivida enquanto tal, sendo que a irritabilidade indicada pela reação *e*O pode ser uma consequência disso. Outros efeitos do recalque das manifestações visivelmente abertas da libido podem ser: entregar-se ao mundo da fantasia, a devaneios, ao sentimento de ansiedade. O fato de *hy*- estar fortemente negativo, enquanto seu fator *e*, seu fator "gêmeo", está esvaziado – caso seja recorrente numa série –, indica que as pulsões exibicionistas recalcadas correspondem às necessidades latentes *mais* perigosas na personalidade. Elas são "perigosas" na medida em que constituem a força pulsional subjacente aos sintomas neuróticos reais, precisamente porque não são aceitas, sendo, portanto, forçadas a influenciar o comportamento de maneira circular (neurótica). A histeria de angústia é um dos sintomas mais frequentes que ocorrem com esta configuração vetorial *P*. No caso de N. T., esses sintomas de uma verdadeira angústia neurótica se tornaram prováveis em função da sua reação no vetor *C,* que também apontou na mesma direção.

As reações de N. T. no vetor Sexual também são as relativamente mais equilibradas: não há uma carga desproporcional nos dois fatores, tampouco uma forte discrepância na sua direção. Ela reagiu com duas escolhas positivas aos retratos *h*, com reações exatamente ambivalentes no fator *s*.

Interpretação: Apesar de todos os sintomas neuróticos nos outros três vetores, e do fato de essa jovem se sentir subjetivamente muito mais infeliz do que o marido (perfil *a*), ela alcançou um grau muito mais elevado de maturidade sexual do que ele. Naturalmente, isso é parcialmente a causa da sua infelicidade, pois ela tem necessidades heterossexuais, mas não consegue estabelecer relacionamentos com objetos que possam satisfazer as suas necessidades sexuais. (No caso do seu marido, o fato de ser praticamente "assexual" tornava mais fácil obter satisfação a partir das suas atividades narcísicas "estéreis".)

A configuração *h*+ *s*± mostra que N. T. está basicamente identificada com o papel passivo e feminino da sexualidade, embora fique indecisa quanto a ser, ou não, completamente passiva e submissa (*s*±). Mas essa ambivalência não permeia a totalidade da sua sexualidade, pois a reação completamente *h*+ mostra sua inequívoca necessidade de carinho físico. A coexistência de *h*+ e a metade positiva do fator *s* também constituem uma garantia contra as manifestações sádicas de *s*+; a aceitação simultânea dessas duas necessidades opostas exerce certo efeito autorregulador sobre as manifestações comportamentais, modificando-se mutuamente (ver capítulo sobre a interpretação das características formais do perfil do teste).

A reação *h*+ em conjunção com uma reação *m*+ tão acentuada corresponde a uma típica "síndrome" de alguém que necessita de uma grande dose de amor pessoal e de carinho. Essa configuração – com h+ – é uma indicação negativa da possibilidade de sublimar com sucesso a necessidade oral, indicada pela acentuação de *m*+, por meio de atividade artística ou intelectual, ou da diversão, pois *h*+ é um sinal de que a pessoa não consegue transformar sua necessidade primária de carinho físico em formas mais conceituais de amor abstrato.

Com base na configuração completa do perfil do teste, temos de supor que s± no caso deste sujeito está associado à crise vivida por ele na sua relação objetal, indicando um "apego" ao objeto de tal intensidade que se aproxima do apego "violento". Indica uma relação objetal sadomasoquista – correlacionando-a à reação do ego – no que se refere à satisfação "sádica" decorrente do seu apego "masoquista" a um parceiro irremediavelmente narcisista. Este não é um mecanismo incomum em "mártires".

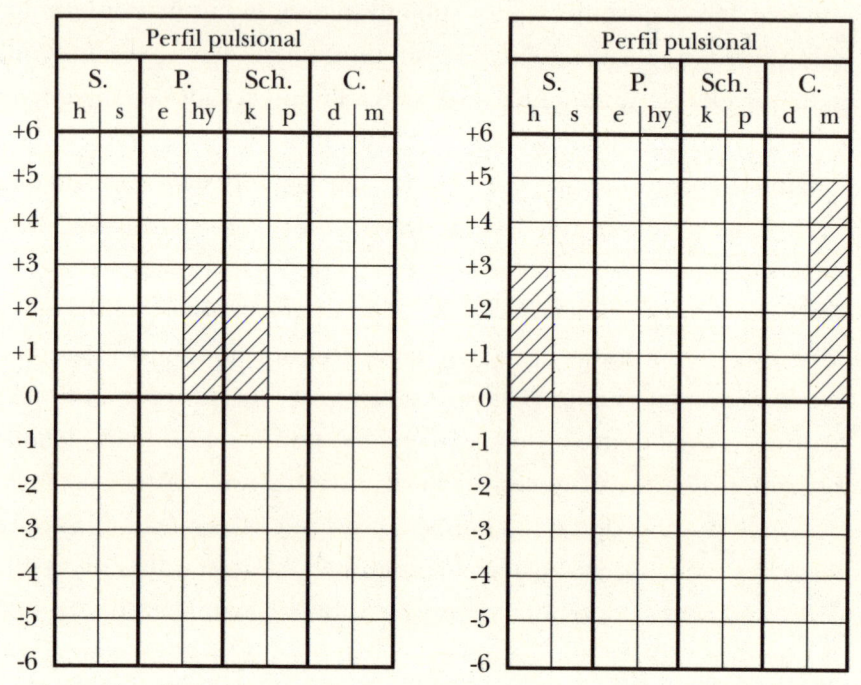

Figura 11. *a*. Narcisismo exibicionista. *b*. Necessidade excessiva de afeto; apego.

Concluindo, podemos dizer o seguinte sobre o perfil dessa mulher de 23 anos: ela tem um caráter passivo, do tipo oral fortemente dependente, frustrada na satisfação dessas necessidades. Sua habilidade para uma sublimação bem-sucedida é limitada, insuficiente para lhe proporcionar a satisfação dessas necessidades no nível "simbólico". No estágio atual do desenvolvimento do seu ego, ela tende a permanecer numa situação essencialmente frustrante, embora perceba o caráter insatisfatório das suas relações objetais. Está apática e é incapaz de promover ativamente as mudanças. Está deprimida e angustiada, sendo que sua angústia se manifesta mais provavelmente em sintomas claramente estruturados e objetivados. Suas pulsões heterossexuais essencialmente saudáveis constituem um bom fator do ponto de vista de prognóstico. Em seus relacionamentos interpessoais, ela é, provavelmente, agradável e desejosa de agradar as pessoas, mas frequentemente fica irritadiça, sem nunca, porém, deixar de exercer controle sobre a maneira como descarrega a agressividade. Ela é basicamente uma pessoa sensível, que não quer machucar os outros, e que se sente perdida quando fica sozinha. Muito provavelmente, se entrega a fantasias e ao devaneio a ponto de comprometer sua eficiência no trabalho que estiver realizando.

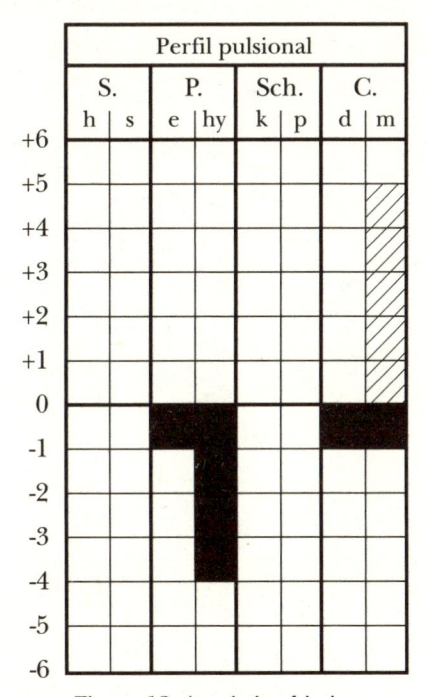

Figura 12. Angústia objetiva

Agora que já analisamos em detalhe os perfis do teste desse casal, um breve resumo da história do seu caso será suficiente para fechar o quadro e fornecer dados objetivos e independentes, que poderão ser comparados com os perfis de personalidade obtidos com base nos perfis do teste. A correlação dos detalhes das histórias do caso com as constatações do teste ficarão a cargo do leitor.

N. T. e T. T. estavam casados havia muito tempo quando esses perfis foram traçados. A moça sentiu necessidade de procurar ajuda psicanalítica por causa das seguintes queixas: sentia-se infeliz devido a frequentes crises de angústia, acompanhadas de crises de vômito e total perda de apetite. Essas crises ocorriam com regularidade sempre que estava na companhia de certas pessoas; em geral, sua mãe. No início, sempre que mencionava a palavra "mãe", não importava o contexto, começava a chorar. De qualquer maneira, chorava com frequência. Suas piores crises de vômito aconteciam sempre que sua mãe lhe dava um presente. Na verdade, sua mãe a torturava com comida, sempre forçando-a a comer, como uma criancinha com problemas alimentares. A mãe tinha uma personalidade agressiva e enérgica; era acostumada a dominar todos à sua volta. Era o principal esteio financeiro e a cabeça da família, e o pai era uma pessoa fraca e submissa. N. T. sempre se sentiu negligenciada quando criança, e de fato *foi* negligenciada. O pior período aconteceu com o nascimento do seu irmão mais novo, quando ela estava com oito anos de idade. Naquela época, a situação financeira da família era mais tranquila, e o segundo filho efetivamente recebeu mais atenção e tempo da mãe, que naquele período não tinha de trabalhar tanto no escritório. Daí em diante, ela conscientemente passou a detestar sua mãe, embora tentasse ser sempre "boazinha" para agradá-la. As dificuldades de alimentação de N. T. começaram cedo, mas intensificaram-se nessa fase. Na escola, N. T. era querida pelas crianças e também pelos professores. Era, e continua sendo, uma pessoa falante e simpática. Decidiu casar-se imediatamente após a conclusão do ginásio (que na Europa é o equivalente ao ensino médio, cuja conclusão se dá por volta dos dezoito anos de idade). Realmente se casou cedo. Suas crises de angústia e vômito começaram durante a lua de mel. Foi ela quem que forçou o casamento e, imediatamente depois do casamento, sentiu-se culpada por isso. Nessa época, ela também desenvolveu o hábito de "fazer caretas", que era quase um tique facial, e se assemelhava ao movimento de sucção com os lábios. Originalmente, tinha "sonhado" com uma carreira no palco (tinha realmente certo talento para representar), que abandonou antes de começar a apoiar o marido, que, na época do casamento, estudava História na universidade. Ela se orgulhava do sucesso intelectual do marido, mas estava bem insatisfeita sexualmente. Sua compreensão psicológica da personalidade do seu marido era bastante boa. Ela bem sabia que, espontaneamente, ele jamais teria se casado com ela, e que ele praticamente não tinha reais necessidades sexuais. Ele vivia em função de tornar-se o melhor aluno, admirado por todos os professores, e de fato foi capaz de atingir seu principal objetivo. Ele não se interessava por nada além dos seus estudos imediatos, que se limitavam estritamente a um período negligenciado da história medieval. Ele "gostava" da sua esposa, na medida em que era capaz de gostar de qualquer pessoa. Seus estudos tomavam praticamente as 24 horas do dia, incluindo os fins de semana. Seu trabalho não tinha originalidade, mas ele era extremamente consciencioso e ambicioso. A maior parte do seu trabalho era dedicada à leitura. Depois de concluir seu trabalho na universidade, passou a lecionar, atividade que lhe dava grande prazer. Continuava sem tempo livre para sua vida de casado, pois tinha de preparar suas aulas. Cuidadosamente, ele selecionava só aqueles "amigos" que o admiravam pelo seu intelecto e esperava ser admirado por sua esposa também. Até mesmo nisso ele estava satisfeito, porque ela realmente admirava seu intelecto, embora percebesse as falhas no resto da sua personalidade. Mas N. T. era incapaz de deixar esse homem que não lhe dava qualquer satisfação, exceto, provavelmente, orgulhar-se do sucesso dele. Ela chorava, reclamava e analisava em detalhe as razões da sua frustração, mas nunca fez qualquer movimento para se livrar dessa situação. Seu raciocínio característico era "Quem sabe se outro marido seria melhor". Embora fosse muito bonita, não se sentia autoconfiante quanto ao seu poder de atrair homens. Outro motivo para não querer um divórcio era sua preocupação com a reação da mãe em relação ao divórcio da filha. Continuava sonhando com "o dia em que subiria ao palco", mas não fez nada a respeito, mantendo seu trabalho de secretária durante anos, embora admitisse que o odiava. Não era uma profissional eficiente, confundindo-se com tantos devaneios. Como nenhum desses sujeitos fez análise comigo (o marido, obviamente, nunca cogitou fazer análise), e porque deixei o país, não pude acompanhar o desenvolvimento e as mudanças posteriores que certamente devem ter ocorrido nessa moça durante a análise.

As correlações fatoriais nas Figuras 10, 11 e 12 foram abstraídas dos perfis nas Figuras 9*a*, *b* e representam síndromes bastante frequentes e válidas de uma forma geral.

Caso 2

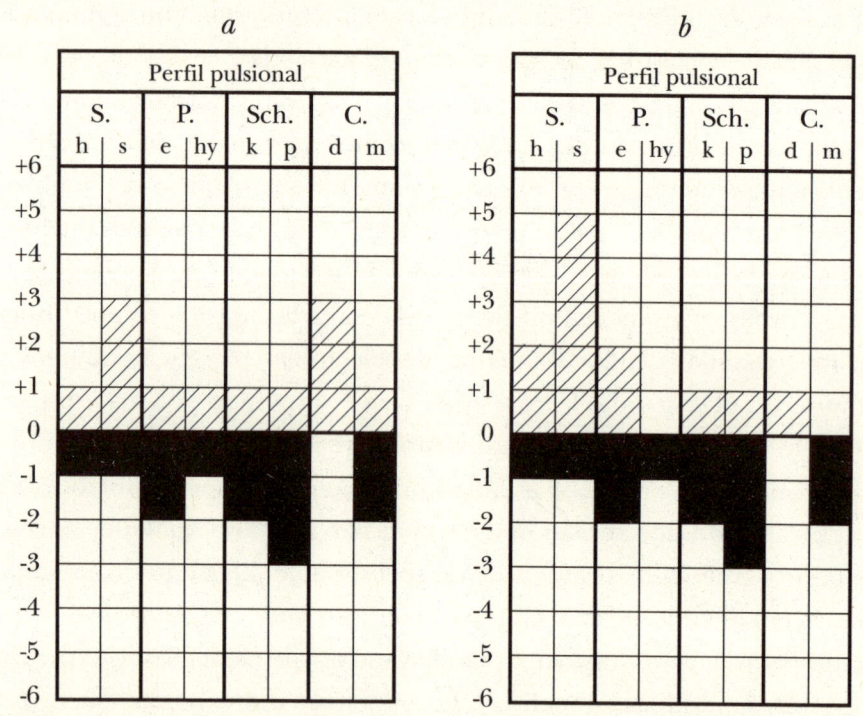

Figura 13. *a*, *b*. G. Y., rapaz de dezenove anos, condenado por tentativa de homicídio.

Apresento as Figuras 13*a* e *b*, dois perfis de um rapaz de dezenove anos, apesar de não saber praticamente nada sobre ele como indivíduo; sei apenas que os perfis foram obtidos numa prisão estadual na Hungria, onde G. Y. cumpria uma pena de quatro anos de reclusão por tentativa de homicídio e por ter participado de um incêndio criminoso numa sinagoga, na companhia de uma gangue de rapazes mais ou menos da mesma idade.

Infelizmente, em geral, os perfis de criminosos graves não costumam ficar disponíveis antes do fim da investigação do crime. Os perfis são obtidos durante o período de custódia, introduzindo, portanto, um possível fator modificador, cujo efeito não pode ser isolado da estrutura subjacente à personalidade. Ainda assim, as reações "típicas" de criminosos encarcerados são significativas, considerando nossa teoria de interpretação das diferentes posições fatoriais, de tal forma que partimos do pressuposto de que, embora, possivelmente, esses perfis do teste tenham sido ligeiramente modificados sob o efeito da detenção, podem ser considerados representativos do padrão de reação de indivíduos antissociais.

Nos dois perfis de G. Y. verificamos as seguintes características: o fator s é o mais carregado, sendo que, no segundo perfil, todos os seis retratos de sádicos foram escolhidos, com cinco "simpáticos" e um "antipático".

Interpretação: Existe acentuada tensão na esfera da atividade física, tensão que neste caso é extremamente forte em se tratando de um adulto, o que deve ser interpretado como agressividade física prestes a ser descarregada. Há necessidade de manipular os objetos do meio ambiente de forma agressiva. Ausência de capacidade de abstração. Nenhum interesse intelectual. Caráter impulsivo. Reações infantis.

Reações nulas: h (uma vez), hy (duas vezes) e d (uma vez).

Interpretação: $h\bigcirc$, em conjunção com $s+$, é uma constelação tipicamente "ruim". Indica uma dissociação nos dois principais elementos componentes da sexualidade, por meio da qual cada uma das duas tendências se manifesta em formas patológicas de comportamento, pois falta o efeito mutuamente "atenuador" dos fatores opostos. (O efeito patológico nesse tipo de dissociação dos dois fatores no vetor sexual se torna mais aparente no comportamento quando um dos fatores está nulo, ao passo que o outro está na posição positiva, do que seria o caso quando o fator que está carregado está na posição negativa ao lado da reação nula. Neste caso, podem ser esperadas manifestações neuróticas encobertas e *não* uma patologia antissocial, uma vez que uma reação negativa tanto no fator h quanto no fator s implica uma sublimação forte demais para permitir um comportamento antissocial). Neste caso, no qual $h\bigcirc$ aparece com $s+$, podemos supor que uma sexualidade infantil, talvez até homossexualidade, e sadismo sejam os dois traços patológicos aparentes no comportamento. Esta é uma imagem vetorial *S* comum em pervertidos sexuais e criminosos (sendo que os dois não se excluem mutuamente).

A reação *hy*O por si só pode ser interpretada apenas como falta de controle em relação à expressão das emoções. Isolada, ela não tem qualquer significado socialmente positivo ou negativo particular; no entanto, em conjunção com essa sexualidade pouco integrada e extremamente sádica, pode-se atribuir claramente um significado socialmente negativo à ausência de controle afetivo, indicado por *hy*O. Alguma coisa sempre sai via "acting out" nos indivíduos com *hy*O e com esse *s*+ acentuado (e como veremos nas outras constelações fatoriais socialmente desfavoráveis), e significa que um papel criminoso foi desempenhado via "acting out". Deve-se ter em mente que a frequência percentual de *hy*O nos diferentes grupos patológicos é a mais alta no grupo dos indivíduos antissociais. A reação *d*O indica falta de interesse pela especificidade dos objetos do meio ambiente. Não há forte apego a qualquer objeto; o que estiver mais próximo do seu alcance pode servir. Seu significado em termos de comportamento social não pode, mais uma vez, ser interpretado, exceto na sua relação com *m*. A configuração *d*O com *m*- é a constelação socialmente menos favorável de *todas* as configurações do vetor *C*. São os sujeitos com a atitude mais negativa em relação ao mundo. Não há qualquer tentativa de adaptação socialmente positiva, nem mesmo como adaptação "neurótica". Em seu comportamento há uma atitude socialmente desesperada de indiferença e agressividade contra um meio ambiente frustrador. Não é incomum tomar a forma de atividades destrutivas com o intuito de "garantir uma vingança" e obter algum "prazer" do meio ambiente frustrador. Com a frequência mais alta nos grupos patológicos, essa configuração é novamente encontrada em criminosos e depois nos psicóticos maníacos.

Os fatores de mudança são h, e *e* d. Nenhuma dessas mudanças é importante – apenas um ou dois quadrículos (indicação negativa de psicose). A tensão no fator *h* aumenta concomitantemente ao aumento de tensão no fator *s* e continua resultando no mesmo grau de discrepância nas suas cargas relativas, como observado no primeiro perfil. A interpretação é semelhante, exceto que a imagem sexual está ligeiramente mais equilibrada no segundo perfil.

No entanto, o sujeito é uma pessoa fortemente sádica, que exterioriza e não imagina. Não tem capacidade de sublimação. (Essa afirmação é corroborada pelos outros fatores, principalmente no vetor *Sch.*)

A mudança no fator *e* é mais interessante. Embora só um retrato adicional tenha sido escolhido como "simpático", o equilíbrio no fator *e* mudou consideravelmente de 2 negativo para 1 positivo (o dobro das escolhas negativas), passando para uma posição ambi-igual. A configuração *e-* é a reação típica de indivíduos com controle precário sobre as emoções agressivas, e isso é particularmente verdadeiro quando *e-* aparece junto com *hy*O, cuja configuração representa o controle afetivo mais precário do que se possa conceber. Mas, no segundo perfil, há algumas indicações da presença de um agente de controle (superego) que, embora esteja numa situação de conflito, mesmo assim indica certo constrangimento no que diz respeito ao comportamento manifesto. É um indício de surgimento de algum sentimento de culpa. (Isso, por exemplo, me parece ser uma possível reação provocada pela "prisão".) É interessante notar que a componente *e+* aumenta paralelamente ao aumento extremo da tensão de *s+*, que poderia estar numa relação dinamicamente causal, sendo que o sentimento de culpa seria a consequência (tensão interior crescente em relação à agressividade física).

A mudança no fator *d* mostra uma descarga em *d+*. A configuração *d+ s+* é a imagem típica do indivíduo anal-sádico: *d+* indica a necessidade de acumular e ter domínio sobre os objetos concretos e *s+* indica que essa necessidade é atendida de maneira implacável. Se *m-*s também estiver presente, não haverá dúvidas sobre a implicação socialmente negativa de *d+ s+*. A alternância de *d+* com *d0* aponta para uma leve mudança da pessoa em relação ao valor atribuído ao meio ambiente em geral. A configuração *d+* nesta constelação indica que os objetos continuam sendo valorizados; e que vale a pena acumulá-los e lutar sadicamente para possuí-los; enquanto *d*O indica uma atitude ainda mais cínica, negligente, na qual a destruição em nome da vingança se torna mais importante do que qualquer ganho material decorrente de uma atividade antissocial. (Atear fogo num templo se encaixa na segunda constelação, ao passo que o assalto é mais comum com *d+*).

A imagem do ego é 100% estável nos dois perfis, com a imagem do ego infantil "domesticado" de *k-* com *p-*, sendo que *p-* está mais carregado nos dois casos.

Interpretação: O caráter de controle forçado dessa configuração do ego foi discutido na seção correspondente, no capítulo sobre o desenvolvimento do ego. Também foi ressaltado que, embora na maioria das vezes essa constelação do ego acompanhe o comportamento disciplinado, ela representa a maneira menos confiável socialmente de chegar a um comportamento controlado, pois implica a falta de reconhecimento de qualquer força destrutiva latente operando nas camadas profundamente recalcadas da personalidade. A "irrupção do conteúdo recalcado" de maneira imprevisível é muito comum nessa configuração *Sch*, em particular se o fator *p* for o mais carregado, e, sem dúvida, se estiver associado a outro padrão igualmente socialmente negativo, como nesse perfil de teste (*s-*, *e-*, *hy*O, *d+* ou *d*O, *m-*). Teoricamente, eu diria que durante o ato criminoso ocorre uma descarga do *k-*; no entanto, não disponho de dados experimentais de "criminosos em ação", nos quais possa me apoiar.

Resumo: Os dois perfis do teste desse rapaz de dezenove anos mostram uma personalidade com sexualidade imatura e anal-sádica. Não há nenhuma possibilidade de sublimação em qualquer dos canais representados pelos oito fatores. Ele está desapontado com o mundo e se volta contra ele. Seu controle afetivo é muito precário e há uma carga enorme de excitabilidade motora sem controle adequado. Seu ego é infantil, num estado "nebuloso" no sentido de indiferença em relação aos próprios processos psicológicos. Seu interesse é estrita e agressivamente concreto. É capaz de apresentar algum tipo de comportamento disciplinado, porém só inteiramente motivado (ou quase inteiramente) pelo medo de agentes punitivos externos. Enquanto a punição externa pelo comportamento antissocial parecer iminente, poderá ser capaz de se conter; no entanto, não há controle interno. Parece uma criança que só é "boazinha" enquanto um dos pais, ou o professor, a estiver observando. No caso do adulto, os pais ou o professor são representados pela polícia. No entanto, caso essa constelação seja obtida em adolescentes ou adultos, implica tendências antissociais.

As Figuras 14, 15 e 16, síndromes típicas, podem ser destacadas com base nesses perfis:

11. SÍNDROMES E ILUSTRAÇÕES DE CASO

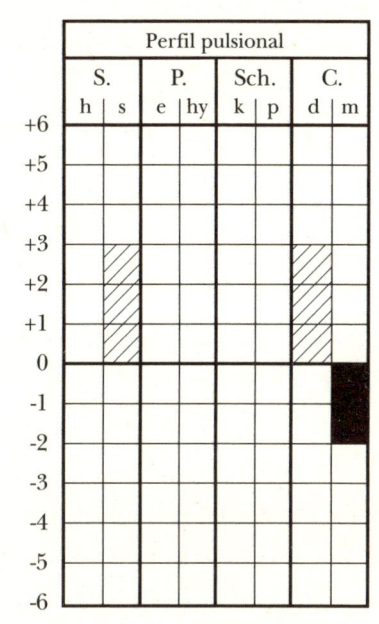

Figura 14. Tendência anal-sádica não modificada.

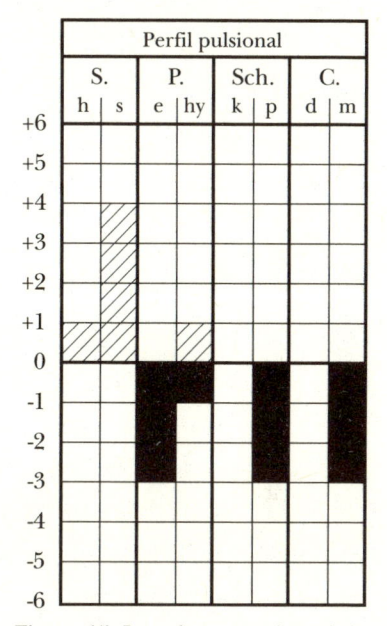

Figura 15. Impulsos assassinos (não necessariamente transformados em realidade).

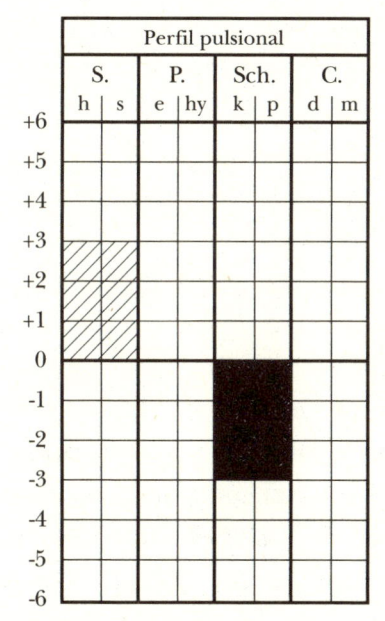

Figura 16. Pessoa "normal" não sublimada. Interessa-se exclusivamente pelo ambiente concreto e tangível. Fisicamente ativo, mas não necessariamente agressivo.

Caso 3

Esses dois perfis de outro rapaz com aproximadamente a mesma idade do adolescente discutido anteriormente foram escolhidos porque, em muitos aspectos, seus fatores constituem a constelação oposta aos fatores dos dois perfis de G. Y. Consequentemente, os dois sujeitos de mesma idade e mesmo sexo apresentam tipos opostos de personalidade, embora o adjetivo *agressivo*, se tomado fora de contexto, possa caracterizar qualquer um dos dois. No entanto, enquanto o caso de G. Y. corresponderia a pulsões reais e até a manifestações de comportamento fisicamente sádicas, no caso de T. R., a agressividade é puramente "intelectual", sem qualquer outra manifestação que não um extremo desejo de "saber" e ter sucesso nos estudos de Medicina. Eu poderia ter escolhido perfis mais completamente contrários aos de G. Y., perfis nos quais, realmente, cada um dos fatores estivesse na posição diametralmente oposta aos de G. Y., de forma que as personalidades dos dois sujeitos fossem 100% opostas. Mas preferi escolher o caso de T. R. exatamente porque ele também apresenta, de certa maneira, uma personalidade "agressiva", permitindo demonstrar a maneira como uma mesma constelação em um único fator pode ter implicações completamente diferentes para o comportamento, numa estrutura do teste completamente distinto.

A primeira diferença que pode ser observada nos dois pares de perfis é que, no caso de T. R., não há nenhum fator carregado com mais do que quatro escolhas, e mesmo quando há quatro escolhas uma delas ocupa a posição quadrículo "compensatório", em oposição à direção das outras três escolhas no mesmo fator. (G. Y. escolheu todos os seis retratos no fator *s*, com cinco escolhas na direção positiva.) Isso por si só indica que os perfis de T. R. correspondem a um tipo de personalidade bem equilibrada.

A diferença estrutural seguinte que podemos observar é que T. R. apresenta três reações ambi-iguais nos dois perfis, ao passo que G. Y. não apresentou nenhuma. Mesmo sem considerar em quais fatores essas reações ambi-iguais são encontradas, podemos dizer que indicam um melhor controle pulsional e maior consciência dos processos psicológicos do que demonstrado por G. Y.

11. SÍNDROMES E ILUSTRAÇÕES DE CASO

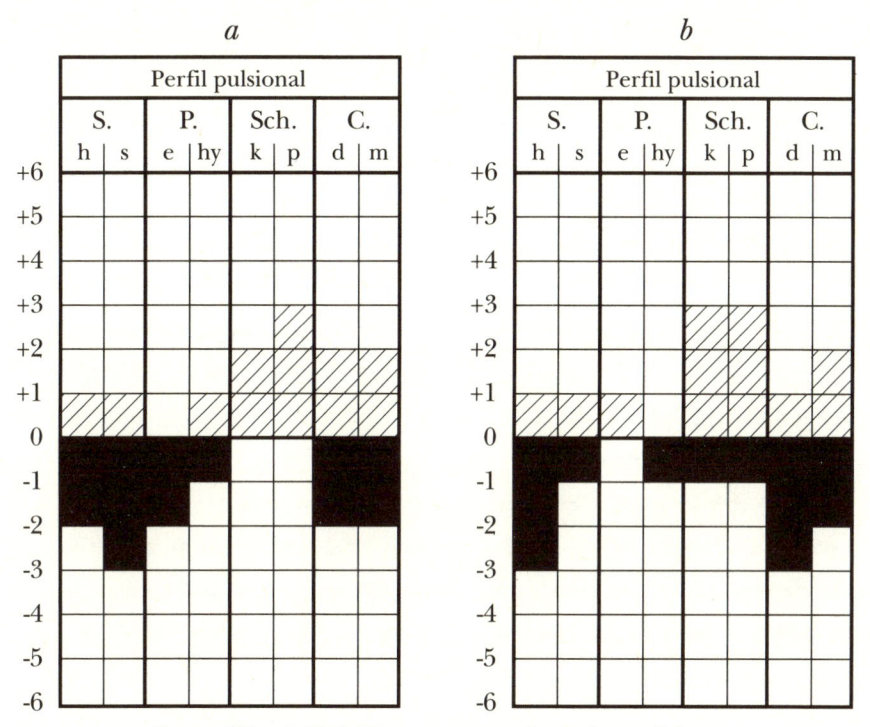

Figura 17. *a*, *b*. T. R. Vinte anos, estudante de medicina.

A terceira observação comparativa geral poderia ser que, à primeira vista, vemos que as reações negativas de T. R. estão distribuídas principalmente nos fatores nos quais G. Y. apresentou a maioria das suas reações positivas e, inversamente, indicando imediatamente um tipo contrário de organização das oito "pulsões" representadas no Teste de Szondi.

Os principais vetores nos dois perfis do teste de T. R. estão carregados de maneira regular, com exceção do vetor paroxístico, que está prática ou totalmente esvaziado. Isso significa que a questão do controle afetivo não tem muita importância para esse sujeito. Suas áreas de tensão são a sua sexualidade, o seu ego e sua relação com objetos do meio ambiente. Uma vez que uma das melhores formas de se começar a interpretação é vetor que mais chama atenção no conjunto da estrutura do padrão de teste (embora não haja nenhuma regra rígida para isso; o ponto em que se começa a interpretação depende muito das características específicas do perfil), neste caso podemos começar com o vetor *P*.

A falta de controle afetivo está evidente em ambos os perfis. A configuração *e- hy*O já foi discutida em relação ao primeiro perfil de G. Y., que – curiosamente – apresentou exatamente a mesma configuração. Dissemos que ela sugeria o pior controle afetivo, indicando irritabilidade, prontidão para descarregar a agressividade e algum tipo de válvula de escape exibicionista. Não obstante, o absurdo de interpretação das posições *per se* é claramente ilustrado neste caso. Podemos esperar que esse rapaz esteja pronto para descarregar a agressividade e apresentar características exibicionistas da mesma maneira que G. Y.? Um relance nos outros seis fatores nos responde claramente que "não". É bem verdade que ele *deve* ter algum tipo de escape exibicionista e que algum tipo de agressividade deve irromper com facilidade, mas as reações parciais *h- s-*, *k+*, *p+* e a presença *d-* e *m+* são uma garantia de que, seja o que for que esse rapaz faça, estará estritamente dentro dos limites socialmente aceitos; e mais ainda, o restante da estrutura indica que ele é um indivíduo tipicamente idealista e que sublima. Assim, nesse contexto, *e- hy*O corresponde mais à espontaneidade afetiva; na verdade não há nenhuma razão para que ele invista muita energia psíquica em controlar manifestações emocionais, uma vez que, desde o início, suas pulsões aparecem dentro da sua organização psicológica de forma socialmente sublimada. A sublimação básica das pulsões primárias e sua integração à estrutura do ego são as funções psicológicas que usam a maior parte da energia psíquica do rapaz. Não há qualquer indicação de controle forçado e constritivo em qualquer dos fatores (refiro-me, principalmente, à ausência de *k-*). A modificação (ou canalização) dessas pulsões básicas acontece em um nível mais básico de organização. Assim, a falta de controle afetivo nesse jovem constitui, psicologicamente, um sinal "positivo", pois precisa ter alguma área na qual consiga relaxar a tensão resultante do esforço psicológico extenuante demais para sublimar e integrar todas as pulsões psicologicamente percebidas no sistema coerente do seu ego – tudo isso sem recorrer à "organizadora" via de recalque (*k+* com *p+*). A configuração *e*O *hy*O, neste caso, significa que as emoções são vividas sem dificuldade, ainda que em um nível sublimado. Ele é suscetível de reagir emocionalmente às experiências comuns, o que, novamente, num perfil que aponta para tanta intelectualização, pode ser considerado favorável, ao menos por indicar que, apesar das fortes pulsões para a sublimação intelectual, esse rapaz é um ser espontâneo e afetivo. Indica um comportamento que se expressa livremente e sem rigidez. Subjetivamente, pode sentir os inconvenientes dessa falta de controle afetivo. Pode tornar-se facilmente irritável, e as emoções podem invadir seus processos de pensamento, podendo ter, eventualmente, um efeito perturbador na sua concentração intelectual.

Agora que analisamos o vetor que mais chama atenção e "que não se encaixa", podemos continuar interpretando os vetores sucessivamente, como aparecem no perfil, pois o conjunto da estrutura do teste revela uma correlação usual entre os fatores e os vetores; apresentando em todos os aspectos a imagem "típica" de uma pessoa que sublima intelectualmente. O que quer que produza o caráter e o colorido individual único da personalidade deve ser procurado sempre nas correlações que *não* são usuais, no vetor que *menos* se enquadra na estrutura geral do perfil. Neste caso, encontramos essa coloração mais individual no fato de que esse rapaz *é* espontâneo e pode ter dificuldades de concentração intelectual, apesar de todas as suas pulsões conscientes estarem no sentido da sublimação e do comportamento integrado.

O vetor Sexual apresenta a maior flutuação no conjunto do perfil, no qual a configuração *h- s-* muda para *h- s*O, embora apenas o fator *s* estivesse mais fortemente negativo do que o fator *h* no primeiro perfil. Isso pode ser tomado como indício de que para esse rapaz é complicado lidar com a agressão. Ele hesita entre um comportamento mais passivo e um mais abertamente agressivo. Contudo, caso aceite desempenhar um papel "agressivo" (o segundo perfil com *s*O), pode-se ter certeza de que, neste caso, a "agressividade" significa uma sublimação ativa e enérgica, que defende as suas ideias, e não uma agressividade antissocial. A configuração *h-* com *s*O é uma configuração típica para o que poderia ser denominado sublimação "masculina", significando, com isso, que sujeitos que apresentam essa reação no vetor sexual são provavelmente suscetíveis a dar vazão à sua "necessidade de masculinidade" numa forma dessexualizada de atividade profissional do gênero ativo (em oposição ao tipo passivo "receptivo" de sublimação, mais encontrado em *h-* e *s-*). O aspecto interessante desta configuração *h- s*○ é que, ao indicar tendências masculinas, como dessexualização ou sua expressão via sublimação, o seu significado pode ter sentido ligeiramente oposto, dependendo do sexo do sujeito. Ela ocorre em mulheres masculinas, que sublimam sua masculinidade na atividade profissional, ao passo que, nos homens, tem mais o sentido de evitar a identificação completa com a componente masculina da sexualidade, embora esses sujeitos não possam ser descritos como "femininos" no seu comportamento. Por alguma razão, eles parecem ter conflitos em relação à agressividade "masculina" no nível sexual primário, mas são capazes de sublimar sua indubitável necessidade de agir assim no trabalho profissional, no qual em geral são bem-sucedidos. Esse comportamento "dualista" e conflitante é indicado pelo fato de constituir uma imagem sexual "dissociada", que mostra que as duas componentes parciais e opostas da sexualidade receberam tratamentos diferentes, o que, como bem sabemos, é sempre um sinal de um amálgama precário das pulsões sexuais básicas, que se supõem fundidas nos indivíduos com uma sexualidade normal. No caso de um dos fatores estar carregado e o outro nulo, ambas as pulsões componentes da sexualidade parecem estar operando fortemente na personalidade; no entanto, elas exercem influência a partir de diferentes camadas da personalidade.

No caso desta constelação vetorial *S*, no segundo perfil de T. R., a configuração indica que ele sente intensamente sua parte feminina e terna da sexualidade como tal (fortemente por estar dissociada do fator *s*), mas recalca, mais ou menos conscientemente, sua manifestação aberta, dando mais ênfase à sua agressividade masculina, que, por outro lado, é impedida de manifestar-se por meio da sexualidade saudável, devido à ausência de fusão com *h*, sendo, assim, canalizada para outras formas não sexuais de comportamento. A presença de *h-* garante que, mesmo no caso de excessiva ênfase nessa agressão masculina, não surjam efeitos antissociais. A exatidão dessa interpretação, neste caso, decorre do fato de que *s0* aparece no segundo perfil do teste, depois de *s-* no primeiro; assim, o conflito entre a identificação masculina e a feminina é indicado de duas formas independentes: primeiro, no perfil pela carga desproporcional dos fatores "gêmeos", e, depois, pela mudança que ocorreu no fator *s* do primeiro para o segundo perfil do teste. Analisei essa constelação detalhadamente para destacar, em um caso concreto, as diferenças comportamentais dos dois sujeitos, cujos perfis apresentaram uma dissociação no vetor Sexual, ainda que a dissociação seja em direções diferentes, e, portanto, com consequências comportamentais diametralmente opostas, apesar de os dois rapazes apresentarem desequilíbrios nas respectivas sexualidades.

O vetor do ego, por outro lado, está bem equilibrado nos dois perfis, especialmente no segundo, no qual aparecem os quadrículos "compensadores" abaixo dos fatores *k*+ e *p*+. O fato de o fator *k*, sem alteração na sua direção, aumentar em duas escolhas (acréscimo de uma escolha positiva e surgimento de uma escolha negativa no segundo perfil) é mais uma indicação de que o segundo perfil corresponde a um estado de melhor integração do ego, do que havia no primeiro. É interessante notar que esse estado de melhor integração do ego ocorre quando *s*- desaparece no vetor sexual. Isso pode indicar que a pulsão para a identificação sublimada com o papel masculino pode ser mais bem integrada no ego do que a aceitação da sua tendência à passividade "feminina" (*s*-). Essas mudanças são características de indivíduos ditos "normais" ou "saudáveis", dos quais não se espera que estejam livres de conflitos e flutuações no estado de tensão das suas diferentes pulsões; mas espera-se que não apresentem mudanças extremas de um teste para o outro, o que seria indicado no perfil por inversões completas, em "espelho", das constelações fatoriais e vetoriais (ver capítulo sobre classificação sobre mudanças).

As imagens do ego nos dois perfis de T. R. indicam que esse rapaz quer se aceitar como é; ele gostaria de ser "afetivo" (*p*+) e, ao mesmo tempo, "intelectual" (*k*+); ele quer catexizar os objetos do meio ambiente, porém mantendo sua integridade narcísica autossuficiente. Como foi dito na discussão da configuração *k*+ *p*+, isso resulta necessariamente numa situação extremamente tensa no interior do ego, que pode ser sentida pela pessoa como uma situação crítica que não se pode sustentar por longos períodos de tempo em razão das contradições psicológicas inerentes à identificação simultânea e completa com essas duas pulsões opostas do ego. Mas isso exclui do ego, até certo ponto, quaisquer sintomas patológicos graves precisamente graças ao efeito mutuamente atenuante dessas duas pulsões, e porque tanto o processo inteiro quanto o conflito estão a tal ponto conscientes na pessoa que a maior parte do efeito patológico das pulsões é absorvida.

A única implicação patológica possível dessa constelação tensa do ego, de pré-esquizofrenia, pode ser descartada, pois a mudança no vetor do ego mostra que esse rapaz, em vez de estar prestes a "ter uma crise", tem potencial para aumentar o efeito organizador no ego (aumente seu k), aumentando-o de maneira muito positiva, com uma leve tendência para dividir sua atitude, sem ter de se forçar muito para realizar a tarefa mais difícil de aceitar e organizar todo o conteúdo afetivo no nível consciente. O segundo perfil indica uma disposição incipiente para retirar parte da sua energia psíquica da introspecção constante, ou, em outras palavras, ser um pouco menos preocupado com o estado do próprio ego, tendo, assim, mais energia à sua disposição para investir nos aspectos mais concretos e realistas do mundo. No caso da configuração $k+$ $p+$ vetor *Sch*, a ausência ou a presença do quadrículo compensador abaixo de cada fator parece fazer uma grande diferença em relação à eficiência realista da pessoa. Embora a sublimação seja indicada por todas as variações dessa imagem específica do ego, sem a capacidade do sujeito de deixar parte de seu ego na esfera do inconsciente (o inconsciente é indicado pela presença das reações negativas no vetor *Sch*), a pulsão para a sublimação é exaurida, muitas vezes antes de ter se manifestado em algum produto da sublimação construtivamente tangível. No caso do nosso sujeito, podemos supor que ele está deixando o adolescente inflado para trás, que estava no auge do período intelectual e emocional de "Sturm und Drang",[1] para se tornar um adulto realmente produtivo e sublimado.

As configurações e as mudanças no vetor do Contato apoiam essa interpretação de que o sujeito está num período de "transição" afetiva e de adaptação social. A configuração $d\pm$ $m\pm$ no primeiro perfil muda para $d-$ $m+$ no segundo perfil. A mudança de uma atitude totalmente ambivalente em relação à

---

[1] *Sturm und Drang* [tempestade e ímpeto] foi um movimento literário romântico alemão que ocorreu no período entre 1760 e 1780. (N. R.)

avaliação dos objetos do meio ambiente para uma atitude ligeiramente menos ambivalente ocorre ao mesmo tempo que a mudança para um estado de melhor organização do ego. No primeiro perfil, a configuração no vetor C indica uma ambivalência – ou oscilação – quanto a se os objetos do meio ambiente devem ser muito valorizados e procurados ativamente, ou se, por outro lado, ele deveria tentar obter satisfação em um nível completamente abstrato e, nesse sentido, irrealista. Como já mencionado na discussão dessa configuração dos fatores d e m, essa total ambivalência no vetor C em geral não é sentida pelo sujeito como um conflito sem esperança, mas as atitudes de oposição aos objetos e valores do mundo se manifestam mais na sucessão de pequenos lapsos de tempo, resultando em um comportamento inconsistente. No segundo perfil, observamos uma posição mais definida em relação à avaliação da importância dos objetos materiais do mundo. Nesse perfil, a configuração vetorial C se aproxima da estrutura de $d-\ m+$, indicando a depreciação dos valores materialistas, com aumento da importância dos valores idealistas e intangíveis. Como foi dito na seção geral sobre essa configuração, bem como na discussão do nosso primeiro caso (T. T.), essa constelação geralmente indica uma atitude positiva e otimista para com o meio ambiente, com obtenção de satisfação em um nível sublimado. No entanto, embora essa configuração esteja implícita no segundo perfil de T. R., a presença da parcela negativa do fator m é uma indicação de que esse rapaz sente frustração em relação à sua necessidade de se agarrar a alguém para obter amor e apoio. Na discussão do significado da posição $m\pm$, foi dito que essa constelação fatorial m, se for recorrente numa série de testes que apresenta outros sinais favoráveis de sublimação, geralmente se deve a características bissexuais básicas da constituição sexual do sujeito. O conflito no fator m indica que o apego a uma pessoa do sexo oposto não é completamente satisfatório e tampouco a alguém do mesmo sexo. Podemos, ainda, supor que a pulsão excessiva para a sublimação e a extrema catexia dos processos do próprio ego também tem, de alguma forma, uma conexão causal com esse conflito básico da organização bissexual. A mudança que ocorre no vetor sexual e a configuração dos fatores h e s no segundo perfil apoiam essa hipótese.

Concluindo, podemos dizer que esses dois perfis revelam um indivíduo intensamente sublimado e socializado. A presença de profissões intelectuais ou artísticas é praticamente certa nesses perfis. A personalidade de T. R. reflete um nível de organização extremamente distinto e complexo. Ele parece estar em um período de transição de um estágio mais cheio de conflitos e de adolescente para um estágio mais organizado e menos ambivalente da fase adulta produtiva. Os conflitos básicos estão assinalados na área da sexualidade, na qual falta a fusão das componentes "feminina" e "masculina", vivenciadas como forças mutuamente incompatíveis, em vez de aspectos diferentes da mesma pulsão básica. Mais especificamente, esse rapaz apresenta inconsistência em relação ao comportamento passivo e receptivo, ou ativo e manipulador. Ele é capaz de se identificar e desempenhar o papel correspondente ao segundo, mas só depois de ter desviado a libido sexual do seu objetivo sexual primário; em outras palavras, pela sublimação. A despeito de ser bem-sucedido nisso, ele sente frustração quanto às suas relações objetais, que, todavia, não provoca sintomas graves em razão da sua capacidade para obter satisfação de natureza sublimada.

Os fatos seguintes da história pessoal desse rapaz devem ser mencionados para fornecer elementos comparativos à nossa interpretação do teste. Quando o teste foi feito, ele era um estudante de Medicina entusiasmado e brilhante. Desde a sua infância, foi considerado brilhante intelectualmente, sem, contudo, ter sido uma criança muito "boazinha". Tinha facilidade nos estudos e para tirar as melhores notas, sem que tivesse de se concentrar muito nos trabalhos escolares. Ele tinha consciência dessa aptidão e frequentemente expressava seus receios de que as pessoas em geral o superestimassem. Sentia que mais cedo ou mais tarde iria desapontá-las, sobretudo seus pais, que tinham a expectativa de que ele se desenvolveria e se tornaria alguém "excepcional" na sua vida futura, pois ele não sentia que tinha forças para fazer um trabalho realmente duro, que exigisse esforços concentrados a longo prazo. Temia que jamais fosse capaz de restringir seus interesses o suficiente para ser realmente bem-sucedido num campo específico. Sua amplitude de interesses e conhecimento real oscilava muito, de matemática e física para idiomas, literatura, história, psicologia, e numerosas atividades que incluíam andar de bicicleta, fazer caminhadas, dançar, frequentar festas, etc. Apesar do seu aparente "sucesso" nas reuniões sociais, esse era um campo no qual se sentia inseguro. Receava que as garotas não gostassem dele, a menos que mudasse seu jeito de ser para agir de modo realmente "masculino". Ele se forçava a marcar numerosos encontros e fazer tudo que era esperado de rapazes da sua idade, porém sem sentir prazer. Ele trocava de namorada com frequência porque – em suas próprias palavras – ficava "entediado" quando saía com a mesma garota durante muito tempo. Seu comportamento em geral era alegre e contente, mas se sentia basicamente solitário na companhia de rapazes e garotas da sua idade. Por outro lado, era capaz de sentir intensa satisfação lendo, escrevendo, estudando ou trabalhando num problema teórico específico. Ambos os pais eram profissionais intelectuais; seu pai era químico, sua mãe, pediatra, profissão que ele seguiu mais tarde. Seus pais o amavam como se ama um filho único, mas ele percebia que eles não eram felizes no casamento – ou que não havia um casamento real além do aspecto formal – e que, se não fosse por ele, seus pais teriam se divorciado. Sua atitude para com os pais era de amor e compreensão, de uma maturidade quase assustadora, mesmo no início da puberdade, quando ele se deu conta da completa independência da vida de seus pais. Ele não condenou nenhum dos dois, mas procurou conscientemente fazê-los felizes. Suas angústias eram provenientes do sentimento de que poderia desapontá-los. Seus pais o trataram como adulto desde tenra idade e eram excepcionalmente sinceros consigo mesmos, bem como um com o outro, e com a criança. Consequentemente, a criança se identificou com os dois, e essa dupla identificação deve ter, possivelmente, servido de base psicológica para seus conflitos posteriores sobre ter um comportamento feminino ou masculino. A identificação tornou-se ainda mais complexa pelo fato de sua mãe ter uma personalidade fortemente "masculina", e seu pai ter uma personalidade fortemente "feminina". Com esse pano de fundo familiar, seria difícil imaginar que alguém pudesse desenvolver uma estrutura sexual mais saudável do que esse rapaz. Quando os perfis foram feitos, ele cogitava fazer psicanálise, talvez com a perspectiva de tornar-se psicanalista; no entanto, sentia que deveria dar um tempo e tentar "colocar as coisas em ordem" no interior de si mesmo, tarefa na qual acredito que foi muito bem-sucedido. Quando ele deixou a cidade, nunca mais o vi durante alguns anos, até que recentemente o encontrei novamente. Ele se tornara pediatra clínico, casara-se e era pai de uma criança, e dava a impressão de estar satisfeito com sua vida. Ele espontaneamente falou sobre os tempos de maior turbulência afetiva e intelectual (época em que os testes foram administrados) e afirmou que, embora os conflitos continuassem a existir, ele se sentia razoavelmente contente, gostava do seu trabalho e da sua família. Sem dúvida, havia certa amargura quando falava que era um médico "normal", que, por ter uma família para sustentar, tinha pouco tempo para a pesquisa. Gostaria de saber se houve mudanças no seu vetor do ego, mas não tive oportunidade de aplicar o teste nele.

Com base nesse caso, destacamos as correlações fatoriais na Figura 18 como típicas.

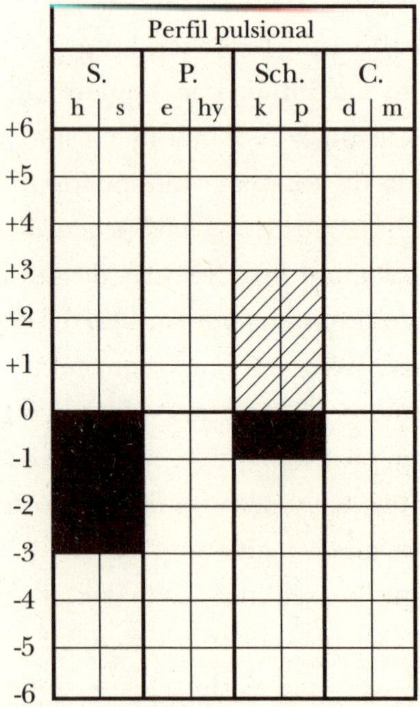

Figura 18. Imagem típica de um indivíduo sublimado, que quer enfrentar e intelectualizar suas emoções sem sufocá-las. (Oposta da Figura 16.)

Caso 4

Por fim, apresentamos a série de testes de B. I., um paciente esquizofrênico muito confuso de um hospital público, principalmente como um exemplo de um dos tipos mais patológicos de mudança, do tipo de mudança que *jamais* se espera que ocorra em sujeitos considerados "normais' ou em neuróticos. Será interessante comparar os traços estruturais desta série com os de F. T., cuja série de dez perfis foi apresentada na Figura 5 do Capítulo 6, quando o caso foi discutido do ponto de vista da análise formal, com base no cálculo puramente quantitativo e nas tabelas diagnósticas das fórmulas pulsionais apresentadas no apêndice do *Experimentelle Triebdiagnostik*.

Vejamos, primeiro, os resultados com base nos métodos do protocolo quantitativo da série atual de B. I. A proporção de todas as suas reações nulas em relação a todas as suas reações ambivalentes corresponde a 2,2. Esse valor é praticamente o dobro do valor obtido no caso de F. T. (1,08). Com base nessa proporção podemos dizer apenas que B. I. deve ter muito menos controle sobre as pulsões e ser consideravelmente mais propenso à exteriorização via "acting out" do que F. T. Com base nessa proporção não é possível dizer se esse tipo de "acting out" faz parte da variação de sintomas normais espontâneos, ou sintomas psicóticos.

Além disso, a folha de protocolo indica que B. I. pertence à categoria ou "classe pulsional" C_{m-}, que significa que é no vetor de contato que os dois fatores gêmeos receberam o tratamento mais desproporcional, sendo que o fator *d* apresenta reações sintomáticas em oito dos nove perfis (sete reações nulas e uma reação ambivalente), enquanto o fator *m* está em posição menos elevada em todos os nove perfis. Consequentemente, seria de esperar que a necessidade mais crítica nesse homem fosse a necessidade frustrada de dependência oral. Seja qual for o sintoma oral encontrado nele, supomos que a maioria é essencialmente motivada inconscientemente: primeiro por essa necessidade frustrada de se agarrar passivamente a alguém na busca de amor e apoio, e, segundo, pela sua tendência de manipular de maneira agressiva o seu meio ambiente (o fator *s* é o outro fator sem qualquer reação sintomática, aparecendo oito em nove vezes na posição *positiva*).

Diagnóstico: esquizofrenia de tipo misto

Nome: B. I.   Idade: 32   Profissão:

Teste de Szondi
Folha de protocolo com dez perfis pulsionais

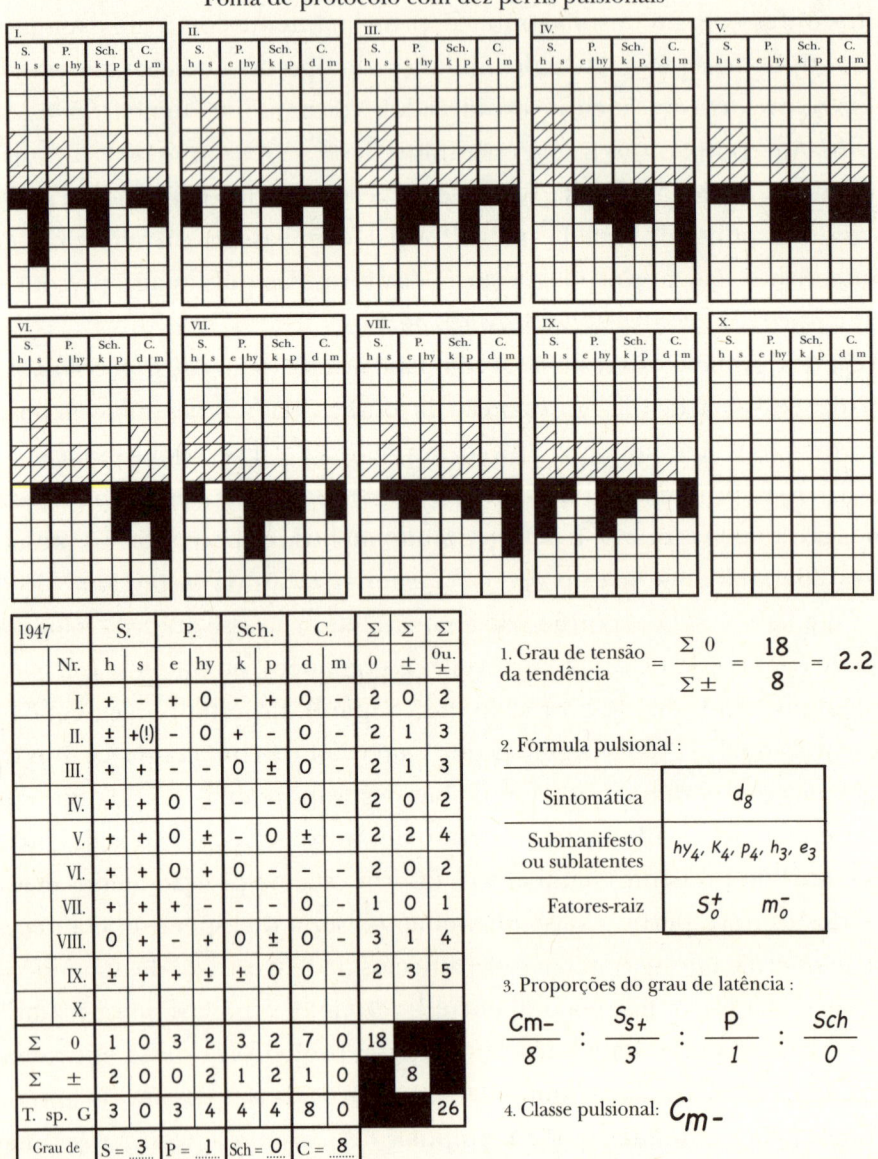

1947	S.		P.		Sch.		C.		Σ	Σ	Σ
Nr.	h	s	e	hy	k	p	d	m	0	±	0u. ±
I.	+	−	+	0	−	+	0	−	2	0	2
II.	±	+(!)	−	0	+	−	0	−	2	1	3
III.	+	+	−	−	0	±	0	−	2	1	3
IV.	+	+	0	−	−	−	0	−	2	0	2
V.	+	+	0	±	−	0	±	−	2	2	4
VI.	+	+	0	+	0	−	−	−	2	0	2
VII.	+	+	+	−	−	−	0	−	1	0	1
VIII.	0	+	−	+	0	±	0	−	3	1	4
IX.	±	+	+	±	±	0	0	−	2	3	5
X.											
Σ 0	1	0	3	2	3	2	7	0	18		
Σ ±	2	0	0	2	1	2	1	0		8	
T. sp. G	3	0	3	4	4	4	8	0			26
Grau de latência	$S = \frac{3}{S+}$		$P = \frac{1}{e}$		$Sch = \frac{0}{}$		$C = \frac{8}{m-}$				

1. Grau de tensão da tendência $= \dfrac{\Sigma\, 0}{\Sigma\, \pm} = \dfrac{18}{8} = 2.2$

2. Fórmula pulsional :

Sintomática	d_8
Submanifesto ou sublatentes	hy_4, k_4, p_4, h_3, e_3
Fatores-raiz	$S_0^+ \quad m_0^-$

3. Proporções do grau de latência :

$$\frac{Cm-}{8} : \frac{S_{s+}}{3} : \frac{P}{1} : \frac{Sch}{0}$$

4. Classe pulsional: $Cm-$

©1947, Verlag Hans Huber, Berna.

Figura 19. B. I., um paciente esquizofrênico.

Voltando ao apêndice de *Experimentelle Triebdiagnostik*, consultamos a Tabela Psicodiagnóstica XVIII, que nos fornece as fórmulas para "classe pulsional" C_{m-}. Nessa tabela, a fórmula que mais se aproxima (mas não é idêntica) da constelação dos fatores da nossa presente "fórmula" aparece como muito característica de pacientes maníacos. Como veremos na história do caso, nosso paciente tem realmente um grande número de sintomas com características "maníacas". No entanto, seu diagnóstico hospitalar foi de esquizofrenia, com sintomas mistos de hebefrenia e catatonia aguda. A razão pela qual, neste caso, a "fórmula pulsional" não indicou realmente o distúrbio esquizofrênico é o fato de o sintoma mais característico de esquizofrenia no teste, a inversão dos fatores em espelho de uma testagem para a seguinte, não aparecer como "reação sintomática" nesse tipo de classificação, pois as mudanças súbitas da reação positiva para negativa não são tabuladas como sintomáticas – uma vez que apenas as reações nulas e ambivalentes são consideradas sintomáticas. Isso não significa, obviamente, que esse tipo de tabulação das séries não deva ser feito; mas nos remete à importância de sempre interpretar as mudanças qualitativas que acontecem nos fatores e vetores, como indicado nos perfis gráficos (ou se poderia transpor os quadrículos gráficos para números, para facilitar uma rápida visão das mudanças fatoriais numa série longa, sem perder os dados qualitativos detalhados).

A abordagem qualitativa na interpretação desta série fornece os seguintes resultados:

Primeiro, a incoerência generalizada da configuração da série completa é evidente.

a. Ficamos imediatamente impressionados com o número de reações positivas ou negativas nos diferentes fatores, sem qualquer quadrículo compensatório na direção oposta.
b. O primeiro perfil mostra uma dissociação quase completa dos respectivos fatores gêmeos em cada vetor. Isso deve ser mencionado, pois os primeiros perfis de qualquer série parecem ter um significado específico do ponto de vista do diagnóstico do comportamento.

c. Uma carga desproporcional dos vetores é visível na série toda, particularmente nos perfis V e VIII. No perfil V, deve-se observar que os fatores nulos estão realmente 100% nulos, o que praticamente nunca acontece (em dois fatores do mesmo perfil) em não psicóticos.
d. Depois, deve-se observar as mudanças "espelhadas" completas que acontecem de um teste para outro (os testes foram administrados diariamente). As mudanças mais frequentes são no vetor *Sch:*
    a. Nos perfis I e II, *k-* com *p+* muda para k+ com *p-*.
    b. Nos perfil V e VI, *k-* com *p*O muda para *k*O com *p-*.
    c. Nos perfis VIII e IX, *k*O com *p*± muda para *k*± com *p*O.

Como salientamos antes, as mudanças são esperadas na série de qualquer sujeito, e mesmo no caso de indivíduos que funcionam relativamente bem podemos obter uma inversão completa de uma configuração vetorial no decorrer de uma série inteira. No entanto, no caso de pessoas "normais", essa reviravolta é um processo gradual, que ocorre por meio de um número de etapas "transitórias" e não por meio de um espelhamento completo da imagem vetorial anterior, de um dia para o outro.

A análise que fizemos até agora desta série de testes é suficiente para que formulemos as seguintes afirmações: este sujeito *não* funciona bem e apresenta sintomas patológicos mais sérios do que qualquer forma de neurose. Tem uma personalidade basicamente desequilibrada, sem quaisquer mecanismos estáveis de controle. Seu ego está seriamente desintegrado (não apenas regredido) e ele não apresenta uma atitude consistente em relação ao emprego de qualquer mecanismo do ego em particular. Estados de completa fusão adualística com seu meio ambiente se alternam com imagens de compulsividade rígida, apresentando a reação mais narcísica de indiferença afetiva, seguida de uma reação que aponta para a necessidade mais aguda de se fundir com as pessoas de seu meio ambiente e de amá-las. Em consequência, seu comportamento deve ser seriamente errático e imprevisível.

As "mudanças em espelho" no vetor *Sch* indicam a presença de um processo esquizofrênico; no entanto, para que se possa avaliar a relativa importância de um processo existente no contexto da estrutura total desta personalidade, teremos de examinar as ocorrências existentes nos outros vetores. Há apenas uma grande mudança no vetor sexual, que acontece nos perfis I e II, de *h*+ com *s*- para *h*± com acentuação de s+ (cinco +). O vetor paroxismal apresenta mudanças consideráveis nos sucessivos perfis. Mas uma inversão espelhada completa do vetor aparece apenas uma vez, nos perfis VII e VIII, quando *e*+ com *hy*+ passa para *e*- com *hy*+. Também há uma mudança em "espelho" completa no vetor P, entre as configurações dos perfis II e IV, que passa de *e*- com *hy*○ para *e*○ com *hy*-. No entanto, o perfil III mostra a etapa transitória de *e*- com *hy*-, reduzindo, assim, parte do significado patológico dessa mudança.

Assim sendo, podemos concluir que a relevância patológica das mudanças no vetor *Sch* é maior do que no vetor *P*, embora as mudanças neste sejam, sem dúvida, indicativas da existência de sintomas paroxísticos patológicos.

Há relativamente poucas mudanças no vetor do contato. O fator *m* está na posição negativa em todos os nove perfis, o fator *d* aparece nulo sete vezes, uma vez negativo, e uma vez ambivalente. Segundo nossos princípios gerais para a interpretação de uma série de perfis, temos de concluir que um processo patológico real não está acontecendo nessa esfera; contudo, devemos buscar um fator motivacional subjacente correspondente à constância de *m*-. Ademais, os fatores subjacentes estão representados nos fatores relativamente estáveis *h*+ e *s*+.

Dessa forma, devemos concluir que esse homem apresenta os sintomas mais agudos no vetor esquizofrênico. No contexto de um perfil tão completamente desorganizado, que não apresenta qualquer possibilidade de sublimação (porque todos os fatores mudam constantemente, com exceção de *h*+, *s*+, *d*○ e *m*-), e no qual há indícios da pior relação possível com os objetos do seu meio ambiente (*s*+, *d*○, *m*-), o diagnóstico mais provável é a psicose esquizofrênica verdadeira. Além dos sintomas esquizofrênicos devem existir algum tipo paroxístico grave de transtorno, embora a epilepsia verdadeira possa ser excluída com base no seguinte: no caso de convulsões de grande mal, deveria haver uma descarga eventual do fator *s*. Supõe-se que a imagem do ego dos epilépticos seja primitiva, refletindo um ego infantil mediocremente estruturado, mas que não apresenta essas mudanças "espelhadas", que revelam que o processo se origina nas funções do ego, e não através do sistema motor propriamente dito (como nos caso do grande mal).

Com base na estabilidade de *m*- e de *s*+ carregado, deve-se pensar, também, em comportamento antissocial. Na verdade, não há sinais que possam contrariar a hipótese de que esse homem tem sérias tendências antissociais; no entanto, a estrutura geral das mudanças indica que isso não pode corresponder ao seu diagnóstico principal. O comportamento criminoso por si só não explica as mudanças nos vetores *Sch* ou *P*. Mas a síndrome criminosa *s*+, *e*-, *p*- e *m*- está claramente presente nos perfis II e III. Mais uma vez, deve-se ter em mente que o primeiro perfil de uma série tem importância específica para o comportamento manifesto, sendo que B. I. apresenta *s*- *e*+ no seu primeiro perfil.

Portanto, apesar das evidentes indicações de um comportamento paroxístico e antissocial, a área mais patológica continua sendo aquela que corresponde ao ego do paciente; em outras palavras, o processo esquizofrênico parece ser a característica mais aguda no seu comportamento patológico. A etapa seguinte é definir a forma de esquizofrenia. A forma paranoide (o traço mais característico) não é indicada pela grande inconsistência do fator *k*. Formas sistemáticas de delírios paranoides não persistem com essa inconsistência nos processos egoicos. A ausência de *s*- é outra indicação negativa de sintomas paranoides sistemáticos. As grandes mudanças no vetor paroxístico indicam acentuada agitação motora, que estaria de acordo ou com o estado de excitação dos sintomas catatônicos, ou com sintomas hebefrênicos. A estabilidade das escolhas *h*+, *s*+, *d*O e *m*- apoia a segunda hipótese, pois essas correlações fatoriais são características de sintomas da mania psicótica (que são também a nossa conclusão com base na análise formal da série), sendo que os pacientes hebefrênicos costumam apresentar sintomatologia semelhante à dos maníacos psicóticos.

Assim, o diagnóstico final seria esquizofrenia, com traços de excitação catatônica e hebefrenia errática. O comportamento paroxístico e as tendências antissociais são de esperar nesse paciente. O prognóstico é muito ruim devido à completa desorganização da personalidade; a estabilidade de *h*+ com *s*+ sugere que o paciente era muito provavelmente um tipo primitivo e não sublimado, mesmo antes da crise atual. A configuração *d*O *m*- indica uma atitude completamente agressiva e negativista diante do seu meio ambiente: não há mais uma ligação com o objeto e tampouco formas positivas de buscar a satisfação da sua necessidade oral de dependência fortemente frustrada.

Quero concluir com mais uma observação sobre a metodologia. Caso sejamos confrontados com uma série de perfis tão inconsistentes e desequilibrados como este, a interpretação não pode ser feita com base no detalhe de cada elemento. Não é possível iniciar com a interpretação das posições dos fatores e vetores isoladamente, ou por perfis completos isoladamente, pois a essência de uma série completa reside nas *mudanças* e no fato de que a série é inconsistente. Uma vez entendida a essência disso, e concluído o diagnóstico de transtorno psicótico, podemos passar para as observações e comparações mais cuidadosas dos tipos de mudança que ocorrem nos diferentes vetores, necessárias para se chegar a um diagnóstico diferencial. No entanto, toda a interpretação que vem depois da primeira observação do transtorno psicótico está limitada à interpretação patológica. Por exemplo, com base no primeiro perfil de B. I., não tem sentido interpretar o seu comportamento como "ético" (*e*+) e com autocontrole (*k*-), quando as mudanças no perfil seguinte indicam algo diametralmente oposto. De forma semelhante, a configuração *h*+ com *s*-, normalmente uma imagem de não sublimação, mas de sexualidade bem amalgamada e "saudável", certamente não pode ser interpretada como tal, caso nenhuma das outras constelações fatoriais indique qualquer possibilidade de relação objetal satisfatória, ou, em termos analíticos, um manejo satisfatório da libido. Ela indica apenas, nesse contexto muito patológico, que esse homem tem acentuada pulsão sexual e agressiva, prestes a ser descarregada.

Em outras palavras, a interpretação deve sempre ser flexível. Primeiro, o intérprete deve examinar a série, no seu conjunto; deve-se ter uma "ideia" das características estruturais gerais, assim como do tipo de mudança que está ocorrendo. Dessa maneira, pode-se decidir sobre a probabilidade de uma das quatro categorias principais: um indivíduo que funciona bem; neurótico; psicótico; ou antissocial. Uma interpretação detalhada dos vetores, dos perfis, das síndromes, etc., vem depois dessa primeira verificação geral, sendo que a escolha entre os diferentes significados possíveis de uma dada constelação é definida pela estrutura geral da série completa. A interpretação que não segue essa abordagem "do todo para as partes" às vezes pode demorar muito mais tempo devido ao grande número de interpretações parciais, difíceis de serem integradas numa caracterização coerente da personalidade. As deduções podem até estar totalmente corretas e adequadas ao sujeito em questão, mas, em última análise, falham ao transmitir o sentimento de que a interpretação é uma fiel descrição de um ser humano.

Os pontos mais importantes do histórico do paciente B. I. são: quando os testes foram administrados, B. I. já estava internado num hospital público havia dois anos. Ele foi internado por decisão do tribunal, ao qual foi levado por ter cometido roubo repetidas vezes. Seu comportamento psicótico ficou evidente desde o início do interrogatório. Ele tinha uma risada boba o tempo todo, e era visível que estava alucinado, incapaz de dar qualquer resposta coerente. Era um filho ilegítimo que viveu num orfanato até os seis anos (necessidade frustrada de agarrar-se – m-!), quando foi levado pela sua mãe. Naquela época, a mãe vivia com um homem sádico e alcoólatra. Aos dez anos, o menino abandonou a mãe e perambulou até outra cidade. Fez vários biscates e mudou de trabalho quase toda semana. Passou alguns anos em um reformatório. Quando foi solto, continuou levando uma vida inquieta, perambulando como um vagabundo, sem fazer nada em especial.

No hospital, seu comportamento era muito errático. Ele oscilava entre a hipertimia maníaca e os acessos de raiva, durante os quais atacava fisicamente seus companheiros de quarto. Alucinava bastante, com delírios auditivos e visuais, mas principalmente táteis. Frequentemente sentia que estava sendo tocado de maneira sexual (acentuação de $h+$ $s+$) e gostava desse toque; dizia ser esta a razão da sua euforia, quando perguntado sobre o motivo dela. Ele também apresentava uma enorme variedade de sintomas delirantes incoerentes. Falava sobre "todas as suas mulheres" (um número por volta de quinhentos), que costumavam dormir com ele. Dizia que era feliz por ser homem, porque a mulher tem de "se dividir em duas" quando tem um filho. (Essa é uma interessante projeção da sua experiência de estar "dividido".) Ele falava dos seus planos de se tornar boxeador, quando fosse libertado ($s+$), ou de se tornar um general, quando ordenaria seus soldados a matar milhões de pessoas. Às vezes, tinha delírios religiosos e falava que era o fundador de inúmeras igrejas.

Ele se sentia muito forte e saudável ($h+$ $s+$), mas tinha de se cuidar para continuar assim. Toda noite, sentia que deveria se deitar numa determinada posição do lado direito, para que pudesse se manter forte e viver cem anos. Às vezes, se perguntava se realmente não tinha trocado de posição durante a noite (síndrome de angústia hipocondríaca, indicada por hy- com k-).

Ele tinha delírios e reais sintomas de piromania e foi tentado várias vezes a atear fogo no hospital (equivalente a paroxístico epileptoide).

A comparação da série de perfis de B. I. com a série de F. T. (Figura 5) mostra características estruturais diametralmente opostas, em todos os aspectos, da mesma forma como a severa rigidez compulsiva de F. T., que era diametralmente oposta ao comportamento psicótico mais errático de B. I.

Nos primeiros dez perfis de F. T. não havia mudança em "espelho" em nenhum dos vetores. Não havia nem mesmo uma única reviravolta em qualquer dos fatores, passando de uma reação positiva para negativa, ou vice-versa. O número absoluto de reações ambivalentes foi 25, contra as oito reações ambivalentes de B. I. Isso por si só indica um comportamento supercontrolado de F. T., sem espontaneidade. O possível diagnóstico de psicose pôde ser imediatamente eliminado com base no elevado número de reações ambivalentes, especialmente com estabilidade da ambivalência do fator k, e a consistência geral das reações. O comportamento criminoso pode ser descartado na mesma base, acrescentando também a presença da estabilidade de s- e a parcela positiva dos fatores e e m. Depois, é preciso definir se esse sujeito é uma pessoa bem controlada e psicologicamente sadia ou se é um neurótico supercontrolado. O fato de a ambivalência aparecer de modo consistente nos fatores e, k e *m* é decisivo para o segundo diagnóstico, em particular com o fator *p* quase sempre praticamente esvaziado.

Agora sabemos que *k*- com *p*+ e *k*± com *p*O são as reações características de sujeitos que lutam contra a aceitação da sua necessidade de investir sua libido nos objetos e que lutam compulsivamente contra as próprias emoções. A configuração *k*± com *p*O foi apontada como a reação típica de pessoas que querem se ver livres de uma ligação afetiva, mas que, apesar disso, permanecem no estágio da luta contra as próprias pulsões, em vez de realmente se libertarem. Fugir via sublimação forçada seria uma solução possível para essa configuração *Sch*; no entanto, uma relação objetal pouco satisfatória, conforme indicada por *d*O com *m*±, descarta a hipótese de que esse homem seja capaz de encontrar satisfação em um nível sublimado (neste, as configurações esperadas seriam *d*- *m*+ ou *d*O *m*+). Além disso, a estabilidade de *s*-, sem qualquer presença compensatória de uma reação *s*+, em se tratando de um homem de 32 anos de idade, é certamente mais do que uma simples indicação de comportamento saudável, porém passivo. Especialmente quando está associado à estabilidade do fator *h*+ ou O, como é o caso de F. T., corresponde a características patologicamente submissas e masoquistas.

Finalmente, a carga ambivalente e constante do fator *e* aponta para uma luta contínua a fim de manter um comportamento controlado, enquanto, ao mesmo tempo, o esvaziamento constante de *hy* mostra que algo está sendo continuamente exteriorizado. Considerando todas as indicações de controle constritivo (*e*±, *k*± com *p*O) e a agressividade recalcada, indicada pelo constância de *s*-, a conclusão lógica é de que o que esse homem está continuamente exteriorizando não é nada mais que um tipo de sintoma compulsivo, exibicionistamente repetitivo. A história do seu caso foi apresentada em conexão com a análise formal dessas séries. Gostaria de retomar esse caso, brevemente, para mostrar como, com base na interpretação qualitativa das constelações vetoriais e fatoriais, teríamos chegado ao mesmo diagnóstico de neurose obsessiva-compulsiva grave para esse homem. A monotonia dessa série, com todos os sinais de controle constritivo e agressividade recalcada, contrasta fortemente com a completa desorganização de todos os mecanismos de controle e ausência completa de recalque da agressividade, no caso do nosso paciente esquizofrênico, apresentado anteriormente.

A apresentação dessas poucas interpretações encerra esta introdução ao método de Szondi. Embora os perfis ilustrativos sejam poucos, esperamos que sejam adequados para facilitar a interpretação de outros perfis, não incluídos aqui. Na verdade, a variedade de combinações fatoriais é quase infinita; como em qualquer outra técnica projetiva, o verdadeiro processo de aprendizagem, embora facilitado pelos livros, pode ser obtido apenas com muitos anos de experiência trabalhando com o método, começando com casos sobre os quais há material clínico adicional. Um segundo livro referente à aplicação clínica do teste de Szondi será publicado em breve.

Índice onomástico

Abraham K., 135-36, 147
Bender, L., 91
Bühler, C., 233
Caille, R. K., 91
Dembo, T., 115, 117
Deri, O., 205
Deri, S., 206
Ferenczi, S., 136
Freud, A., 129
Freud, S., 95, 105, 135-36, 138, 179,
   182, 194, 196n, 199-201, 206, 223,
   227, 261, 263
Goldstein, K., 92-93, 99, 238
Harrower, M., 33
Hinsie, L. F., 283
Jung, C. G., 179, 283
Kelley, D., 106, 222
Klopfer, B., 106, 222
Langer, S. K., 263
Lee, H. B., 146
Lewin, K., 45, 115, 176, 183
Milne, A. A., 225
Nunberg, H., 179, 204
Piaget, J., 166, 206, 220, 233
Rank, O., 270
Reich, W., 251
Rorschach, H., 106

Shatzky, J., 283
Schilder, P., 86-87, 91, 179
Schiller. F., 187
Szondi, L., 21-22, 69-74, 76-77, 81,
   98, 100, 107, 200-01, 218, 231, 322
Werner, H., 99
Wolff, W., 109

Índice remissivo

"Armadura de caráter", 251
"Bloqueio da irrealidade", 165, 166, 176
"Dilema instintivo", 259
"Dupla" defesa, 224
"Empatia", 289
"Grau" de latência, 71, 72, 73-74
"Intelectuais",
    k+ p+ (k *positivo* com p *positivo*), 252
"Necessidade de fusão", 268-69
"Necessidade por causalidade", 204-05
"Simpatia", 289
"Sobrecarregado", 253
"Traumatofilia", 138
"Voracidade", 167
Adaptação aloplástica, 91-92
Adaptação autoplástica, 92, 94
Adaptação, 92
    aloplástica, 92, 94
    autoplástica, 92, 94
Adolescense,
    caráter "marginal" da, 243
    conflito emocional na, 132
    d- m- (d *negativo* com m *negativo*) na, 164
    d± m± (d *ambivalente* com m *ambivalente*) na, 176
    dO mO(d *nulo* com m *nulo*) na, 173
    e± (e *ambivalente*) na, 111-12
    e± hy± (e *ambivalente* com hy *ambivalente*) na, 131-32
    h- s- (h *negativo* com s *negativo*) na, 99-100
    h- s+ (h *negativo* com s *positivo*) na, 102
    h+ s- (h *positivo* com s *negativo*) na, 101
    hy+ (hy *positivo*) na, 117
    hyO (hy *nulo*) na, 123
    k- p+ (k *negativo* com p *positivo*) na, 243, 246
    k- pO(k *negativo* com p *nulo*) na, 243
    k+ p- na, 227
    k± (k *ambivalente*) na, 211-12
    k± p± na, 278-79
    m+ na, 153
    p- na, 192
    *p+*na, 189
    s± (s *ambivalente*) na, 96-97
Adolescentes,
    compulsão dos 244
    desenvolvimento do ego em, 243-45

Adultos
    antissocial, 226
    d- com *m+* em, 161
    d- m- em165
    d+ m± (d *positivo* com m *ambivalente*), 174-75
    *d-*em, 143
    *d*O em, 146
    *d*O *m-* em, 173
    *d*O *m+* em, 170, 171
    *d*O *m*O em, 175
    e- (e *negativo*) em, 110-11
    e± (e *ambivalente*), 111-12
    *e±*em, 106-07
    e±hy- (e *positivo* com hy *negativo*), 125
    *e*O em, 113
    h- s- em, 101
    hy- em, 122
    hy± (hy *positivo*), 117
    hy± (hy *ambivalente*), 122-23
    *hy*O (hy *nulo*), 123-24
    k- p-, 226-27
    k- p+ em, 245
    k- *p*O em, 241
    k+ p+ (k *positivo* com p *positivo*), 252
    k± (k *ambivalente*), 211-12, 289
    k± p+ (k *ambivalente* com p *positivo*), 247-49
    k± p± (k *ambivalente* com p *ambivalente*), 273
    *k± p*O (k *positivo* com p *nulo*), 258-59
    *k*O em, 217
    *k*O *p+* (k *nulo* com p *positivo*), 267
    k-p- (k *negativo* com p *negativo*), 231
    *m*O (m nulo), 157-59
    p- em, 192
    p+ (p *positivo*), 187
    s± (s *ambivalente*), 96
Agorafobia, 170
Agressão masculina, 314
Agressão, 162, 171, 189, 241
    "intelectual", 310
    ambivalente, 96
    e- (e *negativo*), 110
    e e+, 107
    h- s+ (h *negativo* com s *positivo*), 102
    h+ s- (h *positivo* com s *negativo*), 101, 102
    masculina, 314-15
    no sujeito *kOpO*, 281
    reprimida, 75
    s+ com *d-* em, 141
    *s*O, (s nulo), 97
Agressividade intelectual, 310-11
Agressividade latente, 237
Alucinações corporais, 209
Alucinações,
    corporais, 209
Ambivalência, 156, 157, 158, 176-77, 193, 213, 229-30, 266, 273, 316-17
    do caráter *d±* (d *ambivalente*), 143-44
    do sujeito com *k*O *p+*, 269-70
    e *e±* (e *ambivalente*), 111
    e± com *hy±* (e *ambivalente* com hy *ambivalente*), 131-32
    sujeito *k± p+*, 249-50
Amor "platônico", 86
Amor próprio. *Veja* Narcisismo
Anal sádico, 163, 307
    perfil de tendência não modificada, 309

Angústia difusa, 165
  e- hy- na, 128-29
  hy- na, 119
Angústia hipocondríaca, 196, 242, 273
Angústia objetivada, 301
Angústia pulsional, 129
  h+ s+ na, 99
Angústia, 137-38, 158, 168-69
  com sintoma estruturado, 196
  difusa, 165
  e- hy- em, 129
  e+ *h-* na (e *positivo com* hy *negativo*), 125
  em *hy-* difusa, 121
  experiência semelhante a, 254-55
  fóbica, 196
  hipocondríaca, 196, 242, 278
  $k\pm$ na, 210
  $\pm pO$ na, 288
  + na, 151
  pessoa com $k\pm p+$, 249, 250
  pulsional, 99, 129
  real, 254-55
  sintomas objetivados, 301
Angústias fóbicas, 196
  e+ *hy-* (e positivo com hy negativo) na, 125
Apatia, 197-98
Aprendizado social,
  e repressão, 211
Arte crítica
  h-s- na (h *negativo* com s *negativo*), 99
Artistas
  $dOm+$ em, 170
  $kO\ p-$ em, 221

m+ em, 152
s+ em, 93
Assassinatos. *Veja* Criminalidade
Asseio, 136, 139
Associações
  ao teste de fotografias, 35-43
Atitude sexual,
  do sujeito *k- p-*, 234
Atividade *passiva*, 281
Atividade substituta, 237
Atores,
  e *hy*+ (hy *positivo*), 117
  mO (m *nulo*) em, 157
Autismo "fisiológico", 206
Autismo infantil, 165-66, 206 244
Autismo onipotente, 232
Autismo psicótico, 203-204
Autismo, 126, 165, 166, 176, 177, 226, 267
  "fisiológico", 206
  infantil, 206, 244
  onipotente, 232
  psicótico, 203-04
  sujeito $k\pm\ p\pm$, 274
  sujeito $kO\ p-$, 221
Autista
  significado de, 215-16
Autocontrole, 243
Autodefesa, 240
Autoengano. v, 154
Autores. *Veja* Escritores
Avareza, 142

Barreira narcísica superficial, 251
Bissexualidade, 157, 167

Cabular aulas, 230-31
Caracteres anais, 136
    e dinheiro, 142
    e fator *d*, 42
Características anais
    e fator *d*, 136-38
    e reação positiva no fator *d*, 139
    e sintomas de depressão, 137
Características compulsivas
    na pré-puberdade, 237-38
Caráter de valência, 45
    e grau de tensão, 45
Caráter oral, 147-49, 168, 294-93
    e fator *m*, 42
    reação no *m*+, 150-53
    traços, 157
Categorias de diagnóstico. *Veja* Fatores
Catexiza
    das fezes, 136-37
Catexizados em *k*+ *p*+, 253
Causalidade, necessidade de, 205
Cientistas
    k- p- nos, 236
    *k- p*O nos, 241
    *k*O *p*+ nos, 272
Classe de impulso bi-igual, 74
Classe pulsional tri-igual, 74-75, 77-8
classe pulsional, 74-75, 76
    Cm 321-23
Classe Ss-, 77, 78
Classes pulsionais, 74-5
Cm-, 321-22
Colecionar, 240
Coleções, 139

Competitividade, 166
Componentes das pulsões
    Homossexuais latentes, 265
    pré-genitais, 265
Comportamento antissocial, 93, 100, 125, 139, 163, 167
    d+m- no (d *positivo* com m *negativo*), 162
    *d*O no, 146
    k- p- no, 256
    k+ p- no, 227
    k± no, 212
    m- no, 154
    m+ no, 152
    p- no, 191-92
    p+ no, 256-58
    razão para, 131
    reação *m+* no, 151
    Veja também Criminalidade
Comportamento compulsivo dos jovens, 243-44
Comportamento social
    adulto *k- p+*, 245
    do indivíduo *d*O *m+*, 169, 170
    do sujeito *k*± *p+*, 250
Comportamento,
    e- e, 111
    e *s*O, 97
    e+ e, 107
    e+ hy- (e *positivo* com hy *negativo*), 125
    e+ hy+ socialmente, 131
    sujeito *k*± *p*±, 273-74
Compositores
    *k*O *p-* nos, 222

ÍNDICE REMISSIVO

Compulsão dos adolescentes, 244
Compulsão
    $e+$ com hy-, 125
    $k\pm\ pO$, 289
Conceitos psicanalíticos
    e teste de Szondi, 200
Conceitualização, 188
Conflito "duplo", 176
Conflito "faustiano", 255
Conflito edipiano, 89
    sujeito $k\pm\ p\pm$ no, 273
Conflito
    "duplo", 176
    "faustiano", 255
    na identificação, 315
    no adulto k- p+, 245-46
    no $k+ p+$, 254
Conformidade, 242
    e k-, 242
Conservadorismo, 158
    nos indivíduos d-, 140-41
Contracatexia, 153-55
Contrainvestimento, 240
    bem-sucedido no k- pO, 238
Controle ético, 107
Correlações fatoriais atípicas, 289
Correlações fatoriais atípicas, 289
Criação artística, 152
    e pensamento animista, 221
Crianças
    autismo, 206
    d- com $m+$ nas, 160
    d- m- nas, 165-66
    d- nas, 143
    $d+$ m- nas, 162, 163-64

$d+$ m- nas, 167
$d+$ nas, 139-40
$\pm\ m\pm$ nas, 177
$d\pm$ nas, 144
dO $m+$ nas, 170
dO m- nas, 173
dO mO nas, 173-74
e- com $hy+$ nas, 127-28
e- hy- nas, 130
e- nas, 110-11
$e+$ hy- nas, 126
$e+$ $hy+$ nas, 131
$e+$ nas, 107
$e\pm$ nas, 111
eO nas, 113
h- com nas, 89
h- com s- nas, 99-100
h- com $s+$ nas, 103
$h+$ s- nas, 101
$h+$ $s+$ nas, 98-9
hy- nas, 121, 122
hy O nas, 124
$hy+$ nas, 117
k- com p- nas, 232, 238
k- nas, 210
k- pO nas, 238
$k+$ nas, 206
$k+$ p- nas, 223, 228
$k+$ pO nas, 267
$k\pm$ nas, 211
$k\pm$ p- nas, 228-29
kO $p+$ nas, 267
kO $p+$ nas, 269
kO nas, 217
m- nas, 155-56

m+ nas, 153
m± nas, 157
*m*O nas, 157
orientada para o objeto e não para o ego, 233
p- (p *negativo*) nas, 189-92
p+ nas, 189
*p*O nas, 196
s- nas, 94
s+ nas, 92
Criatividade, 152, 188
   do sujeito *k*± *p*±, 274-75
Criminalidade, 171, 304
   d- *m*+ na, 161
   d O *com m*- na, 306
   d O na, 146
   d+ *m*- na, 163
   d± na, 144
   e- *hy*+ na, 127
   e O *hy* O na, 132
   e+ *hy*- na, 125
   e± *hy*± na, 131-32
   h+ *s*+ na, 99
   hy O na, 124
   k- *p*- na, 236, 237
   k+ *p*- na, 227-28
   k± na, 211
   m- na, 154
   perfis do condenado de homicídio, 304
   perfis dos impulsos assassinos, 309
Crises,
   p± na, 193

d- (d negativo), 140-43, 291

d- *m*- (d *negativo* com m *negativo*), 164-66
d- *m*+ (d *negativo* com m *positivo*), 160-62, 291, 316-17
d- *m*±, 317
d, 30
d+ *m*- (d *positivo* com m *negativo*), 162-64
d+ *m*+ (d *positivo* com m *positivo*), 166-71
d+ *m*± (d *positivo* com m *ambivalente*), 174-75
d+ *s*+, 307
d+, 184, 297, 307
d± (d *ambivalente*), 143-44
d± *m*± (d *ambivalente* com m *ambivalente*), 176-77, 316
Defesa do ego, 224
Defesas compulsivas, 237
Delinquência. *Veja* Criminalidade
Delírios de grandeza, 186
Delírios, 209
Demanda do id, 207
Demência paralítica, 222
Dependência oral, 296
Depressão psicótica, 191
   d- na, 142
   k+ *p*- (k *positivo* com p *negativo*) na, 223
Depressão, 142, 157, 164, 175, 191, 227-28, 267
   disposição para, 140
   e *s*+ na, 95
   em caracteres anais, 137-38
Desamparo,
   p±, 193

Desejos
  homossexuais latentes, 246
  incestuosos latentes, 246
Desenvolvimento do ego, 218, 219-20
  do estádio "dualístico", 224-25
  k- pO, 238-39
  k± com p+ no, 248
  na adolescência, 243-45
  no estágio entre, 229
  recapitular os primeiros quatro estágios, 231
Desenvolvimento psicossexual, 157-58
  e processos excretores, 136-38
  fase oral, 147-151
  fase oral-sádicos, 158-59
Desordem mental,
  origem genética da, 21
Despersonalização, 254
Diferenciação
  entre sujeito e meio ambiente, 223
Dilema crítico, 267
Dinamismo do ego, mais frequentemente usado, 231
Dinheiro, 142
  identificação inconsciente das fezes, 137
Distanciamento em d- m- indivíduo, 165
dO (d nulo), 144-46, 297, 306, 307
dO m- (d nulo com m negativo), 171-73, 306, 327
dO m+ (d nulo com m positivo), 168-71, 297
dO mO (d nulo com m nulo), 173-74
Doença cardíaca, 278

e- (e negativo), 110-11, 307
e- hy- (e negativo com hy negativo), 128-30
e- hy+ (e positivo com hy negativo), 125-26
e- hyO 312-13
e, 30
e+ hy- (e positivo com hy negativo), 125-26
e+ hy+ (e positivo com hy positivo), 130-31
e+, 106-10, 298
e± (e ambivalente), 111-12
Educação, 232
Ego "fluido", 187
Ego disciplinado, 245
  estágio do, 231
Ego, 179-81, 182-83, 184, 196
  "fluido", 187-88, 215
  "sobrecarregado", 253
  conceito freudiano de, 198
  conformidade, 236
  crianças pequenas, 219-28
  e identificação, 199, 201
  e introjeção, 200
  e k-, 207
  e narcisismo, 213
  em estados como coma, 217
  estágio "adualístico", 220
  função sintética do, 204
  integridade do, livre tensão, 211
  integridade narcísica do, 207
  na adolescência. 243
  na epilepsia, 325
  na puberdade, 243

no processo maníaco, 237
no processo psicótico, 237
organização do complexo do, 249
papel do, 279
Egocentrismo, 203
egodiástole, 201-202
egossístole, 201-02
Emoções
  e O *hy*O nas, 132-33
  e sintomas, 118-19
  *k- p*O, 242
  *k*O *p- nas*, 221
eO (e *nulo*), 112-13, 293, 298
*e*O *hy-*, 298
eO hyO (e *nulo com* hy *nulo*), 132-33
Epilepsia, 105-106, 113, 163, 222, 325-26
  d± na, 144
  e- hy+ na, 127
  e- na, 110
  *e*O na, 113
  h+ s- na, 101
  h+ s+ na, 99
  imagem do ego, 325-26
  *k*O na, 217
  m- na, 155
Erotismo anal, 146
Erotismo oral, 147
Escritores
  h- s- nos, 100
  p- nos, 190
  *k*O *p-* nos, 222
  *d*O *m+* nos, 170
  *k*O *p+* nos, 271
  *m*O, 159

m+ nos, 152
s+ entre, 93
Escultores,
  k- p- nos, 136
  m+ nos, 152
  s+ nos, 94
Esfera motora, 115-16
Esquizofrenia catatônica, 197, 202-03, 209
  Associações de um paciente, 36
  *d*O na, 146
  e+ hy- (e *positivo* com hy *negativo*) na, 125-26
  *k*O na, 217
Esquizofrenia paranoide, 177
  associação para o paciente, 35-36
  d- na, 142
Esquizofrenia, 222, 237
  catatônica, 197, 202-03, 209, 217
  e+ hy- na, 125-26
  e+ na, 107, 108
  espelho reverso no vetor *Sch*, 62
  fatos ilustrativos de, 318-31
  incipiente, 267
  k- p+ na, 246
  k+ p- na, 227
  no perfil característico, 64
  paranoide, 35, 142, 177
  perfis do paciente, 321
Estado do ego fluido
  e *k*O, 213
Estágio "adualístico", 220, 225, 231, 269
Estágio do pré-ego, 220
Estágio dualístico, 231-32
  do desenvolvimento do ego, 224-25

Estágio intermediário,
    do desenvolvimento do ego, 229-30
Estágio
    "adualismo", 269
Estereotipia, 106
Estrutura do ego, 179, 180-81, 208
    h- com s-, 100
    Vetor *Sch* reflete, 133
Estruturação do meio ambiente, 187
Estruturação do próprio ego, 167
Estudante de medicina,
    ilustrações de caso de, 310-20
    perfis, 311
Estudantes universitários
    p+ nos, 189
Estudantes universitários., 189
Excitação hipomaníaca com h+ s+
    na, 99
Exibicionismo, 116, 298
    do kO pO, sujeito, 281
    e hy- no, 120, 121
    e+ hy+ na, 131
    hy± na, 122-23
    k+ p+ na, 259
Experiência de associação fatorial,
    35, 42
Experiência traumática
    ligação com os objetos, 137-38
    e treino do controle do esfíncter,
    137, 138
Extroversão, 91-2

Falta de tensão, 198
Fanatismo, 226, 272
Fantasias suicidas, 157

Fase edipiana, 157
    h- s+ na, 103
Fase oral,
    no desenvolvimento psicossexual,
    131-35
Fator d, 42-43, 136-46
    e Vetor, de Contato, 85
Fator e, 41, 105-13
    e P, 85
    recalque no, 54
Fator h, 40, 85-90
    e S, 83
Fator hy, 41, 113-16
    e P, 84
Fator k, 41, 181, 196-217
    e força limitadora, 197
    e *Sch*, 83
Fator m, 42, 147-77
    e vetor de Contato, 85
Fator p, 41, 181, 182-86, 199, 205
Fator p,
    e *Sch*, 84-85
Fator raiz, 69, 70, 75
Fator s, 40, 91-102
    e S, 83
    Reações nulas no, 47
Fatores sintomáticos objetivos, 55
Fatores sintomáticos subjetivos, 55
Fatores,
    ambivalente, 52
    interpretação do oito, 45
    mais, 52
    me nos, 52
    negativa, 53
    nomeados, 30
    positiva, 52

Feminilidade, 89-90, 93, 94, 96-101
Fezes,
    catexiza, 136-37
Figura do ego
    da rapaz de 19 a nos, condenado por tentativa de homicídio, 304-07
    do estudante de medicina, 310-18
    do *k- p-* na, 304-07
    do k+ *p*+, 256-57, 258
    do *k*+ *p*O, 259-60, 265-67
    do k± *p*±, 273-76
    do *k*O *p*+ (k *nulo* com p *positivo*), 267-73
    do *k*O *p*O, 279
    do paciente esquizofrênico, 321-27
    do *p*O *k*± 288-90
    *k*O *p*±, 292-95
    variabilidade da, 247
Fixação materna, 141
Fixação, 294
    incestuosa, 161
Flexibilidade, 249
Folha de Escore. *Veja* Folha de protocolo
Folha de protocolo, do perfil do teste, descrição, 30-3
    com dez perfis, 34, 67-84
    para séries completas, 34
    registrar a, 30, 31
Folha de registro. *Veja* Folha de protocolo
Força do ego, 213
    sujeitos mais idosos, 217
Força limitadora, 197
Força pulsional, 45

Formação de "turminhas", 164
Formação de sintomas, 192, 280, 281-82
    do tipo compulsivo, 196, 261-62
Formação do caráter
    e processos excretores, 136-38
Formação reativa, 156
Fórmula pulsional, 70
Frigidez, 89
    h- s- na, 100
Fronteiras funcionais, 182
Fronteiras
    funcionais, 182
Frustração oral, 148, 153, 165
Frustração, 137, 153-54, 156, 165, 166, 169, 171, 172, 173, 214
    e *k+ p-*., 224, 225
    *k- p*O, 261-62
Fuga, 176
Função sintética, 204, 205
Fusão no objeto de amor, 193

Gagos, 170
    e- hy- na, 130
    e+ me nos na, 111
    e± *hy*± na, 131
    paroxísticos, 230
Garotas. *Veja* Adolescentes, Crianças
Garotos. *Veja* Adolescentes; Crianças
Grande mal epiléptico, 230
Gratificação das necessidades, 214
Gratificação oral, 155
Grau de estruturação do *k0* com *p-*, 219-20
Grupos etários, 189
    k- p- em, 238
    p- (p *negativo*), 189-90

ÍNDICE REMISSIVO

Grupos profissionais,
 no *m+*, 152

h- (h *negativo*), 88-9, 314
h homossexual, 30
h- s- (h *negativo* com s *negativo*), 99-101
h- s+ (h *negativo* com s *positivo*), 102-04
h- sO, 313-14
h+ (h *positivo*), 87-88, 234, 299
h+ s- (h *positivo* com s *negativo*), 101-02
h+ s- em, 101
 Veja também Adultos
h+ s+ (h *positivo* com s *positivo*), 99-100, 327-28
h+ s±, 299
h± (h *ambivalente*), 89-90
Hedonismo, 169, 174, 175
Heterossexual, 95, 157
 e *hO sO*, 98
Hiperatividade, 167
Hipnose,
 interesse em, 269
Hipocondria,
 d- na, 142
 p- na, 192
Hipomaníacos, 172
Histeria de angústia, 159, 211
 hy+ na, 117-18
 *hy*O na, 124
Histeria de conversão, 211, 242
 e+ hy- na, 126
 e+ na, 107
 h- s+ na, 103
 hy - na, 122
 hy- na, 121

hy+ na, 117
m- na, 155
Histeria, 114, 116-17
 e+ hy- na, 126
 hy O na, 124
 hy+ na, 117-18
 Veja também Conversão histérica
 Veja também Histeria ansiosa
Histeroepilepsia, 114
 hy na, 118
Histórias de caso. *Veja* Ilustrações de caso
Histórias, caso. *Veja* Ilustrações de caso
*h*O (h *nulo*), 90
hO com *s+*, 305-306
hO sO (h *nulo com* s *nulo*), 98-99, 288
Homens,
Homossexualidade latente, 95, 279
 h+ s- na, 102
 hy- na, 121
 k- p+ na, 246
 k+ p+ na, 258
Homossexualidade passiva,
 h+ s- (h *positivo com* s *negativo*) na, 101
Homossexualidade, 95
 e fator *h*, 85-8, 90
 h+ s- na, 102
 hy- na, 122
 k+ com *p+* na, 258
 p+ na, 152
 passiva, 102
 s+ na, 93
hy- (hy *negativo*), 120-22
hy histérico, 30

hy+ (hy *positivo*), 117-19, 184
hy± (hy *ambivalente*), 122-23
hyO (hy *nulo*) 123-24, 306

Id, 129, 179-81, 186, 199, 200
   e *e-*, 110
   no estágio da infância, 219-20
Idade, em relação a *s+*, 92, 93
Idealismo, 164
   nos sujeitos *d-*, 140
Ideias de referência, 186
   Ideias de perseguição, 186
Identificação, 180, 199, 201, 204,
   257-58, 278-79
   com problemas emocionais, 253
   conflito na, 315
   dupla, 318-20
   e *e+*, 105
   metáfora de Freud, 199
Ilustrações de caso
   do *k-* com *p-*, 307-308
   do neurótico compulsivo, 76-80
   do paciente esquizofrênico, 321-31
   estudante de medicina, vinte a
      nos, 310-20
   k± *p*O, 288-92
   *k*O *p*±, 292-301
   rapaz de dezenove a nos,
      condenado por tentativa de
      homicídio, 304-309
Imaturidade sexual
   em adultos, 242
Imaturidade,
   genital, 159
   sexual, 158, 242

Impotência,
   h- s- na, 100
Impulso do id, 213-14, 243
   bloqueado, 262
Incesto, 161
Indecisão, 143
Indiferença, 171
Indivíduos "atípicos", 226
Indivíduos esquizoides, 267
Indivíduos histeroides
   e *hy*O, 124
Indivíduos paranoides,
   *k*O *p+* nas, 272
Infelicidade, *p*±, 193
Inquietude, 230
Insaciabilidade, 166-67
Instrução,
   teste para aplicação, 27-28, 29, 33,
      34
Insuficiência, 245
Integração do ego, 315
   s- na, 315
Interpretação,
   de casos, 120, 122, 286, 301, 304-
      18, 321-27
   metodologia de, 327
Introjeção, 195, 199, 200, 206, 211,
   248, 260-61
   e o ego, 200, 201-202
Introversão, 198-99
Intuição, 191, 277
Inveja, 166
Inversão em espelho, 80
Inversão, 323, 324, 325
Inversões fatoriais, 61-2

Jogos,
    como projetar, 225
    de crianças, 232

k- (k *negativo*), 207-11
    na formação de sintomas, 192
K catatônico, 30
k- p- (k *negativo* com p *negativo*), 231-38, 256
k- p+ (k *negativo* com p *positivo*), 243-47
k- pO (k *negativo* com p *nulo*), 238-43, 330
k+ (k *positivo*), 200-207, 294
k+ p- (k *positivo* com p *negativo*), 223-28
k+ p+ (k *positivo* com p *positivo*), 252-58, 312, 316
k+ pO (k *positivo* com p *nulo*), 258-67, 272
k± (k *ambivalente*), 211-13
k± p- (k *ambivalente* com p *negativo*), 228-31
k± p+ (k *ambivalente* com p *positivo*), 247-52
k± p± (k *ambivalente* com p *ambivalente*), 273-79, 280
k± pO, 294, 330
    interpretação do caso, 287-89
kO (k *nulo*), 213-17, 293
kO p- (K *nulo com* p *negativo*), 219-23
kO p+ (k *nulo com* p *positivo*), 267-73
kO p±, 292-301
kO pO (k *nulo com* p *nulo*), 279-84

Latenzgrösse, 71
Latenzproportionen, 73

Libido do ego, 195
Libido erótica, 195
Libido narcísica, 195, 214, 252, 260
    transformação do objeto da libido, 288
Libido, 197
    ego, 196
    erótica, 195
    fator *hy* na, 113-14
    mecanismo de narcisista, 294
    múltipla orientação da, 166-67
    narcisista, 256-57
    no narcisismo, 199
    objeto primário da, 140
    qualidade "adesiva", 140, 141
Ligação emocional, 255
Lógica, 191
Luto, 227-28
    diferente da melancolia, 137-38

m- (m *negativo*), 153-56, 306, 328
m maníaco, 30
m+ (m *positivo*), 150-53, 184, 291
m± (m *ambivalente*), 156-57, 317
Mania, 147-49
    h+ s+ na, 99
    incipiente, 172
    k- na, 211
Masculinidade, 103
Masoquista, 270, 294-95
Masturbação
    e- hy-, 130
Materialista, 162
Maturação, 232
Mecanismo compulsivo
    k- pO, 239-41

Mecanismo consumidor de energia, 166
Mecanismo de controle, 128
Mecanismo de controle, 128
Mecanismo de defesa, 193-94
    como uma "necessidade", 241
    de projeção, 183-84
    de repressão, 211
    do tipo compulsivo, 239-41
Mecanismo de introjeção, 223, 224
Mecanismo do ego, 199
    de introjeção, 195, 199
    de k+ p me nos no, 223-26
    de k+ p+, no, 258
Mecanismo narcisista, 199
Mecanismo projetivo, 229
Mecanismo,
    autorregulador, 128
    de consumidor de energia, 166
    de introjeção, 223-24, 227
Mecanismos "organizadores", 211
Mecanismos de defesa autísticos, 232
Mecanismos de defesa,
    autísticos, 232
    protetores do ego, 212-13
Mecanismos psicanalíticos, 54-55
Meio ambiente, 214, 229
    e introjeção, 200
Melancolia,
    diferente do luto, 138
    teoria de Freud sobre a psicodinâmica da, 227-28
Metodologia, 327
mO (m *nulo*), 157-59
Mudança em espelho, 324-25, 325, 329

Mulheres, h- s+ nas, 102
Múltipla orientação da libido, 166-67
Música, 205
Músicos,
    dO m+, 170
    h- s-, 100
    k- p- em, 235
    m+ em, 152
    s+ em, 92
Mutismo, 197-98

Não aceitação. *Veja* Reação
Não agressivo, 160
Narcisismo primário, 213, 214, 215, 268
Narcisismo secundário, 213-14, 216
Narcisismo, 198-99, 203;
    e fator k, 197-98
    em pessoas com $k\pm$ p+, 250
    forma infantil de, 217
    primário, 213, 215, 268
    secundário, 200
    secundário, 213-14
    sujeito k+ p+, 256
    sujeitos em kO, 215
Natureza narcísica, do "estupor" catatônico, 203
Necessidade do ego, 184
Necessidade latente no ego "disciplinado", 246
Necessidade oral, 166-67, 168, 170, 171-72
Necessidade,
    para a masculinidade, 313-14
Necessidades anais, 166-67, 168
Necessidades compulsivas trabalho como vazão, 241

Necessidades sádicas, 246
Necessidades, 183, 198
Negativismo, da criança, 226
Neurose obsessiva
    e *s*O, 97
    história de caso da, 79-80
Neurose obsessiva-compulsiva, 157, 177, 211, 242
    e+ na, 107
    e± *hy*± na, 132
    e± na, 111
    h+ *s-* na, 102
    hy-. na, 122
    p- na, 192
    *p*O *na*, 196
Neurose,
    significado do *s*+ na, 93
Neurose. *Veja também* Neurótico de caráter
    hy± nas, 122
Neuroses, 157, 170, 174, 192
    d- m+, 159-60
    e- com *hy*+, 127
    h+ *s-* nas, 101
    h+ *s*+ nas, 99
    k- nas, 211
    *k- p*O em adultos, 243-44
    k+ nas, 206
    k+ *p-* nas, 227
    *k*O *p*+ nas, 272
    no fator *h*, 90
    p+ nas, 192-93
Neuroses, formas paranoides,
    p± nas, 194
Neurótico de caráter, 206, 251
    k+*p*O no, 267
Neurótico obsessivo-compulsivos
    k- p+ no, 246
Níveis ocupacionais,
    d- m+ na, 161
    d+ *m-* na, 162
    d+ *m*+ na, 167
    *d*O *m*+. na, 170
    e *h*, 88
    e- na, 111
    e *s*+, 92-3
    e+ *hy-* na, 125
    e+ na, 107
    h- s- na, 99
    h- s+ na, 101
    h+ *s-* na, 101
    h+ *s*+ na, 99
    hy+ na, 118
    hy± na, 127
    k- p- na, 234
    *k- p*O na, 241
    k+ com *p-* na, 227
    k+ *p*O na, 263
    k± *p*+ na, 252
    k± *p*± na, 274
    *k*O *p-*. na, 222
    *k*O *p*+ na, 271
    m+ na, 152
    *m*O, na, 158
    p+ na, 189
    s- na, 95

Objeto da libido, 135
Objeto de amor primário, 160
Objeto de amor, 165, 260, 278
    do *hy* O, 124

do sujeito *k- p-*, 234
especificidade, 256
perda do, 201
secundário, 213-14
Objeto de amor, 185, 260
Objeto de escolha, função de, 45
Objeto de ligação primário, 168
Objeto de ligação, 138, 156, 160-61, 162-63, 164, 168-69, 173
e indivíduos *d-*, 140
experiência traumática, 137-38
m± no, 156
Veja também Relação objetal
Objeto, catexia de, 78
Objeto, fixação do, 164
Objeto, libido do, 214, 252, 259, 260
transformado em libido narcisista, 289
Objeto, tensão externa da necessidade dirigida para um, 195
Objeto-alvo, 45-46
Objetos catexizados, 181
Onipotência "autoplástica", 271
Onipotência
"autoplástica", 271
do ego da criança, 231
e *k-* na, 243
no estágio "dualista", 224-25, 231
no sujeito *k*O *p+*, 271
Organização da energia, 264, 265
Organização do ego
fim da adolescência, 248
início da idade adulta, 248
Organização sexual
indivíduo no *d*O *m*O, 173

p- (p *negativo*), 189-92
p, 30
p, e seus fatores, 83
p+ (p *positivo*), 187-89, 193
p± (p *ambivalente*), 193-95, 295, 296
Pacientes depressivos, 137-38
Pacientes paranoides,
*k*O nos, 217
Paralisia generalizada
k- p- na, 235-36
Paranoia, 186, 189, 191-92, 194
e *s+*, 94
h+ s- (h *positivo com* s *negativo*) na, 101
Parcimônia, 136
Paresia,
e- hy+ (e *negativo com* hy *positivo*) na, 127
Paroxismo, 105
e *e*O (e *nulo*), 112
Passividade, 161, 168, 266
Pedantismo, 136, 139
Pensamento "pré-lógico",
hy- no, 120
Pensamento
causal, 205
científico, 221
e criatividade, 277
lógica", 191
lógico, 204
na pré-consciente, 221
primitivo animista, 220-21
Percepção extrassensorial, interesse em, 269
Perfil "mártires", 300

Perfil do teste, 49
Perfil,
  significado do primeiro, 323, 327
Período de latência, 156
  em crianças, 232
Período edipiano, 226
Perseguição, 186
Perseverança, 106
Persistência "anal", 175
Persona,
  definida, 283
Personalidade "marginal", dos
  jovens, 243-44
Personalidade infantil, 174
Personalidade, 25-26, 173, 179, 198
  anal-sádico, 307
  conceito das octodimensional, 46
  das características anais, 136-38
  definição de madura, 249
  + (e *positivo*) na, 106
  estrutura da histeria, 114
  estrutura interna da, 198
  fase oral, 145-49
  h- s- na, 100
  hy+ (hy *positivo*) na, 117
  infantil, 157, 173-74,
  persona, 283
  representação topológica da, 115, 182
Personalidade, da criança, 226
Perversão oral, 159, 174
Perversão, 174
  oral, 159
  $s\pm$ na, 96
Perversões anais, 174

Pintores,
  k-p- nos, 235
  m+ em, 152
  p- nos, 190
  pO (com $k\pm$), 288-92
  pO (p *nulo*), 195-97
Poder organizador,
  implícito no fator k, 208
  nos sujeitos mais idosos, 217
Políticos,
  e hy+, 118
Por prazer, 158
Possessividade, 136
Pré-consciente, 188, 190
  no pensamento, 221
Pré-esquizofrenia, 316
Pré-psicose, 97
Pré-puberdade
  hy- e, 122
  k- pO, 143
  sexualidade na, 239-40
  Veja também Crianças
Primazia genital, 158
Princípio de realidade, 229
Princípio do prazer, 229
Problemas emocionais, 253
Processo analítico, e fator k, 205
Processo compulsivo, 196
Processo maníaco, 237
Processo psicótico, 237
Processos do ego
  no sujeito k- p-, 234
Processos excretores, 136
Produtividade artística, 188
Professores e hy+, 118

Profissões. *Veja* Níveis ocupacionais
Projeção "imediata", 219-20
Projeção autista, 229-30
Projeção inconsciente, 165, 171, 221, 224
Projeção, 165, 183-84, 186, 190-91, 192, 194, 202
  "imediata", 219-20
  autista, 228
  como mecanismo de defesa, 194
  inconsciente, 171, 194, 221, 233
  no sujeito *k*O *p*+, 270
Proporções de latência, 73
Pseudológica fantástica,
  no *hy*-, 121
Psicanálise,
  criação artística, 152
  pulsão anal, 135
  pulsão oral, 135
Psicólogos,
  h- s- nos, 100
  k- *p*- nos, 235
Psicopatas, 159
Psicopatia epileptoide, 231
Psicose circulares, e *C*, 135
Psicose depressiva, 206
Psicose maníaca, 148-49, 211
  *d*O *m*+ na, 306
  e- com *hy*+ na, 127
  hy O na, 124
  k- *p*- na, 236
  k+ na, 206
Psicose maníaco-depressivas, 177
  *e*O *hy*O na, 133
Psicoses orgânicas, 238

Psicoses, 172, 191, 196
  circulares, 135
  d- *m*- nas, 165
  d- *m*+ (d *negativo com* m *positivo*) nas, 160
  e *h*- *s*-, 101
  e- *hy*+ (e *negativo com* hy *positivo*) nas, 127
  e *s*O (s *nulo*), 97
  e sujeito *k*± *p*± (k *ambivalente com* p *ambivalente*), 273-74
  e+ *hy*- (e *positivo com* hy *negativo*) nas, 125-26
  e+ nas, 107-108
  *e*O (e *nulo*) nas, 112
  *e*O *hy*O (e *nulo com* hy *nulo*) nas, 132
  h+ *s*- (h *positivo com* s *negativo*) nas, 101
  *hy*O nas, 123
  k- nas, 211
  k± nas, 211
  k± *p*- (k *ambivalente com* p *negativo*) nas, 228
  *k*O nas, 216
  m+ nas, 152
  maníaca, 236, 306
  orgânicas, 236
Psicóticos paranoides,
  *k*O *p*+ nos, 272-73
Psiquiatras,
  k- *p*-, 235
Puberdade,
  hy- e, 122
  k- *p*+ (k *negativo com* p *positivo*) na, 243, 246

$k\pm p$- (k ambivalente com p negativo)
  na, 228
  no ego, 243
  no $hy+$, 119
  no mO (m nulo), 157
  reação no $k\pm$, 211
  $s\pm$, 96
  Veja também Adolescentes
Pulsão classe quadri-igual, 75
Pulsão oral, 147-50
Pulsões do Id, 128-29, 179-80, 185, 214
  neurose do, 196
Pulsões narcísico -exibicionistas, 290
  "sinal" para, 290
pulsões sádicas,
  e fator $s+$, 241
Pulsões, 135
Pulsões, narcísico-exibicionistas, 290
  "sinal" de, 290

Qualidade ascética, 165
Quociente
  valores, 56-57

Raiva maníaca, 237
  k- p- na, 236
Razão, em indivíduos kO, 215. *Veja também* Pensamento
Reação ambivalente, 55-6, 61
Reação descarregada, 49
Reação esgotada, *Veja* Reações nulas
Reação espelho, 62-3
Reação, 54-5, 161, 194, 197-98, 206, 210-11, 248
  e aprendizado social, 211

  no $k+$ pO, 163-64
  no sujeito k- $p+$, 243, 244-45
  no sujeito $k\pm p+$, 250
Reação. *Veja* Reações nulas
Reações atípicas para idade
  cronológica do sujeito, 288-89
Reações de escolhas
  dos pacientes maníaco-
  depressivos, 135
  quatro *modalidades*, 52-53
Reações nulas, 47-48, 50, 54, 60, 61
  no fator s, 48
Realismo, 162
Recalque neurótico, 209
  h- com s- na, 100
Reconhecimento,
  "curto circuito" no, 189-90
Registros de Rorschach,
  do sujeito com kO p-, 222
  dos sujeitos k-, 210
  dos sujeitos $k+$, 210
Relação objetal, 156-57, 158, 174, 175, 184
  $d\pm$ no, 143
  do tipo anal resumido, 150
  do tipo oral resumido, 150
  do tipo oral, 149
  e caracteristicamente anais, 137
  e dO (d nulo), 144-47
  Veja também Objeto de ligação
Representação de palavras, 188, 190
Representações topológicas, da
  personalidade, 115, 182-83
Respostas FM, 221-22
Retardo mental,
  $h+$ $s+$, na, 99

Rigidez, 197, 259
Rígido,
    como usado no teste de Szondi, 216
Rorschach,
    e epilepsia, 105
Roubo, 40

s- (s *negativo*), 93-95, 330-31
    e integração do ego, 315
S sádico, 30
S
    fator *h* no, 85-91
    fatores, 83
s+, 92-3, 110, 184, 234, 306, 329
    e *hy*±, 122
    e relação com o *d*+, 239
    na agressão, 189
s± (s *ambivalente*), 96-7, 299, 300
Sadismo oral, 147-48
Sadismo, 295
Sadomasoquismo, 78
    e s±, 96
Satisfação alucinatória, 223
Satisfação do objeto de amor
    heterossexual, 157
Satisfação do objeto de amor
    homossexual, 157
Satisfação substituta, 173
Sch,
    constelações vetoriais, 218-84
    e seus fatores, 83-4
Schicksalsanalyse, 21
Self, 181
Semiautismo, 232
Senilidade,
    h- com *s-* na, 101

Senso de humor, 261
Senso de humor, 261
Sentimentos de culpa, 241
    e *e*+, 107
    e *hy-*, 121-22
Séries,
    mudanças nas, 323-24
Sexualidade, 167, 266, 280
    como indicada por *h- s-*, 99
    componente pulsão oral da, 152
    (aparece pulsional), 158
    durante a pré-puberdade, 239
    em adolescentes, 244
    especificidade do objeto de amor, 256
    h- s- na, 99
    h+ s+ na, 98
    imatura, 174
    infantil, 98
Simbolização, e sublimação, 263
Sintoma compulsivo
    no neurótico, 261-62
Sintoma
    catatônico, 197
    definição, 55
Sintomas catatônicos, 197-98
Sintomas de depressão, 206
    e características anais, 139
Sintomas de histeria
    Associado com *h- s-*, 103
Sintomas motores, emoções e, 119
Sintomas paroxísticos, 230
Sintomas psicossomáticos, 293
    k- p+ nos, 246
Sintomáticos subjetivos, 55

Sistema de necessidade, 45, 46-7, 183, 197
  e os oito fatores, 47
Sistema motor, 180, 207
Sistema perceptivo, 180
sO (s *nulo*), 97-98
  sO nas, 97
  Veja também Adolescentes, Puberdade
Ss-, 77, 78
Sublimação,150-51, 152-53, 161, 165, 169-70, 176, 261-62, 263-65, 317
  "masculina", 313-14
  artística em $k+ p+$, 255
  caráter de compromisso de, 261
  da necessidade da causalidade, 204-05
  da necessidade oral, 153-54
  e $k+$, 204
  h- s- na, 99
  pulsão para, 317
Submissão, $h+ s$- na, 101
Suicídio, 159, 194
Superego, 94, 127-28, 179-81, 240-41, 298
  e $e+ hy$-, 125, 126
  e $e+$, 106-107
  e $e±$, 111-112
  e hy-, 120-21
  e k-, 208

T.sp.G., 69, 71, 72
Taquicardia paroxística, 278
Técnicas projetivas, 184, 262
  associação para o teste de

fotografias, 35-43
conceitos, 26
experiência de associação fatorial, 35
propósito, 25
Tenacidade anal, 297
Tenacidade, anal, 297
Tendências extrapunitivas, 191
Tendenzspannung, 69
Tendenzspannungquotient, 70
Tensão de necessidade, 45, 46, 60, 188, 204-205, 223, 252
  dirigida para um objeto, 195
  na infância, 219
Tensão do id, 262
Tensão do sistema. *Veja* Sistema de necessidade
Tensão motora, 91
Tensão oral, 146
Tensão, 130, 143,175,197, 207, 208, 211-12
  ausência do fator p, 289
  d-, 143
  da necessidade de p, 205
  da necessidade do fator p, 189
  dinâmica, 195
  e $e± hy±$, 132
  e reações ao d O, 144
  e $s±$, 96
  eliminação do, 200
  ligação com dO $m+$, 168
  motora, 91
  no fator s, 96
  no sujeito k- $p+$, 243, 244
  refletido pelo $hy±$, 122

sexuais, 96
sujeito k± p+, 249
Teoria psicanalítica, 188
Terapia de eletrochoque, 205
Teste de Rorschach, 117
Teste de Szondi,
  "graus de latência", 71, 72, 73-74
  análise de uma série, 67-82
  aplicação, 27-31, 33-34
  autoaplicação, 29
  C, 135-77
  carga relativa dos dois fatores interligados, 64
  categoria gostar me nos, 53
  categoria pulsional, 74-75
  classe de pulsional, 75, 77-78
  constelações vetoriais Sch, 218-84
  e "necessidade de causalidade", 203-204
  e associação verbal, 42
  e conceitos psicanalíticos, 200
  e mecanismos psicológicos, 54
  e tratamentos com eletrochoque, 206
  experiência de associação fatorial, 35
  Fator + definido, 33
  fator d, 136-46
  fator definido ambivalente, 53
  fator h, 85-90
  fator k, 197-217
  fator m, 147-177
  Fator p, 182-97
  fatores, 84, 85-101
  fator-raiz, 9, 70, 72, 75

fórmula pulsional, 69-70
habilidade de interpretar, 23
homossexualidade, 86-87, 93, 95
ilustrações de caso, 75-82, 285-91, 292-96, 304-309, 310-20, 321, 322
influência da presença do examinador, 29
instruções ao sujeito, 2-28, 30, 33, 174
interpretação da reação aberta, 46, 47
interpretação dos fatores descarregados, 49
interpretações do, 121-22, 288-99, 305-28
intervalo entre as aplicações, 34
k- (k *negativo*), 207-11
Latenzgrösse, 71
Latenzproportionen, 73
material, 25
metodologia, 327
mudanças de "curto prazo", 33
mudanças nas reações fatoriais, 58-63
nome dos fatores, 30
número *absoluto* de escolhas, 47
número de escolha, 49
objetivo do, 26
P, 105-33
perfil esquizoide, 64
Personalidade, 25-26
processo de interpretação, 81-82
proporções de latência, 74
reação ambivalente, 55-57
reação descarregada, 49

reação em espelho, 62-63
reação fatorial negativa, 52
reação fatorial positiva, 52
reação nula, 47-48, 50, 53
reações de escolha, 47
reações do ±, 55-56
recalque, 54
registradas graficamente na forma de um perfil, 30-31, 34
resposta negativa, 54
resposta positiva, 53
S, 85-104
situação de estímulo original, 23
T.sp.G, 72
técnica de aplicação, 25
Tendenzspannung, 69
Tendenzspannungquotient, 70
Triebformel, 69-70
Triebklasse, 74
validação, 43
valores do quociente, 56-57
Vetor paroxístico, 105-33
vetor sexual, 85-104
vetores, 83-84
Timidez,
hy- na, 120
Tolerância à frustração, 266
Trabalhadores
k- p- nos, 235
p+ nos, 187
Trauma do desmame, 294, 295
Trauma do nascimento, 270
Trauma primário, 295
Trauma
"básico", 266

"primário", 295
do desmame, 295
nascimento, 270
Triebformel. *Veja* Fórmula pulsional
Triebklasse, 74-75

Validade com base no comportamento observável, 242
Velhice,
d- com m+ na, 148 148
d+ com m- na, 162
d+ m+ na, 167
d± m± na, 177
d± na, 144
dO m- na, 173
dO m+na, 170-71
e- com hy+ na, 128
e- hy- na, 131
eO hyO na, 133-34
eO na, 113
e+ hy+ na, 131
h- s+ na, 103
hy+ na, 119
k- na, 211
k- p+ na, 246-47
k+ em, 206
k+ p+ na, 258
k± na, 211
k± p+ na, 252
k± p± na, 279
kO p- na, 223
kO p+ na, 267
kO p+. na, 273
kO, na, 217
m- na, 156

$m+$ na, 153
$m\pm$ na, 157
p- na, 192
$p\pm$ na, 195
pO na, 194-95
Vetor C
    reversões em espelho , 62
Vetor Circular. *Veja* Vetor de contato
Vetor de contato
    e seus fatores, 85
Vetor do ego, 181, 264-65
Vetor do ego. *Veja também Sch*
Vetor esquizofrênico. *Veja também Sch*
Vetor P,
    inversões em espelho, 62
Vetor paroximal. *Veja P*
Vetor S, 73
    espelho reverso, 63-64
Vetor sexual. *Veja S*
Vetor, 64-5
    Reação em espelho, 62-63
Vida de fantasia
    hy- no, 120

Zona oral, estímulo da, 158

Sobre a psicologia do destino de Leopold Szondi, leia também:

Este volume é constituído por duas obras independentes: *Introdução à Psicologia do Destino* reúne ensaios que dão um panorama da Análise do Destino, a escola de psicologia profunda fundada por Leopold Szondi; inédita em língua portuguesa, *Análise de Casamentos* apresenta a origem da teoria destinoanalítica e os fundamentos sobre os quais se erigiu todo o edifício szondiano.

Richard Hughes, em *Retorno do Ancestral*, narra as experiências de vida do psiquiatra Leopold Szondi que o levaram à criação da Análise do Destino. A seguir, trata dos temas fundamentais desta corrente de psicologia profunda: o perfil das pulsões dominantes em cada indivíduo, o papel dos genes na escolha matrimonial, vocacional, das amizades, das doenças e da morte. Explica também o conceito de inconsciente familiar, a formação da consciência, a chamada síndrome de Caim e a polaridade Caim-Abel.

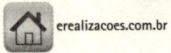

facebook.com/erealizacoeseditora   twitter.com/erealizacoes   instagram.com/erealizacoes   youtube.com/editorae

issuu.com/editora_e   erealizacoes.com.br   atendimento@erealizacoes.com.br